소 년 법

한국소년법학회 편

세창출판사

머리말

사회가 발전함에 따라 소년범죄도 양적·질적으로 증가하고 있으며, 특히 최근에는 학교폭력을 비롯한 소년범죄가 우리 사회 전반에서 심각한 사회문제로 인식됨에 따라 소년범죄에 대한 연구의 필요성이 제기되었다. 그러나 이러한 필요성에도 불구하고 소년법학에 대한 연구는 거의 이루어지지 않았었다. 이러한 상황에서 이한교 강원대학교 명예교수께서 1980년초부터 지속적인 한일교류를 통해 소년비행문제에 대한 연구의 틀을 마련하셨고, 1996년 1월 19일에 소년법학의 연구에 뜻을 함께하는 학자들과 춘천에서 한국소년법학회를 결성하셨다. 소년법학회가 결성된 이후 교수, 실무가들이 모여 꾸준히 소년법학에 대한 다수의 연구결과를 발표하였으나, 현행 소년법 전반에 걸친 체계적인 연구가 이루어지지는 않았다. 이에 소년법학회 회원들이 모여 소년법 전반을 다루는 교재의 출간 필요성을 인식하게 되었고, 이 책은 바로 이러한 부분을 다루고 있다.

이 책은 크게 네 부분으로 구성되어 있다. 제1편은 소년법의 기초이론으로 윤용규 교수, 서거석 교수가 집필하였고, 제2편은 소년에 대한 보호사건을 소년법의 체계에 따라 각 논점을 다룬 부분으로 정희철 박사, 장한철 교수, 점승헌 교수, 곽병선 교수, 강동욱 교수, 박수희 교수, 이춘화 박사, 손동권 교수, 원혜욱 교수, 최종식 교수, 권오걸 교수가 집필하였고, 제3편은 소년에 대한 형사사건의 특칙을 다룬 부분으로 오경식 교수, 오영근 교수, 장규원 교수가 집필하였고, 제4편은 소년사법의 국제적 동향으로 강경래 박사가 집필하였다. 필자 일동은 이 책이 소년법학에 대한 지속적이고 더욱 심층적인 연구의 계기가 되기를 바란다.

이 책의 출간이 있기까지 많은 분들의 도움이 있었다. 특히 소년법학의 연구의 초석을 다져주신 이한교 초대회장님, 이 책의 출간을 제안하시고 필진들을 독려해 주신 서거석 現 소년법학회 회장님께 깊은 감사를 드린다. 또한 독일유학을 준비하는 바쁜 일정에도 마다하지 않고 번거로운 제반 업무와 교정을 정성스럽게 보아준 인하대학교 법과대학 유수연 석사에게 감사드린다. 마지막으로 이 책이 출간될 수 있도록 도와주신 세창출판사 이방원 사장님과 임길남 상무님 그리고 직원 여러분께 진심으로 감사드린다.

2006년 5월

필진 일동

차 례

제1편 소년법의 기초이론

제1장 소년비행과 소년법

제2장 소년사법의 역사

제2편 보호사건

제3장 법 원

제4장 보호사건의 대상

제5장 소년심판의 관계기관 및 관계인

제6장 대상소년의 송치 및 통고

제7장 사건의 접수

제8장 신병에 관한 절차

제9장 조사절차

제10장 심리절차

제11장 조서작성 및 기록의 열람

제12장 종국결정

제13장 항 고

제3편 소년범죄의 형사사건처리

제14장 수사절차 및 심리절차상의 특칙

제15장 형사처분상의 특칙

제16장 행형에 관한 특칙

제4편 소년사법에 관한 국제준칙

제1편

소년법의 기초이론

제1장

소년비행과 소년법

Ⅰ. 소년법의 대상: 소년비행

1. 소년과 소년비행의 개념

소년법이 대상으로 하는 소년은 연령으로 정해진다. 즉 소년은 연령에 따른 특별한 인적 적용범위라고 할 수 있다. 소년보호라는 소년법의 이념에 따를 때, 소년의 연령은 원칙적으로 행위시를 기준으로 하여야 하나, 구체적인 경우 소년에게 유리하게 판단하여야 할 것이다. 소년법은 소년을 12세 이상 20세 미만의 자로 한정하였다.[1)]

소년법은 "반사회성 있는 소년"의 환경조정과 성행교정을 위한 보호처분 또는 형사처분을 함으로써 소년의 건전육성을 목적으로 하고 있다. 즉 소년의 반사회적인 행위에 대한 국가의 개입을 규정한 법체계로서 소년의 반사회적 행위를 그 대상으로 한다고 할 수 있다. "반사회성 있는 소년"은 비행소년이라고도 하며, 이에는 범죄소년, 촉법소년, 우범소년이 포함된다. 이 점에서 사소한 지위비행 등과 같은 경(輕)비행을 지속적으로 저지르는 단계인 '문제소년'과는

1) 그러나 다수의 소년관련 법규는 명칭과 연령제한에서 각기 입장을 달리하고 있다[좀더 자세히는 송광섭, "청소년비행 관련법규의 현재와 미래"(형사정책 제15권 2호), 참조].

구별된다.[2] 위 소년들의 행위를 가리켜 '소년의 반사회적 행위'라고 할 수도 있으나 일반적으로 '소년비행'이라고 한다. 소년비행은 '범죄적 비행'(index offence)과 '지위비행'(status offence)의 두 범주로 나눌 수 있는바,[3] 전자에는 범죄소년과 촉법소년의 행위가, 그리고 후자에는 우범소년의 행위가 해당된다.

그러나 소년비행의 특성과 경향을 알아보기 위해서는 주로 소년범죄에 대하여 검토하게 된다. 그 이유는 전체 소년보호사건 가운데 우범소년 처리가 차지하는 비율이 0~0.1%에 불과하여 특성과 경향분석에 별 영향을 미치지 않기 때문이다. 소년법원의 우범소년처리현황은 다음과 같다.

《표 1》 소년법원의 우범소년 처리현황(1995~2004년)

연 도	1995	1996	1997	1998	1999	2000	2001	2002	2003	2004
인 원(%)	2(0.0)	33(0.1)	47(0.1)	-	-	-	2(0.0)	1(0.0)	-	11(0.0)

* 자료: 사법연감 2004년 2절 사건추이 91/106면 이하(대법원 홈페이지).

2. 소년범죄의 현황과 특성

소년범죄는 통계에 의하면 감소하고 있다. 10년간 소년범죄의 발생상황은 <표 2>와 같다. 1997년을 정점으로 하여 2004년에 이르러서는 소년범죄의 발생은 1997년의 절반 이하(48.4%)로 감소하였다.

《표 2》 소년범죄 발생상황 (단위: 명)

연 도	1995	1996	1997	1998	1999	2000	2001	2002	2003	2004
소 년 범	124,244	137,503	150,199	148,558	143,155	143,643	130,983	115,423	96,085	72,770

* 자료: 대검찰청 범죄분석(2000-2005)

소년범죄의 감소는 소년관련 법령의 정비와 적절한 형사정책의 투입으로 얻은 효과라고 할 수 있다. 하지만 소년인구의 감소도 중요한 이유가 될 수 있

2) 양자의 구별과 소년비행의 발전단계에 관하여는 배종대, 『형사정책』, 2005, 463면 이하 참조.

3) 김준호/이동원, "한국의 청소년 비행척도 개발에 관한 연구"(한국형사정책연구원, 1996), 19면 이하 참조.

을 것이다. 통계청 자료에 의하면 소년(0~24세)인구는 1980년대를 정점으로 하여 감소추세에 있는 한편, 전체인구에 대한 구성비는 18세 미만의 소년은 이미 1965년의 50%를 고비로, 또 9~24세 청소년은 1980년의 36.8%에 이르러 내리막길로 돌아섰다. 이 흐름은 계속되어 2005년에는 각각 24.7%, 22.9%로 추계되고 있다.

《표 3》 청소년 인구 및 구성비

(단위 : 천명, %, %p)

	총인구	0~18세	9~24세	구 성 비 (%)	
				0~18세	9~24세
1960	25,012	12,508	7,957	50.0	31.8
1965	28,705	14,720	9,121	51.3	31.8
1970	32,241	16,419	11,330	50.9	35.1
1980	38,124	16,545	14,015	43.4	36.8
1990	42,869	14,489	13,553	33.8	31.6
2000	47,008	12,904	11,501	27.5	24.5
2004	48,199	12,099	11,242	25.1	23.3
2005	**48,461**	**11,984**	**11,101**	**24.7**	**22.9**
〔증감(률)〕	(0.5)	(-1.0)	(-1.3)	(-0.4)	(-0.4)

* 자료 : 통계청「2001년 장래인구추계」 통계자료 ☞57면

그러나 소년범죄의 감소 여부가 단순히 인구의 증감에 달려있는 것은 아니다. 객관적으로 비교할 수 있는 수치로서의 범죄증감 지표는 인구비(人口比)를 기준으로 상대적으로 판단해야 한다. 소년인구는 계속해서 변하므로 언제나 같은 기준에 의하여 판단할 필요가 있기 때문이다. <표 4> (소년·성인별 형법범 인원 및 인구비)에 따르면 소년형법범은 감소한 반면 2003년 성인범은 1994년 대비 지수 145의 증가를 보였다. 때문에 전체범죄에서 소년범이 차지하는 소년비가 감소의 수치를 보이고 있다고 하여 소년범이 실질적으로 감소되었다고 말하기엔 아직 이르다.

소년범죄의 증감을 실질적으로 판단하는 데는 '소년인구비'의 개념이 원용된다. <표 4>에서 소년인구비는 소년비와는 다른 모양이긴 하나, 모두 감소추세에 있다. 물론 1994년을 기준으로 하면 증가했다고 할 수 있으나, 1995년 이래 가장 낮은 소년인구비를 나타냈으며, 특히 2000년을 고비로 지속적인 감소경향을 유지하고 있다. 감소추세(2000년 대비-22%)는 소년인구의 감소(-4%)[4]보다

빠르다.

《표 4》 소년 · 성인별 형법범 인원 및 인구비 (1994～2003년)

區分 / 年度	少年			成人	
	人員	少年比	人口比	人員	人口比
1994	76,534 (100)	10.4	118.3	659,778 (100)	220.4
1995	85,461 (112)	10.5	133.3	731,259 (111)	240.4
1996	87,084 (114)	8.9	137.5	889,834 (135)	286.8
1997	95,666 (125)	11.2	155.3	761,873 (120)	240.3
1998	99,552 (130)	10.2	165.0	872,950 (132)	271.2
1999	93,261 (122)	10.4	158.8	804,124 (122)	255.4
2000	94,465 (123)	9.9	166.3	858,147 (130)	258.1
2001	82,746 (108)	11.0	156.8	857,831 (130)	249.0
2002	75,982 (99)	8.6	147.2	802,645 (122)	227.2
2003	67,135 (88)	6.5	130.1	958,005 (145)	274.0

자료: 범죄백서 2004, 106면

주: 1. 범죄분석. 한국통계연감.

2. 소년인구비는 12세 이상 20세 미만의 소년인구 10,000명당 범죄자수이고, 성인인구비는 20세 이상의 성인인구 10,000명당 범죄자수.

3. 소년비는 ($\frac{\text{소년범}}{\text{소년범} + \text{성인범}} \times 100$).

4. 폭력행위 등 처벌에 관한 법률 위반 포함.

5. ( ) 안은 지수.

이렇게 볼 때 소년범죄발생은 실질적으로도 감소하였다고 말할 수 있다.

감소추세에 있는 소년범죄의 전체범죄에 대한 점유율, 즉 소년비가 비교적 높은 범죄는 절도(33.7%), 강도(21.6%), 공갈(16.8%), 장물(9.9%), 강간(8.6%), 폭력행위 등 처벌에 관한 법률 위반(6.6%), 과실치사상(4.9%), 방화(4.7%), 살인(2.3%) 등의 순이다.[5] 그러나 소년비와는 별개로 소년범죄만을 대상으로 할 때, 많이 발생하는 범죄는 폭력행위 등 처벌에 관한 법률 위반, 절도, 사기, 상해, 강도 등의 순으로 나타난다. 2004년의 경우를 보면 전체소년범 72,770명에서 폭처법

4) 이 수치(-4%)는 <표 3>의 <청소년 인구 및 구성비>에서 9~24세 소년을 기준으로 하였기 때문에 정확한 비교라고 할 수는 없지만, 그 차이의 크기로 인하여 어느 정도 비교효과는 얻을 수 있을 것이다.

5) 괄호안은 2004년 통계이다(대검찰청 범죄분석 2005년, 23면).

위반이 20,188명으로 27.7%이며, 절도(19,845명)가 27.3%, 사기(5,713명)는 7.9%, 상해(887명)는 1.2%, 강도(871명)는 1.2% 등이다.

2003년을 기준으로 할 때 전체 소년범(96,085명)의 범죄유형별 구성은 다음과 같이 정리될 수 있다.[6] 형법범(67,135명)을 죄명별로 보면 재산범이 32,009명으로 전체의 47.7%를, 그 다음이 폭력범 31,401명으로 전체의 46.8%를 각 차지하여 위 2개 범죄가 가장 높은 비율을 보이고 있고, 나머지는 강력범이 3.5% 등의 순으로 나타났다. 한편 특별법범(28,950명)을 죄명별로 보면 도로교통법 위반(18,886명)이 전체의 65.2%를 차지하고 있고, 교통사고처리특례법 위반(5,715명)이 19.7%, 정보통신망이용촉진 등에 관한 법률 위반(1,358명)이 4.7%를 차지하고 있다.

이러한 소년범죄의 유형분석으로부터 당연한 추론이지만 소년범죄와 거리가 먼 유형의 범죄가 있음을 알 수 있다. 소년이라는 지위(또는 신분)로부터 불가피하게 범죄기회가 극히 작을 수밖에 없는 범죄로서, 배임죄나 공무원범죄유형 등 경제활동과 관련된 범죄가 그 예이다. 소년범죄는 주로 인습적 범죄(conventional crime)라는 특징을 지니며, 바로 이 때문에 범죄에 대한 시민의 느낌은 민감하게 되어 소년범죄의 심각성이 증폭된다고 보는 견해도 있다.[7]

우리나라 소년범죄의 특징은 흉포화, 재범률 증가, 범죄연령의 저하, 정상가정 또는 중류이상 가정출신 소년의 증가, 고학력화 등이 지적되고 있다.[8] 그러나 흉포화와 범죄연령 저하 등에 대해서는 좀더 분석적 검토가 필요하다는 신중한 견해가 있다.[9] 소년범죄의 흉포화 경향은 강도범죄에서만 나타나는 부분적인 현상이고, 이 또한 성인범죄에 의한 강도범죄 양상이 더 심각하다는 주장이며, 저연령화 역시 그때그때 증감을 반복하므로 일률적으로 말할 수 없다고 한다. 실제로 통계(1994-2000)는 소년 형법범의 경우 아래 <표 5>에서 보는 바와 같이 14세 미만은 54.7%가 감소한 반면, 18-19세 소년은 7.9%의 감소율을 보이고 있다. 감소내용을 구성비와 인구비의 면에서 보면 1994년 14세 미만이 2.6%와 3.0명에서 2003년에는 1.3%와 1.7명으로 내려간 반면, 18~19세는 35.6%와

---

6) 범죄백서 2004, 109면 이하 참조.

7) 김성언, "우리나라 청소년범죄의 실태와 대책"(형사정책연구 제11권 제4호, 2000), 11면 이하 참조.

8) 배종대, 『형사정책』, 2005, 470면 이하.

9) 김성언, 위 논문, 37면 이하 참조.

42.1명에서 38.1%와 49.5명으로 증가하였다.

《표 5》 소년 형법범 연령층별 인원 및 인구비(1994~2003년)

구분 연도	계	14세 미만		14세~15세		16세~17세		18세~19세	
		인 원	인구비	인 원	인구비	인 원	인구비	인 원	인구비
1994	76,534 (100)	1,968 (2.6)	3.0	20,791 (27.2)	32.1	26,532 (34.7)	41.0	27,243 (35.6)	42.1
1995	85,461 (100)	1,617 (1.9)	2.5	25,650 (30.0)	40.0	30.890 (36.1)	48.2	27,304 (32.0)	42.6
1996	87,084 (100)	1,720 (2.0)	2.7	26,546 (30.5)	41.9	31.044 (35.6)	49.0	27,774 (31.9)	43.8
1997	95,666 (100)	1,249 (1.3)	2.0	29,058 (30.4)	47.2	35,582 (37.2)	57.8	29,777 (31.1)	48.4
1998	99,552 (100)	1,066 (1.1)	1.8	26,141 (26.3)	43.3	36,600 (36.7)	60.7	35,745 (35.9)	59.2
1999	93,261 (100)	970 (1.0)	1.7	22,612 (24.2)	38.5	33,094 (35.5)	56.3	36,585 (39.2)	62.3
2000	94,465 (100)	978 (1.0)	1.7	25,198 (26.7)	44.1	32,586 (34.5)	57.1	35,703 (37.8)	62.5
2001	82,746 (100)	957 (1.1)	1.7	20,488 (24.4)	37.4	27,291 (32.6)	49.8	34,010 (40.6)	59.2
2002	75,982 (100)	1,125 (1.5)	2.2	19,262 (25.3)	37.3	25,137 (33.1)	48.7	30,458 (40.1)	59.0
2003	67,135 (100)	891 (1.3)	1.7	18,265 (27.2)	35.4	22,409 (33.4)	43.4	25,570 (38.1)	49.5

* 범죄백서 2004, 107면
주 : 1. 범죄분석.
2. ( ) 안은 분포 백분률(구성비).
3. 인구비는 12세 이상 20세 미만의 소년인구 10,000명당 범죄자수.

이외에도 소년비행의 특징으로 '비사회형'이 제시되고 있다.[10)] 비사회형 소년비행은 전체로서 소년범죄는 감소하는 데 반해 증가추세를 보인다고 한다. '비사회형'이란 비행의 동기에서 다음과 같은 특색이 있다. 일반적으로 범죄는 반사회적 동기에서 발생하는 것과 달리, 비사회형은 사회제도나 규범으로부터 도피하기 위해서 또는 구체적 목적 없이 비행으로 나아간다는 것이다.

10) 澤登俊雄, 『少年法』, 中公新書, 2003, 3면 이하 참조.

Ⅱ. 소년법의 의의

1. 소년법의 의미와 범위

소년법은 소년을 보호하기 위한 법규범이다. 이 때 '소년을 위한다'는 규범목적을 어떻게 이해하느냐에 따라 좁은 의미의 소년법과 넓은 의미의 소년법으로 나누어 생각할 수 있다.

(1) 좁은 의미의 소년법

형식적 의미의 소년법이라고 하며, 「소년법」이라는 이름으로 1958년 7월 24일 법률 제489호로 공포·시행된 법을 말한다(1988년 12월 31일 제4차 개정시 전면개정됨). 이 법은 소년 가운데서도 "반사회성 있는 소년"을 대상으로 이들의 건전한 육성을 위하여 그 환경의 조정과 성행의 교정에 관한 보호처분과 형사처분에 관한 특별조치를 할 것을 목적으로 하고 있다. 적용대상을 "반사회성 있는 소년", 즉 비행소년으로 하여, 이들에게 보호처분 또는 형사처분을 부과한다는 점에서 다른 소년관련법과 구별된다. 이 법은 총칙, 보호사건, 형사사건, 그리고 벌칙 등 모두 4개 장으로 구성되어 있으며, 특히 보호사건에 관한 규정에 큰 비중을 두고 있다(전체 71개 조문 가운데 45개 조문). 보호사건의 장에서는 보호처분의 대상과 내용, 그리고 절차 등이 규정되어 있으며, 형사사건의 장에서는 역시 형사사건의 대상과 형법적용을 완화하는 특칙이 규정되어 있다.

(2) 넓은 의미의 소년법

소년법을 '소년에 관한 법', 또는 '소년을 위한 법'으로 이해하게 되면 다수의 소년관련법들이 소년법에 해당된다고 할 수 있다. 이를 넓은 의미의 소년법이라고 하며, 실질적 의미의 소년법이라고도 한다. 이런 의미에서라면 우리는 다수의 소년법을 가지고 있다. 소년을 위한다는 목적에는 소년의 건전한 보호, 육성, 감호, 복지증진 등이 모두 포함될 수 있으므로 '좁은 의미의 소년법' 이외에 소년심판규칙, 아동복지법, 청소년보호법, 청소년기본법, 교육법, 소년원법, 보호관찰등에 관한 법률, 청소년의 성보호에 관한 법률, 한국해양소년단연맹육성에 관한 법률, 소년경찰직무규칙 등의 특별법령과 형법, 형사소송법, 법원조직법, 행형법, 사법경찰관리집무규칙, 범죄수사규칙 등에 있는 소년관련규정 등은 모두 다 소년(관련)법 또는 소년을 위한 법이 될 수 있기 때문이다.

넓은 의미의 소년법은 좁은 의미의 소년법과는 보호의 대상과 시기, 방법에서 차이가 있다. 예컨대 소년원법은 소년원과 소년분류심사원의 조직과 기능 기타 소년의 교정교육 등에 관하여 필요한 사항을 규정함을 목적으로 한다. 즉 소년법에 따른 보호처분을 위한 조사와 심리 과정에서 소년부판사에 의해 소년분류심사원에 위탁된 소년이나, 또는 법원소년부로부터 소년원에 송치된 보호소년의 수용과 교정을 그 주된 대상으로 한다. 소년법이 반사회성 있는 소년의 건전한 육성을 위한 보호처분 또는 형사처분의 절차와 특칙을 정하고 있다는 점에서 소년원법은 소년법의 목적을 구체적으로 실현하는 소년행형법의 성격을 갖는다. 마찬가지로 보호관찰 등에 관한 법률도 소년법 제32조 제1항 제2호와 제3호의 보호처분을 받은 소년에 대해 지도·원호함으로써 건전한 사회복귀를 촉진하고, 효율적인 범죄예방활동을 전개함으로써 개인 및 공공의 복지를 증진함과 아울러 사회를 보호함을 목적으로 한다는 점에서 소년법에 의한 보호처분을 구체적으로 실현하는 소년행형법의 성격을 갖는다.

(3) 소년법학의 연구대상

이 책의 연구대상은 일차적으로 좁은 의미의 소년법이다. 그러나 소년법을 올바로 해석적용하기 위해서는 실질적인 소년법인 넓은 의미의 소년법도 함께 소년법학의 연구대상으로 삼아야 할 것이다.

2. 소년법의 성격

소년법은 소년의 반사회적 행위에 대한 국가의 공적 개입이다. 소년법은 그 대상인 "반사회성 있는 소년"에 대한 형사처분과 보호처분을 부과한다는 점에서 형사사법(司法)법이며, 소년을 성인과 다르게 다룬다는 점에서 일반형법,

즉 성인형법에 대한 형사특별법이다. 보호처분의 내용과 절차를 규정한다는 점에서는 실체법이자 절차법이기도 하다. 또한 소년법의 처분은 소년의 인격과 환경을 고려하여 부과함으로써 행위자형법[11]인 동시에, 그 처분의 내용은 소년의 높은 잠재적 개선가능성을 바탕으로 한 사회복귀를 위한 교육이어야 한다는 점에서 교육형법 또는 복지형법의 성격도 갖는다고 할 수 있다.

Ⅲ. 소년법의 이념

1. 논의의 필요성

법학의 모든 학문분과가 다 '이념'을 규명하고 있지는 않는 것 같다. '이념'의 문제는 주로 법철학이나 형사소송법학, 그리고 소년법학 등에서 볼 수 있을 뿐, 다른 개별 법학에서는 논의되지 않고 있기 때문이다. 구체적인 연구대상을 달리 하고 있는 것 외에 다른 점이 없는, 즉 같은 법학의 범주에 속하는 개별 법학 간에 왜 이런 차이가 있을까. 물론 다루지 않았다고 해서 해당 법학이 지향하는 이념이 없다고 할 수는 없다. 이념에 대한 논의가 없는 경우엔, 이른바 '기본원칙' 등의 주제를 가지고 그 법학이 수행해야 할 목적이나 과제를 밝히고 있기 때문이다. 그러나 기본원칙은 그 이념으로부터 도출되는, 즉 '(이념)실천원칙'이라는 점에서 양자는 불가분의 관계이긴 하나 선후의 구별이 가능한 개념이다. 그러므로 직접 구체적인 실천원칙을 제시하기보다, 이 원칙의 상위에 있는 이념의 문제에 관심을 두는 데는 어떤 이유가 있다고 해야 할 것이다.

일반적으로 이미 확립되어 널리 알려진 이론이나 해결된 문제에 대해서는 굳이 설명을 하지 않는다. 이러한 일반관행으로부터 볼 때 이념이 문제되는 것은 아직도 이념에 대한 논란이 진행되고 있다는 것이거나, 확립된 이념이지만 좀더 강조(또는 호소, 일깨움)하려는 염원의 발로로 설명될 수 있을 것 같다.

지금까지도 형사법학 분야에서 이념이 논의되고 있다. 그 이유는 아마 확

---

11) 김일수, "소년범 인식구속에 관한 문제점 및 개선방안"(청소년범죄연구 제3집, 1985), 135면.

립된 이념을 더욱 강조하려는 데 있는 것이 아닌가 한다. 이미 "인간의 존엄 보장"이라는 헌법의 지도가치는 형사법을 구속하고 있기 때문이다. 즉 형사법의 이념으로서 인권보장은 이미 확립되어 있다. 그럼에도 형사법학 분야에서 이념이 논의되는 것은 인신구속의 내용과 절차를 규정한 형사법의 입법, 해석, 적용에서 인권보장 이념이 더욱 충실히 실현될 것을 요청하는 것이 아닌가 한다.[12] 이는 국가의 형벌권 행사와 국민의 자유보장은 여전히(또는 언제나) 긴장관계에 놓여 있다는 말이며, 형사법의 이념과 규범현실 간에 간과하기 어려운 크기의 간극이 존재한다는 말이기도 하다는 것이다.

형사특별법[13]인 소년법에서 이념이 논의되는 사정은 위와 같은 이유 이외에, 소년법학의 소외에서도 찾을 수 있을 것 같다. 이론과 실무에서 눈부신 발전적 논의가 진행 중인 일반형사법 분야에 비해 여러 가지 면에서 뒤져 있는[14] 소년법학과 소년사법 실무에서는 그만큼 이념 논의의 중요성이 더 크다고 하겠다. 이념의 강조는 결국 이념의 구체적 반영과 실천을 촉구하는 것이기 때문이다.

2. 소년법 이념의 기초

특별형사법인 소년법의 이념은 법체계상 헌법과 일반형사법의 지도가치나 이념의 기초 위에서 세워져야 할 것이다. 헌법은 (모든) 법의 이념으로 '인간의 존엄 보장'을 선언하였고, 일반형사법에서는 다시 '피의자와 피고인의 인권보장'으로 구체화시켰다. 이 때 소년법은 일반형법의 지도원리에 구속되어야 하되, 그 적용대상이 '소년'[15]이므로 소년의 특성을 바탕으로 이념이 구체화되어야 할

12) 형사소송법과 달리, 형법학 분야에서는 이른바 '형법의 이념'이란 용어는 발견되지 않는다. 다만 형법의 과제라는 좀더 구체적인 요구를 하고 있다. 그러나 최근의 형사소송법 문헌도 이념의 규명보다는 기본원칙의 제시로 바뀌는 경향이다.

13) 소년법의 성격에 대해 자세히는 정희철, "소년형법과 교육사상"(고려대학교 박사학위논문, 2004), 33면 참조.

14) 소년법학 연구종사자의 부족을 우선 꼽을 수 있다. 예컨대 소년사법 관련 학위수여자와 교과서의 수, 그리고 대학에서 소년법 강좌의 개설은 말할 것도 없고, 교과과정에조차 들어 있지 않은 대학 현실 등은 그 좋은 예일 것이다. 게다가 입법의 미비도 지적되고 있는바, 예컨대 「소년행형법」의 제정이 촉구되고 있다[배종대, "형법의 목적과 소년형벌의 실효성 검토"(청소년범죄연구 제4집), 22면 이하 참조].

15) 소년법 제4조 제1항에서 규정하고 있는 소년(즉 범죄소년, 촉법소년, 우범소년)을 말한다.

것이다. 소년법은 그러므로 '소년의 인권보장'을 기본으로 하면서 특별히 '소년을 위한' 사법을 꾀하여야 할 것이다. 문제는 일반형사법의 인권보장 요청 외에 소년을 위한 사법의 '내용'을 어떻게 채워야 하는가에 있다. 일반형사법과 소년법을 구별짓게 하는 이 내용은 소년의 특성에 의하여 규정되어야 할 것이다.

3. 소년의 특성

소년의 특성은 '미성숙성과 고도의 잠재적 성숙가능성'이라고 한다.[16] 때문에 환경에 오염되기도 쉽지만, 죄를 범했다 하더라도 범죄성향이 아직 뿌리 깊지 않아 개선가능성도 그만큼 크다고 한다.[17] 그러므로 공통된 형사사법 원칙의 기초 위에 서 있지만 소년의 특징으로 인하여 소년의 "반사회성"에 대한 국가개입의 정도와 내용은 성인형사사법과는 달라야 한다. 소년은 형벌로 다스리기보다는 그의 범죄요인을 실증적으로 분석하여 그에 알맞은 처분이 부과되어야 하는 것이다. 소년에게는 성인범에 대한 형사제재와는 다른 기준에 의한 다른 제재, 즉 '형벌보다는 보호'가 투입되어야 한다. 그러므로 소년사법에서 소년에 대한 제재가 '완화[18]와 확장'의 길로 나아가는 것이다. 소년법에서 전자는 범죄소년에 대한 보호처분과[19] 완화된 형사처분으로, 후자는 촉법소년과 우범소년에 대한 보호처분으로 반영되었다.[20] 이 한에서 소년사법의 확장은 형사법의 보충

16) 소년의 특성에 관하여 오선주, "소년법상 소년보호의 법리"(형사법연구 제9권, 1997, 한국형사정책학회), 389면 이하; 배종대, 위 논문, 20면 이하 참조. 판례는 소년의 특성을 "소년의 인격은 형성 도중에 있어 그 개선가능성이 풍부하고 심신의 발육에 따르는 특수한 정신적 동요상태에 놓여 있다"고 한다(대판 1997.2.14, 96도1241).

17) 최종식, "소년법상 보호처분에 관한 연구"(강원대학교 박사학위 논문, 1996), 1면 이하 참조.

18) 소년완화와 관련된 법규정으로는 소년법의 보호처분관련규정과 제59조, 제60조 2항, 제62조, 제63조, 제65조, 제67조 등이 있다. 이 중 제60조 2항의 소년감경에 대해 소년의 특성은 책임능력을 제한하고 처벌필요성을 감소시키는 기능을 하는 임의적 형감경사유라고 한다[최병각, "소년감경의 적용요건과 소송법적 효과"(형사법연구 제12호, 1999), 476면 이하 참조].

19) 다수의 보호처분간에도 경한 처분을 추구해야 한다.

20) 후자의 보호처분은 형벌은 아니지만 처분(소년법 제32조 참조)에 부담적 성격이 있으므로, 처분을 받는 소년에게는 국가개입의 '확장'으로 받아들여질 것이다. 더구나 우범소년에 대해서는 단순히 지위비행(status offence)에 불과한 행위와 일정한 사유만으로 보호처

성에는 어긋난다고 할 수도 있다. 그러나 완화와 확장은 소년의 반사회성(요보호성)을 제거함으로써 궁극적으로 소년의 건전육성을 목적으로 하고 있는 것이다. 즉 확장은 보장의 예외로서 형사법 원칙과 충돌하나 보호의 관점에서 정당화되어야 한다는 것이다. 이런 점에서 소년법의 이념은 '소년보호'라고 할 수 있다.[21] 소년법 제1조[목적][22]에도 소년보호 이념이 선언되었다고 하겠다.

4. 논의의 경향과 검토

소년법의 이념인 소년보호의 근거와 내용은 그러나 각국의 문화와 역사적 배경, 그리고 법제의 발전경향에 따라 다르게 전개되어 왔다. 일반적으로 소년법의 이념은 크게 형평법의 국친사상에 기초한 영미형과 교육사상에 기초한 형사정책적 유형인 대륙형으로 나누어 소개되고 있다.

(1) 국친사상(國親思想)

국친사상(parens patriae)이란 본래 국가(국왕)가 모든 국민의 보호자라는 사고이다. 이것이 소년사법에서는 부모가 없으므로, 또한 있더라도 소년을 제대로 보호하지 못할 경우 국가가 부모를 대신하여 소년을 보호한다는 의미로 발전되었다. 국가가 소년의 비행원인이 되는 환경을 조정하고, 소년의 성행을 교정할 책임을 지고 있다는 것이다.

국친사상은 그러나 소년의 최대이익을 꾀한다는 목적으로 국가의 소년에 대한 과잉개입을 은폐하여 소년이나 국민을 기망할 수 있다는 문제점이 지적된다. 그러므로써 보호의 이름 아래 국가적 제재를 통한 사회방위를 추구할 위험성이 있다는 것이다.[23] 그러나 이러한 위험성은 인권보장이념을 강조함으로써

분을 받을 수 있다는 점을 이유로 그 인정여부를 둘러싼 논쟁이 뜨겁다.

21) 이한교, "소년법개정의 기본방향"(강원법학 제3권, 1987), 118면; 유진식, 『소년법』, 육법사, 1982, 28면 이하; 최종식, 위 논문, 1, 26면 이하 참조; 유숙영, "소년법이념의 새로운 좌표"(제12회 소년법학회 발표논문, 2003, 강원대학교), 1면, 6면 이하; 澤登俊雄, 『少年法入門』(제3판), 2005, 22, 35면 참조.

22) "이 법은 반사회성 있는 소년에 대하여 그 환경의 조정과 성행의 교정에 관한 보호처분을 행하고 형사처분에 관한 특별조치를 행함으로써 소년의 건전한 육성을 기함을 목적으로 한다."

피할 수 있다고 한다. 그 예로서 적법절차 준수 등이 대안으로 제시되고 있다.

(2) 교육사상

이 사상의 전제는 소년은 잠재적 개선가능성이 매우 크기 때문에 소년 범죄와 비행은 성인과 달리 취급될 것이 요구된다는 것이다. 이 요구는 반사회적인 소년에 대해 개별적인 사회화 처우로써 사회복귀를 도모하자는 교육사상에 의해 수행되었다. 소년에 대한 교육구상은 보호처분에 대한 특별한 심판절차, 보호처분 우선으로 인한 비형벌화, 완화된 형사처분 등으로 법규화됨으로써 소년법에 '교육형법'이라는 특징을 부여하였다. 소년의 특별처우는 유럽 소년법원법의 주된 관심사가 되었고, 소년형벌의 확장을 막는 데 성공적으로 투입되었다는 평가를 받았다.

그러나 교육이란 이름으로 행해지지만, 사실상은 강제적 처분이므로 본질에서는 형벌과 다르지 않음도 부인할 수 없다. 이로써 역설적으로 교육에 의한 형벌확장을 초래한다는 비판도 피할 수 없게 되었다. 교육처분의 형벌확장 가능성을 비례성원칙으로 막으려는 논의는 이 문제를 해결해 주는 빛이기도 하지만, 이는 바로 교육에 의한 형벌확장의 위험성이 존재함을 말해주는 것이기도 하였다.[24)]

(3) 정 리

위에서 소년법의 이념에 대한 논의의 배경과 문제점을 간단히 살펴보았다. 각 사상은 타당성도 있으나 자기모순에 빠질 위험성도 있음이 지적되었고, 나름대로 보완이 이루어졌다. 적법절차 보장과 비례성원칙 등과 같은 보완책을 적용함으로써 국친사상과 교육사상은 단점을 보완하면서 발전하여 왔다고 할 수 있다. 이 때 단점보완 과정에서 하나의 공통의 지향점이 발견된다. 국가의 보호과잉을 막으려는 기준과 교육에 의한 국가의 과잉개입을 피하려는 원리가 실은 소년의 인권보장으로, 다시 말해 법치주의원칙으로 수렴된 것이기 때문이다.[25)]

---

23) 정희철, 위 논문, 53면 이하.

24) 정희철, 위 논문, 56면 이하 참조.

25) 최종식, 위 논문, 24면; Dean Champion, *The Juvenile Justice System* 2nd ed., Prentice Hall, 1998, 15면 이하 등도 같은 입장으로 볼 수 있다.

소년법의 "보호주의"(paternalism)를 자유주의와 정합(整合)적이고, 인권존중과 일치하는 것으로 이해하며, 이러한 의미의 보호주의는 소년법의 해석과 적용의 기본원리가 되어야 한다는 입장[26]도 이러한 수정을 수용함으로써 이념의 구체화를 꾀한 시도로 볼 수 있다.

그러나 각 사상의 단점으로 지적된 사항들, 즉 '국가의 과잉개입'이나 '교육이라는 이름 아래 형벌확장' 등도 실은 각 사상의 본래취지에서 보더라도 의도하지 않은 결과일 것이다. 다만 이론의 불완전함 탓이라도 국가의 자의를 적절히 통제할 수 없다는 것은 문제가 아닐 수 없다. 그 단점을 보완으로 지향한 것은 법치주의 실천이었으며, 원용된 수단은 법치주의원칙이었다. 그러므로 중요한 것은 소년법이 어떤 사상을 따를 것인가가 아니라 여러 가지 사상이 법치주의국가원리에 의해 어떻게 수정・보완, 또는 통제되었는가일 것이다. 소년법의 이념에 관한 논의는 인권보장을 최고가치로 하는 헌법이념 아래서 비로소 의미가 있기 때문이다. 이런 점에서 국친사상은 본래 왕권국가에서 출발하였더라도,[27] 자유법치국가원리에 의해 제한되어야 하며, 이는 교육사상 역시 마찬가지이다. 소년에 대한 교육도 적극적인 국가개입의 허용을 의미하는 것으로 이해할 수 없음은 물론이다.

결국 이제 국친사상이나 교육사상은 법치국가원칙의 확립으로 인해 논의의 독자성은 거의 상실되고, 다만 국가의 소년보호의 근거와 내용에 관한 이론사적인 의미만 가지고 있는 것이 아닌가 한다.

5. 소년법의 이념과 실천원칙

(1) 소년법의 이념 다음의 문제

'소년보호'라는 소년법 이념은 추상적이어서, 이념의 실현 문제를 함께 생각해야 한다. 이념과 실천원칙의 문제는 불가분의 관계이며, 흔히 이념과 기본원칙은 구별 없이 사용되기도 한다. 실천원칙은 이념에 대한 법체계적 해석을

---

26) 澤登俊雄, 「現代社會どパターナリズム」, ゆみる出版, 1997, 12면 이하 참조; 花岡明正, "少年法どパターナリズム"(소년법연구, 창간호, 2002), 383면 이하 참조.

27) 국친사상의 근원은 13세기 영국의 형평법사상에 있다고 한다.

통해 찾을 수 있을 것이다. '소년보호' 이념은 이미 상위법인 헌법과 일반형사법의 이념에 위배되지 않으면서, 소년법의 특성을 최대한 반영하는 방향으로 해석·전개되어야 한다.

(2) 소년보호의 실천원칙

1) 최소처분원칙

소년법이 이념으로 하는 소년보호를 위한 실천원칙으로는 최소처분원칙을 생각해 볼 수 있다. 이는 소년의 인권보장 목적으로부터의 요청이며, 동시에 일반형법의 보충성과 최후수단성과 같은 의미이다. 앞에서도 언급했지만 소년보호는 인권보장을 전제로 한 건전한 육성이므로 소년에 대한 처분은 원칙적으로 소극적 의미로 이해되어야 한다. 이러한 성격을 "형사사법작용으로부터의 보호"[28]라고 하는 입장과 다르지 않다고 생각한다.

그러므로 소년보호는 형사처분의 최소화는 물론 보호처분의 최소화를 추구해야 한다(소년사법배제노력). 그러므로 형사처분이나 보호처분 모두 처분절차 진행에서 기준시점은 행위시와 재판시 중 소년에게 유리하게 원용되어야 한다고 생각한다.[29] 즉 소년법해석은 '소년에게 유리하게' 이루어져야 한다.

또한 소년사법의 확장 부분인 촉법소년과 우범소년 인정요건과 절차에 대해서도 이 원칙은 당연히 적용된다. 특히 인정 여부를 둘러싸고 찬반 논란이[30] 뜨거운 우범소년의 성립에 대해서는 이 원칙이 더욱 엄격히 적용되어야 할 것이다. 소년사법의 처분은 실질적으로는 부담처분이므로 우범표지와 같은 반사회성 또는 요보호성 표지의 정형화와 심사의 객관화·엄격화가 요청된다고 하겠다.

2) 교육처분원칙

소년보호의 내용은 소년을 위한 교육인데, 이 교육의 내용과 정도에 대해

---

28) 임상규, "소년법상의 보호정신"(교정연구 제15호, 2002), 45면 이하 참조.

29) 최병각, 위 논문, 467면 이하 참조.

30) 우범소년의 찬반 여부는 이 글의 목적을 벗어나므로, 아래 몇 가지 문헌을 소개하면 윤용규/최종식, "우리나라 소년사법의 운용실태와 개선방안에 관한 일고찰"(형사정책연구, 2000 겨울), 63면 이하; Araki, Nobuyoshi, "An Overview of the Guhan System and it's Administration in Japan"(강원법학 제8권), 475면 이하; 임상규, 위 논문, 42면 이하, 44면 주52의 문헌; 정희철, 위 논문, 46면 이하 참조.

서는 논란이 있다. 소년사법의 교육원칙을 재사회화 교육이라는 특별예방과 동일한 의미로 이해하는 입장도 있으나, 양자는 서로 다른 개념으로 파악하는 것이 타당하다고 본다. 소년법상의 교육은 형법규범의 보호법익을 인정하고, 구체적 상황에서 법익보호를 위해 명령된 행위의무를 내면화하도록 경주되어야 한다는 점에서, 단순한 개선이나 재사회화 이상의 의미를 지닌다고 해야 하기 때문이다.[31] 특별예방은 수형자의 자율성이 강조되나, 소년사법에서 교육은 "준법생활에 필수불가결한 가치의 내면화를 위한 타율적 교육"을 의미한다.[32] 이런 의미의 교육은 그러므로 성인형사법에서는 허용될 수 없는 형사제재의 확장인 것이다. 따라서 이 부분에 대해서는 복지관련법에 맡겨야 한다는 주장도 있다. 그러나 관심대상에 있어서 소년법과 복지법은 서로 다르므로 소년법의 교육처분은 인정되어야 한다. 이런 측면, 즉 소년사법의 확장적 성격은 최소처분원칙과 달리 '형사사법작용에 의한 보호'라고 할 수 있겠다. 이러한 소년사법의 확장은 적법절차 원칙과 비례성원칙, 정형화 원칙 등에 의해 제한되어야 함은 물론이다.[33]

(3) 소년보호 이념에 대한 회의와 검토

소년법의 보호이념에 대해서는 보호의 내용인 교육 구상의 "실망스러운 성적표"와 보호처분의 "부담스러운 혜택"을 이유로 회의적 비판이 가해지고 있다.[34] 소년법의 보호처분 대상에 촉법소년과 나아가 우범소년까지 인정한 것과, 처분과정과 실태의 문제점을[35] 보노라면 이러한 비판이 전혀 근거가 없는 것은 아니라고 본다.

이러한 비판에 대하여는 그러나 한 가지 분명히 해야 할 것이 있다. 소년보호 이념이 현실에서 실현되지 못한 것이 과연 이념의 허구 때문인지, 아니면 이념을 따라가지 못한 소년사법의 실무 현실에서 비롯된 것인지가 먼저 밝혀져

31) 교육과 특별예방과의 관계에 대하여 자세히는 정희철, "소년형벌의 형벌목적론"(비교형사법연구 제6권 제2호, 2004), 50, 55면 참조.
32) 정희철, 위 논문, 50면 이하 참조.
33) 소년법적 처분의 제한원리로서 비례성원칙에 관해서 정희철, 박사논문, 132면 이하 참조.
34) 임상규, 위 논문, 39면 이하 참조.
35) 보호처분의 운용실태, 소년에 대한 심리, 조사관 제도 운영 등(윤용규/최종식, 위 논문, 51면 이하 참조).

야 한다는 것이다. 애당초 실천할 수 없는 비현실적 이념 탓인지, 다른 사정(예컨대 입법의 미비나 인적·물적 여건의 불비)으로 인하여 이념의 실현이 가로막혔는지 가려내야 한다. 후자의 경우에는 이념이 문제가 아니라 오히려 이념 실현을 가로막은 여건을 개선해야 할 것이다.

소년보호 이념에 대한 이러한 회의는 소년사법에서 이념의 실현을 위한 수단투입을 제한할 근거를 제공한다. 그러나 이는 새로운 목소리는 아닌 것 같다. 소년보호 이념은 이미 법치국가원칙에 기속되므로, 즉 인권보장원칙에 저촉되지 않는 한에서 최대한의 소년보호를 꾀해야 하기 때문이다. 따라서 이미 언급했듯이 일반형사법의 보호·보장과제와 또한 형법의 최후수단성 등은 소년법에도 타당하다. 소년사법에 대한 이러한 규범원칙의 통제가능성에 의하면 위의 우려는 소년보호 이념과 그 실천원칙에 대한 것은 아니라고 판단된다. 다만 소년법의 이념에 비추어 볼 때 현행 소년(법)관련법의 입법과 그 실무는 여러 가지 심각한 문제가 있음을 전달해주기에 충분하다

한편 최근 소년사법에서 '회복적 사법'의 논의가 활발해지면서 피해자에 대한 관심이 높아지고 있다. 그러나 피해자 권리의 보호와 확장은 소년법의 이념인 보호주의와 충돌되는 문제는 아니다. 오히려 가해소년의 건전육성에 도움을 줄 수 있으며, 그 한에서 피해소년의 권리보호는 소년법의 이념과 포함관계에 있다고 할 수 있다. 따라서 피해소년의 보호 요청이 반사회성 있는 소년의 엄벌화로 이어져서는 안 될 것이다.

6. 맺음말

소년법은 소년보호를 이념으로 하는 특별형사법이다. 소년보호 이념을 풍부히 하고 실천하는 데 국친사상과 교육사상 논의는 큰 기여를 하였다. 그러나 굳이 소년법 제1조를 국친사상 또는 교육사상에 뿌리를 두었다고 해석할 이유는 없는 것 같다. 소년보호 이념과 실천원칙은 오늘날 헌법과 소년법, 그리고 법치국가원칙에 의해 분명하게 선언되었다고 할 수 있기 때문이다. 국친사상이나 교육사상 모두 그 자체 불완전하여 변화발전하는 과정에서 서로 닮아왔으며, 결국 법치국가원칙으로 수렴되었다. 이제 소년법의 이념은 소년보호로 귀결되었으므로, 위 논의로부터는 이론사적 의미를 얻는 데 만족해야 할 것으로 본다.

소년법은 일반형사법과 공통된 가치 위에 서되, 소년보호 이념에 따라 형사제재의 '완화와 확장'을 추구한다. 이로부터 소년보호 이념의 실천원칙은 최소처분원칙과 교육처분원칙 두 가지로 정리하였다. 최소처분원칙은 형사법의 최후수단성을 다시 강조한 것으로서 소년보호란 '형사제재로부터의 배제'와 '가벼운 처분'을 지향해야 한다는 것이다. 그리고 교육처분원칙은 형사처분이든 교육처분이든 소년에게는 교육처분이어야 한다는 뜻이다. 이 때의 교육은 재사회화 사상의 특별예방과는 다르게 이해해야 한다. 논란이 예상되지만, 타율적 규범교육이 소년사법에서 정당화되기 위해서는 적법절차원칙과 비례성원칙 등의 제한 아래 있어야 한다.

끝으로 보호처분은 그 소년의 장래의 신상에 어떠한 영향도 미치지 아니한다는 소년법 제32조 제5항의 규정과 친절한 심리진행을 해야 한다는 제24조 제1항, 제58조 제1항 등의 규정이 소년사법 전체로 확대되어야 할 것이다. 그리고 소년법의 이념 실현을 위해 소년관련법제의 정비와 실무여건의 개선이 함께 진행되어야 할 것이다.

제2장

소년사법의 역사

Ⅰ. 소년법의 태동

1. 영국에서의 국친사상의 태동

영미법에 있어서는 관습법에 의한 획일성과 엄격성을 완화하기 위하여 형평법(equity)제도가 존재한다. 신탁제도가 그 대표적인 예로 국가가 부모로서 국민을 보호하는 역할을 한다는 근거도 기원적으로는 형평법에서 찾을 수가 있다.

중세의 봉건제도에 있어서는 12세기 이후 가장(家長)이 사망하여 그 재산을 상속 받는 자가 유아로서 관리능력이 없거나 또는 정당한 상속인에 대하여 분쟁이 발생한 경우에는 청원을 받은 대법관(Lord Chancellor)이 후견인을 지정하는 등의 방법으로 이러한 문제를 해결하여 왔다. 그 후 17세기에 들어서는 가장이 사망한 경우 지정된 후견인으로부터 상속인의 아동에 대한 착취를 방지하기 위하여 대법관의 보호적 역할을 기대하는 상황이 많이 발생하여 그 중에서도 사망한 가장의 자녀에 대한 교육의 방법으로서 대법관은 기회 있을 때마다 그 권한을 행사하였다.[1]

1) Neil Howard Cogan., "Juvenile Law, Before and After the Entrance of Parens Patriae"(22 South Carolina Law Review, 1970), p.147.

한편, 국왕이 국민에 대하여 부모로서의 권한을 행사할 수 있다는 법리는 선천적 내지 후천적인 정신이상자의 보호 혹은 빈곤자에 대한 자애적인 구제의 분야에서 먼저 발전한 것이다.[2] 국가의 국친사상으로서의 기능은 본래 '국왕의 대권'에 속하는 것으로 정신이상자의 보호 및 자애적인 구제를 실현하기 위하여 국왕이 그 국민에 대하여 당연히 해야 할 의무성의 색채를 띠는 것으로 파악되고 있다. 그 후 소년관련의 사건에서도 이와 같은 사상이 적용되었다고 할 수 있다.

최초로 소년사건에 있어서 국친사상과의 문제가 발생한 것으로서는 Falkland 사건[3](1696년)이 있다. 이 사건에 있어서 대법관이었던 Lord Somers는 상속의 다툼에 관하여 "부모로서의 국왕"(the King as Parens patriae)의 개념을 이 문제의 관할권을 정당화하는 근거로 사용하였다. 18세기에 들어서는 부모가 사망한 아동의 교육권한을 둘러싼 다툼에 관하여 후견인이 지정되어도 그 후견은 신탁의 성질에 불과하고 신탁의 일반에 대법관의 권한이 미치는 이상, 후견의 방법에 있어서도 그 권한이 미친다는 판례가 있다(Beaufort 사건, 1721년[4]). 그 후의 1722년의 Shaftsbury 사건[5]에서는 국가가 국민의 자녀의 감호방법에 개입할 수 있다는 이론적인 근거가 포함되었다. 즉, 이 판결은 국왕은 국친사상으로서의 궁극적인 후견감독인이며, 이 관계는 신탁관계인 이상 법원이 자녀의 감호의 방법에 재량적인 권한을 가지는 것은 당연하며, 법령에 근거가 없어도 청원이 있는 이상 모든 아동의 감호에 관하여 법원은 결정권을 가진다. 국왕이 선천적 내지 후천적인 정신이상자를 국친으로서 보호한다면, 자력으로 자신을 보호할 수 없다는 점에서 같은 상황에 있는 아동에 대하여 권한행사를 포기할 이유는 없다고 판시하였다. 그 후 소년의 보호에 관하여 형평법법원의 관할권이 확대되는 경향이 보여 1756년의 Butler 사건[6]에 있어서는 부모가 생존하고 있는 경우라도 법원이 그 아동의 감호에 개입할 수 있다고 판시하였고, 1790년의 Creuze 사건[7]에 있어서는 법원이 양친 간에 있어서의 감호권의 행사의 방법에 관한 다툼에 개입할 수 있다고 판시하였다. 또한 19세기에 들어서는 1827년의 Wellesly

2) Cogan., Id., p.155.
3) Falkland v. Bertie(1696), Cogan., Id., p166.
4) The Duke of Beaufort v. Berty (1721), Cogan., Id., p.171.
5) Eyre v. The Countess of Shaftsbury (1722), Cogan., Id., p.173.
6) Butler v. Freeman (1756), Cogan., Id., p.178.
7) Creuze v. Hunter(1790), Cogan., Id., p.178.

사건[8]에서는 법원은 재산권에 대한 다툼이 없는 경우에 있어서는 관할권을 행사할 현실적인 수단이 부여되지 않으므로 관할권을 행사하지 않는 것으로 이것은 국가의 모든 아동에 대한 관할권을 부정하는 것은 아니라고 판시하였다.

이와 같이 영국의 국친사상은 형평법에 근거하여 국왕의 권리를 대리하여 행사하는 대법관 내지 형평법법원이 청원에 의한 민사분쟁을 개별적으로 해결하기 위하여 의거하여 왔다는 법사고의 형식으로, 모든 형사사법에 관련된 것은 아니다. 그렇지만 중세 이후에 국친사상에 근거하여 유산계급의 아동의 재산관리 및 후견문제에 관한 분쟁만이 아니라 정신이상자의 보호 및 자선구제의 분야, 또는 아동에 대한 감호의 방법에까지 관할권이 점차 확대되어 왔다는 것도 사실이며, 19세기에는 국가가 모든 아동의 문제에 대하여 관할권을 가진다는 것에까지 발전되어 왔다고 할 수 있다.

2. 미국에서의 소년법원의 창설

미국은 소년시설(juvenile institution)과 소년법원(juvenile court)을 처음으로 설립함으로써 근대적 소년사법제도(juvenile justice system)의 발원지로 일컬어진다.

1817년 Grison과 Eddy의 주도로 결성된 빈곤예방협회(Society for the Prevention of Pauperism)는 1819년 비행소년교화협회(Society for the Reformation of Juvenile Delinquents)로 개칭하면서 보호원(house of refuge)의 설립을 추진하였다. 1825년 소년범죄자와 유기 또는 보호를 필요로 하는 소년을 구제하는 장소로서 뉴욕보호원이 설립되었다. 여기에서는 수용소년에 대하여 1일 8시간의 노동과 4시간의 교육이 실시되었다.[9] 이와 같이 당시의 개혁가의 대부분은 소년비행의 문제는 궁핍한 가정, 범죄를 유발하는 사회환경, 그리고 본인의 도덕심의 결여에 있다고 하여 소년을 이와 같은 환경으로부터 격리하여 노동의 습관을 습득하여 도덕성을 강화하는 것이 장래의 범죄자가 되는 것을 방지할 수 있다고 믿었다.[10] 이후 보스톤(1826년)과 필라델피아(1828)에도 보호원이 설립되었다.[11]

---

8) Wellesly v. The Duke of Beaufort(1827), Douglas R. Rendleman, "Parens Partriae: From Chancery to the Juvenile Court"(23 South Carolina Law Review 205, 1971), p.208.

9) Bernard, "The Cicle of Juvenile Justice,"(Oxford: Oxford University Press, 1992), pp.62-64.

그러나 보호원에 있어서는 소년을 어떠한 형태로 사회에 복귀시키는가에 대한 중대한 문제가 있었다. 즉, 궁핍한 가정 및 범죄를 유발하는 사회에 되돌려 보내는 것은 보호원 설립취지에 반하는 것이기 때문이었다. 이에 따라 소년을 오하이오주 내지 인디애나주 등의 개척농장에 보내거나, 21세가 되기 전까지 노동에 종사하는 계약을 채결하기 시작하였다. 결과적으로 보호원은 빈곤가정의 아동을 그 가정으로부터 분리하거나 도시의 불량자들을 모아서 새로운 노동력으로서 다른 지역으로 보내는 일종의 노동알선소가 되었다. 또한 이러한 경우에 부모의 동의 내지 보내어진 장소 등에 대한 통지조차 예외적인 경우를 제외하고는 이루어지지 않았다.[12]

이와 같은 보호원의 정당성에 대하여 최초로 이루어진 사법적 심사는 1838년 펜실베이니아주 대법원의 Mary Ann Crouse 판결이다. Mary는 아무런 범죄도 저지르지 않았으나, Mary의 어머니의 신청에 의해 법원이 보호원의 수용을 명령하였다. 이에 Mary의 아버지는 Mary가 범죄를 저지르지 않았으므로 Mary를 처벌할 수 없다고 주장하면서 인신보호영장(writ of habeas corpus)을 제출하였다.[13] 그러나 펜실베이니아주 대법원은 Mary 아버지의 제소를 기각하고 Mary를 보호원에 송치한 것은 합헌이라고 하였다. 이 때에 처음으로 미국의 법원은 parens patriae의 용어를 사용하면서 그 이유를 다음과 같이 설명하고 있다. 즉, (i) 보호원은 소년을 처벌하는 곳이 아니라 소년을 구제하는 곳이다. 즉, 나쁜 환경으로부터 소년을 격리하여 교육개선을 하는 곳으로 Mary는 처벌을 받는 것이 아니라 구제받고 있다는 것, (ii) 부모가 교육시킬 능력이나 자격이 없을 때에는 국가가 국친(parens patriae)으로서 부모의 역할을 대신할 수 있다는 것, (iii) Mary는 처벌받는 것이 아니므로 형사재판의 피고인에게 부여되는 형식적 적법절차(formal due process)의 보장이 필요 없다는 것 등이다.[14]

---

10) Ibid. p.64.

11) 보호원에서의 일과는 노동과 교육의 실시라고 할 수 있다. 구체적으로 보면 아침식사 전의 2시간의 교육과 그 후 8시간의 작업(목공, 재봉, 금속가공 등)이 실시되며, 이후에 다시 2시간의 교육이 실시되었다. 이 과정에서 소년들에게는 침묵이 강요되었으며 야간에는 열쇠가 채워진 방에 구금되었다: S. M. Robison, *Juvenile Delinquency, its Nature and Control*, N.Y. 1961, p.367.

12) 柳本正春, 『米・英における少年法制の変遷』, 成文堂, 1995, 13면.

13) Bernard, op. cit. p.68.

14) Ibid. pp.68-70.

이러한 보호원에 대하여 1850년대를 전후하여 비판이 제기되기에 이르렀다. 즉, 보호원이란 사회적으로 위험한 계층의 소년을 통제하고 중산층의 가치를 주입하려는 시도이자 자본가의 이익을 위하여 소년의 노동력을 착취하기 위한 수단에 불과하다는 것 등 이었다.[15] 이에 따라 보호원을 개혁하기 위한 방안으로서 소년원(training school), 교정학교(reform school) 등의 소년보호시설이 설립되었다.

그러나 1870년 일리노이주 대법원은 Daniel O' Connell 판결에서 이러한 소년에 대한 시설송치는 소년에게 도움을 주는 것이 아니라 사실상 처벌하고 있다는 인식을 바탕으로 범죄행위 없이 시설에 수용된 소년을 석방하도록 판시하였다.[16] 즉, 이 판결은 시설의 실태로부터 시설을 감옥과 같다는 인식을 하고 있으며, 또한 소년의 비참한 가정환경 및 생활상태 등은 범죄가 아니라 단순한 운에 의한 것이며, 불운을 이유로 구금되어서는 안 된다고 하고 있다.

이 판결 후 일리노이주 의회는 기소내용의 구체화, 부모에의 통지, 변호사의 임명, 배심원에 의한 재판 등이 규정된 법률이 1875년에 성립하여 요부양소년 등의 격리수용을 가능하게 하였다. 그리고 1882년의 In Re Ferrier 판결에서 소년에 대한 수용처분을 합헌이라고 하였다. 이 판결은 국가가 parens patriae의 이념을 사용하여 소년에 대한 구제의 필요성이 있으면 가정에 개입할 수 있다고 명언한 것은 아니지만, 이후의 판결은 이 이념을 빈번하게 이용하기 시작했다. 즉, 가정생활에의 정부의 간섭 등이 기본적으로 인정되지 않았던 시대였음에도 불구하고 parens patriae의 권한을 가지는 형평법법원을 유추하는 것에 의해 극단적인 경우 국친사상을 선언하여 간섭권을 획득하였다고 할 수 있다.[17]

최초의 소년법은 1899년의 일리노이주가 제정한 소년법원법(the Juvenile Court Act of 1899)으로 국친사상(parens patriae)을 기본이념으로 하고 있다.[18] 즉,

---

15) Salerno, "The Child Saver Movement: Altruism or a Conspiracy?"(Juvenile and Family Court Journal, 1991), p.47.

16) Bernard, op. cit. pp.70-71.

17) D. R. Rendleman, "Parens Patriae: From Chancery to the Juvenile Court"(South Carolina Law Review, Vol. 22, 1971), pp.230-235.

18) 미국의 소년법원법의 제정과정에 대해서는 Anthony M. Platt, "The Child Savers : The Invention of Delinquency"(The University of Chicago), アンソニイ M プラット著＝藤本哲也・河合清子 訳, 『児童救済運動ー少年裁判所の起源ー』, 日本比較法研究所 翻訳原書 25, 中央大学出版部, 1989 참조.

이 법률 제22조에서는 “이 법률에 의해 아동에게 처해지는 보호, 감독 및 처벌은 부모에 의해 이루어지는 것에 최대한 가까워야 한다”고 규정하고 있다.

소년법원법 제1조에는 “요부양소년, 방임소년 및 비행소년의 통제와 처우에 관한 법률(An Act the Regulate the Treatment and Control of Dependent, Neglected, and Delinquent Children)”로써 제정되어, 비행소년의 정의로서는 “주 및 시 또는 촌이 규정한 조례에 저촉한 16세 미만의 소년으로 한다”고 규정하였고, 요부양소년과 방임소년에 대하여 “어떠한 이유에 의해 빈곤 및 고아, 유기의 상태에 있거나 또는 습관적으로 구걸하는, 평판이 나쁜 자와 동거하고 있거나, 부모 및 보호자의 타락 및 학대 때문에 가정에서의 감독이 부적절한, 물건을 팔거나 노상에서 노래, 악기의 연주, 대중에게 오락을 제공하고 있는 8세 미만의 소년” 등의 사유에 해당하는 16세 미만의 소년을 의미한다.

또한 모든 소년사건은 순회법원재판관 중에서 선발된 재판관이 소년법원용의 특별한 장소에서 심판을 실시한다(제3조).

보호관찰관(probation officer)에 대하여 법원은 1명 이상의 사려가 깊고 인격이 있는 자를 무보수의 보호관찰관으로 임명 또는 선임할 수 있으며, 보호관찰관의 임무는 법원에 소년이 소환되면 법원의 요청에 의해 소년을 조사하고 그 조사에 근거하여 조사서를 작성하며, 사건의 심리 중 소년의 이익을 대변하기 위하여 재판에 출석하며, 또한 재판관의 요청에 따라 정보를 제공 또는 조력한다. 이러한 보호관찰관은 법원의 지시에 따라 재판 후에도 소년에 대하여 지도감독의 책임을 진다(제6조).

법원은 적절한 양호가정(family home)으로서 인정된 보호관찰관에게 우호적인 감독관리를 조건으로 아동의 보호 및 후견을 위임할 수 있다. 한편, 법원은 당해 보호관찰관에게 소년을 적절한 양육가정에 맡기는 권한을 주어, 이 경우 양육가정에는 공적자금(public money)에서 양육비용을 지불하였다. 또한 소년이 형벌법규위반으로 유죄판결을 받은 경우, 법원은 비행소년의 보호를 위하여 주법상의 시설에 소년을 위탁하며, 소년이 10세 이상인 경우, 주교정원(the state reformatory)에 송치하며, 10세 이상의 여자소년인 경우에는 여자소년수용자를 위한 수용시설(home for juvenile female offender)에 송치하게 된다. 이와 같이 시설에 송치된 소년은 감독관위원회(the board of manager)의 통제를 받게 되며, 감독관위원회는 소년에 대한 가석방의 권한을 갖는다. 또한 법원은, 요부양소년과 방임소년의 보호를 목적으로 하는 기관에 소년의 보호 및 지도감독을 위임할 수 있는데, 이 경우에는 기관에 대하여 예산에서 비용이 지급된다(소년법원법 제10조).

한편, 동법은 12세 이하의 아동에 대한 교도소수용을 금지하고 있다. 즉, 12세 이하의 아동은 교도소 혹은 경찰서의 유치장에 수용할 수 없으며, 이와 같은 소년이 보석금을 지불할 수 없는 경우에는 보안관, 경찰관 또는 보호관찰관에게 보호를 위탁할 수 있으며, 위탁을 받은 자는 교도소 및 경찰서의 내부를 제외하고 시 등이 운영하는 적절한 장소에서 그 아동을 보호하도록 하였다. 소년을 성인과 동일한 건물에 구금하는 것, 성인과 동일의 구내 또는 구획에 구금하는 것을 금지하고 있다(동법 제12조). 그 밖에 14세 미만의 소년이 요부양소년과 방임소년이라고 인정되는 경우에는 법원은 소년을 적절한 시설내지 사회적 명망이 높은 시민 또는 이러한 소년의 보호 및 양육을 목적으로 하는 기관에 소년의 보호를 위탁할 수 있다(동법 제7조).[19]

Ⅱ. 한국 소년사법의 역사

1. 근대 이전의 소년사법

우리나라의 소년에 대한 처우를 역사적으로 개관하면 고대에는 부모의 죄에 연좌되어 같은 형벌로 처벌받거나 또는 절도죄의 경우 그 변상을 대신하여 노비가 되는 등 독립된 인격체로서 처우되지 못하였다. 예를 들어, 부여에서는 살인죄를 저지른 경우 범인은 사형에 처하고 그의 가족을 노비로 삼았다.[20] 또한 고구려에서는 절도죄를 저지른 자에게 절취한 물건의 12배를 배상하게 하고, 빈곤하여 배상할 수 없는 경우에는 그 자녀를 노비로 보내어 갚도록 하는 등, 소년을 보호의 객체가 아니라 노동력이라는 의미에서 일종의 재물로 취급하였다.[21]

---

19) Timothy D. Hurley, *Origin of the Illinois Juvenile Court Law*, New York AMS Press, 1977.

20) 중국의 「後漢書」의 '東夷傳'에 의하면 "其俗用刑嚴急 被誅者 皆沒其家人爲奴婢"라고 하였다. 구병삭, 한국고대법사, 고려대학교 출판부, 1984, 17-18면에서 재인용.

21) "盜者十餘培徵贓 若貧不能備 及負公私債者 若聽評 其子女爲奴婢 以償之" 김용태/명형식/

이와 같은 고대국가의 소년에 대한 처우는 중세 이후부터 부분적이지만 성인과는 다른 처우가 이루어지기 시작했다. 즉 고려시대에는 신라 이래의 불교문화에 유교사상이 가미됨에 따라 형벌제도에도 종교적인 색채를 띠게 되어, 응보주의적인 형벌제도에 있어서도 종교적인 인의사상이 나타나게 되었다. 즉, 고려에서는 모반이나 반역죄에 연좌된 경우에도 범인의 자식이 16세 이상이면 같은 絞刑에 처하였으나, 15세 이하이거나 여성에 대해서는 絞刑을 대신하여 노비로 삼도록 하는 등 15세 이하의 연소자와 여성은 모두 감형의 대상이었다. 또한 고려시대에는 아동과 여성을 대상으로 하는 인신매매를 처벌하는 등, 간접적이지만 소년의 복지를 도모하였다고 할 수 있다.[22]

소년에 대한 처우는 조선시대에 들어와서 보호의 개념이 보다 구체적으로 나타나 연령에 따른 처우가 비교적 상세하게 규정되었다.[23] 즉, 「大明律直解」[24] 제1권의 老小廢疾收贖條에서는 형사책임능력을 다음의 3단계로 구분하고 있다. 먼저 7세 이하(悼者)는 비록 사형에 처할 죄를 범한 경우에도 벌하지 않았다. 또한 10세 이하(幼子)는 반역죄나 살인죄를 범하여 마땅히 사형에 처할 경우에도 죄장을 갖추어 왕의 재결을 받아서 처벌하도록 하였고, 절도죄나 상해죄를 범한 경우에는 贖을 징수하였고, 반역, 살인, 절도, 상해 이외의 죄를 범하였더라도 처벌하지 않았다. 한편 15세 이하의 자(小子)는 流刑 이하의 형에 처할 죄를 범한 경우에는 贖을 징수하였고, 사형에 처할 죄를 범하거나 모반, 반역죄에 연좌된 경우에는 流刑에 처하였다. 이 경우 행위시에 幼少이면 사건이 발각된 때에 장성하였더라도 幼少에 관한 律을 적용하였다.[25]

나용식, 『한국법제사개요』, 원광대학교 출판국, 1981, 60-61면에서 재인용.

22) 『高麗史』 84卷의 刑法誌一의 '戶婚條'에서는 "和賣子孫 爲奴婢 徒一年 略賣 一年半 和而故賣者加一等"이라고 하여 자신의 자녀를 매매하여 노예로 하는 것, 타인의 아동과 부녀를 약취하여 매매하는 것을 처벌하였다.

23) 이는 조선시대의 형사법제도의 기초가 된 중국의 「大明律」에 의한 영향이라 할 수 있다. 대명률이 조선에 영향을 준 것은 고려시대부터라고 할 수 있지만, 형사법제도에 본격적으로 적용된 것은 조선시대에 들어와서이다. 즉 조선의 성립당시 太祖는 즉위선언에 있어서 "依用大明律"을 선언하여 중국의 법률인 대명률에 의거하는 것을 분명히 하였다. 서일교, 『조선왕조형사제도의 연구』, 박영사, 1974, 79면 참조.

24) 「大明律直解」는 대명률을 조선사회에 적합하도록 太祖4년(1395년)에 만든 것이다. 즉 대명률은 중국의 唐律을 계승한 宋 및 元의 법제경험을 기초로 작성된 것이며, 또한 중국사회를 기초로 작성된 것이기 때문에 그것을 그대로 조선사회에 적용하는 데에는 곤란한 부분이 많았으므로, 이것을 조선사회에 적용할 수 있도록 간행한 것이 「大明律直解」이다.

또한 형사절차에서 15세 이하의 자는 강도나 살인이 아니면 구금하지 않았고, 절도죄의 경우에도 刺刑을 면제하였으며, 10세 이하의 자에 대한 고문이 금지되었다.

이와 같이 조선사회에 있어서는 15세라는 기준연령은 감경처우의 기준으로서 매우 중요한 의미를 가진다고 할 수 있다.

2. 조선소년령의 제정

우리나라에 근대적인 소년사법제도가 도입된 것은 식민지시기인 1942년 3월 23일의 朝鮮少年令(制令 제6호)의 제정에서 비롯되었다고 할 수 있다. 조선소년령은 일본의 大正소년법을 기초로 작성된 것으로, 이에 따라 소년보호사를 조선총독부 소속의 소년심판소에서 관할하였고(제14호), 보호대상으로 범죄소년뿐만이 아니라 우범소년까지 포함하였으며(제4조), 범죄소년에 대하여 검사선의주의를 채택하였다(제15조).

소년보호사건과 관련하여 조선소년령의 주요내용은 다음과 같다.

조선소년령은 그 적용대상소년을 20세 미만의 자로 규정하였고(제1조), 소년보호처분의 대상을 형벌법령에 저촉되는 행위를 하거나 행위를 할 우려가 있는 소년으로 하였다. 이와 같은 촉법소년과 우범소년에 대한 처분으로서 보호처분이 규정되었다. 보호처분의 종류로는 ① 조건을 붙여 보호자에게 위탁하는 것, ② 사원, 교회, 보호단체 또는 적당한 자에게 위탁하는 것, ③ 소년보호사의 관찰에 부치는 것, ④ 감화원에 송치하는 것, ⑤ 교정원에 송치하는 것, ⑥ 병원에 송치 또는 위탁하는 것 등이다(제4조). 한편, 보호처분으로서 사원, 교회, 보호단체 또는 적당한 자에게 위탁하는 처분과 병원에 송치 또는 위탁하는 처분에 대해서는 대상소년이 25세가 되기까지 그 집행을 계속할 수 있도록 하였으며, 보호관찰 계속 중, 언제라도 보호처분을 취소 및 변경할 수가 있다(제5조).

소년보호사건의 관할은 소년재판소이지만(제14조), 사형, 무기 또는 단기 3년 이상의 징역 또는 금고에 해당하는 죄를 범한 자 및 16세 이상으로 죄를 범

25) 大明律直解 朝鮮 卷 第一 名例律 '老小廢疾收贖條' 總督府 重樞院, 大明律直解, 朝鮮印刷株式會社, 1936년, 58-59면.

한 자는 검사 또는 법원이 송치한 경우에만 보호처분의 대상으로 하였고(제15조), 14세 미만자는 도지사가 송치한 경우에만 소년심판의 대상으로 하였다(제16조).

검사는 소년에 대하여 보호처분을 하는 것이 상당하다고 인정되는 경우, 사건을 소년심판소에 송치할 수 있으며(제47조), 법원도 소년에 대하여 보호처분을 하는 것이 상당하다고 인정되는 경우 사건을 소년심판소에 송치할 수 있다(제47조, 제48조).

한편 소년의 형사사건과 관련하여 다음과 같은 특칙을 규정하였다. 즉, 형의 집행유예가 선고된 소년 또는 가출옥이 허가된 소년에 대해서는 그 유예기간 또는 잔형기간을 소년보호사의 관찰에 부하며, 이 경우 필요하다고 판단되는 경우에는 제4조에 규정되어 있는 보호처분을 과할 수가 있도록 하였다(제6조). 또한 범행시 16세 미만의 자에 대해서는 사형 또는 무기형을 부과할 수 없으며, 사형 또는 무기형으로 처할 것인 때에는 10년 이상 15년 이하의 징역 또는 금고로 한다(제7조). 소년에 대하여 장기 3년 이상의 유기징역 또는 금고로 처할 것인 때에는 그 형의 범위 내에서 장기와 단기를 정하여 선고하고, 단기 5년을 초과하는 형에 처하는 경우에는 단기를 5년으로 하였다(제8조). 소년에 대하여 무기형이 선고된 경우에는 7년, 10년 이상 15년 이하의 형의 경우에는 3년으로, 비정기형은 3분의 1을 복역한 경우에 가석방을 허가할 수 있다(제10조).

소년심판소는 임시조치로서 (i) 보호자에의 위탁, (ii) 사원, 교회, 보호단체 또는 적당한 자에게 위탁 또는 (iii) 병원에 위탁하는것, (iv) 소년보호사의 관찰에 부하는 것, (v) 감화원 또는 교정원[26]에 위탁할 수 있다(제26조). 소년심판소는 조사의 결과에 따라 심판을 개시하여야 한다고 인정한 경우에는 심판기일을 정하여 심판을 개시한다(제30조). 심판에는 소년을 위하여 필요하다고 판단된 경우에는 소년, 보호자 또는 보호단체 등은 소년심판소의 허가를 얻어 보조인을 선임할 수 있으며, 보조인은 보호사업에 종사하는 자 또는 소년심판소의 허가를 얻은 자로 한다(제31조).[27]

이와 같이 근대적인 소년사법제도라고 할 수 있는 조선소년령이 실시되었으나, 제도로서 정착되기 전에 해방을 맞이하여 실적으로서 주목할 만한 정도에

26) 교정원에서의 소년에 대한 상세한 처우내용에 관해서는 朝鮮総督府法務局, 「朝鮮総督府矯正院処理規定」, 『朝鮮少年令関係法規』, 1943, 35-44면 참조.

27) 朝鮮総督府法務局, 「朝鮮少年令」, 『朝鮮少年令関係法規』, 1943, 15-16면.

는 이르지 못하였다. 게다가 보호처분이 실시된 구역은 京城法院의 관리구역으로 한정되어 소년심판소는 경성 1곳에 설치되어 있었을 뿐이었으므로 구체적인 시행과정은 불분명하다.[28)]

3. 소년법의 제정

(1) 소년법 제정경위

우리나라는 1945년 8월 15일 일본의 식민통치에서 해방되었지만, 곧바로 미국의 군정이 실시되었다. 소년사법에 관한 법령인 조선소년령은 1945년 11월 2일 군정법령 제21호(법률제명령의 존속[29)])에 근거하여 그 효력을 그대로 유지하였다. 다만 1946년 12월 16일 사법부령에 의해 경성소년심판소가 서울소년심리원으로 명칭이 변경되었고, 1947년 10월에는 대구, 부산, 광주에도 소년심리원이 설치되었다.[30)] 그 후 1948년 6월 1일에는 법원조직법(군정법령 제192호)의 시행에 의해 모든 소년보호사건을 지방법원의 소년부지원에서 관할하되, 소년부지원이 설치되어 있지 않는 지역에서는 지방법원이 소년의 보호사건을 관할할 것을 규정하였다(동법 제34조). 이에 따라 서울, 대구, 부산 및 광주 등에 설치되었던 소년심리원이 각 지방법원의 소년부지원으로 변경되었고(동법 제115조), 소년보호사건의 관할이 행정기관인 소년심리원에서 사법기관인 지방법원으로 이관되었다. 이 후 1948년 8월 15일 대한민국 정부가 수립되어, 1949년 9월 26일 제정된 법원조직법(법률 제51호)도 제77조에서 소년부지원의 존치를 규정하였다.

이와 같이 약 3년간의 미군정을 걸쳐 대한민국정부가 수립되었으나 사회의 불안요소는 그대로 존속하였으며, 다수의 국민은 심각한 빈곤상태를 벗어나지 못하였다. 이러한 사회적 불안은 가장 약한 지위에 있던 소년에게도 많은 영향을 주어 빈곤에 기인하는 범죄가 급격하게 증가하였다. 이에 따라 조선소년령을 대체할 수 있는 독자적인 법률의 제정의 필요성이 요청되어, 1949년 4월 8일

---

28) 『日本人の海外活動に関する歴史的調査(朝鮮編)』, ゆまき書房, 2001, 177면.

29) 한인섭, "식민지 형사법제의 구조와 그 유산 : 청산의 문제, 한국법사학회, 법 그 속에 잔존하는 일제유산의 극복"(광복 50주년 기념학술대회 자료집), 48면.

30) 법무부, 「소년보호행정편람」, 26면.

소년법안이 작성되어 제6회 정기국회에 상정되었다.[31] 동 법안은 1950년 2월 4일에 법제사법위원회의 의결을 거쳐 1950년 2월 15일의 본회의에 상정되었으나, 일반법원과 분리하여 소년심리원을 설치하는 방안에 대하여 위원들의 반발이 심하여 보류의결됨으로써 결국 폐기되고 말았다.[32]

정부는 6·25전쟁이 끝난 이후 다시 1955년 7월 6일 소년법안을 국회에 제출하였다. 본 법안에서는 제1차안에서 의원들의 반대가 있었던 소년심리원을 일반법원과 분리하여 설치하는 항목은 삭제되었고 소년에 대한 보호적인 조치를 보다 구체화하였다. 즉, 1955년의 소년법안은 제안이유에서 "현행 조선소년령은 일제시 법령으로 우리나라 실정에 부합되지 않으므로 차제에 반사회성이 있는 소년에 대하여 그 환경의 조정과 성행의 교정에 관한 보호처분을 행하고 형사처분에 관한 특별조치를 행함으로써 소년의 건전한 육성을 기하려는 것"이라 하였다. 그러나 동 법안도 1957년 5월 3일 회기불계속으로 인하여 폐기되었고, 정부는 동일한 내용으로 다시 1957년 6월 17일에 국회에 상정하였으나 1958년 4월 5일 회기불계속으로 인하여 다시 폐기되었다.

그러나 정부는 또다시 1958년 6월 23일 소년법안을 제29회 임시국회에서 "각국의 입법례와 같이 소년범죄에 대하여는 일반성인범죄와는 달리 형사처분의 절차 및 특별규정과 보호처분 등을 규정하여 형사정책에 만전을 기하려는 것"이라고 하여 제3차안을 제출하였다.

동 법안의 주요내용은 (i) 미성년자의 범죄는 지방법원 소년부의 단독판사가 심판하도록 하고, (ii) 범죄소년 및 우범소년에 대하여는 보호처분하도록 하여 병원, 소년원 기타 적당한 장소에 위탁하고 교육과 교정을 실시하게 하며, (iii) 범죄에 따라 반드시 형벌을 가할 필요가 있을 때에는 형사소송절차에 의하여 처리하도록 하되 소년범죄인에 대하여는 사형, 무기징역에 처할 수 없게 하며, (iv) 소년수형자에 대하여는 환형처분을 금지하고 가석방허가기준을 확장하였으며, 또한 형집행 후에 형집행유예기간 만료 후의 자격에 관하여 특전을 부여하고, (v) 보호처분에 대하여는 항고제도를 두어 범죄소년의 인권옹호보장에 만전을 기하도록 할 것 등이었다. 그러나 국회 법제사법위원회에서 1958년 7월 2일 정부의 소년법안을 폐기하고 자구수정과 체제정비를 하여 법제사법위원회의 소

31) 국회사무처, 「대한민국 법률안연혁집」, 제7집, 1992, 6254면.

32) 최병옥, "소년보호사건의 범위와 처리에 관한 연구"(서울대학교대학원 박사학위논문, 1998), 47면.

년법안대안을 의결하였으며, 동 대안이 1958년 7월 12일 제20차 본회의 의결을 거쳐 1958년 7월 24일 법률 제489호로 공포되었다.

(2) 1958년 소년법의 내용

이와 같이 성립된 소년법은 지방법원 소년부 또는 소년부지원에서 소년보호사건을 관할하도록 하면서도 범죄소년의 처리절차에 있어서 검사선의제를 그대로 유지하였다. 소년보호사건과 관련하여 1958년의 소년법의 주요내용은 다음과 같다.

소년법은 반사회성이 있는 소년에 대하여 보호처분과 형사처분을 행함으로써 소년의 건전육성을 그 목적으로 하고 있으며(제1조), 소년법의 대상연령을 20세 미만으로 하였다(제2조). 소년보호사건의 관할은 소년의 행위지, 거주지 또는 현재지의 지방법원 소년부에 속하고, 심리와 처분결정은 소년부 단독판사가 행한다(제3조).

보호대상인 비행소년의 범위는 (i) 검사나 법관이 송치한 벌금 이하의 형에 해당하는 범죄혐의 또는 보호처분에 해당하는 사유가 있는 소년, (ii) 경찰국장 또는 경찰서장이 송치한 형벌법령에 저촉되는 행위를 한 12세 이상 14세 미만의 소년, (iii) 경찰국장이 송치한 가정환경 또는 본인성벽을 참작하여 죄를 범할 염려 있는 12세 이상의 소년으로 한다(제4조, 제45조, 제46조).

소년보호사건의 조사는 소년부판사의 조사명령에 따라 소년보호관이 본인, 보호자 또는 참고인의 심문 기타 필요사항을 조사하고, 전문가의 진단 또는 의견을 참작하여야 한다(제9조, 제11조). 소년부판사는 조사, 심리에 필요한 때에는 소년 또는 보호자를 소환하거나 동행영장을 발할 수 있다(제12조). 소년 또는 보호자는 보조인을 선임할 수 있다(제16조). 소년부판사는 조사, 심리에 필요한 때에는 보호자 또는 학교장에 위탁, 병원에 위탁, 소년원에 위탁, 기타 시설 또는 개인에게 위탁하는 임시조치를 할 수 있다(제17조).

소년부판사는 송치서와 조사보고에 의하여 심리불개시 또는 심리개시의 결정을 할 수 있다(제18조, 제19조). 소년부판사는 심리기일에 본인을 반드시 소환하여야 하며, 소년보호관, 보호자 및 보조인은 심리기일에 출석하여 의견을 진술할 수 있으며 심리는 공개하지 않는다(제20조, 제24조). 소년부판사는 증인신문, 감정, 통역, 번역, 검증, 압수, 수색을 할 수 있고, 형사소송법 중 관련규정은 보호사건의 성질에 위반되지 아니하는 한도에서 준용한다(제25조, 제26조). 소년부판사는 그 직무에 관하여 모든 행정기관, 학교, 병원 기타 공사단체에 대하여 필요한 원조와 협조를 요구할 수 있다(제27조).

소년부판사는 조사 또는 심리의 결과 사형, 무기 또는 유기의 징역이나 금고에 해당하는 범죄이고 동기와 죄질이 형사처분이 필요가 있다고 인정한 때에는 사건을 검사 또는 법원에 송치하여야 한다(제7조). 소년부판사는 심리의 결과 불처분 또는 보호처분의 결정을 할 수 있다(제28조, 제30조). 보호처분의 종류에는 (i) 보호자 또는 적당한 자에게 감호위탁, (ii) 사원, 교회 기타 소년보호단체에 감호위탁, (iii) 병원 기타 요양소에 위탁, (iv) 감화원에 위탁, (v) 소년원에 송치 등이며(제30조), 소년부판사는 범죄소년과 촉법소년에 대하여 보호처분을 하는 경우 일정한 물건을 몰수할 수 있다(제31조).

소년부판사는 제30조 제1호 내지 제4호의 처분을 변경 또는 취소할 수 있다(제32조, 제34조). 보호처분의 계속 중 본인에 대하여 유죄판결이 확정되거나 새로운 보호처분이 있을 때에는 보호처분을 취소할 수 있고(제35조, 제36조), 징역, 금고 또는 구류의 선고를 받은 때에는 먼저 그 형을 집행한다(제57조). 소년부는 제30조 제1호 내지 제3호의 처분으로 소년감호를 위탁한 때에는 수탁자에 대하여 감호비용의 전부 또는 일부를 지급할 수 있다(제37조).

소년, 보호자 또는 그 법정대리인은 보호처분의 결정에 대하여 그 결정에 영향을 미치는 법령위반 또는 중대한 사실오인이 있는 때에는 고등법원에 항고할 수 있고, 감화원장은 보호처분의 변경결정에 대하여 항고할 수 있다(제39조). 항고는 결정의 집행을 정지하는 효력은 없다(제42조).

보호처분을 받은 소년에 대하여는 그 심리결정된 사건은 다시 공소를 제기하거나 소년부에 송치할 수 없다(제47조). 심리개시의 결정이 있는 때로부터 그 사건에 대한 보호처분의 결정이 확정될 때까지 공소시효의 진행이 정지된다(제48조).

이와 같이 1958년의 소년법은 조선소년령과는 달리 소년보호사제도를 폐지하였고, 소년부판사가 소년원송치결정을 변경할 수 없도록 하였으며, 보호처분결정에 대하여 법령위반이나 사실오인을 이유로 고등법원에 항고할 수 있도록 하였다.

4. 소년법의 개정

(1) 1963년의 소년법 개정

소년법 시행 직후부터 그 기본구조의 일부의 변경을 요구하는 주장이 재판관을 중심으로 표명되어 왔다. 특히 1961년에 실시된 법원과 법무부에 대한 국정감사에서는 소년법의 운용과 비행소년의 교정에 대한 보호사업의 부진 등이 지적되어, 이를 계기로 1962년 7월부터 소년법개정에 관한 법원과 법무부 간의 의견교환회가 실시되었다. 그러나 양자의 극한 의견대립에 의해 개정논의는 진전되지 못하였다.[33)]

다시 소년법 개정논의가 시작된 것은 1962년 6월의 여성단체에 의해 여성의 지위향상을 위한 가족법의 개정 및 가정법원의 설치에 관한 제안이 '국가재건최고회의'에 정식으로 건의됨에 따라 가정법원의 설치에 아울러 소년법개정의 필요성이 대두되었다.[34)] 1963년 1월 국가재건최고회의의 법제사법위원회로부터 당시의 서울지방법원 소년부지원장이었던 권순영에게 '가정법원설치요강(이하, 요강이라고 한다)'의 작성을 의뢰하였는데, 그 요강에는 소년법개정과 관련된 내용이 포함되어 있었다. 그 주요내용은 소년범죄의 가정법원 소년부에의 집중으로 범죄소년에 대한 법원선심제의 도입, 보호관찰의 강화, 비용보조의 강화, 구속영장의 제한, 퇴원심사위원회의 구성, 소년법원판사에의 처분변경권의 부여 등이었다.

동 요강은 1963년 3월 4일에 구성된 '가정법원설치를 위한 법안기초위원회'의 분과위원회인 '소년법개정기초위원회'의 심의를 거쳐 4월 16일의 제6차 '법안기초위원회'의 회의에서 수정이 이루어졌다. 수정의 중심은 법원선의제 채용의 여부에 집중되었는데, 소년범죄의 가정법원 소년부집중은 현행 형사소송법하에서 검사의 기소편의주의를 제한하고 경찰로부터 직접 법원으로의 사건송치는 검사의 수사지휘권을 제한하는 것이 되며, 또한 예산상의 곤란 등을 이유로 검사선의제를 그대로 유지하는 것으로 하였다. 즉, 공소권의 통일적인 행사가 필요하다는 논거에 의해 범죄소년에 대해서는 검사선의제를 유지하지만 소년부

---

33) 최준호, "소년법의 개정법안—가정법원의 설립에 관한 의견제출요강과 관련하여—"(사법행정 4-6, 1963), 57면.

34) 박재윤, "소년법개정의 기본방향"(청소년범죄연구 제5집, 법무부, 1987), 17면.

로부터 송치된 사건을 검사가 소년부에 재송치하는 것을 금지한다고 하는 절충안이 채용되었다. 또한 소년법원 판사에의 처분변경권의 부여는 주도권은 심판기관이 갖지만 소년원장의 합의를 필요로 하는 것으로 하였다.

그러나 이러한 수정안에 대하여 법무부측은 소년법원 판사에의 처분변경권을 부여하는 것은 법의 안정성과 심판권위의 상실을 가져온다는 이유로 강력히 반대하였다.[35)]

이와 같이 범죄소년에 대한 법원선의제의 도입내용은 제외된 상태로 7월 2일 가정법원의 설치에 의한 「소년법 중 개정법률안」이 국가재건최고회의에 제안되어 1963년 7월 31일 법률 제1376호로 소년법이 개정되었다.

개정소년법의 제안이유에서는 "현행 소년법은 이미 폐지된 조선소년령의 제 결함을 시정하는 동시에 새로운 소년보호이념을 도입하기 위한 취지에서 1958년에 제정된 것이나, 이번 가정법원의 발족을 계기로 소년심리에 관한 모든 절차를 보다 국가후견적인 이론의 토대 위에 서게 하고 소년보호를 교육적이고 과학적으로 발전시켜 처우의 결정과 집행간에 사회와 가정 및 국가기관의 상호간에 협조를 기하도록 하기 위한 것"이라 하여 소년에 대한 처우이념으로서 국친사상에 근거한 보호주의가 강조되었다.

1963년의 개정소년법은 소년보호사건의 관할기관으로서 가정법원 소년부가 추가되었고, 또한 보호의 대상인 우범사유를 구체화함과 동시에 보호처분의 유형에 보호관찰이 추가되었다.

소년보호사건과 관련하여 1963년의 개정소년법의 주요내용은 다음과 같다.

소년보호사건의 관할을 가정법원 소년부 또는 지방법원 소년부로 하였고(제3조 제2항), 보호처분의 대상인 우범사유를 보다 구체화하였다. 즉, 1958년의 소년법 제4조의 우범사유에서는 "가정의 환경 또는 본인의 성벽을 참작하여 죄를 범할 우려가 있는 14세 이상의 소년으로 경찰국장으로부터 송치된 자"라고 규정하고 있었으나, 우범의 대상이 너무 광범위하다는 비판으로부터 우범의 사유를 보다 명확하게 하였다.

우범의 사유로서 (i) 보호자의 정당한 감독에 복종하지 않는 성벽이 있거나, (ii) 정당한 이유 없이 가정에서 이탈하거나, (iii) 범죄성이 있는 자 또는 부도덕한 자와 교제하거나 자기 또는 타인의 덕성을 해롭게 하는 성벽이 있는 것

35) 최준호, 앞의 논문, 59면.

과 같은 사유가 있고 그의 성격 또는 환경에 비추어 장래 형벌법령에 저촉되는 행위를 할 우려가 있는 12세 이상의 소년으로 하여 우범의 사유를 보다 구체화하였다(제4조 제1항 제3호). 또한 경찰서장은 가정법원의 심판에 부해야 하는 소년을 발견했을 때에는 직접 관할소년부에 송치하여야 하고, 마찬가지로 보호자, 학교장 및 사회복지시설의 장도 관할소년부에 통고할 수 있도록 하였다(제4조).

소년부판사의 소환에 불응한 소년, 보호자, 참고인에 대해서는 1만원 이하의 과태료에 처할 수 있으며(제64조), 소년부판사의 원조 및 협력요구를 거절할 때에는 정당한 이유를 제시하도록 하였다(제27조).

보호처분의 종류에 보호관찰처분을 추가하고, 소년원송치처분 이외의 다른 보호처분과 병합할 수 있도록 하였다(제30조). 보호자 또는 보호자를 대신하여 소년을 보호할 수 있는 자에게 감호를 위탁하는 것 이외의 보호처분을 한 경우에는 소년의 교정에 필요한 참고자료를 수탁기관에 송부하도록 하였다(제30조 제3항).

소년부는 보호처분 계속중 본인이 처분당시 20세 이상인 것이 판명된 때에는 사건을 검사에게 송치하도록 하였다(제7조 제2항).

소년의 보호처분은 그 소년의 장래에 어떠한 영향을 미치지 아니하도록 하였고(제30조 제4항), 성인인 자가 고의로 연령을 허위로 진술하여 보호처분 또는 소년형사처분을 받은 때에는 검찰에 송치하여 1년 이하의 징역에 처하도록 하였다(제62조). 소년보호사건과 관계있는 기관은 그 사건내용에 관하여 재판 또는 수사상 필요한 이외에는 여하한 조회에도 응하여서는 아니 되며, 이에 위반한 자는 1년 이하의 징역 또는 3만 원 이하의 벌금에 처하도록 하였다(제63조).

(2) 1977년의 소년법 개정

소년법 제2차 개정은 1977년 10월 21일 정부가 「소년법 중 개정법률안」을 제안하여 동년 12월 13일 제98회 정기국회의 제25차 법제사법위원회의 의결과 동년 12월 17일 제23차 본회의의 의결을 거쳐 동년 12월 31일 법률 제3047호로 공포됨으로써 이루어졌다.

제안이유에서는 “소년감별소가 신설됨에 따라 사건을 조사·심리하는 법원 소년부로 하여금 소년감별소의 감별결과와 의견을 참작하도록 하고, 판사가 사건의 조사·심리에 필요한 때에는 소년을 소년감별소에 위탁할 수 있도록 하며,

18세 이상의 소년에 대하여는 환형처분을 할 수 있도록 하기 위한 것"이라고 하였다.[36] 즉, 소년의 자질감별과 보호처분에 처해진 소년에 대하여 성행의 개선과 그 개선의 정도에 따라 단계적인 개별처우를 실시하고, 조사·심리와 교정의 효과를 높이는 등 보다 효과적인 소년보호와 현재의 소년사법체제상의 결함을 보충하기 위하여 소년감별소를 새롭게 설치하는 것이 개정의 주요한 골자이다. 소년보호사건과 관련한 개정안의 주요내용은 다음과 같다. 즉, (i) 소년부는 조사 또는 심리를 하는 경우에 있어서 정신과의사, 심리학자, 사회사업가, 교육자 그 외의 전문가의 진단 및 소년감별소의 감정결과 및 의견을 참작하여야 하며(제11조), (ii) 소년부판사는 사건의 조사 또는 심리에 필요하다고 인정될 때에는 소년의 감호에 관하여 결정으로 임시조치를 취할 수 있으나, 임시조치에서 소년원에 위탁하는 조항을 삭제하고 소년감별소에 위탁하는 규정을 새롭게 신설하였다(제17조). 소년감별소에의 위탁기간은 미결구금일수에 산입하도록 하였다(제54조의 2). (iii) 또한, 소년부는 법원으로부터 송치받은 사건을 조사 또는 심리한 결과 본인이 20세 이상임이 판명된 때에는 결정으로 송치한 법원에 사건을 다시 송치하도록 하였다(제46조의 2). 그 외 환형처분의 금지연령을 종래의 20세로부터 18세로 인하하였다(제55조).

한편 제2차 소년법개정 후, 1978년부터 소년범죄의 처리에 관한 기소재량과 소년사건에 있어서 선심권을 갖고 있는 검찰에서 '선도조건부 기소유예'라는 독자의 제도가 고안되어 실무상에서 운용되었다. 즉, 검사가 범죄소년에 대하여 일정한 기간 준수사항을 이행하고 민간인인 선도위원의 지도를 받는 것을 조건으로 기소유예를 하여 소년이 준수사항의 위반 및 재범 없이 선도기간을 경과한 경우에 공소를 제기하지 않는 제도가 실무상에서 운용되었다. 이 제도는 광주지방검찰청에서 처음으로 시작된 것으로 1983년 1월 23일 '소년선도보호지침'이 제정됨에 따라 전국적으로 확대 실시되었다.[37]

(3) 1988년의 소년법 개정

이와 같이 두 차례에 걸친 개정이 이루어졌으나, 개정의 중심은 소년법을

---

36) 법제사법위원회 회의록 제21호, 제99회 국회, 1977, 1면.
37) 법무부보호국, 「소년보호관계법령집」, 1987, 449면.

보완하는 정도의 개정에 머물렀고, 소년심판에서는 대부분의 비행소년에 대하여 사실상의 방면인 보호자에의 위탁 및 명목상의 보호관찰의 결정을 내리거나 부정기의 자유박탈을 초래하는 소년원송치의 결정을 내릴 수밖에 없는 보호처분의 양극화 현상이 발생하였다.[38] 이러한 양극화는 비행소년 각각의 비행사실과 보호처분의 필요에 비례하는 적합한 보호처분이 이루어질 수 있도록 보호처분을 다양화하는 것이 필요하다는 인식을 불러일으켰다. 또한 미국에서 In re Gault 판결과 일본의 소년법개정 논의과정에서 소년심판절차에서의 적정절차보장의 논의 등은 우리나라도 그 영향을 받아 소년법개정논의를 표면화시켰다.[39]

이러한 상황에서 소년법에서의 선의권을 확보하고 1981년부터 독자적으로 '선도조건부 기소유예제도'를 실시하여왔던 검찰측이 소년법개정의 준비작업을 개시하였다.

법무부는 1983년부터 매년 1회의 '청소년선도대책세미나'를 개최하여 소년비행의 예방과 비행소년의 처우에 관한 방책을 검토하게 되어 1984년 3월 30일에는 법무부 보호국 내에 '비행청소년대책연구반'이 편성되는 등 소년법개정을 위한 연구작업을 개시하였다. 또한 1984년 12월 6일에는 국무총리실에서 '청소년문제개선종합대책'이 발표되었는데, 여기에는 사회봉사명령과 수강명령제도 등의 새로운 보호처분제도의 도입을 위한 소년법 개정논의가 포함되었다.[40]

한편, 비행청소년대책연구반에서는 1985년 1월 26일 대법원 등의 36곳의 관계기관에 소년법개정에 관한 의견조회[41]를 실시하였고, 이를 바탕으로 소년법 개정을 위한 중간검토결과가 발표되어 다음과 같은 사항에 대하여 개정의 필요성을 표명하였다. 즉, (i) 우범소년에 대한 소년원송치를 금지할 것, (ii) 소년감별소의 위탁기간을 2주 또는 20일로 단축하되 1회 연장할 수 있도록 할 것, (iii) 보호처분을 다양화하고 보호관찰을 활성화할 것, (iv) 보호처분의 취소, 변경의 범위를 확대할 것, (v) 항고사유에 보호처분의 선택에 중대한 잘못이 있는 경우를 추가할 것, (vi) 소년법 제3장이 형사소송법뿐만 아니라 형법, 행형법의 특칙임을 명확히 할 것, (vii) 사형과 무기형의 금지연령을 18세로 인상할 것, (viii) 가

38) 김기두, "소년법상의 제반 문제점과 개정방향"(청소년범죄연구 제3집, 1985), 16면.
39) 강영호, "소년심판절차상의 적법절차의 보장"(청소년범죄연구 제5집, 1987), 123면.
40) 박재윤, 앞의 논문, 22면.
41) 관계기관의 의견에는 소년법의 적용대상을 18세 미만으로 인하하자는 방안, 법원선심제의 채택방안 등에 대한 의견이 있었다. 김기두, "소년법상의 제반문제점과 개정방향"(청소년범죄연구 제3집, 1985), 10면 참조.

석방 후 잔형기 중 단기의 기간을 경과하면 형 집행을 종료하는 것으로 할 것, (ix) 검사도 비행소년을 소년감별소에 위탁할 수 있도록 할 것, (x) 검사나 법원의 소년부송치시 구속영장의 효력 및 호송책임을 명확히 할 것 등이다.[42]

관계기관의 의견에는 소년법의 적용연령을 18세 미만으로 하는 것, 법원선심제로 하는 것 등의 의견이 있었으나 개정의 필요성이 없는 것으로 결론을 내렸다.[43]

그 후 동년 5월 1일에는 법무부장관으로부터 소년법개정안이 제안되어 정기국회에 상정한다는 발표가 있었다. 이와 함께 동년 동월 24일에 개최된 제3회 '청소년선도대책세미나'에서는 본격적으로 소년법개정을 주제로 소년법개정에 대한 발표 및 토론이 전개되는 등 활발한 소년법개정의 움직임이 시작되었다. 또한 1986년 5월 23일에 개최된 '제4회 청소년선도대책세미나'에서도 소년법의 개선안이 중점적으로 논의되어, 소년법개정에 관한 각계의 의견 및 소년법에 관한 연구성과를 기초로 '청소년대책연구반'이 작성한 소년법개정안에 근거하여 1986년 12월 11일 법무부안으로서 '소년법개정요강'이 작성, 공포되었다.[44] 소년법개정요강의 제안이유에서는 "흉악범으로부터 사회를 보호하고 중범소년에 대하여는 형사소송법의 엄격한 적용을 통하여 적정절차를 보장하고 중범소년을 경미소년범죄자와 함께 소년원에 수용하는 것은 폐해가 많다"라고 하여 일반예방적인 측면을 보다 강조하였다.

소년법개정요강의 주요내용은 보호처분의 대상을 제한하고, 18세 이상의 살인, 방화, 강도, 강간 및 상습범에 대해서는 보호사건이 아니라 성인과 마찬가지로 처리하는 것, 또한 진술거부권 및 심판에 부하는 사유의 요지를 고지하는 조항을 신설하는 것 등이다. 즉, 소년부판사 또는 조사관은 소년에 대하여 범죄사항에 관하여 조사하는 경우, 소년에 대하여 자기의 의사에 반하여 진술할 필요가 없다는 것을 고지하여야 하며, 소년부판사가 사건에 관한 심판의 개시결정을 고지하여야 한다. 또한 보호처분의 정비로서 지금까지의 보호처분의 내용 중 보호자 또는 적당한 자의 감호에 위탁하는 것(제1호), 사원, 교회의 감호에 위탁하는 것(제2호), 감화원에 송치하는 것(제4호) 등의 명목상의 보호처분의 내용을 폐지하고, 6개월 이하의 단기 보호관찰과 3개월 미만의 단기 소년원송치처분의 신

42) 정동기, 개정소년법의 주요내용, 법무자료 제113집, 법무부, 1989, 266면.

43) 정동기, 위의 논문, 268면.

44) 박재윤, 앞의 논문, 22면.

설, 소년보호단체 위탁처분을 교호시설 위탁처분으로 변경하는 것 등에 의해 보호처분의 종류를 (i) 단기보호관찰, (ii) 보호관찰, (iii) 교호시설위탁, (iv) 병원 그 외 요양소위탁, (v) 단기소년원송치, (vi) 소년원송치의 6종류로 하는 것이었다.

법무부가 작성한 '소년법개정요강'은 1987년 5월 22일에 개최된 '제5회 청소년선도대책세미나'에서 재판관측과 대한변호사협회로부터 강한 비판이 제기되어 법무부는 1987년 11월 9일 동 요강에 대한 상세한 설명을 첨부하여 또다시 의견조회를 실시하였다.

이에 대하여 대법원은 검사의 기소유예처분사건을 제외한 모든 소년사건을 소년부로 송치하도록 하여 법원의 선의권을 확대할 것, 보호처분변경시 동행영장 발부에 관한 근거규정을 마련할 것, 소년에 대한 형사사건을 소년부에서 심판할 것 등의 의견을 제시하였다.[45] 또한 대한변호사협회에서도 보호처분의 종류를 보호자선도위탁, 선도단체선도위탁, 보호관찰부 선도위탁, 치료위탁, 소년원송치로 할 것과 소년심판절차에서의 법원선심제를 채용하는 것 등의 의견을 제시하였다.

이러한 의견에 대하여 법무부는 법원선의제의 채용을 제외하고 보호처분의 다양화와 적정절차의 보장을 주요 내용으로 하는 '소년법개정시안'을 작성하여, 1988년 11월 19일 '소년법개정법률안'을 제144회 정기국회에 제출하였다. 그 후, 소년법개정법률안은 1988년 12월 13일 법제사법위원회에서 수정되어, 1988년 12월 31일 법률 제4057호로서 공포되었다.

소년보호사건과 관련하여 1988년 소년법에서 개정된 주요내용은 다음과 같다.

(i) 보호처분의 종류에서 감화원송치를 폐지하고 보호관찰을 단기보호관찰과 보호관찰로 나누고, 소년원송치를 단기소년원송치와 소년원송치로 나누어 7종으로 하며, 단기보호관찰 또는 보호관찰에 부가하여 16세 이상의 소년에 대하여는 사회봉사명령 또는 수강명령을 명할 수 있도록 하고, 각 보호처분의 기간 및 부가명령의 시간을 제한적으로 규정하였다(제32조 제1항, 제3항, 제33조).

(ii) 소년부판사는 보호자 등에게 위탁, 소년보호시설 등에 위탁, 병원 등에 위탁의 보호처분은 직권 또는 신청에 의하여 변경할 수 있고, 단기보호관찰, 보호관찰, 단기소년원송치, 소년원송치의 보호처분은 보호관찰소장이나 소년원장의

45) 정동기, 위의 논문, 274면.

신청이 있을 때에만 변경할 수 있도록 하였다(제37조 제1항).

(iii) 보호처분의 계속중 본인이 처분 당시 20세 이상인 것이 판명된 경우에는 보호처분을 취소하고 사건을 검사 또는 법원에 송치하고 12세 미만인 것이 판명된 경우에는 보호처분을 취소하도록 하였다(제38조).

(iv) 소년부판사가 임시조치, 보호처분, 부가명령 및 처분변경의 결정을 하였을 때에는 조사관, 소년부 법원서기관, 법원사무관, 법원주사, 법원주사보, 소년분류심사원, 소년원, 구치소, 교도소, 소속공무원, 사법경찰관리, 보호관찰관 기타 위탁 또는 송치받을 기관의 직원으로 하여금 그 결정을 집행하게 할 수 있도록 하였다(제18조 제5항, 제35조, 제37조 제2항).

(v) 항고의 대상에 보호처분결정 이외에 보호처분변경결정을 추가하고, 항고의 사유에 처분이 현저히 부당한 때를 추가하였다(제43조 제1항).

(vi) 검사 또는 법원의 소년부송치결정이 있는 경우 소년을 구금하고 있는 시설의 장이 소년을 소년부에 인도하여야 하고, 이 경우 구속영장의 효력이 소년부판사의 임시조치에 관한 결정을 할 때까지 존속하도록 하였다(제52조).

(vii) 소년보호절차에서도 범죄사실에 관하여 소년을 조사할 때에는 미리 불리한 진술을 거부할 수 있음을 알려야 하며, 심리개시결정을 한 때에는 심판에 부하여질 사유의 요지 및 보조인을 선임할 수 있다는 취지를 통지하도록 하였다(제1조, 제20조 제2항).

(viii) 사안경미를 이유로 심리불개시 또는 불처분의 결정을 한 때에는 소년 및 보호자에 대하여 훈계할 수 있도록 하였다(제19조 제2항, 제3항, 제29조 제2항).

(ix) 소년부의 관할위반에 따른 이송규정을 신설하였다(제6조 제2항).

이와 같이 1988년 소년법은 보호처분의 다양화와 적법절차의 보장을 특히 강조하고 있다. 보호처분의 다양화에 의해 소년부판사의 보호처분의 선택의 범위가 확대되는 것에 의해 소년에 대한 개별처우에 기여하였고, 특히 단기보호관찰과 단기소년원송치의 신설은 소년에 대한 사회내, 시설내처우의 활성화를 위한 토대를 마련하였다. 한편, 소년원법도 개정되어 소년원의 기능별 분류운영, 소년의 권익신장, 학교교육과의 연계 등을 규정하였고, 그 후 1995년에는 '소년법 중 개정법률'에 의해 소년감별소의 명칭도 소년분류심사원으로 변경되었다.[46]

46) 1988년 12월 31일에 개정된 소년원법에 의해 소년원이 기능별로 분류, 운영되었다. 이에

Ⅲ. 각국의 소년법제

1. 영 국

(1) 연 혁

영국에서는 19세기 이전까지는 범죄를 저지른 자는 연령에 따른 구분 없이 같은 형벌에 의해 처벌되는 것을 원칙으로 하였다. 소년에 대한 법적제도의 변화가 이루어진 것은 18세기 후반부터이다. 즉, 19세기가 되어 몇 곳의 민간의 수용소(private home)가 비행소년을 박애적(philanthropic)인 정신에 의해 보호수용을 하게 되었다. 그 후 소년에 관한 다양한 법률이 제정되었는데 1908년의 아동법(Children Act)의 성립과 함께 영국 최초의 소년법원이 창설되었다. 이 소년법원은 7세 이상 14세 미만의 아동과 14세부터 16세까지의 소년에 대하여 보호가 필요한 미성년자에 대한 보호적인 민사재판권만이 아니라 형사재판권도 갖는 기능을 담당하였다. 소년법원은 16세 이하의 아동을 성인범죄자로부터 분리·심판하여 소년에 대한 보호적인 처우를 하는 것을 목적으로 하는 것으로[47] 이 법률의 시행에 의해 소년을 성인수용시설에 송치하지 않게 되었다.

영국의 소년사법에 있어서 가장 큰 발전은 1933년의 아동·소년법(Children and Young Persons Act)에 의해서이다. 이 법률은 소년법원은 "항상 아동·소년의 최선의 이익을 존중하며 활동한다"라는 지도이념을 확립한 것으로, 소년법원이 대상으로 하는 연령의 상한을 16세에서 15세로 인하함과 동시에 하한연령도 7세에서 8세로 인상하였다. 이 법률은 전체적으로 보면 소년사법에 복지적인 개념을 조직적으로 가미한 것이라고 평가할 수 있으며, 동시에 중대범죄의 소년에 대해서는 예외적으로 성인과 같은 기간의 구금처분을 부과할 수 있는 것을 규정하였다.

소년원은 ① 단기소년원, ② 교화교육소년원, ③ 직업훈련소년원, ④ 여자소년원, ⑤ 특별소년원으로 분류되었다. 법무부, 소년보호행정편람, 전게서, 132면.

47) William Wakefield and J. David Hirschel, *England*, International Handbook on Juvenile Justice, edited by Donald J. Shoemaker, 1996, p.94.

(2) 소년사법절차

영국에서는 경찰에 검거된 범죄소년은 사안이 경미한 경우 등은 경찰단계에서 경고를 할 수 있다. 이 경고에는 비공식적으로 기록되지 않는 주의처분(warning)과 경고처분(caution)의 2종류가 있으며, 경고처분은 소년이 비행사실을 인정한 다음 보호자와 함께 서명하는 정식적인 처분이다.[48]

경찰단계에서의 처분은 정식적인 재판을 하지 않고 사건을 신속하게 처리하는 것이 소년의 개선갱생에 있어서 적절하다고 판단되는 경우에 이루어지는 일종의 다이버전(diversion)이라고 할 수 있다.[49] 경고처분의 요건으로서는 비행사실을 입증할 만한 충분한 증거가 있고, 소년이 비행사실을 인정하고 보호자와 함께 경고처분에 동의한 경우에 한하며 처분의 기록은 3년간 경찰에 보관된다.

경찰에 의해 검거되어 주의처분 및 경고처분에 의해 처리되지 않는 사건은 증거불충분 등의 불처분의 경우를 제외하고 경찰에 의해 소추되어 검찰에 송치된다. 검찰에서는 검찰관이 유죄를 입증할 수 있는 충분한 증거의 유무를 판단하며, 이것이 인정된 경우에는 공소를 유지한다. 검찰관이 소추된 사실을 입증할 만한 충분한 증거가 없다고 판단된 경우에는 공소를 취하할 수가 있으며, 또한 사안에 따라서는 소추된 죄명을 변경할 수도 있다. 이 경우 검찰관은 보충조사를 경찰에 대하여 조언할 수가 있다.

한편 소년사건의 경우에는 사실을 입증할 만한 충분한 증거가 있는 경우에도 검찰관이 공소를 유지할 만한 공익성이 없다고 판단한 경우에는 경고처분상당의 의견을 첨부하여 사건을 경찰에 돌려보내는 경우도 있다.

법원수리시의 10세 이상에서 비행사실 인정시의 18세 미만의 범죄소년에 대한 사건은 원칙적으로 소년법원에서의 약식재판에 의해 심리된다. 소년법원은 치안판사법원의 특별한 법원으로서 원칙으로 법률가의 자격을 갖지 않는 특별연수를 수료한 남녀 1인씩을 포함한 치안판사 3인에 의해 구성된다. 또한 법률가의 자격을 가진 유급판사의 경우에도 원칙으로서 단독으로 심리하지 않는다.

소년법원에 있어서의 심리는 비공개이며, 사건관계자, 보호관찰관 또는 사회복지전문가, 보도관계자 그 외의 법원이 허가한 자 등의 일정한 자 이외에는

---

48) G. Waltrs, *Criminal Proceeding against Juveniles*, Oyez Longman, London, 1984, p.20.
49) Ibid., p.21.

출석할 수가 없으며, 보도관계자는 소년을 특정할 수 있는 사항을 기사화하거나 사진을 촬영하여 보도하는 것은 원칙적으로 금지된다. 소년이 16세 미만의 경우에는 보호자의 출석이 의무화되어 있으며, 보호자가 출석하지 않는 경우에는 심리할 수 없으나, 16세 이상 18세 미만의 경우의 보호자의 출석여부는 법원의 재량에 맡겨져 있다. 또한 배심제도는 인정되지 않으나 심리의 방법은 성인의 경우와 동일하게 진행되며, 검찰관이 거증책임을 지고 있다. 다만 소년재판은 가능한 한 권위적이지 않도록 재판관은 소년의 이름을 부르거나 절차 및 처분의 내용 등에 대해서도 친절하게 설명하도록 되어 있다. 유죄인정 및 처분의 선고에 대해서도 성인과는 다른 용어가 사용되고 있다.

한편 1997년 범죄(양형)법에 의해 소년법원은 공공의 이익이 있다고 인정되는 경우에는 10세 이상 18세 미만의 소년의 유죄가 인정된 시점에서 그 이름 등의 공표의 금지를 해제하는 것이 가능하도록 되었다.

소년법원은 피고인이 유죄 인정시에 18세 미만이라면 소년으로서의 처분을 선고할 수 있다. 처분시의 사안이 그다지 중대하지 않고 벌금 이하의 처분이 적당하다고 판단되는 경우에는 법원은 유죄인정에 이어 처분을 선고하는데, 그 이상의 처분이 적당하다고 판단되는 경우에는 보호관찰관 또는 사회복지전문가에게 판결전조사보고서(pre-sentence report)를 제출하도록 할 수 있다.

소년법원에서는 하나의 사건에 대하여 최장 6개월을 넘는 시설수용명령을 선고할 수 없으며 15세 이상 18세 미만의 소년에 대하여 6개월을 넘는 처분이 적당하다고 판단된 경우에는 비행사실의 인정 후에 처분선고를 위하여 형사법원(crown court)에 사건을 이송한다. 또한 소년법원은 사실인정을 포함하여 형사법원에서 재판을 실시하는 것이 적당하다고 판단된 경우에는 사건을 형사법원에 이송한다.

소년이 살인죄로 기소된 경우에는 사건은 자동적으로 형사법원에 이송된다. 또한 사건이 중대하고 10세 이상 18세 미만의 소년으로 (i) 법정형이 성인이라면 14년 이상의 구금형에 해당하는 사건 또는 (ii) 강제추행사건으로 기소된 경우 및 14세 이상 18세 미만의 소년으로 (iii) 무모한 운전에 의한 과실치사사건, (iv) 알코올 혹은 약물복용 중의 명정운전에 의한 과실치사사건 등의 중대한 사건으로 기소된 경우에는 소년법원에 있어서 배심재판을 받는 것이 적당하다고 판단된 경우에도 사건은 유죄인정 이전에 형사법원에 이송된다.

한편, 18세 이상 21세 미만의 청년 사건은 치안판사법원 또는 형사법원이 관할하며, 21세 이상의 성인과는 다른 처분이 이루어져 소년과 마찬가지로 단기출두소명령 및 청소년범죄자시설에의 수용명령을 선고할 수 있다.

법원에 있어서 유죄로 판명된 소년에 대하여 부과할 수 있는 처분의 종류로는 소년법원, 형사법원 또는 치안판사법원에 따라 상이하지만, 절대적 면제(absolute discharge), 조건부면제(conditional discharge), 벌금(fine), 단기출두소명령(attendance centre order), 감독명령(supervision order), 보호관찰명령(probation order), 사회봉사명령(community service), 보호관찰명령과 사회봉사명령을 결합시킨 결합명령(combination order), 전자감시를 포함한 외출금지명령(curfew order), 청소년범죄자시설수용명령(detention in a young offender institution), 1933년의 아동소년법에 의한 구금명령[50](detention under s. 53 of the CYPA 1933), 폐쇄시설훈련명령(secure training order) 등이 있으며, 이 가운데 단기출두소명령, 감독명령, 청소년범죄자시설수용명령[51](15세 이상 21세 미만의 자에게 적용), 1933년의 아동소년법에 의한 구금명령(10세 이상 18세 미만의 모든 소년에게 적용) 및 폐쇄시설훈련명령(12세 이상 15세 미만의 소년에 적용) 등이 청소년에 대한 처분이다.

한편, 시설수용명령에서 선고할 수 있는 수용기간은 소년법원이 1년 이내, 형사법원이 2년 이내로 되어 있으며, 형사법원에서는 (i) 법정형이 성인이라면 14년 이상의 구금형에 해당하는 사건, (ii) 강제추행사건, (iii) 무모운전에 의한 과실치사사건, (iv) 알코올 또는 약물복용 중의 명정운전에 의한 과실치사사건 등의 중대한 사건에 대해서는 1933년 아동소년법 제53조를 적용하여 소년에 대하여 성인과 같은 기간의 구금을 선고할 수 있다.

2. 미 국

(1) 소년사법절차

미국의 경우 소년법원이 관할하는 비행소년의 연령의 상한은 각 주에 따라

---

50) 구금명령의 실시상황에 대해서는 Boswell, G., "Research-Minded Practice With Young Offenders Who Commit Grave Crimes"(Probation Journal 45-4, 1998), pp.202-207 참조.

51) 청소년범죄자시설에 있어서의 처우에 관해서는 H.M. Inspectorate of Prisons, "Young Prisoners: A Thematic Review by HM Chief Inspector of Prisons for England and Wales," 1997, Home Office 참조.

상이하다. 1996년 현재, 18세 미만으로 하는 곳이 37개주와 콜롬비아 특별구, 17세 미만으로 하는 곳이 10개주, 16세 미만으로 하는 주가 3개주이다.

한편, 연령의 하한에 대해서는 10세로 하는 곳이 11개주, 7세로 하는 곳이 3개주, 6세로 하는 곳이 1개주이지만, 그 외의 지역에 있어서는 명확하게 규정되어 있지 않다.52)

소년법원의 관할에 속하는 사건은 경찰 및 보호관찰관 등에 의한 송치 또는 피해자 고발에 의한다. 일반적으로 사건은 먼저 소년법원 또는 선별부서(intake unit)에 의한 조사가 이루어진 다음 공식의 심판절차에 이행하는 사건, 다이버전(diversion)으로서 비공식적인 처분의 사건, 소년법원이 관할권을 포기하거나 형사법원에 이송하는 것 등의 사건으로 선별된다. 공식의 심판절차는 일반적인 사실인정(adjudication)절차와 처분(disposition)절차로 구분되지만, 각 주에 있어서 적정절차의 보장에 관한 법개정에 의해, 절차에 검찰관의 관여를 인정하기도 한다. 한편, 심판절차 및 심판기록은 전통적으로는 비공개였으나, 특히 흉악사건 및 중대한 사건에 대해서는 심판을 공개하거나 심판기록을 피해자 또는 수사기관에 공개하는 주도 증가하고 있다.53)

사실인정절차에 있어서 비행사실을 인정한 경우에는 처분절차로 이행하며 소년에 대하여 최종적인 처분이 결정된다.

소년에 대한 처분은 크게 보호관찰(probation) 등의 사회내처우와 시설수용처우, 그 외의 처분 등으로 구분할 수 있다. 이러한 처분은 비행사실을 인정한 소년만이 아니라 그 외의 심판불개시 등의 소년에 대한 비공식적인 처분으로서 대상소년의 동의에 근거하여 실시된다.

(2) 소년의 처분

각각의 처분에 대하여 개관하면 다음과 같다.

먼저, 미국의 소년사법제도에 있어서 보호관찰은 광의로서는 소년법원에 의한 사건의 조사 및 선별, 처분결정 전의 사회조사(investigation) 및 소년의 지도감

---

52) Szymanski, L.A., "State Variations in Age Restrictions for Trying Juveniles in Criminal Court"[NCJJ Snapshot 2(2), National Juvenile Center for Juvenile Justice, 1997] 참조.

53) Torbet, P., "State Responses to Serious and Violent Juvenile Crime"(Office of Juvenile Justice and Delinquency Prevention, U.S. Department of Justice, 1996), p.10.

독 등의 3가지의 기능을 포함한 개념이라고 할 수 있다. 이 가운데 협의의 보호관찰로서 소년의 지도감독을 실시하는 기관은 주에 따라 상이하다. 전체적으로 보면 주의 기관에 의하여 실시되는 경우에는 행정기관이 담당하며, 그 외의 작은 단위에서는 사법기관이 담당한다.[54)]

보호관찰이 결정되면 보호관찰관은 소년의 지역사회에서의 적응상황 등을 관찰하기 위하여 소년과 접촉하여 소년의 학교 또는 직장의 생활상황, 보호자로부터의 필요한 지도감독의 여부, 준수사항의 준수여부 등을 파악하며 필요한 지도를 실시한다.

집중지도감독(intensive supervision) 보호관찰은 교도소의 과잉수용, 수용경비의 증대, 범죄에 대한 엄격한 처벌을 요구하는 사회감정 등을 배경으로 성인범죄자에 대하여 개발된 프로그램으로서 1980년대에 소년사법에도 도입되었다. 이것은 보호관찰관이 대상자 및 그 가족 등과의 접촉의 빈도를 높여 지도관찰의 효과를 극대화하는 것이다.

자택구금(house arrest)이란 일종의 중간적 처우의 성격을 가지는 것으로, 소년에 대하여 야간 외출금지시간대 및 주말 등의 시간을 자택에 있도록 명령하는 것으로 통학, 통근, 통원은 허용된다. 또한 대상자의 재택여부를 확인하기 위하여 전자감시를 병용하기도 한다.

전자감시(electronic monitoring)란 대상자의 신체에 전기신호발신장치를 장착하여 여기에서 발신되는 정보를 가정용전화 등에 설치된 수신기를 통하여 수집하여 컴퓨터가 처리하는 것에 의해 대상자가 집에 있는지의 여부를 상시적으로 확인하는 것이다. 이것은 성인에 대해서는 구금형의 대체수단 등으로 이용되지만, 소년에 대해서는 자택구금의 실효성을 높여 재비행의 방지 및 범죄성이 진행된 자에 대한 안전한 대체조치로서 이용된다.

보호소(shelter facility)수용은 우범소년(습관적인 태학, 가출, 야간배회, 음주, 흡연 등) 및 방임 · 요부조소년의 보호를 목적으로 설립된 단기수용시설이다. 비행소년이 보호소에 수용되는 경우로서는 구금시설이 설치되어 있지 않는 지역에 있어서 교도소를 대신하는 수용시설로 이용되는 경우도 있다.

수양부모위탁(foster care)이란 가정에서 생활하는 것이 부적당하다고 인정되

---

54) Snyder, H. N. & Sickmund, M., "Juvenile Offenders and Victim: A National Report"(Office of Juvenile Justice and Delinquency Prevention, U.S. Department of Justice, 1995), p.90 참조.

는 소년을 위한 조치로 비행소년보다는 방임 · 요부조소년 등이 위탁의 대상이 된다. 수양부모에는 개인의 수양가정 외에 정식의 가정이 확보되기 전까지 소년을 일시적으로 수용하는 일시수양부모가정(emergency foster care homes) 등이 있다.

집단가정(group home)이나 중간형태가정(halfway house)은 장기수용시설로 소년원과는 다른 개방적인 시설이다. 수용되는 소년은 통학, 통근, 통원 또는 문화행사에의 참가 등을 통하여 지역사회와 긴밀하게 접촉한다. 수용된 소년은 방임 · 요부조소년 등이 중심이 되며, 그 외로는 시설을 퇴소하여도 적당한 거주지가 없는 소년도 수용된다. 집단가정은 운용기관 및 운용조직이 소유하는 거주시설에서 통상적으로 5인에서 10인 전후의 소년을 수용하며, 가정적인 분위기에서 직원이 소년의 보호를 담당하는 것으로 일본의 아동자립시설과 같다고 할 수 있다.

중간형태가정은 집단가정보다는 대규모의 시설로 전문의 직원에 의한 학습프로그램의 진행, 구직활동의 원조, 카운슬링 등의 처우프로그램을 실시하는 시설이다.

소년원은 행정기관이 운영하는 공립시설(public facilities) 외에, 비영리적인 민간기관의 운영에 의한 사립시설(private facilities)이 있다.

소년원은 장기수용시설로 경비의 정도에 따라 시설이 구분된다. 일반적인 소년원에서는 읽기, 쓰기, 계산 등의 기초학습능력의 향상을 위한 교육이 실시되고 있으며, 소정의 과정을 이수한 소년에 대해서는 고등학교졸업자격이 부여된다. 직업훈련으로서는 남자소년에 대하여 자동차수리, 인쇄, 용접 등의 과목이 실시되며, 여자소년에 대해서는 재봉, 미용 등의 과목이 실시된다.

그 외의 처분으로서 피해변상명령 및 사회봉사명령은 독립된 처분 또는 보호관찰 등의 처분과 병행하여 명령할 수 있는 것으로 소년사법의 여러 단계에서 활용되고 있다.

피해변상명령은 소년이 비행에 의해 타인의 재산에 손해를 입혔거나 또는 타인의 신체에 상해를 입힌 경우에 금전 등에 의하여 피해를 변상하는 것이다. 금전에 의한 피해변상은 원칙으로서 소년법원이 선택한 작업장(job site)에서의 작업 또는 공공 및 민간에서 제공되는 작업에 의한다. 작업에 의해 얻어지는 임금은 법원이 일정액에 달하기 전까지 보관한 후, 법원이 피해자에 대하여 지불한다. 지불이 완료된 시점에서 원칙적으로 소년의 작업의무는 종료되지만, 배상금을 지불하지 못하는 경우에는 보호관찰의 기간이 연장되기도 한다. 이에 반하여 비행소년에 대하여 책임을 자각시키기 위하여 소년에게 작업을 부과하는 처분으로서 사회봉사명령이 있다. 이것은 광의의 피해회복(restitution)의 일환이지만 피해자에 대한 작업이 아닌 경우에는 일반의 피해변상명령과 구별된다. 이 경우 소년은 병원 등에 있어서 작업을 하거나, 공원 및 공공장소의 청소 등을 실시한다.[55]

3. 독 일

(1) 연 혁

독일에 있어서는 소년법원법(Jugendgerichtsgesetz)이 소년사건절차에 대하여 규정하고 있으며 동법에 규정되어 있지 않는 경우에는 형사소송법 등이 적용된다.

독일의 형사사법과정에 있어서 소년에 대한 특별한 처우는 1871년의 Reich 형법전에서 시작되며, 여기에서는 12세 미만은 형사책임이 없다고 하였고 18세 미만에 대해서는 형을 감경하였다. 그 후 소년법원, 소년심판보조기관, 소년교도소 등이 설치되는 등의 경위를 거쳐 1923년에 소년법원법이 제정되어 14세 미만을 책임무능력자로 하고, 18세 미만의 소년에 대한 교육처분의 우선과 형의 완화, 소년에 대한 형의 집행에 있어서 성인과의 분리, 소년심판보조기관에 의한 조사 및 심판절차에의 관여 등이 규정되는 등 본격적인 소년형사사법제도가 창설되었다.[56] 1940년의 소년구금의 채용 및 1943년의 소년법원법의 개정 등이 이루어졌으나, 전후 구서독에서 현행법의 기초가 되는 소년법원법이 제정되었다. 그 후 구서독에 있어서는 사회정세의 변화 등에 따라 동법의 개정이 이루어졌으며, 그 중에서도 1990년의 개정법에 있어서는 아동・소년원조법(Kinder-und Jugendhilfegesetz)[57]의 제정에 의해 소년에 대한 시설내처우의 축소[소년에 대한

---

55) Kratcoski, P. C., Kratcoski, L. D., *Juvenile Delinquency*, Second Edition, Prentice-Hall, 1998, pp.278-279.

56) 出川敏裕, 『ドイツにおける少年法制の動向』(ジュリスト 1087号, 1996), 86면.

57) 소년원조법의 성격 및 개정의 경위, 배경 등에 대해서는 佐々木光明, 『ドイツの子どもをめぐる法制の改革』, 澤登俊雄 編著, 世界各国の少年法制, 成文堂, 1994, 239면 참조.

부정기형의 폐지, 소년형의 연기(집행유예)범위의 확대 등], 사회내처우의 충실[징계처분 중의 의무의 부과 및 교육처분 중의 지시부여의 항목의 추가], 소년심판보조기관의 권한확대, 다이버전의 촉진 등의 개정이 이루어졌다.[58)]

소년법원의 대상은 행위시 14세 이상 18세 미만의 소년(Jugendilcher)이지만, 18세 이상 21세 미만의 청년(Heranwachsender)에 대해서도 (i) 청년의 도덕적 및 정신적인 발달상황으로 보아 소년과 동등하다고 인정되는 경우, (ii) 행위의 종류, 동기 등으로 보아 소년비행으로서 취급해야 할 경우에도 동법의 많은 규정이 적용 또는 준용된다(소년법원법 제1조, 제2조, 제105조-제112조).

한편, 책임능력이 결여된 소년에 의한 촉법행위 등에 대해서는 아동·소년원조법에 근거한 교육원조조치가 이루어져 후견재판관(Vormundschaftsrichter)에 의한 보호시설에의 수용 등의 조치가 이루어질 수 있다.[59)] 이에 대하여 소년법원법은 소년이 행위시에 그 도덕적 및 정신적 발달상황으로 보아 그 행위의 위법성을 인식하고 이 인식에 따라 행동하는 것에 대하여 충분할 정도로 성숙한 때에는 그 소년은 형사상 책임이 있으나, 미성숙으로 형법상 유책하지 않는 소년에 대해서는 그 교육을 위하여 재판관은 후견재판관이 처우하는 것과 같은 처우를 명할 수가 있다고 규정하고 있다(동법 제3조).

(2) 소년심판절차

소년사건의 심리는 공개가 제한되며, 소년에 대해서는 부모 등의 교육권자, 법정대리인이 소환되며, 소년심판보조기관의 대표자가 출석하는 것 등을 제외하면 성인의 공판절차와 동일하다고 할 수 있다.

사건기록이 기소장과 함께 법원에 제출되면, 직권조사주의하에서 재판장은 증거의 채용여부를 판단하여 증거조사를 실시한다. 소년 및 증인에 대해서는 먼저 재판관이 기록에 근거하여 신문하며, 그 후 배석재판관, 삼심원, 검찰관, 감정인, 소년심판보조의 담당자, 변호인, 소년 및 부모 등의 교육권자 및 법정대리

58) 소년법원법의 역사전반에 대해서는 K. F. W. Müller, *Jugendstrafrecht und Jugendgerichtsbarkeit : Eine Einführung in Theorie und Praxis der Jugendkriminalrechtspflege, verbunde mit Examensinweisen*, 3. Aufl., 1975, S.1ff; U. Eisenerg, *Jugendgerichtsgesetz mit Erläuterungen*, 4, Aufl., 1991, Einleitung Rdn.1ff; 丸山雅夫, 「ドイツの少年裁判所法について」 (南山法学 第16巻 3·4合併号, 1993) 참조.

59) 佐々木光明, 앞의 논문, 242면.

인도 보충하여 신문할 수 있다.

소년형사사건은 진실발견을 위해 그 외의 중요한 이유로부터 필요가 있는 경우에는 성인의 형사사건과 절차를 병합할 수 있으며(동법 제103조 제1항), 이 경우의 관할은 기본적으로 소년법원에 속하지만 형사법원이 관할권을 가지는 사건도 있다(동법 제103조 제2항). 또한 소년 등이 일반형사사건을 관할하는 법원에서 심판되는 경우에는 소년법원법에서 규정하는 절차의 대부분이 적용된다(동법 제104조 제1항).

검찰은 간이소년절차에 의한 경우를 제외하고는 심판에 참석하여야 하며, 권고 및 구형도 할 수 있다. 소년측에는 변호인선임권이 있으며 일정한 경우에는 필요적 변호사건이 된다. 즉, 소년법원법에서는 (i) 성인이라면 변호인이 선임되어야 하는 경우, (ii) 소년의 교육권자 및 법정대리인으로부터 그 권리가 법률에 의해 박탈되었을 경우, (iii) 소년 등의 발달상태에 대하여 감정의 준비를 하기 위하여 소년 등을 시설에 수용하는 것이 문제가 되는 경우, (iv) 소년에 대하여 구류 또는 형사소송법 제126조 a의 가수용이 집행된 경우로 소년이 18세를 넘지 않을 때에는 재판장은 피의자에게 변호인(국선변호인)을 선임하는데, 특히 (iv)의 경우에는 지체 없이 변호인을 선임하도록 규정하고 있다(동법 제68조).

또한 재판장은 필요적 변호사건이 아닌 경우라도 소년을 위하여 절차의 단계에 있어서도 보조인을 선임할 수 있으나, 교육권자 및 법정대리인이 보조인으로 선임되는 것에 의해 교육상 불이익의 발생이 예상되는 경우에는 선임하지 않도록 하고 있다. 보조인은 기록열람권을 가지며 심판절차에 있어서 변호인이 가지는 권리가 인정되고 있다(동법 제69조 제1항, 제2항, 제3항).

심판절차에 있어서 재판장은 소년의 교육권자 및 법정대리인의 소환을 명하여야 한다(동법 제50조 제2항). 교육권자 및 법정대리인은 의견진술, 질문, 신청, 심판절차입회 등의 소년의 권리와 동등한 권리가 인정되고, 소년에 대한 통지가 필요한 경우에는 교육권자 및 법정대리인에 대하여도 통지를 하여야 하며, 변호인 선임 및 불복신청의 법정대리인에게 인정되는 권리는 교육권자에게도 인정된다(동법 제67조 제1항, 제2항, 제3항).

법원에서의 심리는 판결의 선고를 포함하여 공개하지 않으며(동법 제48조 제1항), 청년의 경우에는 그 이익을 위하여 필요한 때에는 절차를 비공개로 할 수 있다(제109조). 소년에 대한 심판에서는 절차에 관여하는 자(재판관, 서기관, 검사, 소년, 변호인, 증인, 교육권자, 법정대리인, 소년심판보조기관의 대표자 등)와 함께 피해자의 출석도 허용되며, 소년이 보호관찰 또는 지도원조자의 감독하에 있는 경우 소년을 위하여 교육보좌가 명령된 경우에는 보호관찰관, 지도원조자 및 교육보좌인(Erziehungsbeistand)에게도 출석을 허용할 수 있다(동법 제48조 제1항).

재판장은 소년의 교육에 불이익을 발생시킬 수 있는 사항에 대하여 심리를 하는 경우에는 그 심리가 이루어지는 동안 소년을 퇴정시켜야 한다(동법 제51조 제1항).

검사는 소년계 재판관에 의한 가벼운 처분이 예상되는 경우에 간이소년절차(vereinfachtes Jugendverfahren)에 의한 재판을 할 수 있도록 청구할 수 있다(동법 제76조). 이 신청은 공소제기와 동등한 효력이 인정되며, 소년계 재판관은 사안이 간이소년절차에 의하는 것이 타당하지 않다고 판단한 경우에는 이것을 거부하는 결정을 하며(동법 제77조), 이 결정이 이루어진 경우에 검사는 기소장을 제출한다.

간이소년절차에 의한 경우 소년계 재판관은 시설수용에 의한 교육원조를 청구하는 명령(교육처분), 소년형 및 금단치료시설(Entziehungsanstalt)에의 수용을 선고할 수 없다(동법 제78조). 또한 간이소년절차는 재판관의 재량에 의해 신속하게 진행하며, 소년에게 적합한 형식으로 진행되기 위하여 진실의 발견에 장해가 없는 한 절차상의 규정과 다르게 진행할 수 있다(동법 제78조 제3항).

소년 등에 대하여 유죄를 선고하는 경우에는 그 판결이유에 처벌의 내용, 처분의 내용, 처분의 선택 등에 대하여 어떠한 사정이 결정적인 근거가 되었는지를 명시하여야 한다. 또한 소년에게 판결이유를 고지하는 것이 교육상 불이익을 발생할 우려가 있을 때에는 고지하지 않는다(동법 제54조 제1항, 제2항).

소년에 대한 구류에 대해서는 엄격한 요건이 규정되어 있어, 교육에 관한 가명령 및 그 외의 조치로는 목적을 달성할 수 없는 경우에 한하여 부과할 수 있다. 또한 소년이 만 16세에 달하지 않은 경우에는 절차로부터의 회피 또는 도주를 준비한 경우, 법률이 적용되는 지역 내의 일정한 주거가 없거나, 도주의 우려가 있는 경우에 한하여 구류를 부과할 수 있다(동법 제72조 제1항, 제2항).

구류의 기간은 성인과 마찬가지로 원칙적으로 6개월이며, 그 후는 3개월마다 심사하여 경신할 수 있다(형사소송법 제121조, 제122조). 또한 소년에게는 구류 후 지체 없이 변호인을 필요적으로 선임하며, 구류의 집행을 받고 있는 소년의 절차는 특히 신속하게 진행하여야 한다(소년법원법 제72조 제5항).

유죄로 판명된 소년에 대하여 부과할 수 있는 처분에 관하여 소년법원은 처분선택의 일반적 기준으로서 소년 등의 범죄행위를 이유로 교육처분을 명할 수 있으며, 교육처분으로 충분하지 않을 경우에는 징계처분 또는 소년형을 부과할 수 있다. 또한 소년 등이 정신병원 또는 금단치료시설에 수용되면 징계처분 및 소년형을 과하지 않는다(동법 제5조 제1항, 제2항, 제3항).

4. 일 본

(1) 소년비행의 개념

일본에 있어서 '소년비행'이란 소년법 제3조 제1항의 규정에 따라 (i) 14세 이상 20세 미만의 소년에 의한 범죄행위(범죄소년), (ii) 14세 미만의 소년에 의한 촉법행위로 형벌법령에 저촉되는 행위이지만 행위자가 형사책임연령에 달하지 않았으므로 형사상의 책임을 묻지 않는 행위(촉법소년), (iii) 보호자의 정당한 감독에 복종하지 않는 성벽, 불량교제 등, 그 행위 자체는 범죄비행행위는 아니지만, 성격 및 환경 등으로 보아 장래 범죄 및 촉법행위를 할 우려가 있다고 인정되는 행동(우범소년)이라고 하는 3종류의 행위를 총칭하는 개념이다.[60] 즉, 여기에서 말하는 '소년비행'이라는 개념은 성인으로의 인격의 형성기로서 가소성이 풍부한 소년에 대해서는 범죄행위만이 아니라 우범에 대해서도 소년의 건전한 육성과 교정 및 보호를 위하여 국가가 사법적으로 개입할 필요가 있다고 하는 미국소년사법의 '국친사상'(parens patriae)에 근거한 개념이라고 할 수 있다.

(2) 비행소년에 대한 처우절차

일본에 있어서 비행소년에 대한 처우절차에 대하여 개관하면 다음과 같다.

먼저 비행소년을 발견한 자는 경찰관만이 아니라 일반인이라도 14세 이상의 소년에 대해서는 가정법원에 통고하고, 14세 미만으로 적절한 보호가 결여된 소년에 대해서는 아동상담소 또는 복지사무소에 통고하여야 한다. 또한 14세 이

60) 藤本哲也, 『刑事政策概論(全訂第4版)』, 青林書院, 1995, 321면.

상 18세 미만의 우범소년에 대해서는 사법경찰관 또는 보호자는 직접 아동상담소에 통고할 수 있다. 그러나 이 경우 사법경찰관은 범죄의 혐의가 있는 금고이상의 형에 해당하는 사건에 대해서는 이것을 검찰관에 송치하여야 하며, 또한 검찰관은 범죄의 혐의가 있다고 판단된 때에는 가정법원에 송치하여야 한다. 즉 검찰관의 단계에서는 불처분도 형사처분도 할 수 없다. 이것을 '전건송치주의'라고 하는데, 예외적으로 실무상에서는 간이송치제도가 인정되고 있으며, 경찰은 요보호성이 적은 경미한 사건을 성인의 경범죄처분에 준하여 경찰에서 처리하고, 가정법원은 일괄하여 송치된 사건을 서면심사하고 원칙적으로 심판불개시의 결정을 하는 '간이처분절차'가 있다.[61]

한편, 검찰관은 소년의 피의사건에 있어서는 특별한 경우가 아니면 구류를 청구할 수 없다. 소년을 구류하는 경우에는 소년감별소에 구금하는 것이 가능하다.

가정법원은 검찰관 및 아동상담소 등으로부터 권고, 통고, 송치된 소년에 대하여 심판하고 처분을 결정하게 되어 있다. 가정법원은 검찰관 등으로부터 사건의 송치를 받은 경우 사건에 대한 조사를 하여야 하며, 가정법원 조사관에게 명하여 소년, 보호자 또는 참고인에 대한 조사, 그 외의 필요한 조사를 할 수가 있다. 이 조사는 가능한 한 소년, 보호자 또는 참고인 등 관계자의 행장, 경력, 소질, 환경 등에 대하여 의학, 심리학, 교육학, 사회학 등의 전문적인 지식을 이용하여 이루어지는 것으로, 특히 소년감별소[62]의 감별결과를 활용하여야 한다.

가정법원이 수리한 소년 가운데 비행을 저질렀다는 상당한 이유가 있는 등, 일정의 요건을 충족한 자에 대해서는 가정법원의 결정에 의해 관호조치가 취해져 소년감별소에 수용된다. 이 관호조치는 형사절차에 있어서 구류에 대비하는 것으로 형사사법적 기능과 보호적 기능을 모두 가지는 것이다. 또한 관찰과 감별의 유기적인 연계에 의해 개개의 소년의 특성을 고려하면서 작문, 독서, 그림, 심리극, 집단토의 등의 처우를 실시하면서 소년의 문제점 및 개선가능의 정도를 보는 '탐구처우'도 실시되고 있다. 또한 가정법원은 필요하다면 소년을 일정기간 시험적으로 가정법원 조사관의 관찰, 즉 '시험관찰'을 부과할 수가 있다.

이 시험관찰은 (i) 소년의 신병을 보호자 등에 맡기어 보호자의 감독 아래

---

61) 法務総合研究所, 『平成18年犯罪白書』, 228-231면 참조.

62) 소년감별소는 가정법원에 대응하여 설치되어 있으며, 그 수는 2005년 4월 1일 현재 본소 52청이 설치되어 있다.

에서 생활을 하면서 관찰하는 '재택시험관찰', (ii) 소년의 보도를 위탁하는 자와 기거를 함께 하면서 보도하는 '신병부보도위탁', (iii) 소년을 지금까지의 주거에 거주시키면서 제3자에게 보도만을 위탁하는 '보도위탁'의 3종류가 있다.

가정법원은 조사의 결과 심판을 개시하는 것이 상당하다고 인정되는 경우에는 심판개시를 결정한다. 가정법원에서의 심판은 통상 1인의 재판관이 하지만 합의체에서 심판할 것을 결정한 사건에서는 3인의 재판관에 의한 합의체에서 이루어진다. 심판은 비공개로 친절하고 온화하게 이루어지는 것과 함께, 비행소년에 대하여 자기의 비행에 대하여 반성할 수 있도록 이루어져야 한다. 심판기일에는 소년 및 보호자를 호출하여 필요에 따라 가정법원 조사관을 출석시키며, 심판석에 소년의 친족, 교원 그 외의 상당하다고 인정되는 자의 재석을 허용할 수가 있다. 소년 및 보호자는 가정법원의 허가를 받아 변호사 이외의 자를 보조인으로서 선임할 수 있으나, 변호인을 보조인으로 선임하는 경우에는 가정법원의 허가를 필요로 하지 않는다. 또한 보호자는 가정법원의 허가에 따라 보조인이 될 수 있다. 가정법원은 범죄소년에 관계되는 사건으로 고의의 범죄행위에 의해 피해자가 사망한 사건, 그 외의 사형 또는 무기 혹은 단기 2년 이상의 징역 또는 금고에 해당하는 범죄로서, 그 비행사실을 인정하기 위하여 심판의 절차에 검찰관이 관여할 필요가 있다고 인정될 때에는 결정으로 심판에 검찰관을 출석시킬 수 있다. 이 경우에는 소년에게 변호사인 보조인이 없을 경우에는 변호사인 국선보조인을 선임하여야 한다.

심판의 결과, 보호처분을 부과할 필요가 있는 자에 대해서는 (i) 보호관찰소의 보호관찰, (ii) 아동자립지원시설, 아동양호시설송치, (iii) 소년원 송치 등을 결정하거나, 보호처분을 부과할 수 없거나 또는 그 필요가 없다고 인정될 때에는 불처분의 결정을 한다. 그리고 조사 또는 심판의 결과 (i) 아동복지법상의 조치가 상당하다고 인정되는 경우에는 都道府縣의 지사 또는 아동상담소 송치의 결정, (ii) 사형, 징역, 금고에 해당하는 범죄로, 그 죄질 또는 정황으로 형사처분이 상당하다고 인정되는 경우에는 검찰관 송치의 결정, (iii) 심판에 부할 수 없거나 또는 심판에 부하는 것이 상당하지 않다고 인정되는 경우에는 심판불개시의 결정을 한다.

보호관찰이 부과된 소년은 법무성에 속하는 보호관찰소의 보호관찰을 받는데, 보호관찰관은 민간의 독지가인 보호사의 협력을 얻어 법률학, 심리학, 교육학, 사회학 등 갱생보호에 관한 전문적인 지식에 근거하여 소년에 대한 지도감독 및 보도원호를 실시한다.

소년원송치가 결정된 소년은 소년원에 수용된다. 소년원은 심신의 현저한 문제가 없는 자를 수용하는 초등소년원(14세 이상 대략 16세 미만의 자), 중등소년원(대략 16세 이상 20세 미만의 자) 및 특별소년원(범죄경향이 진행된 대략 16세 이상 23세 미만의 자)과 심신에 현저한 문제가 있는 자를 수용하는 의료소년원(14세 이상 26세 미만의 자)으로 구분되어 있으며, 각각의 교과교육, 직업보도 및 상당한 훈련 및 의료조치 등의 교정교육이 이루어진다. 한편, 소년원을 가퇴원한 소년은 보호관찰소의 보호관찰이 부과된다.

아동자립지원시설 또는 아동양호시설송치의 소년은, 국립, 공립, 사립의 아동자립지원시설 또는 아동양호시설에 있어서 필요한 복지를 위한 조치를 받게 된다. 또한 검찰관송치의 소년에 대해서는 검찰관은 원칙으로서 지방법원 또는 간이법원에 공소를 제기하여야 하며, 이러한 소년은 성인의 형사절차와 같은 절차에 의해 재판을 받게 된다. 소년에 대해서는 성인과는 달리 형의 완화, 부정기형, 소년교도소에의 수용, 가출소가 허가되기까지의 기간의 단축, 그 외의 환형처분금지 등이 인정된다.

징역 또는 금고를 선고받은 소년에 대해서는 소년교도소 또는 교도소 내에 특별히 구분된 장소에서 그 형을 집행하며, 16세 미만의 소년에 대해서는 16세에 달하기까지의 기간 소년원에 있어서 그 형을 집행할 수가 있으며, 이 경우 징역형이 부과된 소년이라고 하여도 작업을 부과하지 않고 교정교육을 받도록 하고 있다.

한편 소년, 법정대리인 또는 보조인은 보호처분의 결정에 대하여 결정에 영향을 미치는 법령의 위반, 중대한 사실의 오인 또는 처분의 현저한 부당을 이유로 2주 이내에 항고할 수 있다. 반대로 검찰관은 검찰관 관여의 결정이 있었던 사건에 있어서 보호처분을 부과하지 않은 결정 또는 보호처분이 부과되지 않은 결정 또는 보호처분의 결정에 대하여 비행사실의 인정에 관하여 결정에 영향을 주는 법령의 위반 또는 중대한 사실의 오인이 있는 경우에 한하여 고등법원에 대하여 2주간 이내에 항고심으로서 사건을 수리할 것을 신청할 수가 있다.

또한 1992년 6월 19일, 제123회 국회에 있어서 소년의 보호사건에 대한 보상에 관한 법률이 성립하여 동년 9월 1일부터 시행되었다. 이 법은 소년의 보호사건절차에 있어서 범죄 등의 비행사실이 인정되지 않는 것에 의해 심판불개시결정 또는 불처분결정을 받은 소년 등이 체포 또는 구류 및 소년감별소 송치 등에 의해 신체의 자유의 구속 등을 받은 경우에 당해 신체의 자유의 구속 등에 대하여 형사보상과 동등한 보상을 하는 제도이다.

종래에는 무죄가 된 경우라면 '형사보상'이 이루어졌으며, 또한 범죄를 범하지 않았다는 것으로써 불기소처분이 된 경우에는 '피의자보상'을 받았다. 그러나 소년이 보호사건절차에 의해 범죄 등 비행사실이 인정되지 않아 불처분 등의 결정을 받은 경우에는 그 어떤 보상도 인정되지 않았다. 이는 형사사건절차에 의해 처리된 소년에 대해서는 보상이 이루어지나, 형사사건보다 그 비행의 정도가 미약하여 보호사건절차에 의해 처리된 소년에게는 그 어떤 보상도 이루어지지 않는 불공평이 초래되었다. 근년에 이러한 불공평이 문제로 제기됨에 따라 '소년보상제도'를 성립시키기에 이르렀다.

제2편

보호사건

제3장 법 원

Ⅰ. 총 설

형법의 특별법인 소년법에 의해 소년보호사건을 담당하는 법원을 강학상 소년법원이라고 한다. 소년법원은 비행소년의 보호과정에서 조사와 심리, 처분의 결정을 행하는 중추적 역할을 담당하는 사법기관이다.

일반적으로 소년심판은 신속한 비행의 발견 및 보호조치의 마련 그리고 성행의 교정이라는 기능, 즉 사법적 기능과 보호·복지적 기능을 동시에 지니고 있다고 본다. 그렇기 때문에 소년법원을 일반법원과 구별되는 독립된 기관으로 설치하는 입법례가 많다. 통상 논의되는 소년법원의 대표적 특성에는 다음과 같은 것이 있다.[1]

1) 심판의 독립성

소년법원은 가정법원의 소년부 또는 지방법원 소년부와 가정지원[2]으로부터 위로는 고등법원과 대법원에 이르는 체계로 조직되어 있으며, 인적·물적 독립

---

1) 김동림, 『소년법』, 화성사, 2000, 209면 이하. 반면 소년법원의 특성으로 독립성, 민주성, 과학성, 사회성과 교육성, 도의성을 드는 견해도 있다(유진식, 『소년법』, 육법사, 1982, 132면 이하 참조).

2) 2001년 1월 29일 개정에 의해 소년부지원은 가정지원으로 그 명칭이 변경되었다.

및 사법행정의 운영과 예산의 독립성이 보장된다(법원조직법 제3, 82조; 헌법 제103, 105, 108조).

2) 소년사건의 이원주의

우리나라는 소년보호사건은 가정법원 소년부 또는 지방법원 소년부에 속한다(제3조 제2항)고 규정함으로써 소년법원은 소년보호사건만 담당하고, 소년형사사건과 소년의 복지를 침해한 성인의 형사사건은 일반형사법원에서 관할하고 있다(소년보호사건과 소년형사사건의 이원주의).[3]

3) 협력성

소년법원은 송치기관 이외에 가정, 학교, 사회복지시설, 전문가, 공사단체 등의 사회전반의 협력을 필요로 한다(법 제28조).

4) 과학성

소년법은 소년법원이 대상소년의 조사에서 전문적 지식을 활용하여 소년과 주변환경, 성행, 경력 등을 구명하도록 노력하여야 하며, 조사 또는 심리에 전문가의 진단 및 소년분류심사원의 의견을 참작하도록 하고 있다(법 제9, 12조).

5) 교육·복지정책성

소년법원의 보호사건은 보호소년의 교육적 측면과 복지정책적 측면에서 운영되고, 형사처분에서도 특별조치를 취하도록 하고 있다(법 제1, 32조).

이러한 특성을 띤 소년법원의 심판절차는 다음과 같이 도표화할 수 있다.

---

3) 일원주의 법제(예컨대 독일의 소년법원법: JGG)에서는 소년사건인 이상 형사사건이든 보호사건이든 소년전담법원에서 통합적으로 취급하는 것이 소년의 인권보장 및 처우의 적정을 기하여 개별화의 원리에도 합치된다고 본다. 반면 이원주의는 소년보호는 형벌의 양을 완화하여 소극적 형벌원리에서 적극적 보호원리로 전환하는 과정에서 양질전화를 일으킨 데 불과하기 때문에 형사사건은 형사법원에서, 보호사건은 소년법원에서 담당하는 것이 바람직하다고 본다. 상세한 논의는 유진식, 앞의 책, 135면과 김동림, 앞의 책, 210면 이하. 김동림, 앞의 책, 211면은 소년사건의 일원주의로 전환하는 것이 옳다고 주장한다.

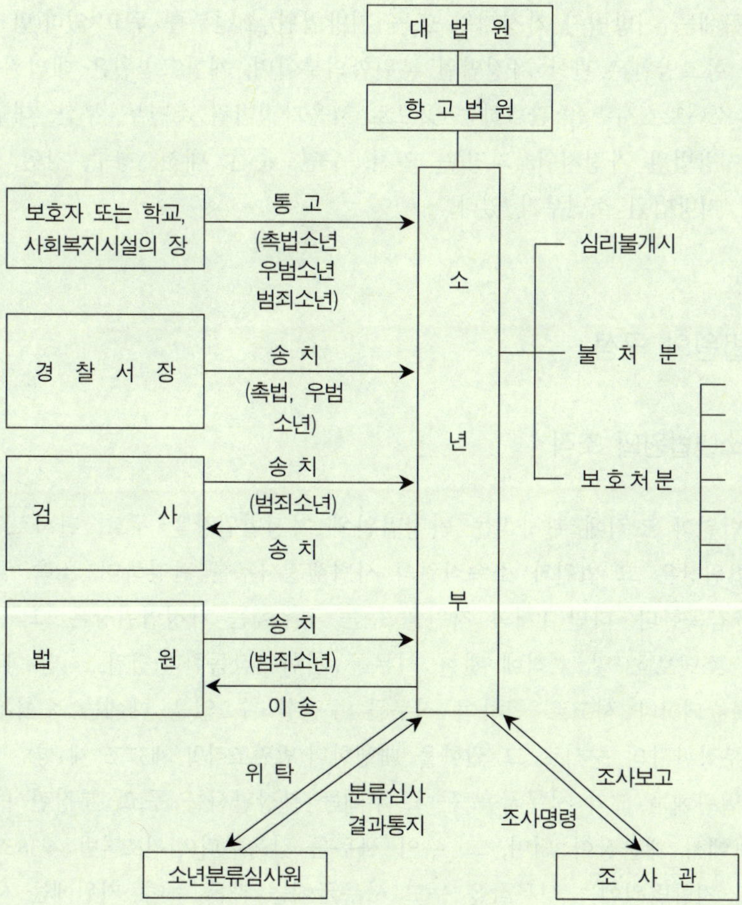

Ⅱ. 소년법원의 설치 및 조직

1. 소년법원의 설치

소년법은 소년보호사건이 가정법원 소년부 또는 지방법원 소년부에 속한다고 규정하면서 이를 통칭하여 소년부라 부르고 있다(법 제3조 제2항).[4] 소년법원은 제1심 법원으로 가정법원 및 지원에 소년부를 두고, 가정법원이 설치되어 있지 않은 곳에는 지방법원 가정지원 또는 지방법원 소년부를 두고 있다(법원조직법 제3조). 항고법원은 관할 가정법원 본원합의부이며, 재항고법원은 대법원이다.

현재 소년보호사건을 관할하는 곳으로 서울가정법원 소년부, 부산, 대구, 광주의 각 지방법원 가정지원, 의정부, 인천, 수원, 춘천, 대전, 청주, 창원, 전주, 제주의 각 지방법원 소년부가 있다.

2. 소년법원의 구성

(1) 소년법원의 조직

소년법원의 조직에 관하여는 가정법원에 가정법원장을 두고, 판사로 보한다. 가정법원장은 그 법원과 소속직원의 사법행정사무를 관장하며, 소속 공무원을 지휘·감독한다. 다만 1개의 지원을 두는 경우에는 가정법원장은 그 지원의 가사사건, 소년보호 및 호적에 관한 사무를 지휘·감독한다(법원조직법 제37조). 원장이 闕位되거나 사고로 인하여 직무를 수행할 수 없을 때에는 수석부장판사·선임부장판사의 순서로 그 권한을 대행한다(법원조직법 제37조 제4항).

가정법원에는 部와 사무국을 둔다. 부에는 부장판사를 두고, 부장판사는 그 부의 재판에서 재판장이 되며, 그 부의 사무를 감독한다(법원조직법 제38조). 가정법원 및 지방법원에는 사무국을 두고 사무국에는 과를 두며, 지원에는 사무과를 둔다(법원조직법 제10조 제1, 2항). 가정법원에는 사무국에 총무과, 가사과, 소년과, 호적과를 두고 있으며, 소년보호사건에 관한 사무[5]는 소년과가 이를 담당하고, 그 밖에 가정법원이 설치되지 않고 관내에 가정지원도 없는 지방법원의 경우는 이를 지방법원 사무국 형사과에서 관장한다(법원사무기구에 관한 규칙[6]

4) 법원조직법상으로 소년"부"에 관한 특별한 규정이 없고, 지방법원 및 가정법원의 사무의 일부를 처리하게 하기 위해 그 관할구역 안에 가정지원을 둘 수 있다고 하는 규정만을 두고 있으므로(법원조직법 제3조 제2항) 소년"부"는 법원조직법상의 개념은 아니고 단지 소년심판을 전담하는 가정법원 또는 지방법원의 심판부를 의미하는 것으로 볼 수 있다 [법원행정처, 『법원실무제요(소년·비송)』(제2판), 2000, 10면].

5) 소년보호사건의 접수처리, 심리의 참여, 기록 및 문서의 작성처리와 기록·부책의 보존에 관한 사항.

6) 1975.12.31 제정 대법원규칙 제594호, 1999.2.27 일부개정.

제6조 별표 5의1).

가정법원은 사무의 일부를 처리하기 위하여 그 관할구역 안에 가정지원을 둘 수 있다. 다만 지방법원 및 가정법원의 지원은 2개를 합하여 1개의 지원으로 할 수 있다(법원조직법 제3조 제2항). 가정지원에는 지원장을 둔다. 지원장은 판사로 보하고, 지원장은 소속 지방법원장의 지휘를 받아 그 지원의 사법행정사무를 관장하며, 소속공무원을 지휘·감독한다(법원조직법 제31조).

(2) 소년법원의 구성

1) 판 사

소년보호사건의 심리와 처분의 결정은 소년부 단독판사가 이를 행한다(소년법 제3조 제3항). 소년심판에는 검사의 관여가 없고, 소년도 당사자가 아닌 심리의 객체로 취급되며, 직권주의, 비공개주의 등 특수한 원리가 지배하고 있으므로 소년부판사는 소년심판을 전반적으로 주재하는 지위에 있다.[7] 소년부판사는 심리의 공평을 해할 만한 상당한 이유가 있다고 인정할 때에는 그 직무의 집행을 회피하여야 한다(규칙 제26조 제1항). 소년부 법원서기관, 법원사무관, 법원주사 또는 법원주사보 및 조사관도 마찬가지이다(동조 제2항).[8]

2) 조사관

소년보호목적을 달성하기 위해서는 처분의 기초가 되는 소년의 성장과정, 환경, 성격, 정신상태, 비행동기 기타 제반 사정을 과학적으로 조사할 필요가 있으므로 소년법원에는 전문적 지식을 가진 조사관을 두고 있다. 소년조사관은 그 업무를 원만히 수행하기 위해 심리학, 사회학, 교육학, 사회복지학 등 인간관계의 여러 분야를 연구하고 약물남용조사, 심리테스트기법 등 전문성을 갖추어야 한다.

1999년 12월 31일 개정된 법원조직법 제54조 제2항에 따라 소년법에 따른 조사업무는 사법보좌관이 행하도록 되어 있다.[9] 조사관의 직무로는 조사(법 제

---

7) 법원행정처, 『법원실무제요(소년·비송)』(제2판), 2000, 10면.

8) 형사소송법 제17조 이하의 법관의 제척 및 기피는 소년보호사건에는 준용되지 않는다.

9) 종래 법원공무원규칙 제4조 제1항 및 별표 1에 의하면 조사관은 조사사무를 담당하는 일반직 법원공무원으로 4급 또는 5급으로 되어 있고, 이들을 보좌하게 하기 위하여 조사

11조 제1항) 및 집행상황보고(법 제36조 제2항), 동행영장의 집행(법 제16조 제1항), 심리기일출석(법 제23조 제2항)과 의견진술(법 제25조 제1항), 구두통고시 조서작성 등이 있다. 이 가운데 조사 및 집행상황보고는 조사관이 판사의 명을 받아 행하지만, 그 직무의 내용은 독자적인 입장에서 전문적으로 이를 수행한다.[10]

3) 참여직원

조사업무가 아닌 소년부판사의 심리에 열석하고(법 제23조 제1항), 소년보호사건에 대한 조사 및 심리에 대한 기록 기타 서류를 작성·보관하며(법 제30조 제1항), 소년부판사의 명에 의해 동행영장의 집행을 담당하는(법 제16조 제2항) 직원을 말한다. 여기에는 법원서기관, 법원사무관, 법원주사, 법원주사보가 있으며, 이를 보좌하는 직원으로는 법원서기 또는 법원서기보가 있다.

Ⅲ. 소년법원의 관할

1. 관할의 의의

관할은 각 법원에 대한 재판권의 분배, 즉 특정법원이 특정사건을 재판할 수 있는 권한을 말한다. 법원조직법은 관할을 심판권으로 표현하고 있다(법원조직법 제7조). 구체적 피고사건이 특정법원의 관할에 속하게 되면, 그 법원은 해당사건에 대한 심리와 재판의 권한을 가지게 된다. 관할권이 없는 경우에는 관할위반의 판결을 해야 하므로(형사소송법 제319조), 전체법원의 추상적·일반적 심판권인 재판권이 없어서 공소기각판결을 해야 하는 것과는 구별된다. 관할은 구체적 사건에 대한 특정법원의 업무분담을 결정하는 기준으로 법원의 심리편의 및 피고인의 방어권행사에 중요한 의미를 가진다. 그러므로 관할기준은 일반적·추상적으로 법률에 의해 규정되어야 하며, 심리의 편의와 피고인의 방어권

주사(6급), 조사주사보(7급), 조사서기(8급), 조사서기보(9급)를 두게 되어 있었다.

10) 『법원실무제요(소년·비송)』(제2판), 2000, 11면.

행사를 위해 예외적으로 변경하는 경우에도 법원의 재판에 의해야 한다.[11)]

소년보호사건에 관한 관할의 특색은 소년의 보호·교육 기타 소년의 이익을 위하여 전문성, 합목적성, 탄력성을 가지고 있다는 점에 있다. 관할의 일반적 분류방식인 사물관할, 토지관할, 심급관할, 이송의 순서로 살펴보기로 한다.

2. 법정관할

(1) 사물관할

사물관할이란 사건의 경중 또는 성질에 의한 제1심법원의 관할분배를 의미한다. 소년법은 제3조 제3항에서 "소년보호사건의 심리와 처분의 결정은 소년부 단독판사가 행한다"고 규정하고 있기 때문에 사물관할이 문제될 여지는 없다.

(2) 토지관할

토지관할(또는 지역관할)이란 동급법원 사이에서 사건의 지역적 관계에 의한 관할분배를 의미하며 裁判籍이라고도 한다. 각 소년법원의 토지관할구역은 각급 법원의 설치와 관할구역에 관한 법률[12)] 제4조 별표 3 및 5에 규정되어 있다.

1) 관할기준

형사소송법상의 관할기준(형사소송법 제4조 제1항)인 범죄지, 피고인의 주소, 거소 또는 현재지에 대응하는 것으로, 소년법 제3조 제1항은 "소년보호사건의 관할은 소년의 행위지, 거주지 또는 현재지로 한다"고 규정하고 있다.

㈎ 행위지

행위지란 범죄소년의 경우는 범죄지, 촉법소년의 경우는 형벌법령에 저촉되는 행위를 한 장소를 말한다. 다시 말해 범죄구성요건에 해당하는 사실의 전부 또는 일부가 발생한 장소이다. 따라서 범죄실행장소, 결과발생장소 및 그 중간지도 포함된다.

---

11) 형사소송법의 법원의 관할에 관한 일반적 설명은 배종대/이상돈, 『형사소송법』(제6판 제3쇄), 홍문사, 2005, 13/1 이하; 이재상, 『형사소송법』(제6판), 박영사, 2003, 8/38 참조.

12) 1963.12.13 법률 제1497호 제정, 2005.12.14 일부개정.

다만 문제가 되는 것은 우범소년(법 제4조 제1항 제3호)의 경우이다. 우범소년의 우범행위는 어떤 특정한 법령위반행위를 한 것이 아니라 우범사유가 있는 소년의 성격 또는 환경에 비추어 장래 형벌법령에 저촉되는 행위를 할 우려가 있는 경우를 의미하기 때문에 과연 행위지라는 개념을 인정할 수 있을 것인가가 문제된다. 우범소년의 경우 행위지를 인정할 필요 없이 거주지 및 현재지에 의해 관할을 정하면 충분하다는 견해도 있다. 그러나 우범소년은 우범성 이외에 일정한 우범사유(위의 같은 호 가~다목)를 요건으로 하고 있으므로 이러한 우범사유에 해당하는 행위가 이루어진 토지[13] 또는 우범성이 표출된 장소를 행위지로 보자는 견해[14]가 다수의 견해이다.

(나) 거주지 또는 현재지

거주지는 주소와 거소를 포함하는 개념으로, 민법상의 개념에 따라(민법 제18, 19조) 주소는 생활의 근거가 되는 곳, 거소는 사람이 다소 계속하여 거주하는 곳을 말한다. 현재지는 형사소송법 제4조에 따라 대상소년이 임의 또는 적법한 강제에 의해 현재하는 장소를 말한다.[15]

거주지와 관련해서 보호자의 주소도 소년의 거주지로 볼 수 있는가의 문제가 발생한다. 이것은 보호자의 주소와 완전히 독립된 장소에서 장기간 소년이 거주하고 있는 경우에(가령 학업, 취직 등) 발생하는 문제점이다. 먼저, 현행 소년법은 소년의 현재지에도 관할권을 인정하고 있기 때문에 보호자의 주소와 소년의 거주지가 일치하지 않는 경우에 관할권의 문제를 논하는 것은 큰 실익이 없다.[16] 반면 소년이 사건을 계기로 보호자의 주소로 주소를 변경할 의사를 명시하고, 보호자도 그것을 허용하여 소년의 생활용품이 보호자의 주소로 들어가는 등 보호자의 주소가 소년의 생활의 중심지로 되는 것이 객관적으로 예측되는 경우에는 예외적으로 보호자의 주소를 소년의 주소로 볼 수 있을 것이다.[17]

---

13) 유진식, 앞의 책, 139면; 『법원실무제요(소년 · 비송)』, 2000, 14면.

14) 김동림, 앞의 책, 222면.

15) 그러므로 불법연행된 장소는 현재지에 포함되지 않는다. 배종대/이상돈, 앞의 책, 64면; 이재상, 앞의 책, 8/47.

16) 김동림, 앞의 책, 222면; 유진식, 앞의 책, 140면.

17) 다만 안이하게 보호자의 주소를 소년의 주소로 보아 사건을 이송할 경우, 소년의 방어에 큰 영향을 미치므로 소년이 보호자의 주소로 돌아갈 의사가 있는지를 감호에 관한 임시조치절차단계에서 소년으로부터 직접 들어보아야 한다고 한다(『법원실무제요(소년 · 비송)』, 2000, 15면).

2) 관할의 기준시점

관할의 기준시점을 접수시, 조사·심리시 가운데 어느 시점으로 할 것인가에 대해 수리시설, 조사·심리시설, 절충설 등이 있다.[18] 관할의 기준시는 원칙적으로 사건접수시이므로 당해 관할구역에 소년의 행위지, 거주지 또는 현재지가 사건접수시에 존재해야 할 것이다. 사건의 접수시에 관할이 있으면 그 후 소년의 거주지 또는 현재지의 변동이 있더라도 관할은 없어지지 않는다. 그러나 사건계속 후에 소년의 거주지 또는 현재지가 변경된 경우에는 보호의 적정을 기하는 취지에서 그 곳에도 토지관할을 인정하여 새로운 소년의 거주지나 현재지를 관할하는 소년부로 사건을 이송할 수 있다(법 제6조 제1항).[19] 현행 소년법의 해석상 절충설이 타당하다.

3. 심급관할

심급관할은 상소절차에서 사건의 분배를 의미한다. 소년법은 보호처분의 결정이나 보호처분변경의 결정이 그 결정에 영향을 미칠 법령위반이 있거나 중대한 사실오인이 있는 때 또는 처분이 현저히 부당한 때에 불복방법으로 항고를 인정하고 있다. 항고사건은 관할 가정법원 또는 지방법원본원합의부에서 관할한다(법 제43조 제1항). 항고를 기각하는 결정에 대하여는 그 결정이 법령에 위반하는 때에 한하여 대법원에 재항고할 수 있다(법 제47조 제1항). 항고와 재항고의 제기기간은 7일이다(법 제43조 제2항 및 제47조 제2항).

4. 이 송

(1) 이송의 종류

1) 재량이송

소년보호사건의 송치를 받은 소년부는 보호의 적정을 기하기 위하여 필요

18) 김동림, 앞의 책, 223면.

19) 『법원실무제요(소년·비송)』, 2000, 15면.

하다고 인정한 경우에는 결정으로써 다른 관할 소년부에 이송할 수 있다(법 제6조 제1항). 즉 실제로 사건이 계속하고 있는 관할 소년부에서 조사·심리하는 것보다 다른 관할 소년부에서 조사·심리하는 것이 적절한 경우가 바로 이러한 경우이다.[20] 가령 가출소년의 경우 보호자가 있는 소년의 주소지 관할법원에서 사건을 조사·심리하는 것이 소년보호를 위해 더 적절하다고 인정되면 소년의 현재지 관할 소년부는 사건을 소년의 주소지 관할 소년부로 이송할 수 있다.

그 판단을 할 때에는 소년·보호자의 소환, 조사, 심리의 편의, 가정환경의 조사, 보호관찰 등의 실효성 확보 등의 사정을 종합적으로 검토하고, 관할 소년부 사이에 연락·조정을 충분히 한 다음, 개개의 사건에 알맞은 구체적·합리적 판단하에 탄력적으로 운용하여야 한다.[21] 다만 보호의 적정을 기한다는 명목하에 안이하게 사건을 이송하는 것을 막기 위해 “필요하다고 인정한 때”라는 문언을 이송의 남용을 제한하는 의미로 해석할 필요가 있다고 한다.[22]

2) 관할위반에 의한 이송

소년부는 사건이 그 관할에 속하지 아니한다고 인정한 때에는 결정으로써 그 사건을 관할 소년부에 이송하여야 한다(법 제6조 제2항). 예컨대 소년이 관할구역에 거주하였으나 송치받은 법원이 조사한 결과 이미 다른 곳으로 이전하여 관할구역에 현존하지 않는 경우를 말한다. 이 규정은 통상 관할이 없는 경우에는 형사소송법 제319조에 따라 관할위반으로 절차를 종결하여야 하지만, 소년보호사건의 경우 소년보호의 필요에 따라 관할 소년부 이송을 의무적으로 규정한 것이다.

3) 재이송·역이송

이송결정은 보호의 적정을 기하는 취지에서 인정되고, 이송받은 법원을 구속하지 않기 때문에 이송받은 법원은 사정의 변경 등으로 사건이 자기 관할에 속하지 아니하거나 소년의 보호를 위하여 필요하다고 인정되는 때에는 사건을 다시 다른 관할법원에 이송(재이송)하거나 이송법원으로 다시 이송(역이송)할 수도 있다.[23] 현행 소년법은 재이송과 역이송에 관한 일반규정이 없다. 그러나 이

---

20) “관할법원간 이송”이라고도 한다.

21) 『법원실무제요(소년·비송)』, 2000, 16면.

22) 김동림, 앞의 책, 225면.

송의 반복은 조사 및 심리의 지연, 소년에 대한 절차적 부담을 수반하기 때문에 되도록 제한되어야 한다. 다만 법원이 소년에 대한 사건을 심리한 결과, 벌금 이하의 형에 해당하는 범죄이거나 보호처분에 해당하는 사유가 있다고 인정하여 사건을 관할 소년부에 송치한 경우에(법 제50조) 소년법원이 사건을 조사 또는 심리한 결과 본인이 20세 이상인 것이 판명된 때에는 결정으로 이송한 법원에 다시 이송하여야 한다(법 제51조).

4) 병합관할

동일소년에 대한 2개 이상의 보호사건 및 관련보호사건은 될 수 있는 한 병합하여 심리하여야 한다(규칙 제25조 제2항). 보호의 필요성을 정확히 파악하기 위해서는 심리시점에 소년의 비행전체를 파악하는 것이 필요하며, 아울러 심리의 중복은 소년에 악영향을 미칠 수 있으므로 이를 피하기 위해 병합심리뿐만 아니라 병합관할까지 인정한 것이다.[24)]

(2) 이송결정의 효력

소년보호사건의 이송결정은 사건의 종국결정이 아니고 법원 사이에서 사건을 이송하는 중간결정(종국전 결정)이므로 이송법원 사이에서 이루어진 감호에 관한 임시조치, 심리개시결정 등은 이송에 의해 효력을 상실하지 않는다. 이송을 받은 법원에서 새로운 조사 및 심리를 위해 심리개시결정을 취소한 다음 이송할 수도 있으나, 심리개시결정의 요건 등이 소멸하는 등의 특별한 사정이 없는 한 심리개시결정을 취소하지 않고 이송하고, 이송받은 법원에서 심리개시의 필요를 인정할 수 없을 때에는 심리개시결정을 취소하면 족하다.[25)]

(3) 이송의 절차

이송은 소년부판사가 결정으로써 하고 결정서에는 소년의 성명, 주민등록번호, 직업(기록상 주민등록번호를 알 수 없을 때에는 생년월일), 직업, 주소, 본적 및

23) 『법원실무제요(소년 · 비송)』, 2000, 17면.
24) 위의 책, 17면.
25) 위의 책, 17면.

주문과 이유를 기재한 뒤 소년부 판사가 서명날인하거나 기명날인하여야 한다(규칙 제2조 제1, 2항). 그리고 그 사유를 지체 없이 본인과 보호자에게 통지하여야 하고(법 제8조), 통지는 결정서등본의 송달 기타 적당하다고 인정하는 방식에 의할 수 있다(규칙 제5조).[26)]

소년의 신병에 관해 이미 감호조치가 이루어진 경우(예컨대 소년분류심사원에 위탁된 경우)에는 소년의 신병에 관한 조치도 아울러 하여야 한다. 감호조치기간은 최장 2개월이며, 이송되더라도 변경되지 않는다. 소년의 신병을 이동시키기 위해서는 별도로 소년분류심사원 지정변경결정을 하고, 그 집행을 하여야 한다.[27)]

(4) 이송결정후의 조치

이송결정이 있으면 신속히 기록송부서를 작성하여 사건기록(이송결정등본 첨부)을 기타 증거물과 함께 이송받을 법원으로 송부하여야 한다. 기록송부는 형사기록과 달리 대응하는 검찰청을 경유하는 것이 아니고 바로 이송받을 소년부로 기록을 보냄으로써 행한다.[28)]

---

26) 『법원실무제요(소년 · 비송)』, 2000, 18면.
27) 『법원실무제요(소년 · 비송)』, 2000, 19면 이하.
28) 『법원실무제요(소년 · 비송)』, 2000, 21면.

제4장 보호사건의 대상

우리 소년법은 소년의 건전한 육성을 위하여 반사회성 있는 소년에 대하여 그 환경의 조정과 성행의 교정에 관한 보호처분을 행하고 형사처분에 관한 특별조치를 행하는 내용을 담고 있다(법 제1조). 그리고 소년보호사건의 대상으로 범죄소년, 촉법소년, 우범소년을 규정하고 있고, 이에 해당하는 소년은 소년부의 보호사건으로 심리한다(법 제4조 제1항). 이와 같이 보호사건의 대상소년을 구체적으로 규정한 것은 소년법상의 보호처분이라는 것이 한편으로는 소년에 대한 건전한 육성을 위한 것이지만, 다른 한편으로 그 자체가 강제적 조치이기 때문에 소년의 인권을 보장할 수 있는 법적 담보의 하나로서 규정한 것이다.

소년법상의 '소년'이란 20세 미만의 자를 말하고(법 제2조), 연령의 하한은 12세 미만이다(법 제4조). 그렇지만 대상소년의 개념과 범위가 명확하게 규정되어 있지 않아서 여러 해석상의 문제가 제기되고 있다. 특히 대상소년의 상한과 하한, 우범소년 및 우범성에 대한 문제 등이 논란이 되고 있다.

Ⅰ. 대상소년

1. 범죄소년

소년법 제4조 제1항 제1호는 '죄를 범한 소년', 즉 범죄소년을 규정하고 있다. 그렇지만 소년법이 '죄를 범한 소년'의 개념을 명확히 규정하고 있지 않기 때문에, 책임능력의 존재 등 책임성까지 요구되는가, 아니면 구성요건에 해당하는 위법한 행위로도 충분한가에 대해서 논란이 될 수 있다.

이와 관련해서 통설은 형사책임능력이 없는 14세 미만의 형사미성년자(형법 제9조)는 범죄소년에 포함되지 않기 때문에 14세 이상 20세 미만의 자가 범죄소년에 해당한다고 한다. 이는 제4조 제1항 제2호의 촉법소년이 "형벌법령에 저촉되는 행위를 한 12세 이상 14세 미만의 소년"으로 규정되어 있기 때문에 형법체계의 관점에서 타당한 해석이라고 하겠다. 따라서 범죄소년이 되기 위해서는 그 소년의 행위가 구성요건해당성, 위법성 및 책임성이라는 범죄의 성립요건을 충족하여야 한다. 또한 여기서의 범죄는 형법상의 범죄뿐만 아니라 특별법상의 범죄도 포함된다.

범죄소년은 형사절차의 대상이 될 수도 있고, 보호절차의 대상이 될 수도 있다. 소년보호절차에 의해 소년법원에 접수된 보호사건을 조사, 심리한 결과 대상소년이 20세 이상인 것이 판명된 경우에는 검사에게 송치하거나 형사법원으로 이송해야 한다(법 제7조 제2항, 제51조). 또한 보호처분의 계속중 처분당시 20세 이상인 것이 판명된 경우에는 보호처분을 취소하고 검사에게 송치하거나 형사법원으로 이송해야 한다(법 제38조 제1항).

그렇지만 소년보호처분은 형벌이 아니다. 소년의 건전육성을 목표로 하는 보호처분에 있어서 현재 범죄적 위험성이 있는 소년에 대해서 유책성이 없다는 이유만으로 소년을 방치한다는 것은 석연치 않다고 할 것이다. 따라서 소년범죄에 있어서의 비행사실이란 범죄구성요건에 해당하는 위법한 행위이면 족하다고 보는 것이 타당하다. 이와 같은 결론에 대해서는 소년법 제4조 제1항이 범죄소년과 촉법소년을 구별하여 구성하고 있는 취지에 반하는 것이 아닌가 하는 의문이 생길 수 있다. 그러나 보호주의의 입장을 강조한다면 소년법이 14세라는 경계선을 둔 것은 책임능력의 유무를 전제로 한 것이 아니라 연령에 따른 처우를 실시하려는 것이라고 생각하여야 할 것이다.

2. 촉법소년

촉법소년이란 “형벌법령에 저촉되는 행위를 한 12세 이상 14세 미만의 소년”을 말한다(법 제4조 제1항 2호). 촉법소년은 범죄소년과 달리 형벌법령에 저촉되는 행위를 하였지만 형법상의 책임능력(형법 제9조)이 없는 자, 즉 범죄의 성립요건 중에서 다른 요건은 충족하고 있지만 책임능력만을 결한 12세 이상 14세 미만의 자에 국한된다.

그리고 여기서 저촉되는 형벌법령이란 형법은 물론 특별법도 포함된다. 이와 관련하여 형법 제9조의 적용을 배제하고 있는 특별법, 즉 조세범처벌법 제4조, 관세법 제194조, 담배사업법 제31조, 인삼사업법 제27조에 위반한 12세 이상 14세 미만의 소년을 동 조항의 규정에 따라 범죄소년으로 취급할 것인가 아니면 촉법소년으로 취급할 것인가에 관하여 견해의 대립이 있지만, 우리 소년법에서는 보호처분의 대상으로 촉법소년과 범죄소년을 함께 규정하고 있기 때문에 논의의 실익이 없다.

다만 이 경우 실무상으로는 소년법과 위에서 언급한 특별법의 효력범위에 관한 문제가 제기된다. 즉 특별법을 위반한 14세 미만의 소년에게 특별법의 규정에 의하여 재산형을 과하고, 다시 소년법상의 보호처분을 할 수 있을 것인가 아니면 그와 같은 특별법규정들은 형사법의 특별법인 소년법의 적용으로 배제되는가의 문제이다.

소년에게 특별법에 의거하여 재산형을 부과하고 다시 소년심판절차에 의하여 보호처분이 과해진다면 이중으로 사법판단을 받는 것이 된다. 왜냐하면 소년에게 특별법규정에 의하여 재산형을 부과하는 것도 형사처분이고, 소년법에 의거하여 보호처분을 하는 것도 또 다른 사법처우이기 때문이다. 소년법의 적용을 근거로 특별법의 적용을 배제한다면 그 규정들은 불필요한 것이 될 것이다. 이와 반대로 소년법의 적용을 배제하고 특별법만을 적용해야 한다는 것도 소년법의 이념과 취지에 반하는 것이 된다. 이러한 딜레마를 해결하기 위해서 앞에서 언급한 특별법규를 위반한 촉법소년을 보호처분할 수 있는 규정을 소년법에 두거나, 무조건 형법 제9조의 적용을 배제하는 규정을 특별법규에 둘 것이 아니라, 그 입법취지를 감안한 몰수규정을 두자는 입법론적 견해도 제시되고 있다.

하지만 14세 미만의 특별형벌법규 위반소년을 처벌하려는 취지가 단순히 그 행위에 대해서 형벌을 부과하여야 할 필요가 있어서라기보다는 그 행위로 인해 취득한 부당이익을 회수하자는 행정법상의 합목적성에 있는 것이므로, 소년법에 우선 적용되어야 하고, 실무적으로도 이러한 행위는 촉법소년에 의해서 행해지는 것이 아니고, 대부분 그 보호자에 의한 것이므로 그 소년에게 보호처분을 내리는 것이 소년법의 입법취지에 합치되는 것인지도 의문이다.

앞에서 언급하였듯이, 범죄소년은 형사절차의 대상이 될 수도 있고, 보호절차의 대상이 될 수도 있지만, 촉법소년의 경우에는 형사미성년자이기 때문에 형사절차에서는 불기소, 공소기각, 무죄 등에 의하여 당연히 배제되고 보호사건으로만 처리된다. 따라서 경찰이 범죄사건을 수사한 결과 피의자가 촉법소년으로 밝혀진 경우에는 소년법원에 송치하여야 한다(법 제4조 제2항). 그런데 경찰이 소년의 연령을 오인하여 범죄소년을 촉법소년으로 판단하여 소년법원에 송치한 경우에는 소년법원이 보호절차에 따라 심판할 수도 있고, 소년법 제7조 제1항에 따라 검사에게 송치할 수도 있어 별다른 문제가 되지 않는다.

그러나 경찰이 촉법소년을 범죄소년으로 잘못 판단하여 검사에게 송치한 경우라면 검사가 촉법소년을 어떤 절차로 처리해야 하는지 명확하지 않다. 실무에서 검사는 촉법소년에 대하여 책임무능력을 이유로 불기소하거나, 보호대상으로 판단하여 소년법원에 송치하고 있다. 여기에서 검사가 촉법소년을 소년법원에 송치하는 법적 근거가 무엇인가 하는 것이 문제이다. 이는 소년법 제49조 제1항의 "보호처분에 해당하는 사유가 있는 때"를 어떻게 해석하는가 하는 문제와 관련된다.

소년법 제49조 제1항의 "보호처분에 해당하는 사유가 있는 때"를 범죄소년을 제외한 보호사건의 대상인 경우라고 해석하면 검사의 실무관행을 쉽게 수긍할 수 있다. 또한 범죄성립요건, 처벌조건, 소송조건 등이 결여되었지만 보호처분을 하는 것이 상당한 경우라고 해석하더라도 마찬가지이다.

따라서 범죄소년에 대하여 형벌의 필요성이 인정되면 형사법원에 공소를 제기하고, 보호처분에 처할 필요성이 있다고 판단하면 소년법원에 송치할 수 있도록 한 것은 모두 소년의 건전한 육성이라는 소년법의 이념을 실현하기 위한 것이다. 촉법소년의 경우에는 범죄성립요건의 하나인 책임능력이 없어서 형벌을 부과할 수는 없지만, 보호처분까지 당연히 배제된다고는 할 수 없다. 보호처분은 소년을 건전하게 육성하기 위한 특수한 형사제재이고, 이러한 제재를 부과하는 데에는 형사책임능력과는 상이한 관점에서 판단하여야 하기 때문이다. 다만 소년법 제49조 제1항을 개정하여 촉법소년에 대한 검사의 소년법원 송치권한을 명확하게 규정하여야 한다.

촉법소년은 12세 이상 14세 미만의 자이다. 따라서 12세 미만의 촉법소년에게는 요보호성이 있더라도 아동복지법상의 대상은 될 수 있겠지만, 보호처분의 대상으로는 될 수 없다. 일반적으로 초발비행의 시기가 빠른 점을 감안하고, 실제에 있어서도 12세 미만의 요보호성이 인정될 만한 소년이 늘어나는 추세에 비추어, 12세 미만의 자라고 하여 소년보호처분의 테두리 밖에 두는 것은 재고의 여지가 있다. 이들 촉법소년에 대해서는 특히 비행의 조기발견과 조기처우가 중요하기 때문이다. 미국에서는 최저 6세를 하한으로 정하고 있는 주가 있고, 영국은 10세, 프랑스와 일본은 하한을 두고 있지 않다. 우리나라도 촉법소년의 연령을 10세 또는 8세로 인하하거나 그 하한을 두지 않는 방안의 검토가 필요하다.

촉법소년을 보호처분의 대상에서 제외시켜야 한다는 견해도 있으나, 범죄소년과 촉법소년은 연령면에서 차이가 있을 뿐, 분명히 범죄구성요건에 해당하는 위법한 행위를 한 점에서 다를 바가 없다. 범죄소년에 대해서는 성인범과는 다른 여러 가지 특성에 비추어, 소년보호주의의 이념에 따라 성인범과 같은 형벌을 과하는 것이 아니라 보호처분을 할 수 있도록 규정한 것이기 때문에 촉법소년을 소년법상의 보호처분의 대상에서 제외하자는 견해는 타당하지 않다.

3. 우범소년

(1) 우범소년의 의의

우범소년이란 보호자의 정당한 감독에 복종하지 아니하는 성벽이 있거나, 정당한 이유 없이 가정에서 이탈하거나, 범죄성이 있는 자 또는 부도덕한 자와 교제하거나 자기 또는 타인의 덕성을 해롭게 하는 성벽이 있는 등의 사유, 즉 우범사유가 있고, 나아가서 그의 성격 또는 환경에 비추어 장래 형벌법령에 저촉되는 행위를 할 우려, 즉 우범성이 있는 12세 이상 20세 미만의 소년을 말한다(법 제4조 제1항 제3호). 즉 우범소년이란 성인에게 있어서는 문제가 되지 않는 지위비행(status offense)을 저지른 소년이다.

우범소년규정에 관해서는 두 가지의 평가가 가해지고 있다. 하나는 우범규정이야말로 형사소송절차에 비교하여 볼 때 소년법의 특징인 예방주의, 행위자주의, 보호주의의 이념을 가장 잘 나타내는 중요한 규정이라는 것이고, 다른 하나는 불명확한 우범구성요건에 의하여 소년을 보호처분의 대상으로 삼는 것은 죄형법정주의에 반하는 것이고, 소년의 인권을 침해할 소지가 있다는 평가이다. 후자의 경우는 전혀 범죄적 행위를 하지 않은 우범소년을 소년법상 보호처분의 대상으로 규정하여 적용함으로써 해당 소년들을 낙인화시키는 부정적 결과를 가져오게 된다는 것이다.

우범소년은 아무런 범죄행위도 저지르지 않았음에도 소년보호절차의 대상이 되어 보호처분을 받을 수 있다. 여기에서 해석론상 우범소년의 범주를 어떻게 정할 것인가 하는 문제와 입법론상 우범소년을 보호대상에서 배제하여야 하지 않는가 하는 문제가 제기되고 있다.

1958년 소년법은 "가정의 환경 또는 본인의 성벽을 참작하여 죄를 범할 염려가 있는" 12세 이상의 소년을 우범소년으로 규정하여 보호대상으로 삼았는데, 1963년 소년법에서는 "보호자의 정당한 감독에 불복종, 정당한 이유 없이 가정에서 이탈, 범죄성이 있거나 부도덕한 자와 교제" 등의 우범사유를 우범성에 추가하여 규정하였다. 그러나 우범사유가 매우 불명확한 개념들로 규정되어 있고, 우범성이 일반적인 범죄의 위험성을 뜻하는 것인지 아니면 구체적인 범죄의 개연성을 의미하는지 불분명하며, 우범사유가 있으면 당연히 우범성이 인정되는지 아니면 우범사유와 우범성은 별개의 것인지는 분명하지 않다.

1988년 소년법 제3차 개정과정에서는 소년법원이 공식적 사법절차에 따라 우범소년을 처리하는 것이 바람직한가, 아니면 소년복지를 담당하는 행정기관에 우범소년의 보호임무를 맡기는 것이 타당한가 하는 문제를 둘러싸고 견해의 대립이 있었다. 이는 우범규정을 긍정하는 견해와 부정하는 견해와 결부된다. 다수설은 소년법의 우범규정에 대하여 주로 부정적인 평가를 하고 있다. 즉 아직 범죄를 저지르지 않은 우범소년을 범죄소년과 촉법소년과 함께 소년법의 대상으로 규정하여 강제처분(보호처분)의 대상으로 하고 있는 것은 부당하므로 소년법원의 관할에서 제외시켜야 한다는 것이다.

(2) 우범규정에 대한 견해의 대립

소년법이 보호대상으로 하고 있는 소년 가운데 범죄소년과 촉법소년의 개념은 연령이라는 객관적인 개체적 조건과 법률적 범죄구성요건에 의거한 범죄 또는 촉법행위라는 객관적 행위에 의해 정의된다. 그러나 우범소년은 연령상으로는 12세 이상 20세 미만의 소년이지만, 소년의 성격과 환경에 비추어 위험성이 예측되는 경우를 조건으로 결정되기 때문에 그 판단이 소년의 인격에 관한 판단을 포함하게 되므로 주관적 판단에 의해 정해지게 된다. 더군다나 우범구성요건의 문언적 표현도 애매하여 판단자의 가치관에 의존할 수밖에 없는 주관적 내지 규범적 요소가 내포되어 있기 때문에 우범의 법적 개념의 객관성을 유지하기는 매우 어려울 것이다. 이 때문에 우범규정의 존폐에 관하여 견해가 대립한다

1) 우범 긍정설

비행성이 현저하게 나타나 있는 우범의 단계에서 소년에 대하여 강제수단을 포함한 적극적인 조치를 취하는 것은 보호주의의 요청이며 소년의 성장발달의 실현이라고 한다. 우범규정은 소년법의 이념인 보호주의를 나타내는 중요한 규정이며 소년법원에서 우범소년을 관할하여야 한다고 한다. 그 견해들을 보면 다음과 같다.[1)]

① 우범소년도 반사회성 있는 소년이기 때문에 소년을 건전하게 육성하기 위해서는 소년보호절차의 대상으로 삼아야 한다.

② 우범성에 근거하여 보호처분을 내리는 것이 사회방위의 필요에 비추어 부당하다고 할 수 없다.

③ 우범소년의 보호를 행정기관에 맡기는 것보다는 소년법원이 관할하는 것이 우범소년의 인권을 보장하는 데 더욱 적합하다.

④ 실무에서 우범소년의 처리에 신중을 기한다면 자의성은 크게 문제되지 않는다.

⑤ 이론상 범죄행위를 하지 않은 우범소년을 범죄소년과 함께 보호처분의

---

1) 오영근/최병각, 「소년사건처리절차에 관한 연구」, 한국형사정책연구원, 1995, 64면.

대상으로 삼는 것은 타당하지 않으나 소년에 대한 복지시설이 갖추어져 있지 않은 현실에 비추어 현행의 규정을 유지할 수밖에 없다. 따라서 우범소년을 보호대상으로 하더라도 소년보호시설의 확충이 이루어진다면 별다른 문제가 없다.

⑥ 긴급보호의 필요가 있는 우범소년에 대하여 보호처분을 할 수 있는 가능성을 열어두는 것이 필요하다.

2) 우범 배제설

우범소년 규정은 범죄소년과 촉법소년과는 달리 상당히 일반적·주관적·규범적인 판단요소가 내재되어 있기 때문에 명확성의 원칙에 어긋나며 인권상의 문제를 발생시킬 위험성이 있다. 또한 건전한 육성보다는 더 큰 부작용만 초래할 우려가 있으며, 실무적으로도 처리인원이 거의 없으므로 우범소년을 소년법의 대상에서 배제하자는 것이다. 즉 불명확한 우범구성요건에 의하여 소년을 보호처분의 대상으로 하고 있는 것은 죄형법정주의에 어긋나며 나아가 소년의 인권에 대하여 국가권력에 의한 안이한 침해의 구실을 줄 위험한 규정이라는 것이다. 그 견해를 보면 다음과 같다.

① 낙인의 폐해 　　우범소년이 소년보호절차를 거치거나 보호처분을 받게 되면 범죄소년과 동일한 낙인(stigma)이 찍힌다. 또한 사회의 일반적인 인식수준이 일단 공식적인 사법처리를 경험한 자를 모두 전과자로 취급하는 경향이 있어서 다시 사회의 구성원으로 일상생활을 영위하는 데 많은 어려움이 따른다.

② 악풍감염의 우려 　　우범소년의 건전한 육성을 위한 적절한 보호처분이나 보호시설이 마련되어 있지 않다. 특히 소년원에 수용될 경우 실제 범죄행위를 행했던 소년으로부터 범죄수법을 배우게 할 위험이 크다.

③ 자의적 처리의 우려 　　우범사유가 불명확하고 우범성을 판단할 분명한 기준이 없기 때문에 자의적인 처리의 위험이 있다. 범죄수사를 담당하는 경찰에게 우범소년의 건전한 육성에 대한 안목과 처리능력을 기대하기는 어렵다.

④ 미미한 활용 　　실제로 우범소년으로 소년법원에 통고되거나 송치되는 경우가 거의 없으며, 다른 나라의 경우에는 우범소년에 대한 소년법원의 관할을 포기하고 비공식적으로 처리하는 방안을 다양하게 강구하고 있다.

⑤ 복지적 행정처분의 필요 　　우범소년에 대하여는 형사제재인 보호처

분보다는 순수한 복지적 행정처분이 필요하기 때문에 행정기관이 신속하게 처리하도록 하는 것이 타당하다.

(3) 우범의 요건

소년법은 제4조 제1항 제3호에서 우범소년을 "다음에 해당하는 사유가 있고 그의 성격 또는 환경에 비추어 장래 형벌법령에 저촉되는 행위를 할 우려가 있는 12세 이상의 소년"이라고 정의하고 있다. 즉 우범행위는 '우범사유'와 '우범성'이라는 요건으로 구성되어 있다.

1) 우범사유

우범사유로서는 (i) 보호자의 정당한 감독에 복종하지 않는 성벽이 있는 것, (ii) 정당한 이유 없이 가정에서 이탈하는 것, (iii) 범죄성이 있는 자 또는 부도덕한 자와 교제하거나 자기 또는 타인의 덕성을 해롭게 하는 성벽이 있는 것의 세 가지가 규정되어 있다(법 제4조 제1항 제3호 가, 나, 다목).

㈎ 보호자의 정당한 감독에 복종하지 않는 성벽이 있는 것

이는 보호자의 통제를 따르지 않음으로써 보호결여성이 있는 소년을 말한다. 여기에서의 '감독'이란 보호자가 주관적으로 옳다고 여기고 있는 감독이 아니라 법률상 및 사회통념에서 보아 정당하다고 말할 수 있는 것이어야 한다. '복종하지 않는 성벽'이란 감당할 수 없는 정도로 기울어진 경향·습관을 말한다. 성벽은 '상습성'(habituallity)이라는 말과 같은 뜻으로 이해되지만 행위의 반복이 있는 위에 그러한 행동을 하려는 성격상의 경향이라고 해야 할 것이다.

㈏ 정당한 이유 없이 가정에서 이탈하는 것

이는 소년이 가정에서 이탈하였다는 사실뿐만 아니라 정당한 이유가 없어야 하는 것을 그 요건으로 한다. 그것은 소년의 행상만이 아니라, 가정의 실태를 고려하여 판단하여야 한다. 가정이 극도로 빈곤하거나, 붕괴·방임 등의 상태에 있다든가, 학대 등으로 인하여 소년이 가정에서 이탈한 경우는 이 요건에 해당한다고 할 수 없다. 또한 소년이 향학열 혹은 구직을 위하여 가정을 이탈한 경우에도 마찬가지이다. 정당한 이유 없이 이탈하였다고 해도 그것만으로 형벌법령에 저촉되는 행위를 할 위험성을 갖추었다고는 할 수 없다. 따라서 정당한 이유라는 것은, 가정에서 이탈하는 이유가 정당하다고 평가되는 것만이 아니라,

가정에서 이탈하여 생활을 하는 경우라도 그 생활이 사회적으로 별로 비난받거나 문제시될 만한 것이 아니라고 인정되어야 한다는 의미로 해석하여야 할 것이다.

㈐ 범죄성이 있는 자 또는 부도덕한 자와 교제하거나 자기 또는 타인의 덕성을 해롭게 하는 성벽이 있는 것

범죄성이 있는 자 또는 부도덕한 자와 교제한다는 것은 주로 환경적인 면에서 범죄적 위험성을 나타내는 것이고 자기 또는 타인의 덕성을 해롭게 하는 성벽이 있다는 것은 주로 성격적인 면에서 범죄적 위험성을 나타내는 사유가 된다. 범죄성이 있는 자와 부도덕한 자의 판단은 어렵다. 전과가 있다든가 소년원 퇴원자라는 것만으로 범죄성이 있는 자라든가 부도덕한 자라고 단정할 수는 없으나 일반적으로 태만한 자, 매춘부, 도박상습자, 도벽이 있는 자, 전과자로서 현재 일정한 직업이 없는 행상불량자 등이 범죄성이 있거나 혹은 부도덕한 자라고 할 수 있다. 또한 정당한 이유와 목적이 있어서 그러한 사람과 접촉하는 경우는 이 요건에 해당하지 않을 것이다. 따라서 현재 범죄성 있는 자 또는 부도덕한 자와 교제하는 것이 장래 형벌법령에 저촉되는 행위를 유발할 수 있는 위험한 경우를 말하는 것이다. '위험한 경우'란 자기 또는 타인의 덕성을 해롭게 하는 행위를 유발할 개연성이 있는 경우를 말한다. 자기 또는 타인의 덕성을 해롭게 하는 행위는 반드시 범죄적 경향에 한하지 않고 사회윤리적인 통념에서 벗어난 행위이다. 가령 성적 악벽과 난폭한 행위를 스스로 저지르거나 혹은 타인에게 이를 강요하는 등의 습벽이 있는 것을 들 수 있다. 우범사유 중 이러한 윤리적인 덕성(德性)규정은 인권보장의 견지에서 비판의 대상이 되어 이러한 사유만으로 소년법의 대상으로 하는 것은 적당치 않다고 하는 것이다.

소년법상의 우범소년규정은 일단 우범성의 판단에 객관성을 부여함으로써 소년의 인권보장의 강화를 꾀하려는 것이다. 이런 의미에서 우범사유는 예시가 아니라 제한적이라고 볼 것이다. 그러나 우범사유로서 들고 있는 것은 모두 과거의 일회적인 행위가 아니고 일정한 상태로서 나타나고 있다. 게다가 이것들은 정당한 감독, 정당한 이유, 범죄성이 있는 자, 부도덕한 자, 덕성을 해롭게 하는 등의 규범적 요소를 중심으로 구성되어 있다. 나아가서 이들의 우범사유 가운데에는 경찰이 보도의 대상으로 하고 있는 불량행위가 거의 포함되게 된다. 이와 같이 우범사유는 판단자의 가치관 내지 정책의도에 좌우될 수 있는 요소가 강하여, 죄형법정주의의 관점에서 비판하는 견해도 있다.

2) 우범성

우범행위의 다른 하나의 구성요소인 우범성은 '그의 성격 또는 환경에 비추어 장래 형벌법령에 저촉되는 행위를 할 우려'이다(법 제4조 제1항 제3호 후단).

우범성의 내용과 관련해서는, 우리나라와 유사한 우범규정을 두고 있는 일본의 통설과 판례는, 우범성은 범죄·촉법행위의 단순한 가능성이 아니라 어느 정도 구체성을 가진 범죄의 개연성이라고 하고 있지만, 그 경우 형의 종류까지 특정될 필요가 있는지 아니면 범죄학적 유형성을 기준으로 할 것인가에 관해서는 논란이 되고 있다. 그러나 일반적으로 현재의 행동과학에 의해서 소년의 장래 행동을 정확히 예측한다는 것은 매우 어렵기 때문에 그것은 심판의 전제조건인 비행사실의 구성요소로서는 객관성이 결여되어 적당하다고 보기는 어렵다. 또한 그와 같은 예측을 우범구성요건으로 취하는 것은 수사기관에 소년의 성격이나 환경에 깊이 간섭하도록 하여 결과적으로 소년의 인권보장의 문제를 발생케 할 위험성이 있다는 지적이 제기된다.

3) 우범사유와 우범성의 관계

우범행위가 인정되기 위해서는 구체적인 우범사유가 있다는 것만으로는 부족하고, 나아가 장래 형벌법령에 저촉되는 행위를 할 우려, 즉 우범성이 요구된다. 이를 통하여 우범의 성립요건을 나름대로 엄격하게 하려는 노력을 엿볼 수 있지만, 이 양자의 관계가 병렬적인 것인지 또는 일체적인 것인지에 관하여 견해가 대립한다.

제1설은 우범의 구성요건으로서는 우범사유만으로도 족하다고 한다. 이 견해에 의하면 우범성은 우범소년에게만 요구되는 사항은 아니고, 다른 범죄소년과 촉법소년에게도 똑같이 요구되는 것이며, 법조문상의 체제로부터 우범사실에 관한 구성요건의 일부를 형성하고 있는 듯이 보이지만 그렇게 해석해서는 안 된다고 한다. 즉 우범성은 요보호성과 동일한 것이라고 한다. 그러나 우범성의 요소를 우범구성요건에서 제외시키는 것은 그 본래의 취지에 반하므로 타당하지 않을 뿐 아니라, 우범성은 우범행위시에 있어서의 범죄적 위험성임에 대하여 요보호성은 처분시에 있어서의 것이라는 점에서 다르다는 비판이 가해진다.

제2설은 우범사유와 우범성 모두가 우범의 구성요건요소라고 하는 견해이다. 이 견해에 대해서는, 여기에서 말하는 우범성은 범죄적 위험성이지만, 그 인정은 곤란하며 자의적으로 흐를 우려가 있으며, 다만 우범사유는 범죄 전단계적인 일탈행동의 유형화이기 때문에 우범사유가 있는 자는 당연히 우범성이 있다고 생각할 수 있으므로 우범성이 문제가 되는 경우는 소수의 예외적인 경우로 한정시키는 것이 타당하고, 또한 우범성의 적극적인 인정이라는 것은 쉽지 않으며, 또한 항상 그것이 필요한 것은 아니라는 비판이 가해진다.

제3설은 우범사유는 우범성의 징표 내지 유형으로서, 우범사유에 해당하는 사실의 존재에 의해 우범성이 추정되며, 예외적으로 그 추정을 깨뜨리는 사정이 있는 때에는 우범성에 관하여 새로운 검토를 하면 된다고 하는 견해이다. 이 견해에 대하여는, 우범소년규정은 우범사유를 객관적으로 특정한 것이지만, 그 취지는 우범성이 있더라도 우범사유의 존재가 없는 소년은 우범소년으로서 심판에 부칠 수 없는 것으로 한 것이므로. 우범사유는 단순히 우범성의 징표 내지 유형은 아니라는 비판이 제기된다.

제4설은 우범사유와 우범성을 평등하게 병렬시키는 것이 아니라, 양자를 실질적·내부적 관계에 있어서 파악해야 한다는 입장이다. 즉 우범사유는 형식적 요건이고 우범성은 실질적 요건이며 개개의 우범사유를 검토함에 있어 우범성을 고려하여 해석해야 한다는 견해이다. 이 설이 현재의 통설이다. 우범사유는 반드시 요보호성 내지 위험성을 징표하는 것은 아니라고 한다. 왜냐하면, 형식상 그에 해당한다는 것만으로는 강제력 행사를 합리화시키기에 충분한 위험의 존재가 없다고 보기 때문이라고 한다. 이 설에 대해서는, 제2설과 같이 우범성의 적극적 인정은 제1차적으로는 인간행동의 예측에 관한 사실판단이며, 판정자는 인간행동에 관한 여러 과학적 지식을 어느 정도 지니고 있어야 하지만, 경찰관이나 그 외의 자에게 항상 이러한 적극적인 우범성의 인정을 기대하는 것은 곤란하다는 비판이 가해진다. 그러나 이러한 비판은 현행 우범소년규정 아래서는 위의 어느 설을 취하든 면하기 어려울 것이라고 생각된다.

생각건대 소년법에서 규정하고 있는 바와 같이, 우범사유와 우범성의 두 요건이 모두 우범구성요건의 요소이며, 다만 우범성은 우범사실(우범사유에 해당하는 구체적 사실)에 화체되어 있는 것이어야 한다. 왜냐하면 우범사실과는 관계없이, 그가 장래 형벌법령에 저촉되는 행위를 할 우려가 있다고 보고 보호처분을 가할 수 있다고 하는 것은 부당하기 때문이다. 결국 우범성이라는 것은 우범사유를 떠나서는 생각할 수 없다고 보아야 한다.

(4) 우범소년사건의 처리

현행소년법에서는, 우범소년을 발견한 경찰서장은 관할 소년부에 송치하여야 한다고 규정되어 있고(법 제4조 제2항), 보호자 또는 학교와 사회복리시설의 장은 이를 관할 소년부에 통고할 수 있다고 규정하고 있다(소년법 제4조 제3항). 또한 검사는 소년에 대한 피의사건을 수사한 결과 보호처분에 해당하는 사유가 있다고 인정한 때에는 관할 소년부에 송치하여야 한다고 규정하고 있다(소년법 제49조). 따라서 우범소년의 판단권은 경찰서장, 보호자 또는 학교장과 사회복리시설의 장, 검사에게 있다.

여기서 우범소년의 판단과 관련해서 보호자 또는 학교장과 사회복리시설의 장이 우범소년을 발견하는 것 자체가 무리가 있다고 생각되고, 우범소년에 해당하는가에 대한 판단은 어느 정도의 전문성이 요구되는 문제라고 할 수 있다. 더욱이 불명확한 현행 우범소년규정 아래서 보호자 등 비전문적인 사람이 우범소년을 판단한다는 것은 더욱 어려운 문제로 보인다. 이에 대해 검사는 어느 정도 전문성을 가진 사람이라고 할 수 있지만, 검사가 수사한 소년피의사건 가운데 우범소년으로 송치할 수 있는 경우는 그리 많지 않을 것이다. 일단 검사가 우범소년을 인정한 때에는 반드시 관할 소년부에 송치하도록 규정한 것은 소년의 인권보장의 견지에서 타당하다고 생각한다. 즉 그러한 경우 소년에게 형사처분을 과해서는 안 된다고 하는 취지로 볼 수 있기 때문이다.

또한 경찰서장은 우범소년을 발견한 경우 이를 반드시 송치하여야 한다고 규정하고 있고, 그 이외의 통고권자는 우범소년을 관할 소년부에 통고할 수 있다고 하여 임의적인 것으로 규정하고 있다. 이는 보호자 또는 학교장과 사회복리시설의 장에 있어서는, 이들이 비전문가라는 점 외에도 우범소년을 발견한 경우일지라도 소년부에 통고하지 않고도 해당 소년을 적절히 교정할 수 있는 방법이 있는 때 그 재량을 인정한 것으로 보인다. 이는 우범소년을 소년부에 통고함으로써 초래될 수 있는 낙인화 등 부정적 효과를 예방할 수 있다는 점에서 매우 바람직한 규정이라고 생각된다. 이러한 의미에서 경찰서장의 경우에도 우범소년을 발견한 때에 반드시 송치하여야 하는 것으로 규정할 것이 아니라 다른 적절한 교정방법이 가능하다고 판단되는 경우에는 재량권을 인정하는 것이 바람직한 것으로 보인다.

소년법에 의하면 우범소년의 처리에 관해서 경찰이 재량권을 행사할 수 없도록 규정되어 있는 데 반하여 그 하위규범인 소년경찰직무규칙에서는 우범소년에 해당한다고 볼 수 있는 불량행위소년의 처리에 대해 경찰의 재량권을 제한적으로 인정하고 있다. 즉 동 규칙 제21조, 제33조에 의하면 경찰이 불량소년을 발견했을 때 취할 수 있는 조치는 현장에서의 주의, 조언, 제지 및 필요한 경우에는 보호자에게 연락하고 조언할 수 있다. 그러나 실무에서는 이러한 조치 이외에도 즉결심판 회부, 훈방조치 등을 취하고 있다. 그러나 이 경우 우범소년에 대한 훈방처분이 그 법적 근거를 가지지 못한다는 문제가 생긴다.

실무적으로도 경찰이 우범소년사건을 법원에 송치하는 대신에 자체적으로 선도하는 선에서 그쳐 소년부에 송치, 통고된 건수는 매년 5건 이내로서 거의 없는 실정이다. 결국 우범소년은 가정, 학교, 사회 그 어느 곳에서도 제대로 관리되지 못하고 있는 것이다. 그러나 우범소년은 범죄소년으로 전이될 가능성이 크며, 범죄소년은 성인범죄로 전이될 가능성이 높은 것으로 나타나고 있어서 이들에 대한 체계적 관리와 선도보호대책 마련이 시급한 당면과제로 대두되고 있다.

4. 외국의 입법례

미국은 주에 따라 다르지만 일반적으로 소년법원이 범죄행위를 하거나 지위비행을 저지른 비행소년(delinquent juvenile), 보호자가 없거나 보호자로부터 버림받은 요부조소년(dependent juvenile), 보호자가 있지만 제대로 보호할 능력이 없는 방임소년(neglected juvenile) 모두를 관할대상으로 삼고 있다. 그러나 미국변호사협회(American Bar Association: ABA)는 지위비행자를 소년법원의 관할대상에서 배제할 것을 권고하고 있고, 소년사법 및 비행예방국(Office of Juvenile Justice and Delinquent Prevention: OJJDP)도 지위비행자에 대하여 다이버전과 사회내처우를 활용할 것을 강조하고 있다.[2)]

독일은 범죄를 저지른 소년에 대해서는 소년법원이 관할하고, 보호를 필요로 하는 소년에 대한 복지처분은 소년복지법(Jugendwohlfartgesetz, JWG)에 따라

---

2) Simonsen, *Juvenile Justice in America*, 3rd ed., New York: Mcmillan Publishing Company, 1991, pp.405-409.

소년청(Jugendamt)이 관할한다.

영국은 지방정부와 경찰이 요부조소년, 방임소년 및 비행소년에 대한 보호소송을 가정법원에 제기할 수 있다(1969년의 소년법 제6조). 다만, 지방정부는 부모의 요청이 있어야 보호소송을 제기할 수 있고(1963년의 소년법 제3조 제1항), 경찰이 보호소송을 제기하는 데에는 검사의 동의가 필요하다(1985년의 검찰청법 제27조).

일본은 소년법원이 우범소년에 대한 소년심판의 관할권을 갖지만(소년법 제3조 제1항 제3호), 경찰이나 보호자가 우범소년을 소년법원에 송치나 통고하는 대신 아동상담소에 통고할 수 있다(소년법 제6조 제2항). 특히 14세 미만의 우범소년은 지방자치단체의 장이나 아동상담소장이 송치한 때에만 소년법원이 보호사건으로 심판할 수 있다(소년법 제3조 제2항).

Ⅱ. 보호대상소년과 관련된 문제

소년 또는 청소년은 연령과 관련된 개념이지만 우리 법학과 사회학에서는 양자를 구별하지 않고 같은 개념으로 혼용하고 있다. 그 이면에는 신체적·심리적·사회적 미성숙이라는 사회적 의미가 깔려 있기 때문에 연령만으로 명확하게 구분할 수 없기 때문이다. 그러나 소년보호에 있어서 소년 또는 청소년의 연령기준을 마련해야 할 현실적 필요성이 있기 때문에 법률뿐만 아니라 이론적으로도 12세 이상 20세 미만의 연령층에 속하는 사람을 소년 또는 청소년으로 보는데 별다른 이의가 없다. 그러나 형법, 소년법, 아동보호법, 청소년보호법 등 소년관련법률은 아무런 구별의 기준이 없이 소년과 청소년의 개념을 혼용함으로써 혼란을 야기하고 있다.

각종 법령상의 소년의 명칭과 연령한계는 다음의 <표 1>과 같다.

《표 1》 법령상 소년의 명칭과 연령한계

명 칭	취 급 구 분	연 령	법 령
영 아	영아살해 · 유기	0세	형법 제251조, 제272조
유 아	유아대동	18개월 미만	행형법 제8조
아 동	음행, 구걸, 곡예 등 금지 사용금지 요보호	18세 미만 16세 미만 18세 미만	아동복지법 제29조 형법 제274조 아동복지법 제2조
근로소년	근로자 사용금지 유해 · 위험한 사업 사용금지 근로시간 제한	15세 미만 18세 미만 15~18세 미만	근로기준법 제62조 근로기준법 제63조 근로기준법 제50, 67조
범법소년	촉법소년 범죄소년 우범소년 연소소년 연장소년 소년수형자	12～14세 미만 14～20세 미만 12～20세 미만 12～16세 미만 16～20세 미만 20세 미만	소년법 제4조 1항 2호 소년법 제4조 1항 1호 소년법 제4조 1항 3호 소년원법 제8조 소년원법 제8조 행형법 제2조
미성년자	형사미성년 선서무능력 연소자 행위무능력	14세 미만 16세 미만 19세 미만 20세 미만	형법 제9조 형사소송법 제159조 공연법 제2조 6호 민법 제5조
청소년	청소년유해매체물, 약물, 업소의 유통 및 출입금지	19세 미만	청소년보호법 제2조

1. 소년의 범위와 기준시점

소년법은 제2조에서 "소년이란 20세 미만의 자를 말한다"고 규정하고 있지만, 제4조 제1항의 규정을 고려할 때 소년연령의 범위는 12세 이상 20세 미만의 자라고 할 수 있다. 그렇지만 소년법의 적용대상으로서 소년연령의 기준시점이 언제인가에 대하여는 명확하게 규정하고 있지 않다.

소년법상 소년보호절차에서 소년법원이 접수된 보호사건을 조사, 심리 중 대상소년이 20세 이상인 것이 판명되면 검사에게 송치하거나 형사법원으로 이송해야 하고(법 제7조 제2항, 제51조), 보호처분의 계속 중 처분시 20세 이상인 것이 판명되면 보호처분을 취소하고 검사에게 송치하거나 형사법원으로 이송해야 한다(법 제38조 제1항). 그리고 보호처분의 계속 중 처분시 12세 미만인 것이 판명되면 보호처분을 취소하고(법 제38조 제2항), 심리 중 12세 미만인 것이 판명되면 심리개시결정을 취소하고 심리불개시 결정을 하여야 한다(규칙 제42조). 따라서 소년심판의 조건 중의 하나로서 대상소년의 연령이 심리개시 후 처분결정시까지 12세 이상 20세 미만이어야 한다.

따라서 소년법을 적용하기 위한 소년연령의 범위는 소년법의 개별규정에 따라 달라질 수 있다. 소년보호사건에 있어서도 비행소년별 연령의 범위와 그 기준시점이 문제가 된다.

(1) 소년연령의 상한

소년법이 소년보호사건의 대상자를 재판시 기준 20세 미만의 자로 한 것은 보호처분이 환경조정과 성행교정을 내용으로 하는 미래지향적인 처우수단이기 때문이다. 보호처분은 소년의 특성, 즉 환경에 영향을 많이 받는다는 것과 성행의 변화가 쉽게 이루어진다는 점에 착안한 것이다.

소년보호사건을 조사 또는 심리 중에 대상자가 20세 이상인 것이 판명되면 그 사건을 검사에게 송치하거나(법 제7조 제2항) 형사법원으로 이송하여야 한다(법 제51조). 따라서 행위시 20세 미만의 소년이었더라고 소년심판절차가 진행 중에 성인이 되면 소년보호사건으로 처리할 수 없다. 또한 소년법원은 보호처분의 집행이 계속되는 중에 보호처분의 결정 당시에 대상자가 20세 이상이었던 것이 판명된 때에도 그 보호처분을 취소하고 사건을 검사에게 송치하거나(법 제38조 제1항 제1호) 형사법원으로 이송하여야 한다(법 제38조 제1항 제2호). 이는 재판시 성인에게는 보호처분을 할 수 없다는 것이다.

이와 같이 대상자가 20세 이상이면 소년보호사건으로 처리하여 보호처분을 할 수 없다. 따라서 소년심판의 조건 또는 보호처분의 요건으로서 상한연령 20세의 기준시점은 재판시가 된다.

(2) 소년연령의 하한

소년법 제4조 제1항 제2호는 촉법소년을 "형벌법령에 저촉되는 행위를 한 12세 이상 14세 미만의 소년"으로 규정하여 '12세 이상'이라는 연령하한을 명시하고 있다. 여기에서 12세의 기준시점이 행위시인가 또는 재판시인가에 대한 문제가 발생한다. 이는 12세 미만일 때 저지른 행위를 이유로 재판시 12세 이상이기만 하면 보호처분을 할 수 있는가의 문제이다.

소년법원은 보호처분의 집행이 계속 중 대상자가 보호처분의 결정 당시에 12세 미만인 것이 판명되면 보호처분을 취소하여야 한다(법 제38조 제2항). 또한 소년법원은 심리 중 대상자가 12세 미만인 것이 판명된 경우에는 심리개시결정을 취소하고 심리 불개시결정을 하여야 한다(규칙 제42조). 이와 같이 대상자가 12세 이상일 것이 보호처분의 요건이며 소년심판의 조건이 된다. 따라서 소년법원이 심리개시결정 이전에 조사 중 대상자가 12세 미만인 것이 판명된 경우에는 당연히 심리불개시 결정을 하여야 한다.

그러나 우리 소년법이 특별히 12세를 촉법소년의 연령하한으로 규정한 취지는 12세 미만의 자는 처음부터 소년사법의 대상에서 제외시키기 위한 것이기 때문에 촉법소년의 하한연령을 12세 기준으로 판단하여야 한다.

우범소년의 경우에 있어서는 우범성이 여러 사정을 고려하여 내리는 규범적 판단으로서의 관념으로 존재하고 있고 우범사유도 성벽이나 상태를 구성요소로 하기 때문에 '행위'의 개념이 없게 된다. 따라서 우범소년의 경우에는 연령판단의 기준시점으로서 '행위시'가 존재할 수 없다.

(3) 소년연령의 기준시점

소년의 연령기준시점에 관하여 외국의 경우를 보면 행위시주의를 채택하는 미국, 영국, 프랑스 등과 수리시주의를 채택한 오스트리아 그리고 처분시주의를 채택하고 있는 일본 등이 있다. 우리나라의 소년법 제60조 제1항은 "소년이 법정형 장기 2년 이상의 유기형에 해당하는 죄를 범한 때에는 그 형의 범위 안에서 장기와 단기를 정하여 선고한다. 다만 장기는 10년, 단기는 5년을 초과하지 못한다"라고 규정하고 있고, 제2항에서는 "소년의 특성에 비추어 상당하다고 인정되는 때에는 그 형을 감경할 수 있다"고만 규정하고 있으므로 명확한 규정이 없어 논란이 있으나 학설과 판례는 재판시주의를 취하고 있다.

이처럼 재판시주의를 취하면 연령에 맞추어 법이 예정한 여러 가지의 보호적 처분을 시행할 수 있다는 장점이 있는 반면에, 심판절차 진행과정이라는 불확정한 사정에 의하여 처분이 결정되는 단점이 있다.

재판시를 기준으로 하는 견해에 따를 경우에도 사법처리의 완급에 따른 양형이나 상소권행사의 불균형을 시정하기 위한 제도적 장치가 마련되어야 한다.

예컨대, 범죄행위시 20세 미만이고 심리개시결정시에도 20세 미만이면 심리개시 후 20세 이상으로 되더라도 반드시 형사사건으로 처리할 것이 아니라 보호처분을 할 수 있도록 하여야 한다. 다만 범죄행위시 20세 미만이라고 하더라도 심리개시 이전에 20세 이상으로 된 경우에는 형사사건으로 처리하여야 한다.

2. 보호대상소년의 범위에 관한 문제

(1) 외국의 입법례

소년사법제도를 두고 있는 다른 나라의 경우에도 소년법원의 관할대상을 연령에 따라 제한하고 있는데, 소년연령의 기준시점은 다음과 같다.

미국의 표준소년법원법(Uniform Juvenile Court Act) 제2조는 소년법원의 관할대상을 18세 미만의 자, 행위시 18세 미만인 21세 미만의 자, 행위시 18세 이상인 21세 미만의 자로 형사법원이 소년법원으로 송치한 자로 규정하고 있다.

캐나다의 소년법(Young Offenders Act) 제5조 제1항은 소년법원이 행위시 12세 이상 18세 미만의 자를 관할하고, 절차개시 후 18세 이상으로 되어도 소년법원에서 계속 관할한다고 규정하고 있다.

독일의 소년법원법(Jugendgerichtsgesetz) 제1조 제2항은 행위시 14세 이상 18세 미만의 소년(Jugendliche)과 행위시 18세 이상 21세 미만의 청년(Heranwachsende)을 소년법원의 관할대상으로 규정하고 있다.

영국의 소년법제에서는 소년법원(youth court)이 행위시 10세 이상 14세 미만인 아동(children)과 행위시 14세 이상 18세 미만인 소년(young person)에 대한 형사절차(criminal proceeding)의 관할권을 가지고, 가정법원(family court)이 이들에 대한 보호절차(care proceeding)를 관할한다.

그러나 일본의 소년법 제19조 제2항과 제23조 제3항에 따르면 소년법원(家庭裁判所)은 조사 또는 심리한 결과 본인이 20세 이상인 것이 판명되면 사건을 검사에게 송치해야 하고, 이에 따라 소년법원의 심판을 받는 20세 미만의 소년에 대한 연령상한의 기준시점은 심판시가 된다.

(2) 18세 이상의 자에 대한 사법처리

소년연령의 상한을 18세로 내려야 한다는 주장이 제기되고 있다. 그 논거는 다음과 같은 이유들을 제시하고 있다. 즉 18세 이상의 자는 생육발달의 정도에 있어서 성인으로 여겨질 만큼 성숙하였고, 이들의 범죄가 성인범죄와 마찬가지로 흉포화하고 전문화되었으며, 이 때문에 이들의 경우에는 심신성장기의 충동적 비행에 대한 교육 및 복지수단의 성격을 지니는 보호처분을 실시하기에는 적합하지 않을 뿐만 아니라 응보와 사회방위를 위해서 보다 강력한 형사처분이 필요하다는 것이다. 소년연령의 18세 이상자에 대한 다른 나라의 법제를 살펴보면 다음과 같다.

미국은 소년연령은 상한을 표준소년법원에서 18세로 규정하고 있지만, 실제로는 연방, 콜롬비아특별구 및 39개주에서 18세로 규정하고 있고, 조지아주, 일리노이주, 루이지애나주, 매사추세츠주, 미주리주, 사우스캐롤라이나주, 텍사스주 등 7개주에서 17세, 코네티컷주, 뉴욕주, 노스캐롤라이나주 등 3개 주에서 16세, 와이오밍주에서는 19세로 규정하고 있다.

영국은 1908년의 소년법에서 소년법원제도를 도입하면서 10세 내지 13세의 자는 아동(children)으로, 17세 내지 20세의 자는 청년(young adult)으로, 21세 이상의 자는 성인(adult)으로 분류하고 있었다. 그러나 1988년의 청서(blue paper)와 1990년의 백서(white paper)에서 17세의 자가 신체적 성장이나 정신적 성숙에 있어서 16세의 자와 별로 차이가 없고, 17세의 자의 경우 경고(caution)로 처리할 수 있음에도 지방법원(crown court)에 기소하는 비율이 높다는 점이 지적되었다. 이에 따라 1991년의 형사사법법에서 17세의 자를 소년에 포함시킴으로써 소년법원의 관할대상이 10세 이상 18세 미만의 자로 되었다. 다만 16세와 17세의 자에 대하여는 성인과 마찬가지로 240시간 이하의 사회봉사명령(community service order), 6월 이상 3년 이하의 보호관찰명령(probation order), 100시간 이하의 사회봉사와 1년 이상 3년 이하의 보호관찰의 결합명령(combination order)을 할 수 있다.

일본은 20세 미만의 자를 소년으로 규정하고 있는데(소년법 제2조 제1항), 소년연령의 상한을 18세로 인하하려는 움직임이 있다. 법무성은 18세 미만의 자만을 소년으로 규정하고, 18세 이상 23세 미만의 자(청소년법) 또는 18세 이상 20세 미만의 자(별안)를 청년으로 규정하여, 청년에 대하여는 보호절차로 처리하지 않고 형사절차에 따라 처리하되 그 관할을 소년법원이 맡도록 할 것을 주장하면서, 다음과 같은 논거를 제시하고 있다. ① 청년에 의한 범죄는 흉악범, 조폭범, 성범죄 등 악질적인 범죄가 많은데, 이들에 대한 관대한 처분은 온당하지 않다. ② 소년법의 적용대상을 18세 이하로 인하해야 한다는 사회여론이 있다. ③ 18세 이상이면 사회복지기관의 보호대상도 아니고 각종 면허, 자격, 능력을 부여함에 있어서 성인과 동일하다. ④ 심신발육의 정도가 거의 성인과 동일하다.

이러한 법무성의 주장에 대하여 최고재판소는 다음의 논거로 반대하고 있다. ① 현행 소년법이 20세 미만의 자를 일률적으로 처우하는 것이 아니라 연령이나 사안에 따라 보호처분과 형사처분을 선택할 수 있도록 하고 있다. ② 18세나 19세의 자는 소년특유의 미성숙함이 남아있고, 성숙도에 있어서 개인차도 크다. ③ 민법이 20세를 성인연령으로 하고 있고, 공직선거권을 20세 미만의 자에게 부여하지 않고 있다. ④ 사회여론이 분명한 것은 아니다. ⑤ 18세나 19세의 소년의 범죄현상은 성인과 유사한 면도 있지만, 16세나 17세의 소년과 유사한 면도 있다.

실무적으로 18세 이상의 소년은 비공식적으로 처리되기보다는 공식적으로 사법처리되고, 보호사건보다는 형사사건으로 처리될 가능성이 높다는 것이 다양한 통계분석의 결과이다. 이러한 사실들은 18세 이상의 소년을 애당초 소년보호절차에서 배제하고 형사절차로만 처리해야 한다는 주장을 뒷받침하는 근거가 된다. 그러나 검사선의주의를 채택하고 있는 우리의 법제에 있어서는 18세 이상의 소년을 처음부터 보호사건대상에서 배제시킬 실익이 많지 않다. 따라서 18세 이상의 소년에 대해서도 형사처분보다는 선도를 통한 교정의 여지를 남겨두는 것이 바람직하다.

제5장 소년심판의 관계기관 및 관계인

Ⅰ. 경찰, 검찰, 법원

소년사건의 사법적 처리는 특별한 국가기관에서 맡는 것이 아니라 일반형사사법기관인 경찰, 검찰, 법원 등이 담당하고 있다. 다만, 소년사건처리의 관할과 절차를 이원화하여 소년사건의 유형에 따라 별개의 법원이 심리와 처분을 나누어 관할하고 있다. 다시 말해서 소년보호사건의 관할은 가정법원 소년부 또는 지방법원 소년부에 속하고(법 제3조 제2항), 소년형사사건의 관할은 일반형사사건의 예에 의한다(법 제48조).

1. 경 찰

(1) 조 직

소년문제를 직접적으로 취급하는 곳은 경찰서의 소년계이다. 경찰서의 규모(1급지 · 2급지 · 3급지)에 따라 소년계의 구성이 달라지고 인원도 차이가 있다. 1급지의 경우는 계장(경위 혹은 경사)을 포함하여 수사반과 지도반으로 나뉘어지고 10여 명 정도가 배속되어 있다. 반면에 3급지는 반으로 구성되어 있으며, 인원은 2~3명으로 수사반과 지도반의 구분이 없다.

우리나라 소년경찰도 지금까지의 처벌위주에서 벗어나 선도차원에서 대처하기 위해 소년범죄 전담수사반을 설치하고 있다. 그 구체적인 내용을 보면, 지방경찰청 소년계 3명, 각 시·도 경찰청 2명으로 하고 있으며, 서울시내 각 경찰서 6명, 도청소재지 경찰서 4명, 시소재지 경찰서 2명, 기타 경찰서는 1명으로 구성되어 있다. 업무범위는 ① 청소년 지도 및 보호 ② 청소년 선도대책 업무 ③ 청소년 유해환경 단속 ④ 소년보도 및 상담 ⑤ 소년범죄 자료수집 및 분석 ⑥ 소년범죄 수사 ⑦ 미성년자가 피의자인 고소·고발사건 ⑧ 미성년자 범죄에 대한 인지사건 수사 등으로 한정하고 있다.

그러나 다음과 같은 사건은 수사전담반에서 처리하지 않고 경찰서 내의 수사기능(형사과 혹은 수사과)에서 처리한다. 즉, ① 살인·강도·강간·방화 등 강력사건 ② 마약·밀수 관련사건 ③ 특수폭행사건이나 절도·폭력범 중 전과 3범 이상 ④ 성인과 미성년자가 관련된 동일사건 ⑤ 집회 및 시위에 관한 법률 위반사건과 도로교통법 위반사건 ⑥ 보안 및 정보사건과 소재수사·기소중지사범의 수배 및 검거·동행사건 ⑦ 수사본부 설치운영을 요하는 중요사건 ⑧ 소년범죄 발생 및 신고사건의 초동수사 등이다.

(2) 사건처리

소년에 대한 사법처리는 대부분 경찰에 의해서 개시된다. 경찰은 소년사법과 관련하여 첫째, 범죄소년을 검거한 때에는 그 범죄소년을 검사에게 송치하여야 한다(사법경찰관리집무규칙 제54조). 다만 경찰은 경범죄처벌법이나 도로교통법에 따라 소년에게 범칙금을 통고처분하거나 즉결심판에 관한 절차법에 따라 직접 지방법원 또는 지원의 순회판사에게 즉결심판을 청구할 수 있다. 둘째, 경찰서장은 촉법소년과 우범소년을 발견한 때에는 훈방하거나, 검사를 거치지 않고 직접 소년법원에 송치할 수 있다(법 제4조 제2항). 셋째, 불량행위소년[1]을 단속하여 소년풍기사범으로 경찰 자체적으로 처리한다. 또한 경찰은 소년에 대한 복지행정과 관련하여 요보호아동[2]을 발견하여 아동복지법에서 정해진 보호조치를

---

1) 불량행위소년이란 음주, 끽연, 싸움, 기타 자기 또는 타인의 덕성을 해하는 행위를 한 소년을 말한다(소년경찰직무요강 제2조 제6호와 제21조).

2) 요보호아동이란 보호자로부터 유실, 유기 또는 이탈되거나 보호자가 양육하기에 부적당

받도록 한다.

경찰이 소년풍기사범을 처리함에 있어서도 사안의 성격에 따라 소년법 또는 형사소송법이 적용될 수 있다. 경찰이 소년사건을 처리함에 있어 소년법원이나 검사에게 송치하지 않고 독자적으로 훈방처리할 수 있는가에 대해서는 현행 소년법이나 형사소송법상 인정할 수 없다. 그러나 경찰이 사소한 비행을 저지른 모든 소년을 공식적으로 사법처리한다는 것은 현실적으로 불가능하고, 소년에게 낙인을 찍어 오히려 사회복귀에 더 많은 어려움을 줄 수 있다는 점에서도 바람직하지 않다. 이러한 관점에서 경찰단계에서의 소년사건에 대한 다이버전이 필요하다.[3] 이를 위해서 소년사건에 대한 경찰의 다이버전에 대한 법적 근거가 마련되어야 하고, 경찰의 재량권을 통제할 수 있는 방안이 전제되어야 한다.

(3) 소년경찰직무규칙

소년경찰직무규칙은 경찰청예규로서 청소년을 과학적으로 보도(輔導)하고 유해환경을 정화하며, 비행을 방지하고 비행소년을 합리적으로 처우함으로써 청소년을 건전하게 지도육성하기 위한 소년경찰의 활동지침(동 규칙 제1조)을 규정한 것으로서 소년법과 형사소송법의 하위규범이다.

동 규칙에 규정된 소년경찰의 주요 업무로는 비행방지지구의 선정 및 비행방지계획의 수립(동 규칙 제2장), 유해환경의 정화(동 규칙 제3장), 소년의 輔導(동 규칙 제4장), 비행소년의 처우(동 규칙 제5장) 등이 있다. 그런데 이 규칙이 다른 법률 및 규칙과 관련하여 지적될 수 있는 문제점을 살펴보면 다음과 같다.

첫째, 이 규칙에 의하여 촉법소년과 우범소년 등의 비행소년은 소년계(반) 소속인 소년경찰이 취급하고 범죄소년은 수사계 소속인 수사경찰이 담당하도록 하는 이원적인 구조를 취하고 있다(동 규칙 제3조 및 제49조 제2항). 그러나 소년범죄사건을 수사경찰로 하여금 취급하도록 한 것은 경찰에서의 소년사건처리절차를 일원화한 1986년 7월의 조치와 상반될 뿐만 아니라, 소년사건의 수사는 소년계에서 담당하도록 한 경찰청사무분장규칙(1993. 경찰청훈령 제114호)과도 상치되고 있다(동 규칙 제19조).

하거나 양육할 능력이 없는 18세 미만의 자를 말한다(아동복지법 제2조 제3호).

3) 김재봉, "소년경찰과 개입형 다이버전"(2005년 한국소년법학회 하계학술대회 학술회의 자료집, 한국소년법학회, 2005.9), 1면 이하 참조.

둘째, 이 규칙에 의하면 소년경찰은 소년법상의 범죄소년, 촉법소년, 우범소년 이외에도 이른바 불량행위소년(동 규칙 제2조 제6호)과 요보호소년(동 규칙 제2조 제7호)을 관할대상으로 삼고 있다(동 규칙 제20조, 제21조). 그리고 소년경찰은 불량행위에 대해서는 현장에서 주의, 조언, 제지 또는 필요에 따라 보호자에게 연락, 조언하도록 하고 있으며(동 규칙 제21조), 요보호소년에 대해서는 아동상담소, 복지시설, 기타 관계기관이나 단체에 통고하거나 또는 보호자에 대한 주의 조언을 하는 등 소년의 보호를 위한 필요한 조치를 하도록 하고 있다(동 규칙 제20조).

그런데 소년법에 의하면 우범소년의 처리에 관해서 경찰이 재량권을 행사할 수 없도록 규정되어 있는데(법 제4조 제2항), 그 하위규범인 소년경찰직무규칙에서는 우범소년에 해당한다고 볼 수 있는 불량행위소년에 대한 처리에 있어서 경찰의 재량권을 인정하고 있다(동 규칙 제21조, 제33조)는 점이다.

또한 경찰실무상 소년풍기사범이라고 하여 즉심회부, 관계당국통보, 엄중훈계방면조치를 취하고 있는 불량행위 중에는 폭력행위 등 처벌에 관한 법률에 위반하는 범죄행위(흉기소지, 불량집단가입 등), 향정신성의약품관리법 또는 대마관리법에 위반하는 범죄행위(환각물질소지), 소년법상의 우범행위에 해당하는 행위(음주, 끽연, 싸움, 불량교우 등) 등이 있다. 그런데 경찰이 범죄행위 및 우범행위에 해당한다고 볼 수 있는 이른바 불량행위소년을 소년풍기사범이라고 하여 즉심회부, 관계당국통보, 훈계방면 등과 같은 조치를 취하여 종결처분하는 것은 법률상 허용된 재량의 범위를 넘는 조치라고 할 수 있을 것이다.

그러나 경찰이 사소한 비행을 저지른 모든 소년을 공식적으로 사법처리한다는 것은 낙인효과를 증가시킨다는 측면에서 바람직하지 않을 뿐만 아니라 소년풍기사범의 대다수를 차지하고 있는 우범소년을 소년보호사건으로 송치한다는 것은 소년법원의 인적·물적 자원을 고려할 때 소년법원의 신속하고 공정한 심판을 기대할 수도 없을 것이다. 그러므로 경찰에 의한 소년다이버전의 활성화를 위해서는 경찰이 비행소년에 대하여 공식적인 사법처리를 하는 대신에 엄중훈계방면과 함께 선도보호조치를 할 수 있는 법적 근거를 소년법에 마련하고 이를 실천하기 위한 소년경찰의 활동지침을 정비하는 것이 바람직할 것이다.[4]

---

4) 오영근/최병각, 「소년사건처리절차의 개선방안에 관한 연구」, 한국형사정책연구원, 1995, 69-70면.

2. 검 찰

(1) 사건처리

검사는 수사의 주재자로서의 권한과 공소권을 가지고 소년사건을 처리한다. 이와 관련된 근거 법령은 소년법, 형사소송법, 검찰청법 등이 있으며 그 밖에 법무부훈령인 소년선도보호지침과 그때그때의 소년사건처리에 관한 세부지침을 규정한 예규가 있다.

검사는 피의사건에 대하여 직접 수사하거나 수사를 지휘하고, 기소여부를 결정하고, 형사재판에 당사자의 자격으로 참여하고, 형집행을 지휘·감독하는 등 일반 형사사법의 중추적인 역할을 수행하고 있다. 소년사법에서도 검찰선의주의를 채택하고 있어서, 검사는 소년사건을 불기소함으로써 사법절차를 종료시킬 수도 있고, 형사사건으로 처리할 것인가 아니면 보호사건으로 처리할 것인가를 결정할 수 있는 등 광범위한 권한을 행사하고 있다. 또한 검사는 형사소송법상의 기소재량과 소년법상의 선의권을 배경으로 소년에 대하여 선도조건부 기소유예를 할 수 있다.

검사는 경찰이 송치하거나 직접 인지한 소년피의사건을 수사하여 그 결과에 따라 크게 불기소, 기소 또는 소년법원송치 중 하나의 처분으로 수사를 종결한다. 즉, 범죄혐의가 없거나 죄가 성립되지 않거나 공소권이 없는 경우에는 협의의 불기소처분을 하고(검찰사건사무규칙 제52조 제3항 제2호, 3호, 4호), 양형조건을 참작하여 기소의 필요성이 없는 때에는 기소유예처분을 한다(형사소송법 제247조 제1항). 또 재범가능성이 희박하고 선도보호의 필요성이 있는 때에는 선도조건부 기소유예처분을 하고(소년선도보호지침 제13조), 벌금 이하의 형에 해당하는 사건이거나 보호처분의 필요성이 있는 때에는 소년법원에 송치한다(법 제49조 제1항). 벌금·과료 또는 몰수에 해당하는 사건일 때에는 약식명령을 청구하고(형사소송법 제448조), 소추필요성이 있는 때에는 공소를 제기한다(형사소송법 제246조).

2004년 소년범죄에 대하여 검찰이 처리한 내역을 보면 소년범죄자 93,060명 중 구공판 5.9%, 구약식 16.8%, 기소유예 44.7%, 소년부 송치 17.4% 등인바, 이를 전체범죄의 기소유예율 11.2%와 비교하면 소년범죄의 기소유예율이 33.5%나 높다. 이는 소년범죄에 대해서는 일반범죄와 달리 선도위주로 처리하고 있음을 보여주는 것이다.

《표 1》 소년범죄 처리현황

(단위: 명, %)

연도	계	기소			불기소					소년부 송치
		소계	구공판	구약식	소계	무혐의	기소유예	기소중지	기타	
2000	153,085 (100)	45,922 (30.0)	13,312 (8.7)	32,610 (21.3)	81,625 (53.3)	3,850 (2.5)	63,122 (41.2)	3,789 (2.5)	10,867 (7.1)	25,538 (16.7)
2001	138,166 (100)	44,578 (32.3)	10,364 (7.5)	34,214 (24.8)	71,611 (51.8)	4,178 (3.0)	54,384 (39.4)	3,934 (2.8)	9,115 (6.6)	21,977 (15.9)
2002	124,076 (100)	37,192 (30.0)	8,450 (6.8)	28,742 (23.2)	67,110 (54.1)	4,421 (3.6)	48,155 (38.8)	4,649 (3.7)	9,885 (8.0)	19,774 (15.9)
2003	104,325 (100)	25,428 (24.4)	6,500 (6.2)	18,928 (18.2)	59,414 (57.0)	3,898 (3.7)	43,207 (41.4)	5,325 (5.1)	6,984 (6.8)	19,483 (18.6)
2004	93,060 (100)	21,125 (22.7)	5,473 (5.9)	15,652 (16.8)	55,775 (59.9)	3,503 (3.8)	41,619 (44.7)	3,199 (3.4)	7,454 (8.0)	16,160 (17.4)

자료: 법무부

(2) 선도조건부 기소유예제도

선도조건부 기소유예제도(이하 선도유예라 한다)란 범죄예방위원[5]의 선도를 조건으로 하는 검사의 기소유예처분을 말한다. 이 제도는 1978년 광주지방검찰청이 창안하였고, 1981년 법무부훈령 제88호로 소년선도보호지침을 제정하여 전국적으로 확대 실시되어 오늘에 이르고 있다.

선도유예는 선도방법에 따라 접촉선도와 원호선도로 구분된다. 즉, 접촉선도(接觸善導)라 함은 귀주처가 있는 유예소년과 접촉을 갖고 상담, 지도 등을 통해 소년의 반사회성을 교정하고 지식과 기술을 습득시키며 정서를 순화하여, 건전한 사회인으로 복귀시키는 선도방법을 말한다. 다만, 선도의 목적을 달하기 위한 학비보조, 취학알선, 취업알선, 기타 경제적인 지원은 접촉선도의 일부로 본다. 범죄예방위원이 유예소년을 선도함에 있어서는 상담 등 직접접촉과 서

5) 범죄예방위원이라 함은 범죄예방자원봉사기본규정(법무부훈령 제363호) 제3조 제1항의 규정에 의해 위촉된 자를 말한다.

신・전화 등 간접접촉의 방법에 의하여 소년과 월 1회 이상 접촉을 가져야 한다. 원호선도(援護善導)라 함은 귀주처가 없거나 있더라도 귀주시키는 것이 부적당한 유예소년에 대하여 범죄예방위원의 주거나 복지시설에서 기거하게 하고 의・식・주를 제공하면서 접촉선도하는 것을 말한다.

선도유예는 범죄내용의 경중에 관계없이 재범가능성이 희박한 18세 미만의 범죄소년을 주된 대상으로 한다. 다만, 공안사범, 마약사범, 흉악범, 조직적 또는 상습적 폭력배, 치기배, 현저한 파렴치범은 선도유예대상에서 원칙적으로 제외한다(소년선도보호지침 제4조).

선도유예대상자 선정은 당해 사건의 주임검사이며, 주임검사는 소년사건의 죄질과 범정을 살펴 선도유예 적격소년을 선별한다. 주임검사가 소년을 선별하는 경우 소년에 대한 비행성 예측자료표와 소년범환경조사서를 의무적으로 참고하여야 하며, 유예소년의 보호자나 교사 또는 직상상사의 의견, 피해보상여부와 피해자 감정, 유치장 행장기록 등을 임의적으로 참작할 수 있다(동 지침 제5조).

유예소년에 대한 선도기간은 재범가능성이 비교적 높은 1급 유예소년에 대하여는 1년, 재범가능성이 비교적 낮은 2급 유예소년에 대하여는 6월로 하고, 3월씩 두 차례에 걸쳐 연장할 수 있다(동 지침 제25조 제1항).

전담검사는 유예소년이 제25조 제1항의 선도기간을 무사히 경과하였을 때에는 담당범죄예방위원의 의견을 들어 그 소년의 접촉선도조치를 해제한다. 접촉(원호)선도조치를 해제하였을 경우에는 이후 유예소년이 재범을 하더라도 유예한 사건을 재기수사하지 아니한다(동 지침 제27조 제4항).

전담검사는 선도기간 중 유예소년이 재범, 준수사항의 현저한 위배, 소재불명 등의 사유가 발생하였을 때에는 담당범죄예방위원의 의견을 들어 접촉(원호) 선도 조치를 취소할 수 있다(동 지침 제28조 제1항). 실제에 있어서 준수사항위반

《표 2》 선도조건부 기소유예실적

구분 / 연도	2000	2001	2002	2003	2004
총 범 죄	2,329,134	2,426,050	2,416,711	2,441,267	2,606,718
소년범죄	151,176	138,030	123,921	104,158	92,976
선도유예	7,045	6,397	6,479	6,122	4,977

자료: 청소년위원회, 「2005 청소년백서」

이나 소재불명의 사유로 선도유예가 취소되는 경우는 거의 없고, 재범의 경우에만 취소되고 있다.

검찰은 1981년부터 선도유예를 전국적으로 확대 실시하여 1981년에 4,070명에 대하여 선도유예를 실시한 것을 시작으로 2004년까지 161,088명을 선도유예하여 범죄예방위원으로 하여금 선도하게 하였다.

(3) 소년법 제49조 제1항의 해석문제

소년법 제49조 제1항은 "검사는 소년에 대한 피의사건을 수사한 결과 벌금 이하의 형에 해당하는 범죄이거나 보호처분에 해당하는 사유가 있다고 인정한 때에는 사건을 관할소년부에 송치하여야 한다"라고 규정되어 있기 때문에 그 문언형식으로 보아서는 강행규정이라고 볼 수 있다. 따라서 소년법 제49조 제1항을 강행규정으로 해석하는 입장[6]에서 본다면 "벌금 이하의 형에 해당하는 범죄"이거나 또는 "보호처분에 해당하는 사유가 있다고 인정한 사건"에 대하여 검사가 형사소송법 제247조 및 제448조에 의거하여 불기소처분 또는 기소유예를 하거나 약식명령을 청구해서는 안 되고 반드시 소년법원에 송치해야 할 것이다. 이에 반해서 소년법 제49조 제1항을 임의적 훈시규정으로 해석하는 입장[7]에서 본다면 "벌금 이하의 형에 해당하는 범죄"이거나 또는 "보호처분에 해당하는 사유가 있다고 인정한 사건"에 대하여 검사는 소년법원에 송치할 수도 있고, 그렇지 않고 형사소송법상의 기소편의주의에 의한 기소유예처분이나 약식절차에 의한 약식명령을 청구할 수도 있을 것이다. 이와 같이 소년법 제49조 제1항을 두고 강행규정으로 해석하는 입장과 임의규정으로 해석하는 입장이 대립되고 있는데, 양 견해는 나름대로의 논거를 제시하고 있다.

소년법 제49조 제1항을 강행규정으로 보아 송치강제를 주장하는 입장에서는 그 논거로서 첫째, 송치의 요건을 "벌금 이하의 형에 해당하는 범죄"와 "보호처분에 해당하는 사유가 있다고 인정한 사건"으로 나누고 있는데, 전자의 경우가 강제송치의 요건이 아니라면 구태여 "벌금 이하의 형"이라고 하여 양자를

---

6) 신기하, "소년법상의 문제점"(소년법에 관한 제문제, 사법연수원, 1979), 491면; 강봉수, "소년법개정에 있어서의 문제점 Ⅱ : 소년사건처리절차"(청소년범죄연구 제5집, 법무부 보호국, 1987), 56-58면.

7) 권태호, "소년범에 대한 형벌의 효율성검토: 사형금지 기준연령, 부정기형과 벌금형을 중심으로"(청소년범죄연구 제4집, 법무부 보호국, 1986), 43면.

구분하여 규정한 의의가 없다는 것, 둘째, 소년은 일반적으로 경제적 능력이 없기 때문에 재산형의 집행이 사실상 어렵다는 것,[8] 셋째, 소년법 제50조에서 형사법원이 보호사건으로 처리해야 할 사건의 범주가 소년법 제49조 제1항의 검사가 보호사건으로 처리해야 할 사건의 범죄와 동일하다는 것, 넷째, 소년법 제49조 제2항에서 소년법원이 "금고 이상의 형사처분"의 필요가 있는 사건만 형사사건으로 처리할 수 있도록 규정한 것 등을 들고 있다.[9] 한편 소년법 제49조 제1항을 훈시규정으로 보는 입장에서는 그 논거로서 첫째, 소년법 제49조 제1항을 강행규정으로 보는 것은 동법 제62조(환형처분의 금지)를 둔 것과 배치된다는 것이다. 즉, 소년법에 환형처분의 금지규정을 둔 것은 소년에 대하여 벌금을 선고할 수 있는 경우를 상정하여 입법된 것인데, 검사가 벌금형에 해당하는 소년사건을 반드시 소년법원에 송치해야 한다고 해석하는 것은 모순이라는 것이다. 둘째, 소년법 제49조(검사의 송치)나 제50조(법원의 송치)는 소년범의 선도적 측면에서 검사나 법원에게 적절한 처분을 선택할 재량권을 준 것이라고 한다.[10] 셋째, 벌금 이하의 "형"이 법정형을 의미한다면, 벌금 이하의 형에 해당하는 가벼운 범죄는 모두 소년심판의 대상으로 하고 자격정지 이상의 형에 해당하는 더 무거운 범죄는 약식기소로 처리할 수 있다는 매우 불공정한 결과가 발생하는 것을 피할 수 없다는 것이다. 넷째, 법정형이 보다 무거운 범죄를 저지른 소년이 기소유예를 통해 형사법원의 심판을 회피할 수 있는 반면에 법정형이 보다 가벼운 범죄를 저지른 소년에게 소년법원의 심판을 반드시 거치도록 하는 것은 다이버전의 측면에서 부적절할 뿐만 아니라 형평에도 어긋난다는 것이다.[11]

이상에서 소년법 제49조 제1항에 대한 해석문제를 살펴보았는데, 동 조항을 강행규정으로 해석하는 입장에서는 소년사건이 벌금형 이하에 해당하는 것이냐 또는 그보다 중한 범죄이지만 보호처분에 해당하는 사유가 있으냐를 먼저 검토하는 것은 검사의 선의권행사이지만, 그런 조건에 해당하면 검사는 사건을 소년부에 반드시 송치해야 한다는 점에서 선의권이 제한되는 것이라고 한다. 즉, 소년법 제49조 제1항은 벌금형 이하에 해당하는지 여부에 관한 검사의 재

8) 배종대, "형법의 목적과 소년형벌의 효율성 검토"(청소년범죄연구 제4집, 법무부 보호국, 1986), 28면.

9) 오영근/최병각, 앞의 책, 73-74면; 김용우/최재천, 『형사정책』, 박영사, 1998, 547면.

10) 김용우/최재천, 앞의 책, 547면.

11) 오영근/최병각, 앞의 책, 74-75면.

량판단범위와 보호처분 해당사유에 관한 검사의 재량판단범위가 다를 수 있다는 것은 별론으로 하고 두 가지 조건 중 어느 한 가지에 해당하면 반드시 소년부에 송치해야 하는 강행규정이라고 보아야 한다는 것이다.[12)]

또한 소년법 제49조 제1항을 훈시규정으로 해석하는 입장은 소년법 제62조에 환형처분 금지규정을 두고 있는 것이 검사가 그의 재량판단에 의해 소년법원송치를 하거나 기타 다른 처분을 할 수 있다는 것을 간접적으로 보여 주고 있는 것이라고 하고 있으나, 소년법 제62조가 18세 미만의 소년에 대해서는 환형처분을 하지 못한다는 것은 형사법원에서 벌금이나 과료를 부과받은 소년을 대상으로 한 것이라고 한다. 다시 말해서 범죄나 범죄자의 질이 보호처분에 상당한 것이 아니기 때문에 일반형사재판에 회부된 결과 그 형량이 벌금 또는 과료로 정해졌으나 소년이기 때문에 성인과는 달리 노역장유치라는 환형처분을 금하고 있는 것이라고 한다. 그렇기 때문에 소년법 제62조를 검사가 벌금형 이하에 해당하는 소년사건에 대해 재량처분을 할 수 있다는 논거로 이해하는 것은 잘못된 해석이라고 한다.[13)]

생각건대 소년법 제49조 제1항을 강행규정으로 해석하게 되면 벌금 이하의 형에 해당하는 사건은 모든 소년법원에 송치해야 하기 때문에 약식절차에 의한 약식명령을 청구할 수 없게 되어 요보호의 필요성이 없는 벌금 이하의 형에 해당하는 범죄소년에게 더 무거운 부담만 안겨줄 가능성이 있을 뿐만 아니라 낙인효과를 증대시킬 위험이 있다. 따라서 소년법 제49조 제1항을 훈시규정으로 해석하여 벌금 이하의 형에 해당하는 소년사건을 구약식으로 처리할 수 있는 길을 열어두어야 할 것이다.[14)]

3. 법 원

(1) 조 직

우리나라에서의 소년심판은 1942년 일본이 당시의 일본 소년법을 전반적으

12) 김용우/최재천, 앞의 책, 548면.
13) 김용우/최재천, 앞의 책, 548-549면.
14) 오영근/최병각, 앞의 책, 76-77면.

로 시행함에 따라 만들어진 조선소년령에 의해 소년심판소를 설치하여 소년사건을 처리하게 한 것이 처음이다. 그러다가 1948년부터 군정법령 제192호 법원조직법에 의해 종전의 소년심판소가 폐지되고 일반법원에서 소년사건을 취급하게 된다.

1958년 제정 공포된 우리 소년법은 소년의 인권보호를 위해 항고제도를 신설한 외에는 과거의 조선소년령과 크게 다른 점이 없었다. 그 후 1963년 가정법원이 발족되면서 보호관찰제도를 신설하는 등 보호처분을 좀더 다양화하였고, 다시 1977년 소년감별소 신설을 계기로 소년감별소의 감별과 위탁을 소년절차에 도입하게 되었다. 1988년 비행소년에 대한 효율적 교화를 위하여 보호처분을 다양화하고 보호관찰제도를 활성화하며 소년심판절차에 진술거부권의 고지 등 적법절차를 보장하려는 방향으로 전면 개정되어 오늘에 이르고 있다.

소년심판제도의 성격을 전체적으로 살펴본다면 범죄소년 외에도 촉법소년과 우범소년을 대상을 하고 있고, 소년법원에 전문기관인 조사관을 두고 있으며, 심리도 국가후견사상을 기초로 하여 비대심적 구조를 갖는 점 등으로 보아 그 골격은 영미형을 근간으로 하고 있다고 할 할 것이다.

우리 법제상으로 소년법원(Juvenile Court, Jugendgericht)은 가정법원 소년부 또는 지방법원 소년부와 가정지원을 말한다. 법원조직법 제3조 제2항에 의하면 지방법원 및 가정법원에 가정지원을 둘 수 있도록 하고 있으나, 현재 소년법원을 두고 있는 법원으로는 서울가정법원과 대구·부산·광주에 지방법원 가정지원, 대전·춘천·청주·전주에 지방법원 소년부 등 8개소가 있다. 따라서 소년사건만을 전담하는 판사를 두고 있는 법원은 서울가정법원 소년부와 대구·부산·광주지방법원 가정지원뿐이다. 그러나 서울가정법원 소년부는 2명의 소년판사가 전담하고 있으나 대구, 부산, 광주지방법원 가정지원의 경우는 그나마 겸직하고 있는 형편이다.

그 밖에도 소년부판사의 명에 의한 조사업무를 수행하는 조사관을 가정법원과 지방법원 소년부에 배치하고 있다. 그러나 이들 판사와 조사관은 소년경찰이나 검사의 경우와 마찬가지로 순환보직에 의해 업무를 담당하고 있는 현실이므로 전문성에 있어서 문제가 있다. 그뿐만 아니라 사건을 담당·처리하는 법관과 조사관도 절대수가 부족하여 사건의 형식적인 처리에 급급한 상황이다.

(2) 사건처리

소년법원에서는 경찰, 검찰, 법원에서 보내온 소년사건에 대해 비행원인을 조사·심리하여 보호처분을 결정하고 있다. 소년법원은 소년의 성격·환경·비행경위·재비행성 여부에 대한 조사관의 의견과 소년분류심사원의 심사의견, 그 밖의 필요한 경우 관련 전문가의 조언 등을 참고하여 처분을 결정한다. 최근의 소년법원으로의 소년보호사건의 접수인원을 살펴보면 검찰의 송치가 가장 많고 경찰과 법관의 송치의 순으로 나타났다.

《표 3》 소년보호사건 접수인원 및 접수구분 인원

(단위: 명, %)

	계	법관송치	검사송치	경찰송치	타소년부에서 이 송	소년법 제4조 제3항에 의한 통고
2000	36,520 (100)	6,190 (17.0)	24,449 (66.9)	5,863 (16.1)	18 (0.0)	- (-)
2001	30,706 (100)	3,923 (12.8)	22,013 (71.7)	4,741 (15.4)	28 (0.1)	1 (0.0)
2002	26,811 (100)	2,881 (10.7)	19,402 (72.4)	4,512 (16.8)	15 (0.1)	22 (0.1)
2003	24,222 (100)	2,045 (8.4)	17,667 (72.9)	4,474 (18.5)	14 (0.1)	18 (0.1)
2004	22,810 (100)	1,730 (7.6)	16,138 (70.7)	4,881 (21.4)	43 (0.2)	

자료: 법무부

소년법원의 판사는 검찰로부터 송부된 사건기록과 조사관이 조사의견을 종합하여 심리개시여부를 결정하고 심리도 비공개로 진행한다. 최근의 소년법원의 보호처분의 현황은 <표 4>와 같다.

《표 4》 소년보호사건 처리현황

(단위: 명, %)

	계	보 호 처 분								불처분	심리불 개 시	검찰 송치	기타
		소계	1호 처분	2호 처분	3호 처분	4호 처분	5호 처분	6호 처분	7호 처분				
2000	35,342	32,270	28,572	[10,783]	[10,404]	896	10	1,502	1,290	1,322	1,512	93	145
	(100)	(91.3)	(80.8)			(2.5)	(0.0)	(4.2)	(3.7)	(3.7)	(4.3)	(0.3)	(0.4)
2001	30,496	27,314	23,848	[8,818]	[8,981]	717	7	1,420	1,314	1,255	1,798	97	32
	(100)	(89.6)	(78.2)			(2.4)	(0.0)	(4.7)	(4.3)	(4.1)	(5.9)	(0.3)	(0.1)
2002	26,677	24,048	20,681	[7,869]	[8,325]	879	5	1,322	1,148	1,268	1,120	202	39
	(100)	(90.1)	(86.0)			(3.3)	(0.0)	(5.0)	(4.3)	(4.8)	(4.2)	(0.8)	(0.1)
2003	26,484	22,569	19,846	[7,383]	[7,646]	534	-	1,107	1,082	1,224	2,448	208	35
	(100)	(85.2)	(74.9)			(2.0)		(4.2)	(4.1)	(4.6)	(9.2)	(0.8)	(0.1)
2004	22,678	19,958	3,353	[6.642]	[7,329]	547	-	1,027	1,060	1,106	1,431	115	68
	(100)	(88.0)	(14.8)			(2.4)		(4.5)	(4.7)	(4.9)	(6.3)	(0.5)	(0.3)

주: 2호 및 3호 처분 〔 〕 내는 타처분과 병합된 인원수임
자료: 법무부

(3) 검사의 선의권행사에 대한 소년법원의 통제

소년법원이 보호사건으로 접수된 소년사건을 검사에게 송치하여 형사처분절차에 회부하도록 하는 것을 이른바 송검(送檢)이라고 할 수 있는데, 소년법 제7조와 제49조 제2항에서 송검에 관한 사항을 규정하고 있다.

먼저 소년법 제7조 제1항에 의하면 “소년부는 조사 또는 심리한 결과 금고 이상의 형에 해당한 범죄사실이 발견된 경우에 그 동기와 죄질이 형사처분의 필요가 있다고 인정한 때에는 결정으로써 사건을 …… 검사에게 송치하여야 한다”라고 규정하고 있다. 그리고 이 규정은 문언형식으로 보아 강행규정이기 때문에 소년법원은 소년법 제7조 제1항에 해당하는 사건은 반드시 검사에게 송치해야 하겠지만 형사처분의 필요성 여부에 대한 판단여지가 인정되기 때문에 결과적으로 소년법원의 재량에 따라 송검여부를 결정할 수 있게 될 것이다.

다음으로 소년법 제49조 제2항에 의하면 “소년부는 제1항의 규정에 의하여 송치된 사건을 조사·심리한 결과 그 동기와 죄질이 금고 이상의 형사처분을 할 필요가 있다고 인정할 때에는 결정으로써 검사에게 송치할 수 있다”라고 규정하고 있다. 그리고 이 규정은 문언형식상 재량규정이기 때문에 “동기와 죄질이 금고 이상의 형사처분을 할 필요가 있다고 인정된” 소년범죄사건이라고 할

지라도 송검 여부는 소년법원의 재량에 따라 결정될 것이다.

그런데 송검대상과 관련하여 문제가 되는 것은 소년법 제49조 제2항은 송검대상을 검사가 송치한 사건(법 제49조 제1항)에 한정하고 있기 때문에 별다른 의문이 없겠지만, 소년법 제7조 제1항은 송검대상을 전혀 제한하고 있지 않기 때문에 경찰이 송치(법 제4조 제2항)하거나 보호자 등이 통고(법 제4조 제3항)한 사건 이외에 검사가 송치(법 제49조 제1항)하거나 형사법원이 송치(법 제50조)한 사건도 송검대상이 될 수 있는가 하는 의문이 발생할 수 있다. 그러나 검사가 송치한 사건(법 제49조 제1항)은 소년법 제49조 제2항의 송검대상으로 규정하고 있으며 형사법원이 송치한 사건(법 제50조)은 소년법 제51조의 이송대상으로 규정하고 있으므로 소년법 제7조 제1항의 송검대상은 경찰이 송치한 사건(법 제4조 제2항)과 보호자 등이 통고한 사건(법 제4조 제3항)에 한정된다고 보는 것이 타당할 것이다.[15] 따라서 검사의 선의권행사에 대한 소년법원의 사후통제와 관련이 있는 규정은 소년법 제49조 제2항이라고 할 수 있을 것이다.

그리고 송검과 관련된 또 하나의 문제는 소년법원의 송검이 검사를 어느 정도로 기속하는가라는 점이라고 할 수 있는데, 현행 소년법은 송검된 소년사건에 대하여 검사가 다시 소년법원에 송치할 수 없다고 규정하고 있으며(법 제49조 제3항) 또한 검사에게 송치하는 결정에 대해서는 불복신청도 할 수 없으며[16] 항고도 불가능하다고 한다.[17]

그런데 송검에 대한 검사의 기속정도와 관련하여 특히 중요한 문제는 소년법원이 접수된 소년사건을 검사에게 송치한 경우 검사가 그 사건을 반드시 공소제기해야 하는가, 아니면 기소유예로 처리할 수 있는가라는 점이라고 할 수 있는데, 일단 송검된 소년사건에 대해서 검사가 소년법원에 재송치는 할 수 없지만 기소여부까지는 기속하지 않는다고 보기 때문에 검사는 기소편의주의에 의하여 기소유예도 가능하다는 주장이 있다.[18] 물론 소년법원이 소년사건을 검사에게 송치하면 검사가 그 사건을 처리하는 데에는 소년법에 특별한 규정이 없으므로 소년법 제48조에 의해 형사소송법이 적용되고, 따라서 기소유예로 처

15) 소년법 제7조 제1항의 송검대상을 경찰이나 보호자 등으로부터 접수된 사건에 제한함을 명문으로 규정하는 것이 바람직하다는 주장도 같은 취지라고 생각된다. 오영근/최병각, 앞의 책, 546면.

16) 법원행정처, 『법원실무제요(행정 · 소년 · 비송)』, 1986, 375-376면.

17) 위 법원실무제요, 418면.

18) 유진식, 『소년법』, 육법사, 1982, 350면.

리할 수도 있고 구공판이나 구약식으로 기소할 수 있다는 주장도 가능할 것이다. 그러나 소년법원이 송검한 것은 보호처분이 아닌 형사처분을 하기 위해 송검한 것이지 사건을 다시 판단하여 결정해도 좋다는 의미가 아닐 것이므로 검사가 송검사건을 기소유예로 처분한다는 것은 결국 소년법원의 송검결정의 취지를 무시하는 사법권의 침해라고 볼 수 있을 것이다.[19] 그러므로 입법론상으로는 소년법원의 송검사건에 대해서는 특별한 사정이 없는 한 기소유예로 처리할 수 없도록 소년법에 명문으로 규정하는 것이 타당할 것이다.

Ⅱ. 소년분류심사원

1. 의의 및 기능

소년분류심사원은 비행소년의 개인적 원인규명, 소년비행의 조기발견과 치료, 소년비행의 실증적 요인규명, 청소년비행 예방 및 재비행 방지를 목적으로 위탁소년의 요보호성 여부와 그 정도를 과학적으로 진단하여 그 결과를 소년법원에 보내 조사·심리시에 참작하도록 하며 소년원·보호관찰소에 교정지침을 제공하고 보호자에게 사후지도방법을 권고하는 한편, 가정, 학교, 사회단체 등에서 의뢰한 문제소년에 대하여도 비행성향을 규명하여 구체적인 개선지침을 제시하는 기능을 수행하고 있다.

소년분류심사원은 소년법 제18조 제1항 3호에 의하여 위탁된 소년을 수용하여 소년의 자질을 분류심사하고, 소년법원에 그 결과를 송부하여 재판자료로 사용하도록 하기 위하여 설치된 법무부 산하기관이다.[20] 합리적이고 과학적인 분류심사를 위해 의학, 심리학, 교육학, 사회학, 기타 전문지식을 활용할 수 있다.

---

19) 김용우/최재천, 앞의 책, 553-554면.

20) 이러한 소년분류심사원의 법적 근거는 소년법 제12조가 된다. 즉 소년법원이 소년보호사건을 조사 또는 심리함에 있어서 정신과치료, 심리학자, 사회사업가, 교육자, 기타 전문가의 진단 및 소년분류심사원의 분류심사결과의 의견을 참작해야 한다고 규정하고 있다.

보호소년을 소년분류심사원에 위탁하는 것은 소년법원의 임시조치로서 감독조치의 성격을 가지고 있는데 여기에는 사법적 측면과 보호적 측면이 함께 내재되어 있다. 사법적 측면으로는 소년의 신병보호의 관점에서, 보호적 측면으로는 소년법원에 의한 잠정적인 소년보호기능을 수행하는 관점에서 바라본 것이다. 이 경우에도 소년보호이념이 우선하기 때문에 소년의 신병확보가 소년보호기능에 우선할 수 없다.

2. 조 직

소년분류심사원은 원장의 자문에 응하는 급식관리위원회·분류심사위원회와 서무과, 분류심사과, 관호과 및 의무과를 두고 있다.

분류심사위원회는 위원장을 포함하여 5인 이상 9인 이하로 구성되는데, 위원장은 소년분류심사원장이 되고 위원은 분류심사과장 및 분류심사관과 교육학, 사회학 또는 정신의학에 조예가 깊은 외부인사 중에서 위원장이 위촉한다.

각 부서별 업무를 보면 서무과에서는 서무, 인사, 용도, 회계, 급양, 피복, 보안 등에 관한 사무를 수행하고, 관호과에서는 입·출원, 생활지도, 정신교육, 호송, 행동관찰 등의 사무를 수행한다.

분류심사를 주관하는 분류심사과에는 정신과의사를 포함하여 심리학, 교육학 등 인간관계 제 과학에 관한 전문지식과 기술을 겸비한 분류심사관을 두어 각종 심리검사, 환경조사, 처우의 지정 및 변경, 분류심사 등의 업무를 수행하고, 의무과에서는 의료, 보건, 약제, 방역, 심신의 보호지도 등의 업무를 수행한다.

소년분류심사원은 서울, 부산, 광주 등 3개 지역에 설치되어 있으며, 동 기관이 설치되지 아니한 지역에서는 소년원에서 그 임무를 담당하고 있다.

기 관 명	설립연도	비 고
서울소년분류심사원	1977	소년분류심사원이 없는 지역은 소년원에서 업무를 대행(대전, 춘천, 전주, 청주, 제주)
부산소년분류심사원	1984	
광주소년분류심사원	1991	

3. 수용 · 보호

위탁소년의 수용은 소년법 제18조 제1항 3호 및 소년원법 제7조의 규정에 따라 소년법원의 결정서에 의한다. 새로 수용된 위탁소년에 대하여는 지체없이 건강진단과 위생에 필요한 조치를 하고, 소년의 보호자에게 수용사실을 통지한다.

위탁소년은 성별, 연령, 비행의 질, 공범 및 질병의 유무 등을 고려하여 분류 · 수용하고, 인권보호와 보건 · 위생, 비행의 감염방지에 적정을 기하도록 하는 한편 소년들이 교육적 환경에서 안정감을 가지고 생활하도록 배려하고 있다.

소년분류심사원의 위탁기간은 1월을 초과하지 못한다. 다만 계속의 필요가 있을 때에는 소년법원의 결정으로써 1회에 한하여 이를 연장할 수 있다(법 제18조 제3항).

소년분류심사원에서 위탁된 소년의 처우는 심신의 발달 정도에 알맞은 환경을 조성하고, 안정과 규율 있는 생활 속에서 원만하게 적응할 수 있도록 주식은 720g, 부식은 급식관리위원에서 작성한 차림표에 따라 급식하며 피복, 침구, 세면용품, 학용품 등 일상생활에 필요한 생활용품을 지급한다. 또한 학습용 도서 등 교육에 해롭지 않은 자급품의 사용을 허용하고 있다. 또한 의사와 간호사를 배치하여 위탁소년의 건강관리 및 질병을 치료하며, 치료시에는 외부병원에 통원치료를 실시한다. 면회는 부모, 형제, 친척, 스승 등 위탁소년의 교정교육에 도움이 되는 사람을 대상으로 허용한다.

위탁소년의 교육은 언어, 행동, 예절, 규범 등 기초적인 생활지도와 정신교육을 실시하고 체육활동, 시청각교육, 레크리에이션 등 심성순화교육과 종교별로 관계인사를 초빙하여 신앙지도를 실시하고 있다. 또한 사회지도층 인사를 방문지도위원으로 위촉하여 위탁소년의 신상 및 진로문제에 관한 상담활동을 전개함과 동시에 여성지도층 인사를 어머니회원으로 유치하여 무의탁소년 등 불우위탁소년에 대한 지원활동을 펼치고 있다.

4. 분류심사

분류란 비행소년의 요보호성(要保護性) 여부를 과학적으로 진단하여 교정치료를 위한 구체적인 방법을 밝혀주는 일련의 활동을 말한다. 분류심사의 기준으로서 요보호성이란 소년의 성격과 행동에 나타난 여러 가지 문제점을 방치할 경우 범죄로 심화될 위험요인을 말하는 것으로 요보호성 여부의 판별은 분류의 관건이다.

《분류심사방법표》

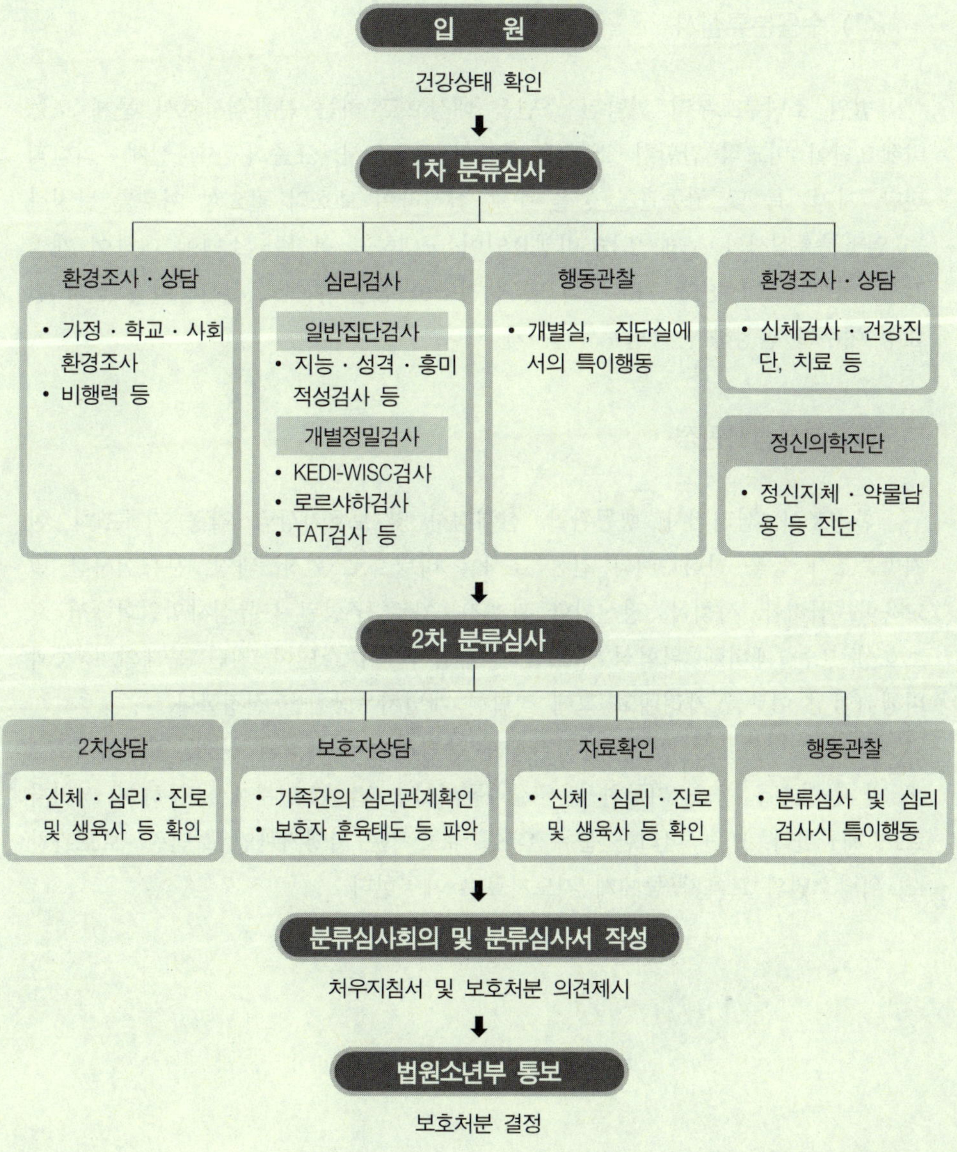

이러한 분류에는 위탁소년에 대해서 실시하는 수용분류심사와 가정이나 사회단체 등 외부의 위탁에 의해서 실시하는 외래분류심사로 구분된다. 수용분류심사는 수용된 전체소년을 1차 대상으로 하는 일반분류심사와 그 결과 문제 또는 비행요인이 중대하고 복잡한 소년에 대해 2차적으로 추가하여 실시하는 특수분류심사로 구분된다.

(1) 수용분류심사

법원 소년부로부터 위탁된 소년을 대상으로 하는 분류심사로서 문제 또는 비행요인이 비교적 간단한 소년에 대하여 면접조사, 표준화검사, 신체・의학적 진단, 자기기록 및 행동관찰 등을 주로 실시하여 보호의 필요성 여부를 판정하는 일반분류심사와 문제 또는 비행요인이 중대하고 복잡한 소년에 대하여 개별검사, 정신의학적 진단, 자료조회 및 현지조사 등을 추가로 실시하여 보호의 필요성 여부를 판정하는 특별분류심사가 있다.

(2) 분류심사판정

환경조사, 심리검사, 행동관찰, 신체검사 및 보호자상담, 각종 기록조회, 현지방문조사 등을 한다. 이와 같은 조사를 바탕으로 원장, 과장, 분류심사관 및 교육학, 심리학, 사회학, 정신의학 관계전문가로 구성된 분류심사위원회에서 요보호성 또는 재비행 위험성 정도를 종합심사하여 소년이 지닌 문제의 경중과 비행위험성 여부를 가려내고 그에 적합한 개별처우방침을 결정한다.

특히 소년분류심사원은 판정결과를 종합하여 문제점의 분석, 처우지침, 예후 및 판정종류 등을 기록한 분류결과통지서를 법원소년부에 송부하여 심리자료로 제공한다. 또한 이러한 분류결과를 보호처분 시행기관인 소년원, 보호관찰소, 위탁소년의 보호자 등에게 지도자료로 제공한다.

Ⅲ. 소 년 원

소년은 정신적으로 아직 미숙하고 성인보다 개선·교화하기가 쉽기 때문에 청소년비행을 범한 자들은 처벌의 대상이 아니라 보호의 대상으로 보고 이들을 건전한 사회인으로 육성하기 위한 것이 소년보호처분이다. 소년보호처분 중 소년원 수용처분은 비행소년의 성행을 교정하고 환경을 조정하여 소년을 건전하게 보호 내지는 육성하기 위한 것이다.

비행소년의 교정교육은 처벌과 처우라는 경쟁요인을 동시에 추구한다. 이를 해결하기 위하여 새로운 철학이나 새로운 접근방식을 시도하지만 여전히 문제는 존재한다. 그러나 처벌과 처우가 대립적인 것만은 아니라 서로 결합가능한 것이라고 주장하는 견해도 있다. 물론 시설내 처우의 폐해에 관하여는 많은 비판이 제기되고 있고, 소년원에서의 교육기능은 보호소년의 수용을 어떻게 하느냐에 따라 긍정론과 부정론으로 갈리지만 두 견해를 상호보완적인 것으로 이해하여야 한다.

1. 소년원의 성격과 기능

(1) 소년원의 성격

소년원은 소년법과 소년원법(제2조)에 따라 가정법원과 각 지방법원 소년부의 보호처분(법 제32조 제1항 6호·7호처분)결정에 의하여 송치된 14세 이상 20세 미만의 범죄소년, 형법에 저촉되는 행위를 한 촉법소년, 성격 또는 환경에 비추어 장래에 형법에 저촉되는 행위를 할 우려가 있는 우범소년 등을 보호하여 교정교육을 실시하는 법무부 소속 특수교육기관이다.

소년원은 사법적 기능보다 교육적 기능을 중시하여 소년의 비행에 대한 책임을 추궁하고 형사처벌을 하는 것보다는 국친사상(國親思想)에 의하여 국가가 소년원생들의 보호자가 되어 그들의 심신발달에 알맞은 환경을 조성하고 안정과 규율 있는 생활 속에서 소년원생의 성장가능성을 최대한 신장시킴으로써 사회적응능력을 함양할 수 있도록 기초적인 교육훈련과 직업훈련을 하는 등 다각적인 교육활동을 전개한다. 이러한 교육활동을 통하여 비행소년으로 하여금 왜곡된 의식과 행동을 교정하고 변화된 인식 틀과 행동양식을 습득하여 사회에 복귀할 수 있도록 조력하는 특수교육기관인 것이다.

(2) 소년원의 기능

1) 수용 내지 구금기능

소년법은 비형사적인 국친절차에 의한 보호주의를 근간으로 하면서도 범죄소년에 대하여는 형사처분이 상당하지 않을 때 비로소 보호처분의 절차를 취하는 양면성을 지니고 있다.

소년보호사건의 경우 심리의 실질적 요건인 비행사실과 요보호성을 판단하는 데 있어서 보호주의적 입장에서는 비행사실이 큰 비중을 차지하고 있다. 소년원송치의 대체적인 경향이 보호주의의 명분 아래 형사정책적인 색채를 강하게 내포하고 있는 것은 소년의 실체판단의 척도가 되고 있다. 소년원 송치처분이 소년보호가 아닌 사회보호의 특성을 강하게 내포할 때에는 수용이 교정교육의 수단이 아니라 목적으로 변질되어 처우가 수용중심으로 흐르고 수용기간은 형기화되는 현상을 나타내게 될 것이다.

소년원은 소년심판에 의하여 비행사실과 요보호성이 인정되는 소년에게 이를 개선하기 위한 조치로서 시설수용을 강제하는 점에서 형벌 또는 이와 유사한 방법에 의하여 범죄를 방지한다는 기능을 수행하고 있다. 전통적으로 범죄의 방지는 형벌을 수단으로 하여 왔지만 근래에는 사회복지 등 범죄방지에 관련된 강제적인 방법이나 비강제적인 방법을 통해서도 달성될 수 있다.

따라서 소년원의 원장은 보호소년 등이 이탈, 난동, 폭행, 자해 기타 사고를 일으킬 우려가 있을 때에는 이를 방지하는 데 필요한 조치를 취하는 등 수용확보를 위한 강제조치를 취할 수 있으며(소년원법 제14조 제1항), 보호소년 등이 소년원을 이탈한 때에는 그 소속공무원이 재수용하기 위하여 강제력을 발휘하여 복귀시킬 수 있는 권한이 부여되어 있다(동법 제14조 제2항). 또한 수용을 전제로 한 소년원생에 대한 처우는 안정과 규율 있는 생활 속에서 이루어지게 되며(동법 제5조 참조), 소년원생이 규율을 위반한 경우에 소년원장은 징계를 할 수 있다(동법 제15조).

이와 같이 소년원법이 원생들의 질서를 유지하고 규율있는 생활을 위하여 제재를 예정하고 있는 것은 소년원생 자신을 유해한 환경으로부터 차단하여 재비행에 이르지 못하게 보호하고, 다른 한편으로는 비행소년을 수용함으로써 그들의 범행으로부터 사회를 방어하기 위한 반사효과를 얻기 위한 것이다. 그러나 이러한 수용 내지 구금기능은 교육적 기능에 필수적으로 수반될 경우에만 인정하여야 한다.

2) 교육적 기능

소년원에서의 교육이란 다양한 문화전달의 매개를 통하여 원생들을 건전하게 육성하는 것을 의미한다. 이러한 소년원의 수용교육은 긴장이론, 기회이론, 차별적 접촉이론 등을 기초로 하고 있는데, 그 이유는 사회생활에 필요한 기본적 지식과 기술이 부족하여 합법적 기회를 갖지 못하거나 주어진 기회를 제대로 활용할 수 없기 때문에 비행적 수단과 기회를 엿보게 되는 것으로, 비행을 원인으로 간주하여 그 해결을 위해서는 당연히 교육과 훈련을 통해서 필요한 지식과 기술을 습득하게 함으로써 합법적 기회와 수단을 조장하고 반면에 비행의 동기를 줄일 수 있다고 보기 때문이다.

소년원의 교육적 기능에 대하여는 소년원 수용의 본질과 관련하여 긍정론(순기능)과 부정론(역기능)이 대립하고 있다. 이는 소년원생의 수용의 본질이 무엇이냐에 대한 시각의 차이다. 즉, 긍정론자들은 수용은 구금이 아니라는 입장을 취하고, 부정론자들은 소년원생의 수용을 구금이라고 본다.

3) 상호보완적 기능

소년원의 기능에 관한 견해의 대립은 소년의 수용의 본질에 대한 시각의 차이에 의한 것이다. 긍정론의 입장은 소년원법에 상정된 이념에 입각하여 현실을 조망하고 있고, 부정론의 입장은 그 이념이 구현되고 있는 현실을 문제삼고 있는 것이다. 이는 소년법의 양면성에서 기인하는 결과이다.

소년원의 궁극적 목표는 보호소년의 건전한 사회복귀에 있다. 따라서 사회복귀를 위한 처우도 보호소년이 성공적으로 사회생활에 적응할 수 있도록 사회에 적응할 수 있는 힘을 배양함과 아울러 민주적이고 협동적인 생활태도를 신장시키는 데 초점이 맞추어져 있다.

소년원의 수용기능과 교육적 기능은 본질적으로 상반된 것처럼 보이지만,

실제적으로는 상호보완적인 관계로 작용하고 있다. 소년원의 형사정책적 기능인 강제적 요소는 소년이 가지고 있는 위험성에 대응하는 것으로 소년원생에 대한 처우의 초기에는 교육방법상 한층 타율적이고 지시적인 것이 필요하고 처우환경도 폐쇄적·구금적 성격을 가지게 된다. 그러나 교육작용이 본격적으로 전개되어 원생이 지닌 문제성이 개선됨에 따라 행동규제의 기능은 완화되고 교육방법도 자율적·자주적으로 되며 처우환경도 점차 개방되는 과정을 취하게 된다. 이와 같이 수용의 강제적 성격은 교육적 작용이 진행됨에 따라 완화되어 가게 되며, 소년원생의 태도·행동의 반사회성이 개선되는 정도에 따라 교육적 기능은 더욱 증대되어 간다.

대부분의 소년범죄자가 교육과 학교에 대해서 열망을 가지지 못하고 학교에서 낙오되거나 실패한 것으로 밝혀지고 있는데, 이러한 특성을 가진 소년에게는 정상소년에 비해 특수한 교육을 필요로 하고 있다. 그러나 스스로 원해서가 아니라 강제적으로 처음부터 교육환경이라고 하기 어려운 수용시설에 집단으로 수용된 상황하에서 부족한 자원으로 가정과 학교 그리고 사회보다 좋은 교육을 시행한다는 것은 무리이다.

소년원에서의 수용교육은 소년을 사회로부터 격리시키기 때문에 건전한 사회인으로서의 사회성개발과 성장을 저해할 수 있고, 범죄학습과 낙인이라는 수용의 폐해를 초래한다는 부정적 인식을 갖게 한다. 그럼에도 불구하고 수용교육이 가치를 지니는 것은 수용을 통하여 이들을 범죄환경으로부터 보호할 수 있고, 사회와 가정 그리고 학교로부터 살패하거나 버려진 이들 소년을 체계적이고 전문적으로 교육시킬 수 있기 때문이다.

2. 조 직

소년원의 조직은 원장 밑에 원장의 자문에 응하는 보호소년급식관리위원회와 보호소년처우심사위원회가 있고, 하부조직으로 서무과, 교무과, 분류보호과 및 의무과 등 4개과가 있다(서울소년원은 이외에 창업지원과를 둠). 보호소년심사위원회는 위원장을 포함하여 5인 이상 9인 이하로 구성하며, 위원장은 소년원장이 되고 위원은 소년원의 각 과장과 소년보호에 학식과 경험이 풍부한 외부인사 중에서 위원장이 위촉한다.

보호소년처우심사위원회는 보호소년의 처우기간·분류 및 이송에 관한 사항, 퇴원 또는 가퇴원의 허가신청, 교정성적의 종합평가, 외출, 징계, 포상, 학교통학 및 취업통근, 기타생활지도에 관한 사항 등 보호소년의 처우 전반을 심사하는 기능을 수행한다(소년원법시행령 제4조 제2항).

3. 분류처우 및 수용보호

(1) 분류조사

보호소년에 대한 처우는 그들의 심신발달에 알맞은 환경을 조성하고, 안정과 규율있는 생활속에서 보호소년의 성장가능성을 최대한 신장시킴으로써 사회적응능력을 길러 민주국민으로서 사회에 복귀할 수 있도록 함을 기본원칙으로 하고 있다.

소년원에서는 소년법원으로부터 보호처분을 받고 송치된 소년에 대하여 교정교육과 개별처우에 필요한 각종 자료를 수집하기 위한 분류조사를 한다. 분류조사는 새로 들어오는 신입소년은 일반소년과 분리 수용하고, 10일간에 걸쳐 해당 소년의 가족관계, 성장환경, 교육력, 직업력 및 비행력 등 생활사를 중심으로 한 사회 환경적 조사를 위시하여 지능, 성격, 적성, 취미, 학력검사 등 심리검사와 신체 및 정신상의 이상 유무를 밝히기 위한 의학적 검진과 행동관찰, 보호자상담 등이 이루어진다.

이와 같은 과정을 통하여 밝혀진 제사실과 소년법원 및 소년분류심사원에서 송부된 자료를 참고로 원생처우심사위원회에서 이를 종합심사하여 개별처우계획을 수립하게 된다.

(2) 분류수용

우리나라의 소년법원은 소년원송치처분을 함에 있어서 소년원의 종별은 지정하지 아니한 채 소년원측에 이를 일임하고 있다. 따라서 소년원은 교육대상의 특수성을 감안하여 보호소년 개개인에 대한 분류조사 결과 밝혀진 제사실과 분류심사결과를 종합하여 보호소년의 특성에 적합한 분류수용, 처우기간 및 교육과정을 지정한다. 교육과정의 지정은 보호소년의 연령, 학력, 적성, 진로 등을 종합하여 교과교육 또는 직업훈련과정으로 분류하고 해당 교육과정, 학년 및 훈련직종을 구체적으로 부여한다.

최근에 들어 소년당국은 소년원에 수용되는 소년이 갖는 문제점이 더욱 복잡·다양화되고 있고 이들 소년의 개별적인 특성에 적합한 처우를 행하기 위하여는 가능한 한 공통된 문제성을 갖는 소년을 동일시설에 수용하여 처우하는 것이 효과적이라는 판단 아래 소년원을 교과교육소년원, 직업훈련소년원, 종합소년원, 특별소년원과 여자소년원으로 분류하고, 같은 소년원 안에서도 원생의 연령, 비행의 질, 입원횟수, 공범유무, 교육정도 등에 따라 분류수용하고 있다.

수용기간은 소년법 제32조 제1항 제6호의 규정에 의하여 단기로 소년원에 송치된 소년은 수용기간의 상한이 6월을 초과하지 못하도록 하고, 비행사실과 비행력을 중심으로 교정이 용이한 자는 7월~12월의 중기, 교정이 곤란한 자는 13월 이상 18월 미만의 일반장기, 강력, 상습 비행자, 교정이 극히 곤란한 자는 18월 이상의 특별장기로 분류하고 환경적·심리적 요인 등을 중심으로 한 재비행 예측결과를 적용하여 6개월의 분산폭 내에서 이를 상향 또는 하향 조정하고 있다.

또한, 원생들의 자율적인 자기개선을 촉진하기 위하여 교육성적을 수용기간과 연계시켜 소년원법 제42조 제1항 및 제2항의 규정에 의하여 보호소년이 23세에 달한 때 또는 교정의 목적을 달하였다고 인정할 때에는 법무부장관의 허가를 받아 이를 퇴원시키며, 소년원법 제44조의 규정에 의하여 보호소년의 교정성적이 양호하다고 인정할 때에는 보호관찰 등에 관한 법률 제28조 제1항의 규정에 의하여 보호관찰심사위원회에 가퇴원을 신청한다.

그러나 교정성적이 우수하고 타의 모범이 되는 보호소년이나 환자, 기타 특별한 사유가 있는 자에 대하여는 그 정상에 따라 수용기간에 신축성을 두고 있다.

4. 소년원 교육

(1) 교육과정

소년원에서의 처우는 원생의 특성과 심신발달정도를 고려하여 명랑한 환경

속에서 규칙적인 생활에 익숙하게 하고 근면한 정신을 함양하며 건전한 생활경험을 풍부히 체득케 하여 사회부적응의 원인을 제거함과 동시에 각자의 장점을 더욱 개발함으로써 몸과 마음이 모두 건전한 소년으로 육성하는 것을 목적으로 한다.

입원자교육단계에서는 10일간에 걸친 분류조사와 병행하여 생활규범지도, 정신교육, 체육훈련 및 심성훈련 등 기초교육과 훈련, 기타 시설적응에 필요한 생활안내 등을 실시하여 새로운 각오를 안정된 마음가짐으로 소년원생활을 보다 유익하게 보내도록 하는 것을 주내용으로 한다.

기본교육단계는 소년원의 교정교육이 집중적으로 시행되는 단계로서 단기보호소년을 대상으로 하는 생활교육, 교육법에 의한 각급학교과정의 교과교육 또는 직업훈련기본법에 의한 직업교육, 왜곡된 행동의 교정과 인격적 성장을 돕는 생활지도, 보호소년의 개성 및 특기개발을 위한 특별활동 등을 내용으로 하여, 보호소년으로 하여금 교정목적을 조기에 달성토록 하고 있다.

사회복귀교육단계에서는 출원예정자의 신상정리, 진로상담과 출원후 대책을 강구하는 단계로서 그 기간은 10일 이상인데, 출원시까지 그 기간을 연장할 수 있도록 되어 있다.

특히 이 기간에는 출원을 앞둔 보호소년에게 개방적인 처우를 하는데 주로 여가선용을 위한 자주적인 체험학습을 하도록 하여 신상을 정리토록 한다. 출원준비기간에는 퇴원 후의 생활설계 등 생활관의 정립에 중점을 두고 있다.

1) 단기보호소년 교육

단기보호소년 교육은 소년법 제32조 제1항 6호의 의하여 소년원에 송치된 보호소년을 대상으로 시설처우와 사회처우로, 재비행의 위험성을 지닌 채 이전의 불량환경으로 복귀하는 다수의 비행소년을 조기에 보호하고, 조기개선을 도모하고자 1989년부터 신설된 제도이다.

단기로 소년원에 송치된 보호소년은 대구·춘천·전주·청주·안양·제주 등 6개 소년원에 집중 분리수용하고, 일반 보호소년과는 달리 조기에 사회처우로 이행될 수 있도록 반개방 또는 개방처우를 하고 있다. 이들에 대한 교육훈련은 법정수용기간 6월의 범위 내에서 집중적인 정신교육, 체험교육, 체육훈련을 실시하여 잘못된 습관과 태도를 바로잡고 심성을 순화하기 위하여 생활지도중심의 교육방법을 다양하게 도입하여 활용하고 있다.

2) 생활지도

생활지도란 개인으로 하여금 자기자신의 능력·흥미·인격적 특성 등에 대한 올바른 이해를 통한 환경에 적응할 수 있도록 조력함으로써 소년들의 성장과 발달을 촉진하고 자아실현을 할 수 있도록 하는 조직적인 교육활동이다.

생활지도의 직접적 목적은 자기 자신에 대한 정확한 이해를 돕고, 이를 바탕으로 자신의 자질과 잠재가능성을 발견하고 개발시키도록 하며, 문제해결능력 및 선택능력과 변화에 대한 적응능력을 키워 궁극적으로 자아를 실현하고 조화된 삶을 누릴 수 있도록 함에 있다. 소년원의 생활지도는 보호소년의 자율성을 조장하고, 각자가 당면한 문제를 스스로 해결하여 사회생활에 적응할 수 있는 능력을 기르도록 하는 교정교육의 핵심분야이므로 일상생활을 하는 데 필요한 기초적인 행동양식의 지도에서부터 심리치료에 이르기까지 광범위한 지도영역을 생활장면에 따라 다양한 기법을 활용하여 개별 또는 집단으로 지도하고 있다.

3) 교육지도위원 및 방문지도위원

소년원에서는 일과시간 중에는 담임중심으로, 일과 후 시간에는 당직직원 중심으로 지도하고 있으나 제한된 인적 자원만으로는 한계가 있으므로 외부인사의 풍부한 경험과 전문지식을 활용하여 소년원의 교화역량을 강화하고, 보호소년들의 인격적 성장과 건전한 사회정착을 지원하고자 각계 각층의 인사를 유치하여 보호소년 교육활동에 적극 참여시키고 있다. 종교지도위원 및 방문지도위원에 대하여는 법무부장관이 위촉장을 수여하고 자원봉사 대학생은 기관장이 유치하여 활동분야를 지정, 소년원 교육활동의 취약부분을 보강하고 있다.

(2) 교과교육

소년원에서 학교교육을 실시하는 것은 보호소년의 대부분이 비행으로 인하여 학교에서 중도 탈락한 소년들로서 퇴원 후에도 정상적인 방법으로 학교에 복귀하지 못하고 재비행을 일으킨다는 문제점을 극복하기 위한 것이다. 일반학교와 동등한 학교교육을 실시하는 것이 학업좌절로 인한 재비행의 악순환을 방지하는 효과적인 방법의 하나이기 때문이다. 그러나 원생간의 학력차가 심하고 나이도 12세 이상 23세 미만으로서 그 폭이 넓어 효과적인 학과교육을 위하여 다양한 학과교육과정을 마련할 필요가 있다.

교과교육소년원과 종합소년원에서는 초등학교, 중학교 또는 고등학교 교육과정을 수업한다. 교과목은 교육부고시 각급학교 교육과정에 따라 수업하고, 학령이 현저하게 초과된 소년을 대상으로 검정고시 특별반을 편성·운영하여 학력을 취득케 하고 있다.

소년원법 제29조의 규정에 따라 대통령령으로 지정하는 교과교육소년원에서는 교육법에 의한 초등학교, 중학교 또는 고등학교의 교육과정을 수업하고 있으며, 교과교육소년원을 교육법에 의한 학교로 규정하여 학교교육의 동일성을 인정하고 있다. 따라서 소정의 교육과정을 이수한 보호소년에게는 학교장 명의의 졸업장을 수여하거나 신청에 의하여 종전에 재학했던 전적 학교장 명의의 졸업장을 수여하며, 교육과정 이수중에 퇴원하는 보호소년에게는 타학교로의 전학·편입학을 적극 장려하고 있다.

(3) 직업훈련

소년원의 직업훈련은 보호소년에게 근로정신과 직업에 대한 건전한 직업관을 함양하고 직업인이 갖추어야 할 지식과 이에 필요한 기본기능을 습득시켜, 경제적으로 자립할 수 있는 기반을 마련하는 한편 산업사회에 적응할 수 있는 능력을 배양함으로써 재비행을 예방하는 데 그 목적이 있다.

보호소년은 그 연령과 경력으로 보아 일반인에 비하여 직업에 관한 지식이나 경험이 적고 적성에 맞는 직업을 자주적으로 선택할 능력이 미약할 뿐만 아니라 출원 후 생계대책을 마련하는 경우가 많기 때문에 소년원의 직업훈련은 사회적응에 큰 기여를 한다.

(4) 특별활동

특별활동은 원생의 자발적인 집단생활경험을 통하여 민주적이고 협동적인 생활태도를 기르고, 자기가 소속하고 있는 집단의 운영과 활동에 능동적으로 참여하고 봉사케 함으로써 진취적이고 명랑한 생활관을 가지게 하기 위하여 전원생을 대상으로 취미와 희망에 따라 특별활동반을 편성한 후 지도담임을 지정하고 외부인사를 참여시켜 주 2시간 이상 지도하고 있다.

1991년부터는 지역사회의 뜻있는 여성인력을 유치하여 불우원생들의 어머니 역할을 대행하게 하여 재비행예방 및 심성순환에 기여하고자 소년원생 어머니회를 조직하여 운영하고 있으며, 보호자교실을 개설하여 보호자들에게 원생지도에 필요한 정보를 다양하게 제공하고, 원내생활 전반을 공개하여 소년원의 교육활동에 대한 협조자가 되게 함으로써 왜곡된 가족관계를 개선하고 있다.

특별활동의 분야는 원생자치활동, 교육활동, 학예활동, 소년대활동, 봉사·관리활동 등이 있다. 특히 각 소년원 공통으로 32명 단위의 소년대를 편성하여 보이스카우트 지방연맹에 등록한 후 활발한 활동을 하고 있고, 음악을 통한 정서순화와 협동심 및 자신감을 길러주기 위하여 서울소년원을 비롯한 5개 소년원에 악대반을 설치하여 지역사회의 각종 문화행사를 지원하는 등의 활동을 하고 있다.

(5) 교육행사

소년원에서는 보호소년의 자발성과 자주성을 신장시키기 위하여 가능한 범위 내에서 반개방 또는 개방적인 교육행사를 연중 실시하고 있다. 이는 소년원에서 보호소년의 자유를 지나치게 제한하고, 사회와의 단절로 인한 소년의 무기력을 야기시킬 수 있고 자율성을 저하시킨다는 점을 감안한 것이라고 할 수 있다.

교육행사의 주요내용을 보면, 체육대회, 학예발표회, 유적지·전적지 등 안보현장 견학, 작품전시회, 보이스카우트 야영훈련, 합동생일잔치, 야외소풍, 종교의식 및 성격·참선학교 운영 등 다양하게 시행하고 있다.

(6) 사회봉사활동

소년원에서는 보호소년들에게 범죄피해자와 사회에 대한 보상 또는 보답적인 의미와 나도 남을 도울수 있다는 성취감을 심어주기 위하여, 그리고 의탁적인 생활습관에서 탈피하여 자발적인 봉사활동으로 이웃과 함께 도와가며 사는 협동적 태도를 형성시키기 위하여 사회봉사활동을 시행하고 있다.

사회봉사활동의 내용은 자연보호·문화재보호 활동, 사회복지시설에서의 봉사활동 등을 시행하고 있으며 1인당 36시간 이상 봉사를 한다.

5. 퇴원 및 가퇴원

소년원장은 보호소년이 23세에 달한 때에는 퇴원시켜야 한다(소년원법 제43조 제1항). 한편 23세에 달하지 아니한 경우에도 수용중인 원생이 개전의 정이 현저하며 충분히 교정되었다고 인정될 때에는 소년원장이 법무부장관의 허가를 받아 퇴원시킨다(동조 제2항).

소년원에 수용된 보호소년이 수용된 후 6개월을 경과하면 소년원장이 보호관찰심사위원회에 이를 통보하고 보호관찰심사위원회에서는 소년원장의 신청 또는 직권으로 보호소년의 인격, 교정성적 등의 제반사정을 참작하여 가퇴원의 적부를 심사하여 가퇴원이 적절한 것으로 결정한 때에는 법무부장관에게 허가를 신청하여야 한다(보호관찰 등에 관한 법률 제25조). 소년원장은 보호소년의 퇴원 또는 가퇴원이 허가된 때에는 지체없이 보호자 등에게 보호소년의 인도에 관한 통지를 하고(소년원법 제45조 제1항), 보호자 등에게 직접 인도하여야 한다(동조 제2항). 보호관찰심사위원회에서 가퇴원을 결정하는 경우 6월 이상 2년 이내의 기간(보호관찰 등에 관한 법률 제30조 제4호)을 정하여 보호관찰을 실시하게 되며, 가퇴원자가 가퇴원이 취소됨이 없이 보호관찰기간을 경과하게 되면 퇴원한 것으로 본다(동법 제50조 제2항).

Ⅳ. 소년교도소

소년교도소는 소년범죄자를 성인범죄자와 분리처우하기 위하여 설치된 기관이다. 징역 또는 금고형의 선고를 받은 소년에 대하여는 소년교도소에 수용함을 원칙으로 하고, 일반 교도소에 수용하는 경우에는 분계된 장소에 수용한다. 일반교도소 내의 분계된 장소에서 형을 집행하는 경우에는 잔여형기가 6개월 미만인 경우, 여죄가 있는 경우, 환자의 경우 등 교도소장이나 소년교도소장이 특별한 사정이 있다고 인정한 때에는 6월을 초과하지 아니하는 기간에 한한다(행형법 제3조).

소년교도소는 현재 천안에 설치되어 있다. 천안교도소는 20세 미만의 남자

소년수형자를 수용하고 있다. 여자소년범죄자의 경우에는 일반교도소 내의 분계된 장소에 수용하고 있다. 소년교도소에 수용되어 있는 소년은 범죄행위로 인하여 사회의 질서를 파괴한 자들로서, 소년비행자 중에서도 가장 많은 문제점을 가지고 있다고 할 수 있다. 그러나 소년범죄자도 성장발육기에 있고 인격형성단계에 있다는 특수성에 따라 입법, 사법, 행형의 모든 면에서 성인범죄자와 구별하여 보호와 처우를 받도록 하여야 한다. 따라서 소년보호원칙에 따라 이들을 소홀하게 처우하여서는 안 될 것이며, 그 문제점이 큰 만큼 더욱더 집중적인 노력을 다함으로써 이들을 개과천선시켜 사회에 복귀시켜야 한다. 이렇게 하여야만 소년범죄자들이 전문적인 범죄자가 되는 것을 미연에 차단할 수 있고 이와 아울러 범죄로부터 사회를 방위할 수 있게 된다.

소년범죄자에 대하여는 엄격한 관리가 필요하다고 하더라도 이러한 엄격한 관리와 그러한 요구는 소년범죄자들을 관리 또는 감독하는 과정에 필요한 수단에 불과하며 근본적인 목적은 소년범죄자들을 교화하고 선도하여 선량한 사회의 일원으로써 사회에 재복귀하도록 하는 데 있다. 이를 위하여 소년교도소에서는 소년범죄자 각자의 개성에 적합한 프로그램을 마련하여 교정교육을 실시하고 있다.

1. 소년교도소의 연혁 및 수용현황

(1) 소년교도소의 연혁 및 기구

우리나라에서는 최근까지 천안교도소와 김천교도소 등 2개의 교도소를 소년수형자 전담수용시설로 운영하여 오던 중 2006년 1월 법무부예규에 의하여 천안교도소는 20세 미만의 남자소년 수형자를 전담수용하고, 김천교도소는 20세 이상 25세 이하의 남자수용자를 수용구분하고 있다. 따라서 우리나라에서 소년교도소는 천안교도소 한 곳이며, 김천교도소는 청년교도소로 운영되고 있다.

천안교도소는 1938년 3월 31에 조선총독부령 제51호에 따라 인천소년형무소로 발족하였다가 1961년 교도소직제 개정(법률 제853호)으로 인천소년교도소로 개칭되었고 1990년 현재의 장소인 천안으로 신축 이전하였다.

소년교도소에는 소장 밑에 총무과, 보안관리과, 작업훈련과, 복지지원과, 보건의료과 및 교육교화과 등 6개과가 있다. 각 과별 분류사무는 다음과 같다.

1) 총무과

인사관리, 관인의 관수, 문서의 접수·발송, 문서의 편찬과 보관, 통계보고, 수용자 수용·석방·이송, 영치, 감식, 예산·결산 및 금전의 출납, 기타 타과의 주관에 속하지 아니하는 사항.

2) 보안관리과

직원의 훈련·점검·규율, 수용자의 구금·분류·계호·행정심사·상벌·접견·자질분류, 작업적성판정, 가석방, 자체방호 및 무기·탄약관리.

3) 작업훈련과

교도작업특별회계의 예산집행·물품급여·교도작업 및 직업훈련·작업상여금의 계산 및 작업통제.

4) 교육교화과

수용자의 교화·교육·생활지도, 서신 및 귀휴, 석방자 보호에 관한 사항.

5) 복지지원과

물품의 출납, 용도·건축·영선·국유재산의 관리, 수용자 급여에 관한 사항.

6) 보건의료과

수용자의 보건·위생 및 약제, 소내 각종 의료업무 수행.

이외에도 소년교도소에는 각 기관장의 자문에 응하고 또 소년수형자를 합리적으로 처우하기 위하여 관련 법령에 따라 분류처우위원회, 지방급식관리위원회, 귀휴심사위원회, 가석방심사위원회, 징벌위원회 등 5개의 위원회가 설치되어 있다.

(2) 수 용

소년수형자는 행행법 제2조 제2항에 의하여 소년교도소에 수용한다. 우리나라에서는 천안소년교도소 한 곳만을 운영하고 있다. 소년수형자를 성인수형자와 구분 수용하는 것은 심신이 모두 미숙하고 환경이 자극에 저항력이 약한 소년을 성인수형자와 혼거수용하게 되면 범죄학습 등의 악풍감염의 우려가 있으므로 소년에 대한 보호육성의 이념을 제대로 구현하기 곤란하다는 점에 그 근거를 두고 있다.

신입수용자는 3일간 신입자거실에 수용하여야 하나 소년의 경우는 30일까지 연장(행형법시행령 제21조 제3항)할 수 있으며, 독거수용에 있어서 성인의 경우 그 기간이 계속하여 2년을 초과하지 못하도록 되어 있는 반면 소년의 경우는 6월 이상 독거수용할 수 없게 되어 있고(행형법시행령 제26조 제2항), 소년수형자를 이송할 시에는 다른 수용자와 구분하여 이송하도록(행형법시행령 제51조) 하고 있다.

2. 교정처우의 운영실태

교정시설에서의 수령자처우의 기본목표는 우리나라 행행법 제1조와 같이 수형자를 격리하여 교정교화하며 건전한 국민사상과 근로정신을 함양하고 기술교육을 실시하여 사회에 복귀하는 데 있다. 그리고 소년범죄인은 심신의 미숙으로 죄를 범하는 것이므로 성인보다 교화개선이 용이하며, 또한 소년은 원대한 장래가 있고 범죄의 습성도 고착되어 있지 아니하므로 교화개선주의에 의한 처우가 필요하다.

이에 따라 소년교도소에서는 소년수형자를 처우함에 있어서 성인교도소에 비하여 격리·구금기능보다 교육 및 교화기능에 더욱 중점을 두고 운영하고 있다. 특히 법무부에서는 1989년 12월 31일 소년수형자 수용관리지침을 제정하여 시행함으로써 소년수형자의 특성에 맞는 수용관리 및 교정처우를 하도록 하고 있다. 소년교도소에서의 교정처우는 크게 교정교육과 교도작업 및 직업훈련으로 나눌 수 있다.

(1) 교정교육

행형시설에서의 교정교육은 수형자의 개선 및 갱생과 사회복귀를 촉진시키기 위하여 행하는 교화활동으로서 교도작업과 함께 매우 중요한 기능을 수행하고 있다. 더욱이 한참 성장하고 있는 소년들을 수용하고 있는 소년교도소에서 교육의 중요성은 더 말할 나위 없다. 특히 행형법 제32조 제1항을 보면 "무교육자 또는 소년수형자에 대하여 연령, 지식정보 기타 사정을 참작하여 그에 상응한 교육을 실시하여야 한다"라고 하여 소년수형자에 대한 교육을 강조하고 있다. 따라서 소년교도소에 있어서의 교육의 중요성은 성인교도소보다 훨씬 더 크다.

교정교육에는 학과교육, 생활지도교육, 정서교육, 각종 교회 및 직업훈련 등이 있다.

1) 교과교육

수형자에 대한 학과교육은 구금으로 인한 학업중단 사례를 방지하고 지적 능력을 개발·배양시켜 인격도야와 개과천선을 촉진하는 데 그 목표를 두고 있다. 중·고등학교의 교과교육과정과 방송통신고등학교, 검정고시반 등의 교과교육을 실시하고 있다.

2) 생활지도교육

생활지도교육은 소년수형자의 건전한 수용생활자세를 확립하여 자립개선의지를 고취하고 사회생활에 필요한 여러 가지 지식이나 정보를 제공함으로써 건전한 사회복귀를 촉구하는 데 그 목적을 두고 운영하고 있다. 신입소년수형자에게 신입자 생활지도교육을 실시하고 있고, 석방이 임박한 수용자에게 석방자 생활지도교육을 실시하고 있다.

3) 정서교육

소년수형자로 하여금 정서적으로 불안정하고 초조한 심정을 순화하고 정서적 안정을 기하여 보다 명랑한 수용생활을 영위할 수 있도록 정서교육을 실시하고 있다. 정서교육에는 체육대회 개최, 건전가요 경연대회, 웅변대회, 영화 및 VTR상영, 문예작품 발표회, 독후감발표회 등 다양한 프로그램을 마련하여 운영하고 있다.

4) 교화활동

각 소년교도소에서는 학과교육 등 각종의 교정교육 외에 소년수형자들이 사회생할 적응능력을 고양하여 사회복귀를 용이하게 할 목적으로 각종 교화행사를 실시하고 있다. 현재 소년교도소에서 실시하고 있는 대표적인 교화행사에는 수용자 합동생일축하회, 사회견학, 교화방송, 종교위원·교화위원에 의한 교화활동 및 종교지도, 소년단(Boy Scout) 활동, 복지담당관제 운영, 소내신문 발간, 권투부·악대부·연극부 등의 특별활동 등이 있다.

5) 외부교통

㈎ 접 견

수용자의 접견은 서신과 함께 외부와의 중요한 교통수단이다. 접견수단은 30분 이내로 하고 있고 접견횟수는 미결수용자는 매일 1회, 징역형을 받고 복역중인 자로서 행형성적이 우량한 제4급 수형자는 매월 2회 2통, 제3급 수형자와 금고형을 받고 복역 중인 자로서 행형성적이 우량한 제4급 수형자는 매월 3회 3통, 제2급 수형자는 매주 1회 1통, 제1급 수형자는 수시로 하고 있다. 소년의 경우는 소장이 접견횟수를 증가시킬 수 있다(행형법시행령 제56조 제1항).

접견은 공무원 복무규정에 의한 근무시간 내에 허가하고 있으나 민원인의 편의를 위하여 거주자가 원거리인 경우는 토요일 오후, 일요일 등 공휴일에도 접견을 실시하고 있다.

그리고 우량소년수형자에게 사회적응력을 배양하고 또 장기수의 경우 가족과의 유대감조성으로 수용생활 중 심적 안정을 기하게 하는 한편 교정행정에 대한 가족 및 일반사회인의 협조와 신뢰를 높이고자 1993. 5. 1부터 수용자협동접견을 확대하여 시행하고 있다. 그 내용은 어버이날 및 중추절 등 명절 전후에 가족 또는 자매결연자를 초청하여 소년교도소 내의 잔디밭 등 일정한 장소에서 가족이 준비한 음식물을 먹으면서 자유롭게 접견을 시키고 있다.

㈏ 서 신

수용자가 발송하는 서신의 횟수를 제한하지 아니한다. 다만 필요한 경우에는 앞의 접견의 횟수와 동일하게 제한할 수 있다. 수용자가 서신을 자서할 수 없을 때에는 본인의 요구에 의하여 교도관리가 대서해 주고 용지 및 우편료는 자비 또는 관급으로 하고 있다.

6) 급 여

수용자의 수용생활의 기본적 욕구를 충족시키기 위하여 의류 및 침구를 지급(행형법 제20조)하고 체질, 건강, 연령과 작업 등을 참작(행형법 제21조)하여 필요한 영양을 공급하고 있다. 또한 수용자의 급식관리를 위하여 법무부장관 소속하에 중앙급식관리위원회, 각 기관에 지방급식관리위원회를 두고 영양과 조리에 관한 학식과 경험이 풍부한 자를 위원으로 위촉하여 자문과 건의를 받아 수용자의 건강관리를 하고 있다.

7) 위생과 의료

교도소는 다수인원을 집단수용하고 있고, 수용자들은 자유의 박탈과 단체규율 생활에서 오는 심리적 압박감과 정신적 불안감 등으로 건강을 해할 요인이 많으므로 철저한 위생관리와 의료보호가 필요하다.

각 소년교도소에서도 이와 같은 점을 유의하여 계절별로 위생관리 대책과 방역대책 등을 수립하고 있다. 특히 여름철에 전염병이 발생할 경우 급속도로 만연될 우려가 있으므로 예방접종을 실시하는 한편 정기적인 건강진단으로 위생관리 및 의료보호에 많은 노력을 기울이고 있다.

8) 징 벌

징벌이라 함은 행형법 제45조에 의거 교도소 내의 내부질서를 유지하기 위하여 제정된 재소자규율 및 징벌에 관한 규칙에 정한 규율위반자에게 과하는 행형상의 불이익처분을 말한다. 이와 같은 징벌제도는 규율위반자를 처벌함으로써 교도소 내의 질서를 유지한다는 목적 외에 수용자로 하여금 규율생활에 순응케 함으로써 개선·교화에 이바지하는 데 그 목적이 있다.

징벌은 수용자의 질서문란행위 등 규율위반행위가 있으면 징벌혐의자를 독거실에 수용하여 규율위반사실에 대한 조사를 거쳐 징벌위원회의 의결에 따라 징벌에 처하게 된다.

9) 귀 휴

귀휴제도(Furlough System)는 교정시설에서 일정기간 복역한 행형성적이 우수한 수형자에 대하여 교도소장 또는 그 감독관청의 권한으로 일정기간 행선지를 정하여 외출 내지 외박을 허가하는 제도이다. 이와 같은 귀휴제도는 수형자의 석방후의 생활계획의 준비, 가족과의 유대관계의 유지, 훈련·시험·행사·입양·취업알선·방송통신대학 출석수업, 기타 교화상 목적이나 작업의 능률향상을 위하여 특히 필요하다고 인정될 때 실시하게 된다.

1년 이상 복역한 수형자로서 그 형기의 2분의 1을 경과하고 뉘우치는 빛이 뚜렷하며 행상이 3급 이상인 자에게 형기간 중 3주일 이내의 귀휴를 허가할 수 있고 귀휴횟수는 연 1회에 한하며 형기 중 5회를 초과할 수 없다.

(2) 교도작업 및 직업훈련

1) 교도작업

교도작업이란 함은 교도소가 수용자의 노동력을 이용하여 경영하는 일체의 작업을 말한다. 교도작업의 실시목적은 수형자들의 유휴노동력을 활용한다는 점 외에도 수형자들에게 근로정신과 근로습관을 체득시켜 사회복귀를 용이하게 하자는 데 그 목적이 있다.

각 소년교도소에서 시행하고 있는 교도작업은 성인교도소에서 실시하고 있는 교도작업과 같이 교도작업특별회계 및 교도작업관용제도에 의하여 시행되고 있으며 작업수입도 국고귀속으로 하고 있다.

㈎ 운영방법 및 실적

작업은 수형자의 연령, 형기, 건강, 기술, 성격, 취미, 직업과 장래의 생계 기타 사정을 참작하여 과한다(행형법 제35조). 그리고 소년수형자에게 작업을 부과함에 있어서는 특히 교양에 관한 사항을 참작해야 한다(행형법시행령 제115조).

각 소년교도소에서는 징역형 수형자라도 직업훈련대상자와 검정고시반, 소년단(Boy Scout)의 악대 및 의장대반, 체육부, 농악부 및 권투부에 소속된 자 등에게는 일과 후에 비생산작업에 종사하도록 배려해 주고 있다.

수형자의 작업과정은 당해 수형자의 작업성적과 작업상여금의 계산비율 및 작업시간을 참작하여 부과한다. 그러나 작업과정을 결정하기 어려운 작업은 당일의 작업시간을 작업과정으로 간주하며 소년수형자의 경우는 소장이 작업과정을 별도로 정할 수 있도록 하고 있다(행형법시행령 제119조).

(나) 작업상여금 및 조위금과 위로금

작업상여금이라 함은 취업자의 근로정신을 함양하고 출소 후 시민생활에 복귀할 때에 생계를 고려하여 작업수입의 국고귀속과 병행해서 취업자에게 금액을 지급하는 것을 말한다(행형법 제39조).

현재 작업상여금은 일반작업상여금과 특별작업상여금으로 구분하여 지급하고 있다. 일반작업상여금은 작업의 종류, 행장 및 작업성적을 참작하여 모든 취업자에게 지급하는 상여금이고, 특별작업상여금은 장기간 취업하고 행장 또는 기능이 우수한 수형자가 가석방으로 출소하는 경우에 생활정착금으로 활용할 수 있도록 가산하여 지급하는 상여금을 말한다.

작업상여급의 지급시기는 석방할 때에 본인에게 지급하는 것을 원칙으로 한다. 다만 본인의 가족생활부조 또는 교화상 특히 필요하다고 인정할 때에는 석방 전이라도 그 일부 또는 전부를 지급할 수 있도록 하고 있고, 수형자분류처우 규정상 행장급수에 따라 차등을 두어 자기용도에 사용하는 것을 허가하고 있다.

한편 이전에는 작업상여금이 계산액으로 장부상 등재되어 있는 것에 불과하였으나 1995년부터는 수형자가 안정되고 보람있는 수형생활을 할 수 있게 하고, 또는 출소 후 자립기반 조성에 기여할 목적으로 전 수형자에게 이율이 가장 높은 예금통장을 개설해 주고 있으며, 매월 작업상여금의 계산이 완료되면 그 금액을 수형자 자신의 통장에 예입시켜 주고 있다. 작업상여금의 계산은 작업상여금 지급규정에 의거 작업종류 및 등급, 누진계급에 따라 계산을 달리하여 매월 계산하여 지급되고 있다.

조위금 및 위로금은 수형자가 취업 중 부상을 당하거나 사고로 인하여 불구가 되거나 사망한 때에 그 정상을 참작하여 일정한 금액을 지급하는 것을 말하는 것으로 위로금은 석방할 때 본인에게, 조위금은 그 상속인에게 각각 지급한다(행형법 제40조). 위로금의 경우도 작업상여금과 마찬가지로 지급할 사안이 발생하면 수형자 자신의 예금통장에 입금시켜 주고 있다.

신체장애등급은 근로기준법시행령 제59조 별표(신체장애등급표)에 의한 것이며 위로금의 경우 평균액을 지급하는 것을 원칙으로 하나 사안의 경중에 따라 최저 및 최고액을 지급한다.

(다) 외부통근작업

외부통근작업(Work Release)은 교정시설에 수용된 행장이 양호한 수형자를 석방 전에 직원의 계호 없이 시설 외의 장소에서 일반사회의 근로자와 같은 조건에서 취업토록 하고 야간과 휴일은 시설 내에서 생활하도록 하는 것을 말한다. 각 소년교도소에서는 지역적 특성에 따라 외부통근작업을 실시하고 있다.

2) 직업훈련

직업훈련은 수형자에게 근로정신을 함양시키고 1인 1기의 기술을 습득하게 하여 출소 후 생활의 안정을 도모함으로써 재범을 방지하고 고도산업사회가 필요로 하는 기능인력을 양성하는 데 목적을 두고 운영하고 있다.

소년수용자들의 적성에 따라 출소 후 생업에 필요한 기능을 연마시켜 재범방지와 국가기능인력개발에 기여하기 위하여 1969년부터 천안, 김천소년교도소에 공공직업훈련소를 설치하고 자동차기관정비, 전기용접 등 14개 직종과 1995년부터 일성종합건설(주) 직업전문학교에 전기공사 직종의 외부출장직업훈련을 실시하고 있다.

또한 직업훈련생 중 기량이 우수한 자는 한국산업인력공단에서 시행하는 기술검정에 응시하여 기술자격을 취득하고 있으며, 1996년도에는 기능사 2급 449명, 기능사보 1명 등 총 450명이 기술자격을 취득하였다.

3. 가석방 및 형기종료석방

(1) 가석방

가석방이라 함은 수형자의 사회복귀를 촉진시키기 위하여 징역 또는 금고형의 집행 중에 있는 자 중 그 행장이 양호하여 개전의 정이 현저한 자에 대하여 그 형의 집행기간이 종료하기 전에 석방하는 행정처분을 말한다. 소년수형자가 무기형의 경우 5년, 15년의 유기형의 경우 3년, 부정기형의 경우 단기의 3분의 1을 경과하면 가석방을 허가할 수 있다(법 제65조).

가석방의 절차는 소년수형자를 수용하고 있는 교도소, 구치소 및 소년교도소의 장이 위 기간을 경과한 소년수형자에 대하여 보호관찰심사위원회에 통보하고 보호관찰심사위원회에서는 위 통보가 있은 후 수용시설의 장의 신청 또는 직권으로 수형소년의 인격, 교정성적, 생활태도 등 제반사정을 참작하여 가석방의 적부를 심사하여 가석방이 적합한 것으로 결정한 때에는 법무부장관의 허가를 받아 가석방을 실시한다.

가석방된 수형소년에 대하여는 보호관찰이 실시되며 가석방된 후 재범 등으로 인하여 그 처분이 취소됨이 없이 가석방 전에 집행을 받은 기간과 동일한 기간이 경과되면 잔형의 집행을 종료한 것으로 간주하고 있으나 가석방된 후 부정기형의 단기가 경과되고 보호관찰성적이 양호한 때에는 보호관찰심사위원회에서 위 기간이 경과되기 전이라도 잔형의 집행을 종료한 것으로 결정할 수 있다.

(2) 형기종료석방

소년수형자의 형기종료석방이라 함은 장기만기일에 석방되는 경우를 말한다. 이는 가석방이나 부정기형 집행종료결정에 해당되지 않은 경우이다. 이전에는 단기만기일 또는 단기 만기 이후 장기만기 전 석방을 부정기형 집행종료결정에 의한 출소라는 명칭을 사용하고 절차는 가석방에 따르도록 하였으나, 출소 시에는 부정기형 종료결정에 의한 석방의 법적 성격이 가석방으로 파악되어, 실제로는 가석방에 의한 절차와 또 가석방증을 교부하여 석방시키고 있다. 통계상으로는 부정기형 종료결정에 의한 출소라는 항목으로 집계하고 있다.

V. 보호자 및 보조인

소년형사절차에 있어서 변호인에 해당하는 자가 소년보호절차에 있어서는 보조인이다. 소년인 본인 또는 보호자는 소년부 판사의 허가를 얻어 보조인을 선임할 수 있다(법 제17조 제1항). 보호자나 변호사를 보조인으로 선임하는 경우에는 판사의 허가를 요하지 않는다(동조 제2항). 소년심판절차에 있어서 보조인은 법원의 협력자의 역할과 소년의 후견인 및 옹호자의 역할을 수행해야 한다. 그럼에도 불구하고 실제에 있어서는 소년에게 보조인이 선임되는 경우는 매우 적다. 특히 형사절차에 있어서는 소년을 위한 국선변호인제도가 마련되어 있음에도 불구하고, 소년보호절차에 있어서 이에 상응하는 국선보조인제도가 규정되어 있지 않는 것이 문제이다.

미국의 경우 소년사건처리절차의 모든 단계에서 변호인이 소년을 대리할 수 있고, 변호인이 없는 소년에게는 국선변호인을 선정할 수 있다.[21] 특히, 부모가 없는 소년과 부모가 있더라고 경제적으로 곤란하여 변호사 비용을 부담할 수 없는 소년에 대하여는 반드시 국선변호인을 선정해야 한다(표준소년원법 제27조).

독일의 경우 소년법원의 재판장은 소년 피고인을 위하여 성인이면 변호인이 선정되었을 경우, 교육권자의 법정대리인의 권한이 박탈된 경우, 소년의 성장상태에 대한 감정서를 준비하기 위해 시설수용이 문제되거나, 18세 미만의 자로 미결구금이나 형사소송법 제126조a에 따른 가수용이 집행된 경우 즉시 변호인을 선정한다(소년법원법 제68조 제1항).

소년보호절차에 있어서는 국친사상에 따라 소년법원판사나 소년조사관이 후견적 입장에 있기 때문에 소년에게 국선보조인을 선정할 필요성이 없다는 주장이 있으나, 소년법원의 심리와 결정의 적정을 보장하여 소년심판에 대한 신뢰감을 확보한다는 측면과 소년의 권익을 보장하고 적법절차의 준수를 위해서도 국선보조인제도를 도입할 필요가 있다.[22] 소년보호절차에 있어서 국선보조인은 변호사에 한하지 않고 의사, 심리학자, 사회학자 등을 활용할 수 있을 것이다.

---

21) 소년비행절차에 있어서 소년이 변호인의 조력을 받을 권리를 헌법상의 기본권으로 확립한 사건이 In re Gault 사건이다. 이 획기적인 사건은 이후 미국의 사법절차에 있어서 소년의 적법절차의 권리를 확보하는 계기가 되었다[387 U.S.1;18 l. Ed.2d 527;87 S.Ct. 1428(1967)].

22) 오영근/ 최병각, 앞의 책, 109면 이하.

제6장 대상소년의 송치 및 통고

Ⅰ. 송 치

1. 경찰의 송치

현행법상 경찰에 의한 소년사건의 처리방식에는 당해 소년이 촉법소년 또는 우범소년에 해당하는 경우에는 소년보호사건으로 경찰서장이 소년법원에 직접 송치하는 방식(법 제4조 제2항)과 범죄소년에 해당하는 경우에는 검사에게 송치하는 방식(법 제48조, 제49조)이 있다.[1] 따라서 현행법의 태도로 볼 때 경찰은 소년비행사건에 대하여는 재량권을 행사하여 스스로 사건을 종결할 수는 없으며, 조사 후 모든 사건을 관할 소년부나 검찰에 송치하여야 한다(전건송치주의). 이러한 태도는 경찰이 사회질서의 유지에 치중한 나머지 사건의 경중보다는 비행소년의 요보호성을 중시하는 소년법의 이념을 제대로 이해하지 못하고 사건을 처리할 우려가 있다는 것에 근거하고 있다고 한다. 그러나 경찰단계에서 심리불개시 또는 불처분상당으로 판단된 소년사건들이 소년부에 있어서도 심리불개시 또는 불처분상당으로 결정된 비율이 매우 크다는 점을 근거로 경찰의 재

1) 이하는 도중진 외, 「소년사범의 적정한 처리절차에 관한 연구」, 한국형사정책연구원, 2005를 기초로 하여 작성한 것임.

량처분을 인정하여 선별송치주의를 취하는 것이 바람직하다는 주장[2]도 있다. 한편, 경찰실무에서는 불량행위소년을 단속한 경우에 소년풍기사범으로 경찰이 소년부나 검찰에 송치하지 않고 자체적으로 처리하는 방식 등이 행하여지고 있다.[3]

(1) 촉법소년과 우범소년의 소년부에의 송치

1) 의 의

경찰서장은 수사결과 그 대상이 (i) 형벌법령에 저촉되는 행위를 한 12세 이상 14세 미만의 소년이거나 (ii) 보호자의 정당한 감독에 복종하지 않는 성벽이 있거나, 정당한 이유 없이 가정에서 이탈하거나, 범죄성이 있는 자 또는 부도덕한 자와 교제하거나 자기 또는 타인의 덕성을 해롭게 하는 성벽이 있는 자로서 그의 성격 또는 환경에 비추어 장래 형벌법령에 저촉되는 행위를 할 우려가 있는 12세 이상의 소년(우범소년)은 직접 관할소년부에 송치하여야 한다(법 제4조 제2항). 일반적으로 '直送'이라고 하며, 이들 사건을 '직송사건'이라고 한다.

이는 일반 형사사건과 달리 소년사건의 경우는 기소·불기소여부의 판단을 검사로부터 소년부로 이전하는 것으로, 소년의 경우에 조기송치, 조기보호의 필요로부터 경찰서장에 의한 직송을 인정한 것이다. 이 점에서 소년법은 형사소송법의 예외라고 할 수 있다.

2) 요 건

소년법에서와는 달리 범죄수사규칙(2005.10.6 훈령 제462호)에서는 촉법소년 또는 우범소년의 소년부 송치대상에 대하여 구체적으로 규정하고 있다.

---

2) 강영철, "소년사건처리절차의 현황과 개선방안"(소년보호연구 제1호, 한국소년보호협회, 1999), 84면; 김용우, "소년사건처리절차의 문제점"(국회도서관 입법조사분석실, 1998), 10-11면; 정태균, 『소년범재범방지에 관한 연구』, 법조문화사, 1981, 135면. 이 입장에서도 입법론상 소년법에 경찰의 재량처분의 근거를 두는 것이 타당하다고 한다(김용우/최재천, 『형사정책』, 박영사, 1998, 530면).

3) 이외에 소년에 대한 복지행정과 관련하여 요보호아동을 발견하여 아동복지법 제27조에 정해진 보호조치를 받도록 하는 경우가 있다[원혜욱, "소년사건처리절차의 보장"(형사정책 제11호, 한국형사정책학회, 1999), 355-356면 참조].

이 규칙에 따르면 사법경찰관이 소년사건을 수사한 결과 피의자가 촉법소년 또는 우범소년에 해당하는 경우에는 원칙적으로 선도보호사건으로 처리하되, 보호자가 없거나 보호자에게 감호하는 것이 부적당하다고 인정될 때에는 아동복지법에 의한 조치[4]를 강구하거나 이를 소년보호사건(촉법)으로 하여 경찰서장이 직접 가정법원 소년부 또는 지방법원 소년부에 송치하여야 한다(범죄수사규칙 제202조 제1항, 3항).

그러나 촉법소년의 행위가 금고 이상의 형에 해당하는 경우(동조 제2항 단서) 또는 우범소년이 처리당시의 연령이 18세 이상일 경우(동조 제3항 단서)에는 이를 소년보호사건으로 하여 소년법원에 직접 송치하여야 한다.

3) 절 차

㈎ 관할부서

소년경찰에 관한 직무는 원칙적으로 경찰서 여성·청소년계 또는 소년업무 취급부서에서 주관하지만 제17조[5]에 규정한 복지범죄와 소년범죄의 송치에 관한 사항은 수사계에서 주관하되, 소년업무 담당부서 감독자의 의견을 들어야 한다(소년경찰직무규칙 제3조, 제49조 제2항). 즉, 경찰의 소년사건처리에 관하여 소년경찰직무규칙에서는 범죄소년에 대하여는 수사경찰이, 촉법소년과 우범소년에 대하여는 소년경찰이 처리하도록 하는 이원적 구조를 취하고 있다. 그러나 이것은 경찰에서 소년사건처리절차를 일원화한 1986년 7월의 조치와 상반될 뿐만 아니라 소년사건의 수사는 소년계에서 담당하도록 한 경찰청사무분장규칙 제19조(1993, 경찰청훈령 제114호)와도 상치된다는 비판이 있다.[6]

---

4) 제27조(응급조치의무 등) ① 아동학대신고를 접수한 아동보호전문기관 직원이나 사법경찰관리는 지체없이 아동학대의 현장에 출동하여야 하며, 아동학대행위자로부터의 격리 또는 치료가 필요한 때에는 아동보호전문기관 또는 치료기관의 인도에 필요한 조치를 하여야 한다.

② 아동학대의 신고를 접수한 아동보호전문기관이나 수사기관은 대통령령이 정하는 바에 따라 학대받은 아동의 보호와 학대의 방지를 위하여 제10조 제1항 제2호 내지 제4호의 규정에 의한 조치 등을 의뢰할 수 있다.

5) 제17조(복지범죄) 경찰관은 교육법, 아동복지법, 근로기준법, 직업안정법, 청소년보호법, 형법, 기타 법률에 위반하여 소년을 착취, 학대, 혹사하거나 또는 이용의 대상으로 희생시키거나, 그 기본적 권리를 침해함으로써 소년의 복리를 해하는 행위를 발견하였을 때에는 지체없이 수사하여야 하며, 동시에 즉각 필요한 조치를 취하여야 한다.

6) 강영철, 앞의 논문, 84면 참조. 이것은 경찰청이 내무부 소속 직할기구로 승격되면서 새

(나) 소년보호사건의 송치에 관한 특칙

경찰이 소년보호사건을 송치하는 경우에는 소년보호사건 송치서에 소년 신원조사표(소년카드) 기타 참고자료를 첨부하여야 한다(범죄수사규칙 제203조). 송치서에는 본인의 주거, 성명, 생년월일 및 행위의 개요와 가정상황을 기재하고 기타 참고자료를 첨부하여야 한다(법 제5조).

또 경찰은 촉법소년 또는 우범소년을 조사한 결과 송치할 필요가 있다고 인정되는 자는 신속히 관할 가정법원 또는 지방법원 소년부에 송치하여야 한다(소년경찰직무규칙 제43조, 45조). 경찰관이 체포된 소년의 행위가 12세 이상 14세 미만일 때에 행하여진 것이 명백하여 당해 촉법소년을 송치하거나 우범소년을 송치하는 경우에는 「요보호대상소년(부랑아, 우범소년)」에 준하는 관계서류를 작성, 비치하고 송치서류는 소년보호사건 송치서 및 진술조서로 한다(범죄수사규칙 제203조, 소년경찰직무규칙 제40조, 제45조).

촉법소년 또는 우범소년을 가정법원 소년부에 송치할 경우에는 소년보호사건 송치서 외에 소년범 환경조사서, 기타 참고자료를 첨부하여야 한다. 다만, 우범소년인 경우에는 보호사건 송치서만으로 송치할 수도 있다(소년경찰직무규칙 제50조).

(2) 범죄소년의 검찰에의 송치

1) 의 의

사법경찰관이 소년피의사건을 수사한 결과 범죄소년에 해당하는 경우에 대하여는 소년법상 명문의 규정을 두고 있지 않다. 다만 소년법 제48조에 따르면 "소년에 대한 형사사건에 관하여는 이 법에 특별한 규정이 없으면 일반형사사건의 예에 의한다"고 규정하고 있으므로 현행 형사소송법의 규정에 의하여 처리하여야 한다. 현행 형사소송법상 수사의 주재자는 검사이므로(형사소송법 제95조) 사법경찰관이 수사를 종료하였을 때에는 관할 지방검찰청 또는 지청장에게 송치하여야 한다(사법경찰관리집무규칙 제54조). 따라서 사법경찰은 사건기록 일체를 검사에게 송치하여 검사로 하여금 기소여부 및 소년부 송치여부를 결정하게

로 제정된 형식으로 되어 있는 소년경찰직무규칙이 이 규칙의 제정에 의해 폐지된 구 소년경찰직무요강(1966.10.12, 내무부예규 제66호)을 그대로 답습한 데서 온 입법의 불비라고 한다(김용우/최재천, 앞의 책, 531면).

하여야 한다(법 제48조, 제49조). 이 때의 사법경찰관의 소년사건의 검찰에의 송치는 의무적이다. 소년을 조사한 결과 범죄혐의도 없고, 촉법소년이나 우범소년에도 해당되지 않는 경우에도 마찬가지이다. 소년법 제4조 제2항은 형사소송법의 제95조의 예외규정이므로 예외규정에 해당하지 않는 이상 원칙규정을 적용해야 할 것이기 때문이다.

만일 범죄소년에 대하여 경찰이 검찰이 아닌 소년부에 송치한 경우에는 이 송치는 소년법과 형사소송법(및 사법경찰관리직무규칙)에 위반하여 무효라는 주장이 있다. 이 견해에 따르면 이 경우 소년부는 심판조건의 흠결을 이유로 불개시결정을 한 다음 다시 검찰을 경유해서 소년부에 송치해야 한다. 그러나 후술하는 것처럼 제한적이지만 私人이 통고하는 것도 가능하고, 소년부도 증거조사의 권능을 가지고 있으며, 검찰송치결정이 있으면 그 후의 수사에서 보충할 수 있으므로 위법한 송치이더라도 무효는 아니라고 봄이 타당하다.

2) 절 차

범죄소년의 경우도 검찰에 송치하는 경우의 절차와 방법은 일부 특칙을 제외하고는 성인범죄자의 경우와 같다. 사법경찰관이 수사를 종결한 경우의 사건의 송치와 이송의 절차에 관하여는 경찰청 훈령인 범죄수사규칙(제57호)에 자세히 규정되어 있다.

㈎ 송치기관

사법경찰관은 수사를 종결하였을 때에는 이를 모두 관할지방검찰청 검사장 또는 지청장에게 송치하거나 기타 상당관서에 이송하여야 한다(규칙 제187조 제1항). 사법경찰관이 수사한 사건에 관하여 송치 또는 즉결심판청구 또는 이송의 절차를 밟을 때에는 경찰관서장의 지휘를 받아서 이를 행하여야 한다(동조 제2항).

㈏ 송치서류

사건을 송치할 때에는 수사서류에 사건송치서, 압수물 총목록, 기록목록, 의견서, 피의자환경조사서, 피의자의 본적조회회답서 및 범죄경력조회(지문조회)통보서 등 필요한 서류를 첨부하여야 한다. 다만, 형의실효 등에 관한 법률 제5조 제1항[7] 단서 제2호에 해당하는 경우로서 (i) 혐의 없음, (ii) 공소권 없음, (iii) 죄

7) 제5조(수사자료표) ① 사법경찰관은 피의자에 대한 수사자료표를 작성하여 경찰청에 송

가 안됨, (iv) 각하의 1에 해당하는 의견으로 송치할 때에는 범죄경력조회(지문조회)통보서를 첨부하지 아니한다(규칙 제189조 제1항). 사건송치 전에 위의 첨부서류 중 조회회답 또는 통보를 받지 못하였을 때에는 그 사유를 동 사건송치서 비고란에 기재하여야 하며 송치 후에 범죄경력을 발견하였거나 기타 회보를 받았을 때에는 추송서를 첨부하여 즉시 이를 추송하여야 한다(동조 제2항).

경찰이 소년범죄사건을 검찰에 송치함에 있어서는 작성하는 사건기록에는 일반적으로 범죄피해신고서, 범죄발생보고서, 피의자검거보고서, 범죄경력조회서, 피의자신문조서, 수사결과보고서, 의견서, 송치서 등이 있다. 그 주요내용을 보면 범죄사실, 범죄경력, 피의자연령, 직업, 교육정도, 가족관계, 경제상태, 범행의 동기와 경위 및 수단방법, 공범여부, 피해자와의 관계, 피해배상여부, 자백여부 등이다. 특히 경찰이 소년사건을 처리함에 있어서 비행성예측자료표와 소년범환경조사서를 작성함으로써 검사가 범죄소년을 사법처리함에 있어서 유용한 자료로 사용하게 하고 있다.

송치서류는 사건송치서, 압수물 총목록, 기록목록, 의견서, 기타서류 순으로 편철하여야 한다(동조 제3항). 단, 기타서류는 접수 또는 작성순서에 따라 편철하고, 의견서와 기타 서류는 매장에 면수를 기입하고, 압수물 총목록, 기록목록, 의견서는 송치인이 직접 간인하여야 한다(동조 제4항). 또 의견서는 각 장마다 면수를 기입하되, 1장으로 이루어진 때에는 1로 표시하고, 2장 이상으로 이루어진 때에는 1-1, 1-2, 1-3의 방법으로 하여야 한다(동조 제5항). 의견서는 사법경찰관이 작성하며 통신제한조치를 집행한 사건의 송치서에는 「통신제한조치 집행사건」 부전지를 부착하여 송치하여야 한다(동조 제7항).

또 사법경찰관리집무규칙 제11조의 규정에 의거하여 사법경찰관이 관할 지방검찰청 검사장 또는 지청장에게 보고를 요하는 범죄사건을 송치할 때에는 소재불명 피의자의 지명수배(통보) 내용과 사진 기타 인상서 등을 첨부하여야 한다(규칙 제192조). 사법경찰관이 참고인중지의견으로 사건을 송치할 때에는 참고인소재수사지휘부를 작성하고 그 사본 1부를 수사기록에 편철하여야 한다(규칙 제192조의2 제1항).

부하여야 한다. 다만, 다음 각호의 1에 해당하는 경우에는 그러하지 아니하다.

1. 즉결심판대상자
2. 사법경찰관이 수리한 고소 또는 고발사건 중 불기소처분사유에 해당하는 사건의 피의자.

사건을 송치함에는 소속관서의 장인 사법경찰관의 명의로 하여야 한다. 다만, 소속관서장이 사법경찰관이 아닌 경우에는 수사주무과장인 사법경찰관 명의로 하여야 한다(규칙 제189조 제6항).

(다) 추 송

사건송치 후에 새로운 증거물 서류 기타의 자료를 입수하였을 때에는 신속히 이를 추송하여야 한다(규칙 제190조 제2항). 추송을 할 때에는 앞서 송치한 사건명, 그 연월일, 피의자의 성명, 추송하는 서류와 증거물 등을 기재한 추송서를 첨부하여야 한다(동조 제3항).

또 사건송치 후에 당해 사건에 속하는 피의자의 여죄를 발견하였을 때에는 검사의 지휘를 받아 신속히 그 수사를 행하고 이를 추송하여야 한다(규칙 제191조).

(라) 수사자료표의 폐기

사법경찰관이 수리한 고소·고발사건에 대하여 기소, 기소중지 또는 참고인중지의견으로 송치한 후 관할지방검찰청 또는 지청으로부터 그 사건에 대하여 혐의 없음, 공소권 없음, 죄가 안됨, 각하의 처분결과와 함께 피의자에 대한 수사자료표를 폐기하도록 통보받은 때에는 그 수사자료표가 지체없이 폐기될 수 있도록 처분결과 보고 등 필요한 조치를 하여야 한다(규칙 제190조 제4항).

(3) 경찰훈방제도

1) 의 의

경찰은 소년법상의 전건송치주의의 원칙에도 불구하고 비행소년에 대하여는 소년에 대한 낙인배제, 신속한 절차해결 등의 관점에서 경찰내부의 직무규범인 소년경찰직무규칙 및 범죄수사규칙에 근거하여 독자적인 훈방조치를 실시하고 있다. 경찰훈방이란 피의자의 범죄사실이 경미하고 형법 제51조의 양형조건을 고려하여 피의자를 형사입건하지 않고 엄중훈계후 즉시 방면하는 것을 말한다.[8)]

8) 일본에는 유사한 제도로 '簡易送致'제도가 있다. 이것은 최고재판소, 최고검찰청 및 국가지방경찰본부 사이에서 행하여진 협의결과(昭和 25.8.14, 最高裁家庭甲第235號家庭局長通達 '簡易送致事件の處理について')로서 경찰이 소년의 사안이 경미하고 요보호성에 문제가 없다고 생각되는 소년에게 훈계만을 하고 검찰 또는 소년부에 비행사실과 약간의 정

㈎ 소년경찰직무규칙

소년경찰직무규칙(2001.5.23, 예규 제287호)[9]에 따르면 소년경찰은 소년법상의 범죄소년, 촉법소년, 우범소년을 포함한 비행소년(제2조 제5호) 뿐만 아니라 불량행위소년과 요보호소년을 그 관할대상으로 하고 있다. 불량행위소년이란 비행소년은 아니나 음주, 끽연, 싸움 기타 자기 또는 타인의 덕성을 해하는 행위[10]를 하는 소년을 말한다(제2조 제6호), 요보호소년이란 비행소년은 아니나 학대・혹사・방임된 소년 또는 보호자로부터 유기 또는 이탈되었거나 그 보호자가 양육할 수 없는 경우, 기타 경찰관직무집행법 제4조 또는 아동복지법에 의하여 보호를 요하는 소년을 말한다(제2조 제7호).

경찰은 불량소년을 발견하면 현장에서 주의, 조언, 제지 또는 필요에 따라 보호자에게 연락・조언하여야 한다(제21조). 또 요보호소년에 대해서는 아동상담소, 복지시설, 기타 관계기관이나 단체에 통고하거나 또는 보호자에 대한 주의, 조언을 하는 등, 소년의 보호를 위한 필요한 조치를 하여야 한다(제20조). 하지만 경찰실무에서는 이들 불량행위소년을 '미성년자풍기사범'이라고 칭하면서 특정소년들을 재량으로 단속처리하고 있다고 한다. 즉, 즉결심판을 청구하거나[11] 선도・보호라는 차원에서 보호자에게 통보, 훈방등의 조치를 하고 있다고 한다.

상을 기재한 송치서만을 매월 1회 일괄 송부하는 방식이다. 구체적으로 절도, 사기, 횡령, 공갈, 장물, 폭행, 상해, 협박, 도박 및 3년 이하의 징역 또는 금고, 벌금, 구류 또는 과료에 해당하는 죄로서 피해액 또는 장물의 가액 총액이 약 5,000엔 미만(공갈의 경우는 1,000엔 미만), 상해의 정도가 전치 10일 이하, 또는 법익침해의 정도가 극히 경미한 것 등에 해당하는 경우이다(昭和 44.5.27, 最高裁家庭甲第103號家庭局長通達 '簡易送致事件の處理について' 참조). 이에 대하여는 형식적인 기준의 적용에 흘러 전건송치주의의 취지를 몰각하는 것이라든가 수사기관인 경찰에게 실질적인 처우에 관한 권한을 부여한 것이라는 것 등의 비판이 제기되고 있다. 이들 간이송치는 법규에 근거한 것이 아니라 관계기관의 협의에 기한 통달에 의한 운용으로 각 가정재판소의 기준이 아니라 구체적으로 각 가정재판소에 대응한 지방검찰청 및 경찰본부가 협의에 따른 각각의 기준이 정하여져 있다고 한다.

9) 소년경찰직무에 관하여는 경찰관직무집행법, 소년법, 형사소송법, 아동복지법, 청소년보호법, 사법경찰관리집무규칙, 범죄수사규칙, 기타 법령에 의한 외에는 경찰청 예규인 소년경찰직무규칙이 정하는 바에 따르도록 되어 있다(규칙 제1조 제2항).

10) 여기서 '타인의 덕성을 해하는 행위'란 흥행장 출입, 남녀혼숙, 흉기소지, 환각물 흡입 등과 같은 행위를 말한다.

11) 소년을 일반 성인들과 같은 기준으로 즉심에 회부하는 것은 소년보호의 본지에도 어긋날 뿐만 아니라 법률상 허용된 재량의 범위를 넘는 조치라는 비판이 있다(김용우/최재천, 앞의 책, 533면).

(나) 범죄수사규칙

사법경찰관리의 수사에 있어서 그 방법과 절차 및 기타 수사에 필요한 사항을 규정하고 있는 범죄수사규칙 제202조에서는 소년사건을 수사한 결과 촉법소년 또는 우범소년으로 판명되었을 때에는 원칙적으로 당해 소년에 대하여 적당한 선도·보호의 조치가 취하여지도록 하여야 한다고 규정하고 있다(제1항과 제3항).[12)]

2) 경찰훈방의 적법성에 관한 논의

경찰이 소년법상의 전건송치주의에 위반하여 경찰실무에서 비행소년이나 불량소년에 대하여 훈방하거나 선도보호조치를 취하고 있는 것은 소년이 범죄를 저지를 우려가 있거나 현실적으로 형벌법규를 위반한 경우에도 장래에 소년의 낙인 없는 생활을 가능하도록 하기 위한 경찰의 독자적인 정책판단에 따른 것으로 보인다. 그러나 소년법상 우범소년의 처리에 관하여 경찰이 재량권을 행사할 수 없는 것으로 되어 있음에도 불구하고, 경찰내부의 직무규범에 불과한 소년법의 하위규범인 소년경찰직무규칙이나 범죄수사규칙에 기초하여 행하여지는 훈방이나 선도보호조치의 적법성에 대하여 의문을 제기하기도 한다.

특히 소년경찰직무규칙에서 소년풍기사범으로 분류되는 것들 중에서 음주, 끽연, 싸움, 불량교우, 남녀혼숙 등의 행위는 대부분 소년법 제4조 제1항 제3호의 우범행위에 해당한다. 또 흉기소지나 불량집단가입 등은 폭력행위 등 처벌에 관한 법률 위반, 환각물소지는 마약류관리에 관한 법률에 위반될 소지가 있으므로 범죄행위에 해당될 수 있다. 그럼에도 불구하고 경찰이 이들을 '풍기사범'이라고 하여 같은 범주 안에서 처리하면서 검찰에 송치하지 않고 소년경찰직무규칙에 따라서 훈방조치를 하는 것은 형평의 원칙에 어긋나는 것이어서 경찰의 재량권 남용과 불신을 초래할 우려가 있을 뿐만 아니라 소년법의 규정에 저촉될 수도 있다는 지적이 있다.[13)]

하지만 소년사건에 대한 경찰훈방을 긍정하는 견해[14)]에는 그 법적 근거로

---

12) 사법경찰관리집무규칙 제46조에서는 학생은 소년이 아니더라도 수사에 있어서 소년과 같이 처우하도록 규정하고 있다. 그러나 학생이라는 이유만으로 성인인 경우에도 다른 성인범죄자와 다른 취급은 하는 것은 형평상 문제가 있다는 지적이 있다(김용우/최재천, 앞의 책, 533면).

13) 김용우/최재천, 앞의 책, 532-533면; 도중진 외, 앞의 책, 94면 참조.

14) 문성도, "파출소장 훈방권의 법적 근거"(경찰대논문집 제15집, 경찰대학, 1995), 20면; 이

서 즉결심판에 관한 절차법 제3조와 제19조를 들고 있다. 현행 즉결심판에 관한 절차법 제3조 제1항에 따르면 "즉결심판은 관할경찰서장 또는 관할해양경찰서장이 관할법원에 이를 청구한다"고 규정하고 있다. 또 동법 제19조에서는 "즉결심판절차에 있어서 이 법에 특별한 규정이 없는 한 그 성질에 반하지 아니한 것은 형사소송법의 규정을 준용한다"고 규정하고 있다. 따라서 경찰훈방권에 대하여 경찰서장이 경미범죄의 신속한 처리와 소송경제의 측면에서 위 법 제19조에 근거하여 형사소송법 제247조 제1항의 규정(검사의 기소유예)을 준용한 처분으로 이해하고 있다. 이외에 경찰이 훈방권을 인정하지 않는다면 대다수의 훈방권은 형법상 직무유기죄(형법 제122조)에 해당한다고 할 수 있지만 대법원판례에서는 경찰의 훈방조치에 대하여 직무유기죄 성립을 부정하고 있다[15]는 것 등을 그 이론적 근거로 들고 있다.

그러나 이에 대하여는 검사의 기소유예가 정형화된 형사절차(수사절차) 속에서 절차진행을 중단한 것임에 반하여 훈방은 입건 자체를 하지 않는 것(즉, 입건유예)이므로 특정사건이 정식형사사건으로 되기 전에 이미 절차진행이 중단되기 때문에 비정형화된 조치라고 할 것이므로 즉결심판에 관한 절차법 제19조를 경찰훈방의 법적 근거로 볼 수 없다는 반론이 있다. 또 대법원이 경찰이 범죄혐의가 있는 자에게 훈방조치한 것이 직무유기죄에 해당되지 않는다고 하여 적극적으로 훈방조치를 인정한 것으로 보기 어렵다는 지적이 있다.[16]

3) 범죄소년에 대한 경찰훈방제도의 개선에 대한 논의

경찰의 훈방실무는 단순훈방과 선도조건부 훈방으로 나눌 수 있다. 전자는 범죄소년에 대한 아무런 제재조치(선도조치) 없이 입건을 유예하는 것인 데 반해, 후자는 일종의 개입형 다이버전의 수단으로서 소년의 비행을 예방하고 효과적인 재사회화를 도모하기 위하여 범죄소년에게 일정한 선도조치를 부과하는 것을 말한다. 현재 경찰단계에서 요구되는 것은 후자라고 할 수 있다.

호중, "소년범죄자에 대한 경찰단계의 비범죄화 정책제안"(형사정책연구 제15권 제3호, 2004), 13-14면; 조국, 「경찰의 '보호조치'와 '훈방조치'의 법적 근거 및 한계에 관한 연구」, 치안연구소, 2003, 47-48면 등.

15) 대법원은 "사법경찰관리가 직무집행의사로 위법사실을 조사하여 훈방하는 등 어떤 형태로든지 그 직무집행 행위를 하였다면 형사피의 사건으로 입건수사하지 않았다 하여 곧 직무유기죄가 성립한다고 볼 수는 없다"(대판 1982.6.8, 82도117)고 판시하고 있다.

16) 도중진 외, 앞의 책, 98-99면.

최근에 이르러 경찰단계에서 소년의 다이버전을 활성화해야 한다는 주장이 강하게 요청되고 있다.[17] 그 근거는 다음과 같다. 현재 30%에 해당하는 소년의 재범률은 기존의 재범방지책이나 소년범죄에 대한 처우가 적절하지 못했다는 것을 나타내며, 소년에 대한 사법정책은 기본적으로 성인과 달리 처벌이 아니라 선도중심이어야 한다는 것이다. 그리고 종전의 소년에 대한 법원의 보호처분 대부분이 1호처분으로서 아무런 선도대책 없이 이전환경인 보호자에게 인계되고 있어서 형식적인 것에 지나지 않으며, 현재 소년선도를 맡고 있는 보호관찰관의 경우에도 업무과중과 전문성이 결여되어 있다는 것이다. 더구나 경찰과 검찰에서 소년범을 반복적으로 조사하거나 학교와 지인으로부터 심리적·장소적으로 격리하거나 이로 인해 낙인이 찍힘으로써 소년이 자포자기 하는 등, 사법처리과정에서 역효과를 초래하여 제2의 범죄를 촉진시킬 위험이 크다는 것이다.[18]

하지만 이러한 경찰의 다이버전에 대하여 비판하는 견해도 강하게 주장되고 있다.[19] 즉, 경찰의 훈방조치가 경찰에 귀속되지 아니한 사법권을 행사하는 것으로 적절하지 못하며, 범죄소년에 대한 낙인효과의 배제와 소년보호이념의 조기집행도 소년이 입건된 이후에 해결되는 것이 적절하다고 한다.[20] 경찰의 훈방조치가 허용되면 오히려 소년범의 발생추세에 대한 정확한 파악과 형사정책의 수립에 애로를 초래할 뿐만 아니라 법치국가적 정형성의 틀을 허물어 버리는 결과를 초래한다는 것이다. 또 현행법상 경찰이 훈방조치 하더라도 그 존속력이 인정되지 않아 후에 검사가 직접 소환하여 수사할 수 있으므로 범죄소년의 지위가 매우 불안정하게 되고, 법적 안정성마저 위태롭게 할 우려가 있다고 한다. 그리고 선도조건부 훈방의 경우에는 각종 선도보호조치가 사실상 제재에

---

17) 전지연, "경찰다이버전의 도입필요성과 그 내용"(경찰다이버전 도입을 위한 청소년 선도 및 전과자 줄이기 관련 세미나 자료집, 2004.10.20), 11-26면 참조.

18) 전지연, 위의 글, 22면에서는 경찰의 선도조건부 훈방의 구체적 운용방식으로서 경찰서별로 판사, 검사, 경찰, 교사(교장), 청소년전문가, (청소년범죄)심리전문가 등이 참여하는 가칭 '선도심의위원회'를 구성하여 운영할 것을 제안하고 있다. 동 교수는 행정처분인 검사의 선도조건부 기소유예와 경찰의 선도조건부 훈방이 구조적으로 유사하므로 경찰단계에서 '선도심의위원회'에 의한 선도조건부 훈방도 허용된다고 한다.

19) 도중진 외, 앞의 책, 99-103면 참조.

20) 사실상 우리나라의 소년 경찰은 전문적인 보호상담프로그램을 가지고 있지도 않고, 사회위탁 기관도 충분하지 않기 때문에 다이버전되는 대다수의 소년을 원래의 환경으로 돌려보내는 것이 대부분인 현실에서 실효성도 매우 의심스럽다는 지적이 있다(김용우/최재천, 앞의 책, 541면 등 참조).

해당됨에도 불구하고 실체법적인 근거도 없을 뿐만 아니라 이에 대한 제재권도 갖추어져 있지 않으므로 절차법적인 정당성도 갖고 있지 않다고 한다. 더구나 불법의 확정과 함께 제재의 종류 및 범위의 결정을 형사소추기관이 아닌 소위 '선도심의위원회'에 위임하는 것은 법치국가적 관점에서 타당하지 않다는 것이다. 한편, 일반적인 수사실무에서 검사의 기소유예가 가능한 소년 경미사건을 수사하는 데 걸리는 소요시간이 경찰단계에서는 2-3주, 검찰단계에서는 7-10일 정도임을 감안할 때 경찰과 검찰의 반복조사가 소년의 낙인효과를 증대시킨다고 하기 어렵고, 형의 실효 등에 관한 법률 제6조에 따르면 소년보호처분의 전력은 수사나 재판에 필요한 경우가 아니면 조회할 수 없도록 하고 있으므로 경찰다이버전을 통해 비행소년으로 낙인찍는 것을 방지할 수 있다고 하는 주장은 타당하지 않다고 한다.

소년경찰의 자유재량적 처분이 소년비행통제과정에서 현실적으로 시행되고 있고, 그 당위성을 인정받고 있다고 할지라도 그것이 내포하고 있는 여러 가지 문제점을 고려할 때, 소년법에 그 대상사건과 대상소년에 대한 판단기준을 명시적으로 자세하게 규정해 두는 것이 입법론적으로 바람직하다고 생각된다.

(4) 소년사건에 대한 통고처분과 즉결심판의 허용여부

경찰의 소년사건의 처리실무를 보면 경미한 비행소년에 대하여 통고처분이나 즉결심판에 의하는 경우를 볼 수 있다.[21] 이하에서는 문제되는 경우를 각각 살펴보기로 한다.

1) 18세, 19세의 범칙소년에 대한 통고처분

경범죄처벌법 제5조 제2항 제4호는 명시적으로 18세 미만자를 범칙자의 범

21) 통고처분 또는 범칙금 통고처분이란 일정한 범칙행위를 범한 자가 범칙자에게 경찰서장 또는 해양경찰서장이 서면으로 범칙금의 납부를 통고하고 그 기한 내에 범칙금을 납부할 경우 당해 위반행위에 대한 형사소추를 면하게 하는 절차를 말한다. 경범죄처벌법에 따르면 총 50개의 경범죄 중에서 21개에 대하여 범칙행위로 규정하여 이에 대해서는 경찰서장이나 해양경찰서장이 일차적으로 범칙행위자에게 금전납부를 내용으로 하는 서면을 통고하고 이를 납부기간 내에 납부하지 아니하는 경우에는 즉결심판을 청구하도록 규정하고 있다. 이외에 도로교통법, 조세범처벌법, 출입국관리법에도 위반행위에 대한 제재방법으로 범칙금통고처분제도를 두고 있다.

위에서 제외하고 있으므로 경범죄처벌법상의 범칙행위에 관해서는 18세 미만의 소년에 대한 통고처분이 불가능하다.[22] 따라서 현행 경범죄처벌법상 문제되는 경우는 18세, 19세 소년에 대하여 경범죄처벌법상의 통고처분 및 범칙금 미납시 즉결심판청구가 가능한가 여부이다.

실제 경찰실무에서는 이들이 경범죄를 위반한 경우에 범칙금을 통고처분하는 것이 일반화되어 있다. 그 근거로는 근로기준법상 18세 이상의 소년은 근로활동이 가능하고, 소년법 제62조에는 18세 이상의 소년에 대한 환형처분을 허용하고 있기 때문에 18세 이상의 소년에 대한 범칙금 통고처분이 가능하다는 것을 고려한 것으로 이해되고 있다.[23] 이러한 경찰실무는 현행법상 별문제는 없는 것으로 판단된다.

2) 18세 미만의 경범죄소년에 대한 즉결심판

18세 미만의 소년이 경범죄처벌법상의 경범죄를 범했지만 그 행위가 동법 제5조의 범칙행위에 해당하지 않는 경우에 즉결심판에 관한 절차법을 직접 적용하여 경찰서장이 직접 즉결심판을 청구할 수 있는가하는 문제이다.

경범죄처벌법상의 제1조 각호의 규정을 위반한 경우의 처리절차로는 다음 2가지가 있다. 하나는 경범죄처벌법 제2장에 따라서 범칙행위자에게 범칙금납부를 통고하고 미납시 즉결심판을 청구하는 방식(소위 통고처분절차)이며, 다른 하나는 통고처분의 대상에 포함되지 아니한 경범죄에 대하여 즉결심판에 관한 절차법을 적용하여 즉결심판을 청구하는 것이다. 이와 같이 현행 경범죄처벌법상 제재수단을 형벌(벌금 등)과 행정질서벌(범칙금)로 나누고 있는 것은 중한 위반행위에는 즉결심판을 통하여 형벌을 부과하고, 경한 위반행위에 대하여는 범칙금을 부과하는 것이 적절하다는 고려에 기초한 것이라고 할 수 있다.[24] 따라서 경범죄처벌법이 18세 미만의 소년에 대하여 범칙금에 의한 제재를 금지하고 있는 것은 더 중한 제재인 형벌의 부과는 당연히 포기하고 있는 것으로 이해하는 것이 타당하다.[25]

---

22) 도로교통법에는 이러한 제한규정이 없지만 경범죄처벌법을 유추적용하여야 한다는 주장이 있다(도중진 외, 앞의 책, 107면 주 124 참조).

23) 최병각, 「소년보호사건의 범위와 처리에 관한 연구」(서울대학교 박사학위논문, 1998), 110면.

24) 박상기/이건호, 「경범죄처벌법에 관한 연구－행위유형과 제재수단을 중심으로」, 한국형사정책연구원, 1996, 123면.

이러한 점을 고려할 때 경찰실무에서 18세 미만의 소년이 경범죄처벌법을 위반한 경우에 즉결심판을 청구하는 것은 현저히 균형에 위반한 처분으로 부당하다고 할 것이며, 따라서 이들의 경우는 소년보호사건으로 처리하는 것이 소년범의 이념에 합치한다.

3) 범죄소년에 대한 즉결심판청구

20세 미만의 소년이 경범죄처벌법 이외에 일반 형벌법규에 위반하는 경우에 경찰이 범죄소년으로 검사에게 송치하거나 촉법소년으로 소년법원에 송치하는 대신 직접 즉결심판을 청구할 수 있는가가 문제된다.

이에 대하여 소극설에서는 소년에 대한 형사처분은 보충적으로 부과되어야 하며, 소년사범에 대한 즉결심판청구는 소년에 대해 보호처분을 우선시하는 소년법 제49조 제1항의 입법취지에 위반할 뿐만 아니라 형사소송법이나 즉결심판에 관한 절차법에 대한 특별법으로서의 소년법의 성질을 고려할 때 즉결심판에 관한 절차법의 적용을 배제하는 특별규정이 없는 한 범죄소년에 대해서는 즉결심판을 청구할 수 없다고 한다.[26)]

그러나 즉결심판에 관한 절차법에 범죄소년에 대한 배제규정이 없음에도 불구하고 소년법이 특별법이라고 하는 사실만으로 범죄소년에 대해 경찰의 즉결심판청구를 부당하다고 하기는 어렵다.[27)] 또 현실적으로 소년의 입장에서는 즉심으로 처리되어 벌금, 구류 또는 과료를 선고받는 것이 소년법원이나 검사에게 송치되는 것보다 유리하며, 즉결심판의 대상소년을 모두 소년법원에 송치할 경우에 소년법원으로서는 지나치게 업무부담이 늘어난다는 점에서 소년에 대한 즉결심판의 청구가 불가피하다.[28)] 따라서 경찰이 범죄소년에 대해 즉결심판을 청구하는 것이 현행법으로 부당하다고 할 수는 없다. 그러나 입법론적으로 보면 범죄소년에 대한 경찰의 즉결심판청구가 소년보호이념에 합치되는가에 대한 의문의 여지는 남는다. 그러므로 범죄소년에 대한 경찰의 즉결심판청구가 부당하다고 판단될 때에는 그 청구를 받은 판사가 경찰서장의 청구를 기각하거나(즉결

---

25) 최병각, 앞의 논문, 111-112면.

26) 최병각, 앞의 논문, 114면.

27) 도중진 외, 앞의 책, 111면.

28) 오영근/최병각, 「소년사건처리절차의 개선방안에 관한 연구」, 한국형사정책연구원, 1995, 72면; 점승헌, 「소년사법절차에 관한 연구 — 문제점과 개선방안을 중심으로」(원광대학교 박사학위논문, 1998), 87면.

심판에 관한 절차법 제5조) 사건을 관할 소년부에 송치하는(법 제50조) 등의 조치를 적극적으로 취하는 것이 바람직할 것이다. 입법론적인 보완이 요청된다.

2. 검사의 송치

(1) 의 의

검사는 수사의 주재자이므로 소년사법에 있어서도 현행법은 성인범에 있어서와 마찬가지로 원칙적으로 검사선의주의[29]를 채택하고 있다(법 제49조 제1항). 따라서 검사는 송치된 모든 소년사건에 대하여 불기소 또는 선도조건부 기소유예를 이용하여 소년에 대한 수사절차를 종료시킬 수 있고, 아니면 형사사건으로 처리할 것인지 소년사건으로 처리할 것인지를 일차적으로 결정한다.[30] 즉, 검사는 경찰이 송치하거나 직접 인지한 소년피의사건을 수사하여 그 결과에 따라 범죄혐의가 없거나 죄가 없거나 공소권이 없는 경우에는 협의의 불기소처분을 하고(검찰사건사무규칙 제52조 제3항 2호-4호), 형법 제51조의 양형의 조건을 참작하여 기소를 유예할 수 있다(형사소송법 제247조 제1항). 또 재범가능성이 희박하고 선도보호의 필요성이 있는 경우에는 선도조건부 기소유예의 처분을 하고(법무부훈령 제373호), 벌금 이하의 형에 해당하는 사건이거나 보호처분의 필요성이 있는 때에는 소년법원에 송치한다(법 제49조 제1항). 그리고 벌금, 과료 또는 몰수에 해당하는 사건일 경우에는 약식명령을 청구하고(형사소송법 제448조), 형사소추의 필요성이 있는 경우에는 형사법원에 공소를 제기한다(형사소송법 제246조).[31]

---

29) 이에 대해 검사가 소년법원판사에 앞서 향후 범죄소년의 처리를 먼저 심사한다는 의미에서 '선의'보다는 '선심(先審)'이라는 용어가 우리 현실에 더 적절한 표현이라는 주장이 있다[윤용규/최종식, "우리나라 소년사법의 운용실태와 개선방안에 관한 일고찰"(형사정책연구 제11권 제4호, 2000), 52면 주 1) 참조].

30) 이것은 사법적 형사처분에 기초하고 있는 대륙법계의 입법태도를 따른 것이다. 그러나 복지적 보호처분을 바탕에 둔 영미법계와 일본에서는 비행소년사건을 일단 소년법원이 먼저 수리하여 심리한 후에 형사처분을 함이 타당하다고 하는 사건만을 검사에게 송치하는 법원선의주의를 취하고 있다.

31) 검사선의제는 소년의 보호와 건전한 육성이라고 하는 보호주의이념 실현에는 적합한 제도라고 보기 어렵다고 비판되고 있다[정진호, "검찰에 있어서 소년범처리실태와 개선방

이 중에서 소년법원에의 송치와 소년범에 대한 특별처분인 선도조건부 기소유예에 대하여 살펴본다. 검찰의 소년사건 처리에 관한 근거규범으로는 소년법, 형사소송법, 검찰청법 등이 있으며, 이외에 법무부훈령인 소년선도보호지침과 소년사건처리에 관한 세부지침을 규정한 예규가 있다.

(2) 소년법원에의 송치

1) 의 의

검사는 소년에 대한 피의사건을 수사한 결과 벌금 이하의 형에 해당하는 범죄이거나 보호처분에 해당하는 사유가 있다고 인정한 때에는 사건을 관할소년부에 송치하여야 한다(법 제49조 제1항). 사법경찰관이 수사해서 검찰에 송치한 사건은 물론, 검사가 직접 수사한 사건을 포함하여 송치할 수 있는 피의사건에 제한은 없다.

이것은 기소편의주의(형사소송법 제247조)에 대한 중대한 예외이다. 원래 검사에게 기소유예처분이 인정되는 것은 형사정책적 견지로부터 형벌을 과하는 것의 폐해를 피하려고 하는 것에 있다. 또 소년부의 임무는 가급적으로 형벌을 피해서 보호처분에 의해 소년의 범죄적 경향을 제거하려고 하는 것에 있고, 더구나 소년부는 소년의 소질과 환경에 대한 전문적 조사기능을 보유하고 있다. 따라서 소년사건에 대하여 소년부송치를 인정한 것은 검사가 가지고 있는 기소유예처분의 권한을 소년법원으로 하여금 행사하게 하는 것이 합리적이라는 것에 그 이유가 있다.

2) 요 건

검사가 소년법원에 송치하여야 하는 대상은 소년피의사건의 수사결과 다음 각호의 하나에 해당하는 경우이다.

첫째, 대상소년이 행한 범죄가 벌금 이하의 형에 해당하는 범죄이어야 한다. 여기의 '형'은 법정형을 말한다. 따라서 당해 피의사건의 법정형이 벌금 이하의 형에 해당함과 동시에 선택형으로서 금고 이상의 형이 없는 경우이어야 한다. 이에 해당하는 피의사건과 금고 이상의 형에 해당하는 사실이 과형상 1죄

안"(청소년범죄연구 제5집, 1987) 144면; 윤용규/최종식, 앞의 글, 52-54면 등 참조].

의 관계에 있는 경우에는 과형상 1죄가 절차상으로도 1사건으로 취급되는 것이므로 소년부에 송치할 것이 아니라 일반형사법원에 송치하여야 한다. 그러나 양죄가 병합죄의 관계에 있는 경우에는 절차상 1사건으로 취급되지 않는다. 그리고 피의사건의 경우는 사건마다 송치하는 원칙에 의해 각각 소년부 송치와 일반형사법원에의 기소를 하여야 한다.[32] 다만, 병합죄는 형법상으로도 될 수 있는 한 통일적으로 과형해서 형을 집행하는 것이 법의 정신이다. 또 소년법에서도 소년의 비행성의 견지로부터 비행은 전체로서 문제로 하는 입장에 있다. 따라서 이 경우에도 소년법의 실질적 해석으로서 일괄해서 소년부에 송치하는 것도 고려해 볼 여지가 크다.

둘째, 보호처분에 해당하는 사유가 있다고 인정되어야 한다. 당해 소년이 촉법소년에 해당하거나 범죄혐의는 없지만 우범소년에 해당하는 경우이다. '보호처분에 해당하는 사유'란 중대사범이 아닌 것, 사회감정이 변화해서 형사처분하는 것이 상당하지 않게 된 것, 범죄정황이 가벼운 것, 나이가 어린 것 등과 더불어 소년부의 형사처분상당의 판단 등을 고려해서 종합적으로 판단하여야 한다.

검사는 수사결과 소년피의사건이 이들 요건 중의 하나라도 충족한 경우에는 원칙적으로 모두 소년부에 송치하여야 한다(전건송치주의).

3) 절 차

검사가 소년법원에 송치하는 결정을 하는 경우에는 소정의 소년보호사건·가정보호사건송치서에 의한다(검찰사건사무규칙 제83조 제1항, 제81조 제1항). 사건사무담당직원은 검사의 송치결정에 의하여 사건기록을 송부한 후 1월이 경과하여도 사건을 송치받았다는 통지가 없고 또한 사건의 수리여부가 전산망 등 다른 방법으로도 확인되지 아니하는 때에는 지체없이 그 사유를 확인하여야 한다(동 규칙 제81조 제2항).

검사가 구속 중에 있는 소년에 대하여 소년보호사건 송치의 결정을 하는 경우에는 당해 소년을 구금하고 있는 시설의 장에게 소정의 이송지휘서에 의하여 관할법원에 인도할 것을 지휘하여야 한다(동 규칙 제84조).

---

32) 이미 소년부송치를 한 후의 수사에서 소년에 대한 여죄가 발견된 경우에도 마찬가지이다. 다만, 이중절차, 이중처분이 소년의 불이익이 되지 않도록 노력하여야 한다.

4) 효 력

검사의 송치에 의하여 사건은 관할소년부에 계속된다. 대상소년이 위의 요건에 해당되어 소년부에 송치하여야 함에도 불구하고 검사가 직접 공소를 제기한 때에는 공소제기절차가 법령에 위반한 경우로서 형사소송법 제327조 제2호 위반에 해당하므로 판결로서 공소를 기각하여야 한다.

(3) 선도조건부 기소유예

1) 의의와 적법성 여부

(가) 의 의

선도조건부 기소유예란 검사가 범죄소년에 대하여 선도위원의 선도보호를 조건으로 기소를 유예하는 처분을 말한다. 이것은 개입형 다이버전(Diversion with Intervention)의 수단으로서 범죄소년에 대한 선도보호이념을 효과적으로 추구하고 법원의 공식적 책임판단에 의한 낙인을 방지하며, 형사사법의 효율성을 제고하는 제재수단으로 간주되고 있다.[33] 검찰실무에서는 일반적으로 '선도유예'라고 표현하고 있다.[34] 우리나라에서 선도조건부 기소유예는 선도위원의 선도를 내용으로 하는 선도조건부 기소유예와 보호관찰부 기소유예[35]가 있다.

선도조건부 기소유예는 1978년 광주지방검찰청에서 처음 시행되다가 1981년 1월 20일 법무부 훈령 제88호 선도보호지침이 제정되어 전국에 확대실시된 뒤 1996년 12월 27일자로 개정된 법무부 훈령 제373조에 의해 실시되고 있다. 보호관찰부 기소유예는 1995년 1월 5일 공포·시행된 보호관찰 등에 관한 법률 제15조 제3항[36]에 근거하여 시행되고 있다. 전자는 법무부 소속의 민간자원단체에 소속된 범죄예방자원봉사위원(범죄예방위원)[37]이, 후자는 보호관찰관이 기소유

---

33) 도중진 외, 앞의 책, 114면; 신동운, "Diversion운동과 선도조건부 기소유예"(형사정책 제2호, 1987), 10면.

34) 소년선도보호지침(법무부훈령 제373호) 제1조 참조.

35) 검찰실무에 따르면 보호관찰관에 의한 선도조건부 기소유예의 대상범죄는 일반적으로 범죄예방위원에 의한 선도조건부 기소유예보다 더 중한 경우에 활용된다고 한다.

36) 보호관찰소는 검사가 보호관찰관의 선도를 조건으로 공소제기를 유예하고 위탁한 경우에 선도를 실시하여야 한다.

37) 법무부는 1996년 선도조건부 기소유예제도의 선도위원, 갱생보호법상의 갱생보호위원, 보호관찰법상의 보호위원 등 기존에 있던 각종 청소년보호기구를 통합하여 범죄예방자원봉사위원으로 발족하여 시행하고 있다.

예자에 대한 선도보호를 담당하는 데 차이가 있지만 양자 모두 범죄소년을 수사절차의 초기단계에서 이탈시켜 사회복귀와 재범방지를 도모하는 제도라는 점에서 공통점을 가지고 있다.[38)]

(나) 적법성에 대한 논의

현재 검찰은 선도조건부 기소유예를 형사소송법 제247조 제1항의 단순 기소유예와 같은 맥락에서 취급하고 있는 것으로 보이지만 소년법에는 이에 대한 명문규정이 없다[39)]는 점에서 그 타당성에 대한 논란이 제기되고 있다.

소년법 제49조 제1항을 강행규정으로 이해하는 입장에서는 소년사건의 처리과정에 있어서 검사는 '벌금 이하의 형에 해당하는 범죄'이거나 '보호처분에 해당하는 사유가 있다고 인정하는 때'에는 소년사건을 반드시 소년법원에 송치하여야 한다고 주장한다(송치강제주의). 따라서 이 입장에 따르면 검사는 기소유예나 약식명령을 청구할 수 없다고 한다.[40)] 그 근거로는 첫째, 소년법 제49조 제1항의 요건을 보호처분에 해당할 사유가 있다고 인정하는 때와 구별하여 규정하고 있으므로 이를 강행규정으로 보지 않으면 법이 구태여 '벌금 이하의 형'이라고 구분하여 규정한 의의가 없다는 것, 둘째, 소년은 일반적으로 무자력자이므로 재산형의 집행이 사실상 어려운 점 등을 들고 있다. 같은 입장에서 이러한 근거는 잘못이라고 하면서 소년법 제49조 제1항은 '벌금 이하의 형에 해당하는 범죄이거나' 그보다 무거운 범죄이지만 '보호처분에 해당하는 사유가 있다'고 판단될 때라는 의미로 이해하여야 하고, 어느 경우이든 소년부에 반드시 송치해야 한다는 규정으로 이해하여야 한다는 견해도 있다.[41)] 검사의 기소편의주의는 일반 형사사건을 전제로 한 형사소송법상의 원칙이므로 형사소송법의 특별법인 소년법에 의하여 강제송치규정이 우선한다고 한다.[42)]

이에 반해 동 규정을 훈시규정으로 이해하는 입장에서는 검사는 합리적 재

---

38) 오영근, "선도조건부 기소유예의 실태와 개선방안"(형사정책연구 제6권 제4호, 1995), 80면.

39) 후술하는 바와 같이 소년법 제19조 제2항에서는 소년부판사가 보호처분절차에서 "사건의 경미성에 기초하여 심리불개시결정을 할 때에는 소년에 대하여 훈계하거나 보호자에 대하여 소년에 대한 엄격한 관리나 교육을 시키도록 고지할 수 있다"고 규정하고 있다.

40) 강봉수, "소년법개정에 있어서의 문제점 II: 소년사건처리절차"(청소년범죄연구 제5집, 1987), 57면; 김용우, 앞의 글, 72면. 김용우, 53면에서는 검사의 기소편의주의는 일반형사사건을 전제로 한 형사소송법상의 원칙이므로 소년법에는 적용할 수 없다고 한다.

41) 김용우/최재천, 앞의 책, 547-548면.

42) 강봉수, 앞의 글, 57면; 김용우/최재천, 앞의 책, 549면.

량에 의해 벌금 이하의 형에 해당하는 범죄를 소년부에 송치하지 않고 약식명령을 신청하거나 혹은 기소유예처분을 할 수 있다고 한다.[43] 이 입장에서는 소년에 대해 벌금을 선고할 수 있는 경우를 상정하여 환형처분을 금지한 동법 제62조를 고려할 때 검사가 벌금형에 해당하는 소년사건을 반드시 소년부송치를 해야 한다고 해석하는 것은 모순이며,[44] 소년법 제49조나 제50조는 소년범의 선도적 측면에서 검사나 법원에게 적절한 처분을 선택할 재량을 준 것이라고 이해하고 있다. 한편, 검사의 기소유예는 절차종결의 한 유형에 불과하므로 검사의 선의권에 관한 소년법 제49조 제1항의 해석으로부터 검사의 선도조건부 기소유예의 허용성을 논하는 것은 잘못이라고 하면서, 검찰단계에서의 다이버전은 소년의 낙인방지, 형사사법의 효율성 제고 등과 같이 다양한 장점을 가지고 있으므로 소년사건에 대하여 형사소송법 제247조 제1항을 적용하여 선도조건부 기소유예를 허용하는 것은 소년보호라고 하는 소년법의 취지에 적합하다는 점에서 찬성하는 견해도 있다.[45]

2) 법적 성격

선도조건부 기소유예의 법적 성격에 대하여 선도조건부 기소유예를 단순한 기소유예의 한 유형으로 이해하는 입장이 있다. 이 입장에서는 그 근거를 형사소송법 제247조 제1항에서 찾는다. 이에 대해 선도조건부 기소유예는 소년피의자를 대상으로 한 선도조건부 기소유예는 소년이 선도위원의 선도에 따르지 않아 재범한 경우에 다시 공소를 제기한다는 의미만 가질 뿐이므로 엄격한 의미의 조건부 기소유예로 볼 수 없다는 견해[46]가 있다.

---

43) 권태호, "소년범에 대한 형벌의 효율성 검토"(청소년범죄 제4집, 1986), 43면; 오영근/최병각, 앞의 책, 76-77면.

44) 이에 대해 강행규정으로 이해하는 입장에서는 소년법 제62조는 보호처분이 적절하지 않아서 형사재판에 회부된 결과 벌금이나 과료를 부과받은 소년을 전제로 한 규정이라고 해석하여야 하며, 법원이 소년에 대해 환형처분을 할 수 없다고 하여 검사에게 벌금형 이하에 해당하는 소년사건에 대해 재량처분을 할 수 있다는 것으로 이해하는 것은 잘못이라고 반박한다(김용우/최재천, 앞의 책, 548-549면).

45) 도중진 외, 앞의 책, 118면.

46) 신동운, 『형사소송법 I』(제2판), 법문사, 1997, 305면. 한편, 김양균, "소년선도보호제도의 배경"(청소년범죄연구 제1집, 1983), 258면에서는 검찰이 기소유예라는 형사처분을 하면서 대상소년의 동의를 바탕으로 교육적·복지적 행정처분을 하는 것이라고 파악할 수도 있고, 실제로 검찰의 선처로 대상소년이 은혜를 입는 것으로 이해한다.

그러나 선도조건부 기소유예의 경우에 일반적으로 피의자의 자유나 재산을 제한하는 부담사항 또는 피의자의 특정한 행위를 요구하는 지시사항(또는 준수사항)을 부과하고 있으며, 재범의 경우에 한정되지 않고 이들 준수사항의 현저한 위반이나 소재불명 등도 취소사유가 되고(검찰사건사무규칙 제52조 제1항), 이들 사유로 취소하였을 때에는 유예했던 사건을 재기·수사하도록 하고 있는(동조 제3항) 등, 법적 효과가 수반되고 있다. 그리고 여기서 부담사항은 피의자가 범한 과거의 불법에 초점이 맞추어져 있는 반면, 지시사항(또는 준수사항)은 장래의 범죄를 예방하기 위한 처분이다. 따라서 소년에 대한 선도조건부 기소유예도 교육형적 의미를 지닌 조건부 기소유예라고 이해함이 타당하다.[47)]

3) 요건과 절차

선도조건부 기소유예를 부과하기 위한 요건과 절차에 관해서는 소년선도보호지침(법무부 훈령 제373호)[48)]에 자세하게 규정되어 있다.

㈎ 요 건

선도조건부 기소유예를 부과하기 위해서는 다음과 같이 일정한 요건이 갖추어져야 한다.

① 인적 요건 선도조건부 기소유예는 재범의 가능성이 희박한 18세 미만의 범죄소년을 대상으로 한다. 범죄의 경중은 묻지 않는다. 다만, 공안사범, 마약사범, 흉악범, 조직적 또는 상습적 폭력배, 치기배, 현저한 파렴치범은 기소유예의 대상이 아니다. 선도유예의 실시는 종래의 통상의 기소유예처분의 활용에 영향을 주지 아니한다(지침 제4조).

② 사항적 요건 선도조건부 기소유예를 부과하기 위해서는 당해 소년의 피의사건이 협의의 불기소처분의 대상이 되지 않아야 하며, 선도보호의 필요성이 인정되어야 한다. 그러나 과거에 범죄소년이 한 번 이상의 기소유예 처분을 받은 사실에 구속되지 않는다.

---

47) 김용우/최재천, 앞의 책, 562면; 도중진 외, 앞의 책, 119-120면; 이진국, "조건부 기소유예의 도입에 관한 검토"(형사정책연구 제15권 제1호, 2004), 65면 등. 이외에 유사한 견해로 오영근, 앞의 글, 105-106면,

48) 이 지침은 범죄예방자원봉사위원이 선도조건부 기소유예 처분을 받은 소년에 대하여 물심양면으로 지원, 선도보호하여 그들의 재범을 예방하고 나아가 국가사회에 기여하는 건전한 사회인으로 복귀시키고 아울러 범죄예방활동을 통해 지역사회발전에 기여함을 목적으로 한다(지침 제1조).

㈏ 대상소년의 선정

소년사건을 수사한 결과 협의의 불기소처분이나 소년부 송치를 할 이유가 없다고 인정한 때 주임검사는 소년사건의 죄질과 범정을 살펴 선도조건부 기소유예를 할 대상자를 선별하여야 한다(지침 제5조 제1항).

주임검사가 위 소년을 선별함에 있어서는 경찰이 작성하여 송치하는 비행성 예측자료표와 소년범 환경조사서를 참작하여야 한다(동조 제2항). 비행성 예측자료표라 함은 일정사항을 점검하여 소년범의 재범가능성의 높고 낮음을 예측하는 표로서 가족관계, 학교생활, 교우관계, 가출이나 비행경험 외에 비행위험성에 대한 판정과 처분의견이 기재되며, 소년범 환경조사서에는 성장과정, 성행변화, 세평, 반성여부 등이 기재된다. 이들 필수적 참작자료는 소정의 양식에 의하여 작성되어야 하며 송치사건은 송치부서에서, 검사인지사건은 검사가 작성하여 기록에 편철한다(동조 제3항).

이외에도 주임검사는 임의적 참작자료로서 유예소년의 보호자·교사·직장상사의 의견, 피해보상여부와 피해자감정, 유치장 행장기록을 이용할 수 있다(동조 제2항). 특히 주임검사는 비행성 예측자료표상의 예측점수를 기초로 하되, 사건기록일체, 신문중에 감지한 범죄소년의 태도 등을 종합하여 재범가능성 정도를 결정한다(동조 제4항).

㈐ 선도위원의 선정

주임검사는 선도조건부 기소유예의 대상자가 선정되면 대상소년의 선도보호를 위탁할 선도위원을 선정하여야 한다. 이 때 주임검사는 유예소년의 주거지 범죄예방위원[49]에게 그 소년의 선도보호를 위탁함을 원칙으로 한다. 다만, 유예소년의 주거지에 범죄예방위원이 없거나 타지역 범죄예방위원이 선도함이 적당하다고 인정될 때에는 예외로 한다(지침 제6조 제1항). 그러나 위의 범죄예방위원보다 더 효과적으로 선도할 수 있는 보호자, 학교교사, 직장상사 등이 있을 때에는 그 사람에게 유예소년의 선도보호를 위탁할 수 있다(동조 제2항).

이 때 주임검사는 1인의 범죄예방위원이 동시에 3명을 초과하여 대상소년의 선도보호 책임을 담당하지 아니하도록 유의하여야 한다(동조 제3항).

---

49) 범죄예방위원이라 함은 범죄예방자원봉사기본규정(법무부훈령 제363호) 제3조 제1항의 규정에 의해 위촉된 자를 말한다. 다만, 범죄예방위원으로 위촉되지는 아니하였으나 제6조 제2항 또는 제8조 제1항의 각 단서규정에 의하여 소년의 선도보호 책임을 인수한 자는 당해사건에 한하여 범죄예방위원으로 본다(지침 제3조 제5항).

㈑ 선도위원의 대상소년 인수와 사전조사

① 대상소년의 인수 선도위원이 대상소년을 인수하는 방식에는 권고인수와 자진인수의 2가지가 있다.

(a) 권고인수 주임검사는 필요한 경우 범죄예방위원을 선정하여 유예소년의 선도보호책임의 인수를 권고할 수 있다. 특히 학생을 권고함에 있어서는 학업을 계속할 수 있도록 학교측과 사전에 협의하여야 한다(지침 제7조 제1항).

이 때 권고를 받은 범죄예방위원은 합리적인 이유를 제시하여 소년선도보호책임 인수를 거부할 수 있다(지침 제9조 제1항). 그러면 주임검사는 선도유예를 재고하거나 다른 범죄예방위원에게 책임인수를 권고할 수 있다(동조 제2항).

(b) 자진인수 범죄예방위원은 자진하여 유예소년의 선도보호책임을 인수할 수 있다. 다만 범죄예방위원이 아니더라도 성직자, 교직자 등 지역주민들로부터 존경을 받고 사회적 신망이 두터운 자로서 유예소년을 효과적으로 선도할 수 있다고 인정되는 경우에는 자진인수를 허용할 수 있다(지침 제8조 제1항). 선도위원이 자진인수를 하고자 할 때에는 유예소년의 주변사정을 예비조사하여 그 소년이 재범가능성이 높지 아니하고 개선가능성이 있다고 인정할 충분한 자료를 첨부한 의견서를 주임검사에게 제출하여야 한다(동조 2항). 이 때 주임검사는 위의 의견서를 해당 사건기록에 편철하고 전담검사의 의견을 참작하여 그 사건을 결정하되 합리적인 이유가 없는 한 자진인수희망자의 의견을 존중하여야 한다(동조 제3항).

(c) 주임검사의 처분 주임검사는 선도보호책임을 인수한 범죄예방위원에게 소년선도보호 위탁서를 교부하여야 한다(지침 제7조 제2항, 제8조 제4항). 그리고 선도보호책임을 인수한 범죄예방위원은 선도와 통보를 이행한다는 내용의 소년선도보호책임인수서를 제출하고, 주임검사는 이를 관계소년 사건기록에 편철한다(지침 제7조 제3항, 제8조 제4항).

② 사전조사 등 범죄예방위원은 선도보호책임 인수에 앞서 (i) 대상소년의 귀주처 및 선도시 접촉장소, (ii) 대상소년의 주변환경 및 범인성요인, (iii) 대상소년의 가족상황 및 보호자 등 가족과의 관계, (iv) 대상소년의 성장과정(학력, 경력) 및 교우관계, (v) 대상소년의 건강상태, (vi) 기타 선도시 유의할 사항 등을 조사하여 구체적인 선도방법을 강구하여야 한다(지침 제15조). 범죄예방위원은 위의 사항을 조사하여 대상소년의 선도보호에 장애가 되는 사항을 발견하

였을 때에는 주임검사 또는 전담검사에게 통보하여 이를 시정보완케 하여 인수하거나, 인수를 거부할 수 있다(지침 제17조).

범죄예방위원이 위의 사항을 예비조사함에 있어서는 (i) 대상소년과의 대화, (ii) 대상소년의 보호자 등과의 대화, (iii) 대상소년의 학교·직장에의 조회, (iv) 대상소년의 이웃에 수소문, (v) 대상소년의 친우면접, (vi) 관계 공무소에의 조회, (vii) 기타 필요한 방법을 이용한다(지침 제16조).

③ 선도위원의 교체 　전담검사는 대상소년이 거주지를 이동하여 범죄예방위원의 교체가 필요하다고 인정될 때에는 신주거지 관할지방검찰청 또는 지청의 전담검사에게 그 소년에 대한 불기소사건기록 이외의 선도관계서류를 이송한다(지침 제30조 제1항). 이송을 받은 전담검사는 관내 범죄예방위원을 선정하여 잔여선도기간의 선도보호를 위탁하여야 한다(동조 제2항). 이 때의 선도보호위탁은 최초의 선도보호위탁절차에 준한다(동조 제3항).

㈒ 선도조건부 기소유예의 처분절차

① 서약서의 징구 등 　주임검사는 유예소년으로부터 준수사항을 이행하여 새사람이 되겠다는 내용과 보호자로부터 범죄예방위원의 활동에 적극 협조한다는 내용의 연명서약서를 받아 기록에 편철하고 동 서약서와 절취선으로 연결되어 있는 준수사항란을 간인케 한 후 이를 절취하여 소년 및 보호자에게 교부함과 동시에 준수사항 위배시의 조치를 엄중 경고하여야 한다(지침 제10조 제1항). 주임검사가 서약서를 받는 것은 소년의 동의와 보호자의 협조를 확보하기 위한 것으로 선도조건부 기소유예의 개입형 다이버전이라는 점에서 필수적인 것이라고 할 수 있다.

위의 준수사항에는 (i) 석방후 늦어도 3일내 범죄예방위원을 방문할 것, (ii) 선도기간 중 임의로 주거지를 이동·이탈하지 아니하고, 주거지를 이동하거나 장기출타시는 범죄예방위원에게 신고할 것, (iii) 선도기간 중 범죄예방위원과 수시 접촉을 갖고 선도상의 지시에 순응할 것, (iv) 일정한 직업에 종사하며 맡은 일을 태만히 하지 아니할 것, (v) 과거의 잘못을 반성하고, 각오를 새롭게 할 것, (vi) 피해자의 손해를 보상하는 데 전력을 다하고 항상 사죄하는 마음을 가질 것, (vii) 이상의 사항을 위반하였을 때 유예사건의 재기 등 여하한 불이익한 처분을 받더라도 이의없이 이를 감수할 것 등을 기재한다(동조 제2항).

유예소년과 그 보호자는 범죄예방위원이 선도보호과정에서 취한 지시나 권고에 순응, 협조하여야 한다(동조 제3항).

② 서류의 작성 주임검사가 선도유예처분을 할 때에는 접촉(원호)선도소년카드와 접촉(원호)선도소년색인부를 작성하여 보관하여야 한다.

접촉(원호)선도소년카드에는 (i) 소년의 인적사항, 가족사항, 성장과정, 교우관계, 범죄사실요지, (ii) 선도시 유의사항, 접촉(원호)선도상황, (iii) 접촉(원호)선도의 해제, 연장, 취소, 접촉(원호)선도 성패평가, (vi) 기타 필요한 사항을 기재한다(지침 제11조 제2항). 또 접촉(원호)선도소년색인부에는 사건번호, 소년카드번호, 피의자명, 연령, 죄명, 유예일자, 위탁일자, 범죄예방위원(시설)명, 연장, 해제, 취소일자 및 사유, 처분검사 등을 기재한다(지침 제12조 제2항).

③ 불기소장의 작성 주임검사는 유예결정서를 작성함에 있어서 비고란에 「선도유예」「소년카드번호」라고 기재한다(지침 제13조 제1항). 주임검사는 유예결정서를 작성함에 있어서 접촉(원호)선도가 필요불가결한 이유를 구체적으로 기재하여야 한다(동조 제2항).

㈓ 소년선도의 유형과 선도기간

① 소년선도의 유형 소년의 선도보호에는 접촉선도와 원호선도가 있다(지침 제3조 제4항). 접촉선도라 함은 귀주처가 있는 유예소년과 접촉을 갖고 상담, 지도 등을 통해 소년의 반사회성을 교정하고 지식과 기술을 습득시키며 정서를 순화하여, 건전한 사회인으로 복귀시키는 선도방법을 말한다. 다만, 선도의 목적을 달성하기 위한 학비보조, 취학알선, 취업알선, 기타 경제적인 지원은 접촉선도의 일부로 본다(지침 제3조 제2항). 원호선도라 함은 귀주처가 없거나 있더라도 귀주시키는 것이 부적당한 유예소년에 대하여 범죄예방위원의 주거나 복지시설에서 기거하게 하고 의, 식, 주를 제공하면서 접촉선도하는 것을 말한다(지침 제3조 제3항).

(a) 접촉선도 범죄예방위원이 유예소년을 선도함에 있어서는 상담 등 직접접촉과 서신·전화 등 간접접촉의 방법에 의하여 소년과 월 1회 이상 접촉을 가져야 한다(지침 제18조 제1항). 위의 접촉에 있어서 범죄예방위원은 필요하다고 인정할 때에는 그 소년의 가족, 이웃사람, 친지 등과도 접촉할 수 있다(동조 제2항).

접촉선도시에는 상담, 지도, 대화 등 방법에 제한이 없다(동조 제3항). 접촉선도의 목적달성을 위하여 필요할 때는 학비보조, 취학알선, 취업알선, 기타 경제적인 지원을 할 수 있다(동조 제4항).

(b) 원호선도 범죄예방위원은 유예소년이 귀주처가 없거나 주거지

에 귀주시킴이 부적당하다고 인정될 때에는 자신의 주거나 복지시설에 기거하게 하고 의식주를 제공하면서 선도할 수 있다(지침 제19조 제1항). 접촉선도에 관한 사항은 원호선도에 준용한다(동조 2제항).

② 선도보호방법 등의 변경 　　전담검사는 애초의 선도보호 방법이 부적당하거나 기타 그 방법을 전환할 필요가 있다고 인정할 때에는 선도보호방법을 전환할 수 있다(지침 제21조 제1항).

또 전담검사는 담당범죄예방위원이 주거지의 이동 기타 다른 이유로 인하여 대상소년을 선도보호할 수 없거나 담당범죄예방위원이 대상소년의 선도보호에 부적당하다고 인정될 때에는 담당범죄예방위원을 교체할 수 있다(동조 2항).

위의 각각의 경우에 새로운 범죄예방위원을 선정하여 위탁할 때에는 최초의 선도보호위탁절차에 준한다(동조 제3항).

③ 선도기간 　　유예소년에 대한 선도기간은 재범가능성이 비교적 높은 1급 유예소년에 대하여는 1년, 재범가능성이 비교적 낮은 2급 유예소년에 대하여는 6월로 하고 3월씩 2차에 걸쳐 연장할 수 있다(지침 제25조 제1항). 검사는 유예소년의 등급을 결정함에 있어 범죄의 동기, 수단, 결과, 개전의 정, 가족환경 및 교우관계 등 제반사항을 고려하여야 한다(동조 제2항).

한편, 전담검사는 유예소년에 대한 기본기간 또는 1차연장기간 중 접촉(원호)선도경과가 미흡하다고 인정될 때에는 담당범죄예방위원의 의견을 들어 선도기간을 연장하여 계속 선도하게 한다(지침 제16조 제1항). 선도기간의 연장은 접촉선도경과통보서에 연장사유를 기재하여 검사장 또는 지청장의 결재을 받은 다음 소년카드를 정리하는 방법으로 한다(동조 제2항). 이 때 전담검사는 기간연장한 취지를 담당범죄예방위원과 대상소년 및 그 보호자에게 통보한다(동조 제3항). 그러나 선도기간을 연장하더라도 유예사건을 재기수사하지 아니한다(동조 제4항).

㈔ 선도위원의 준수사항과 통보의무

① 준수사항 　　범죄예방위원은 검사의 요구가 있을 때에는 검찰청에 출석하여 소년의 선도보호책임 인수여부 및 선도방법에 관하여 협의하여야 한다(지침 제14조 제1항). 범죄예방위원은 그 임무수행중에 지득한 대상소년 및 그 가족 기타 관계인의 비밀을 엄수하고 명예를 보호하여야 한다(동조 제2항). 또 범죄예방위원은 대상소년의 개인사정, 가정사정 및 주변사정을 상세히 파악하여 그 대상소년에게 가장 적절한 선도방법을 모색하여야 한다(동조 제3항). 그리고

범죄예방위원은 대상소년에 대하여 (i) 일정주거여부, (ii) 접촉지속여부, (iii) 정직정려여부, (iv) 불량교우여부, (v) 전비반성여부, (vi) 피해보상여부 등을 점검확인하여야 한다(동조 제4항). 한편, 범죄예방위원은 지정된 양식에 따라 자신이 취득한 선도보호조치내용과 대상소년에 대한 점검확인결과를 기재한 선도경과를 전담검사에게 통보하여야 한다(동조 제5항).

② 통보의무 범죄예방위원은 선도기간중 매월 1회씩 대상소년에 대한 선도조치내용 등을 소정양식에 의하여 전담검사에게 통보하여야 한다(지침 제22조 제1항). 유예소년에 대한 접촉(원호)선도경과통보서에는 접촉상황, 선도조치내용, 범죄예방위원 의견 등을 사실대로 성실하게 기재하여야 한다(동조 제2항). 그리고 접촉(원호)선도에 있어서 범죄예방위원은 기본기간 또는 일차 연장기간의 마지막 달의 접촉(원호)선도경과통보서에 해제, 연장의 필요성 유무를 기재하여야 한다(동조 제3항).

또 범죄예방위원은 대상소년에게 (i) 재범, (ii) 소재불명, (iii) 이주, (iv) 사망, (v) 준수사항의 현저한 위배, (vi) 기타 선도보호를 계속할 수 없는 사유가 발생하였거나 발생할 우려가 있을 때에는 즉시 전담검사에게 구두 또는 서면으로 통보하여야 한다(지침 제24조 제1항). 이 때 통보를 받은 검사는 담당범죄예방위원과 협의하여 대상소년과 그 보호자를 상대로 대책을 강구하여야 하며, 소재불명의 경우 담당범죄예방위원에게 동·면사무소를 통한 대상소년의 거주이동상황을 조사하게 하거나 동인의 가족친지 등을 통하여 소재발견에 주력하도록 하고 필요하다고 인정될 때에는 타 지방검찰청 또는 지청 검사에게 소재탐지를 촉탁할 수 있다(동조 제2항).

한편, 지역범죄예방위원협의회 회장은 해당지역 범죄예방위원의 활동실적이 있을 때에는 수시로 검사장 또는 지청장에게 서면으로 통보하여야 한다(지침 제22조 제1항). 지역범죄예방위원은 자신의 개별적인 활동실적이 있을 때에는 해당지역 범죄예방위원협의회 회장에게 구두 또는 서면으로 통보하여야 한다(동조 제2항).

만일 범죄예방위원이 선도 또는 경과통보를 게을리 하거나 부실하게 할 때에는 전담검사는 이의 시정을 촉구하여야 한다(지침 제29조 제1항). 촉구는 그 취지를 범죄예방위원에게 통보하고 소년카드를 정리하는 방법으로 한다(동조 제2항).

(아) 선도보호의 해제와 취소

① 해 제 전담검사는 유예소년이 선도기간을 무사히 경과하였을 때

에는 담당범죄예방위원의 의견을 들어 그 소년의 접촉선도조치를 해제한다(지침 제27조 제1항). 해제는 접촉(원호)선도경과통보서에 해제사유를 기재하여 검사장 또는 지청장의 결재를 받은 다음 소년카드를 정리하는 방법으로 한다(동조 제2항). 그리고 해제의 전담검사는 접촉(원호)선도를 해제한 취지를 담당범죄예방위원과 대상소년 및 그 보호자에게 통보한다(동조 제3항).

접촉(원호)선도조치를 해제하였을 경우에는 이후 유예소년이 재범을 하더라도 유예한 사건을 재기수사하지 아니한다(동조 제4항).

② 취 소 전담검사는 선도기간 중 유예소년에게 (i) 재범, (ii) 준수사항의 현저한 위배, (iii) 소재불명 등의 발생하였을 때에는 담당범죄예방위원의 의견을 들어 접촉(원호)선도 조치를 취소할 수 있다(지침 제28조 제1항). 선도보호의 취소는 접촉(원호)선도경과통보서에 취소사유를 기재하여 검사장 또는 지청장의 결재를 받은 다음 소년카드를 정리하는 방법으로 한다(동조 제2항). 선도보호 취소의 경우에 전담검사는 접촉(원호)선도를 취소한 취지를 담당범죄예방위원과 대상소년 및 그 보호자에게 통보한다(동조 제3항). 선도보호를 취소를 하였을 때에는 유예사건을 재기 수사한다(동조 제4항).

4) 선도조건부 기소유예의 문제점과 개선점

현재 범죄소년에 대하여 검찰실무에서 선도조건부 기소유예가 많이 이용되고 있음에도 불구하고 많은 문제점이 지적되고 있다.[50)]

먼저 소년법상의 선도조건부 기소유예의 명문화의 요청이다. 범죄소년에 대한 선도조건부 기소유예는 전술한 바와 같이 조건부 기소유예로서 대상소년에 대하여 부과하고 있는 준수사항이 헌법상의 거주이전의 자유 등, 대상소년의 기본권을 침해하고 있음에도 불구하고 기소유예의 전제조건인 서약서의 작성을 통한 본인과 보호자의 동의를 전제로 법령에 근거하지 않은 법무부 훈령에 따라 행하여지고 있고, 그 내용도 민간인인 범죄예방자원봉사위원과 범죄소년에게 직접 적용되고 있다.[51)] 한편에서는 선도조건부 기소유예는 소년에 대하여는 시

---

50) 이하 자세한 것은 도중진 외, 앞의 책 127면 이하 참조.

51) 오영근/최병각, 앞의 논문, 39면에서는 보호관찰 등에 관한 법률 제15조 제3호에서 보호관찰소의 관장사무로 "검사가 보호관찰소의 선도를 조건으로 공소제기를 유예하고 위탁한 선도의 실시"를 규정하고 있는 것을 선도조건부 기소유예의 법적 근거로 보기도 한다. 이에 반대하는 견해로는 이재상/안경옥, "사회내 처우의 평가와 전망"(형사정책연구 제6권 제4호, 1995), 19면; 오영근, 앞의 글, 106면 등 참조.

혜요 은전일 뿐이고 소년의 권리나 자유를 제한하거나 새로운 의무를 부담시키는 것은 아니므로 반드시 법령상의 근거를 요하지 않는다는 주장하기도 한다.[52] 그러나 선도보호가 사실상 보호관찰에 해당하고, 법원의 사법작용에 의해서만 부과될 수 있는 보호관찰이 형벌대용수단 또는 그 변형으로 고려되고 있으면서도 법원의 유죄판결도 없이 검찰의 재량에 의하여 유죄를 의제하고 형벌적 수단을 과하게 되는 결과로 된다. 따라서 검찰에 의해 행하여지고 있는 선도조건부 기소유예는 법치국가적 원칙에 반한다는 비판을 면하기 어려운 측면이 있다.[53] 따라서 선도조건부 기소유예가 사실상 사회복지제도로서 검찰단계에서의 다이버전으로 일종의 시혜나 은사로서 빈번하게 행하여지고 있는 현실을 고려할 때 그 근거규정만이라도 소년법에 명문으로 규정하는 것이 바람직하다.

둘째, 선도목록의 다양화의 요청이다. 현재 시행되고 있는 선도조건부 기소유예는 소년이 사회내에서 선도위원의 선도를 받게 함으로써 장래의 재범을 방지하는 데 본질적인 기여를 하고 있다. 그러나 선도보호를 선도위원의 선도에만 국한함으로써 다양한 인성을 보유하고 있는 소년과 소년이 저지른 범죄의 다양성 및 죄질 등에 제대로 대처하지 못하는 면이 있음이 지적되고 있다. 따라서 소년법(제32조)상의 보호처분이나 가해자와 피해자의 조정의 도입 등 선도목록을 다양화할 필요가 있다.

셋째, 기소전단계에서의 소년의 인격성과 환경조사의 실시의 요청이다. 검사의 선도조건부 기소유예가 활성화되기 위해서는 대상소년의 성행과 환경에 대한 객관적인 조사가 전제되어야 하지만 현행법상 이것은 법원단계에서만 가능하도록 되어 있다. 선도조건부 기소유예가 효과를 거두기 위해서는 소년의 인격성 및 환경에 대한 과학적이고 체계적인 조사가 선행되어야 한다는 점에서 제도적인 장치를 강구할 필요가 있을 것이다. 구체적인 방안으로는 외부의 전문조사기관에 의뢰하는 방식, 경찰의 비행성예측자료표나 소년범환경조사서를 활

52) 김양균, 앞의 글, 257면; 이보영, “소년범 선도보호의 현황과 개선방향”(청소년범죄연구 제1집, 1983), 28면.

53) 자세한 것은 김용우/최재천, 앞의 책, 563면 이하. 현재 사실상 선도조건부 기소유예는 점차 형식화되어 이제는 봐주기 차원의 의미가 있을 뿐 그 생명력을 상실했으며, 단지 기소유예에 선도조건이라는 부담만 추가한 위헌적 소지의 조치로 전락하고 있다고 비판된다[김영란, “소년보호관찰제도의 문제점과 개선방향”(청소년범죄연구 제3집, 1985), 148면; 임상규, “소년범죄의 합리적 처리방안연구”(형사법연구 제17호, 한국형사법학회, 2002), 248면 등 참조].

용하는 방식, 법무부 소속의 소년분류심사원을 활용하는 방식 등이 제시되고 있다.

3. 법원의 송치

(1) 소년부 송치

1) 의의와 요건

법원은 소년에 대한 피고사건을 심리한 결과 벌금 이하의 형에 해당하는 범죄이거나 보호처분에 해당할 사유가 있다고 인정한 때에는 결정으로써 사건을 관할소년부에 송치하여야 한다(법 제50조). 소년에 대한 형사피고사건을 심리한 결과 이에 관할 소년부에 송치할 만한 보호처분사유가 있는지의 여부는 법관이 자유재량에 의하여 판정할 사항이다.[54]

법원이 심리한 결과 공소사실을 인정할 수 없는 경우에는 무죄의 판결을 해야 할 것이므로 송치는 공소사실이 인정되는 경우에 한정된다고 보아야 한다. 이 때 송치는 소년보호사건에 대하여 관할을 가지는 소년부로 하여야 한다. 반드시 검찰송치결정(송검)을 한 소년부에 한정된다는 의미는 아니다.

여기의 '법원'에 항소법원도 포함되는가가 문제된다. 현행법에서는 단지 '법원'이라고 명시하고 있음에 지나지 않고, 송치가 사실심리의 결과 보호처분에 처해야 할 사유가 있다고 인정한 때에 행하여지는 것이며, 항소법원도 사실심리를 행하는 법원이므로 항소법원도 소년부로 사건을 송치할 수 있다고 하는 것이 타당하다. 항소법원이 송치결정을 하는 경우에 원판결의 파기를 요하는가에 대하여는 견해가 나뉘어져 있다.

2) 절 차

소년보호사건을 송치하는 경우에는 송치서에 본인의 주거, 성명, 생년월일 및 행위의 개요와 가정상황을 기재하고 기타 참고자료를 첨부하여야 한다(법 제5조). 이 때 송치서에는 범죄사실과 적용법조를 명시하여야 한다(규칙 제7조 제1

54) 대결 1986.5.19, 86모8.

항). 여기의 '참고자료'는 관계되는 서류와 증거물 전부를 말한다(동조 제2항). 다만, 공범이 있거나 기타의 사유로 송치서에 참고자료를 첨부할 수 없는 경우에는 그 중 소년보호사건과 관련되는 부분의 등본을 첨부하여야 한다(동조 제3항).

3) 효 력

법원에 의하여 소년부송치 결정이 있는 경우(검사에 의한 경우도 마찬가지이다)에는 소년을 구금하고 있는 시설의 장은 검사의 이송지휘를 받은 때로부터 법원소년부가 있는 시·군에서는 24시간 이내에, 기타 시·군에서는 48시간 이내에 소년을 소년부에 인도하여야 한다. 이 경우 구속영장의 효력은 소년부판사가 제18조 제1항의 규정에 의한 소년의 감호에 관한 결정을 한 때에 상실한다(법 제52조 제1항). 이 때의 인도와 결정은 구속영장의 효력기간내에 이루어져야 한다(동조 제2항).

법관이 소년에 대한 피고사건을 관할 소년부에 송치한 결정에 대하여는 즉시항고할 수 없다. 그러나 소년법 제44조, 형사소송법 제402조에 의한 보통항고는 할 수 있다. 다만, 형사소송법 제404조의 규정에 의하여 보통항고는 원결정을 취소하여도 실익이 없게 된 때에는 이를 할 수 없는 것이므로, 위 송치결정에 의하여 피고사건의 송치를 받은 소년부에서 그 사건에 대한 보호처분의 결정이 있은 후에는 소년법 제43조의 규정상 (검사에게는 보호처분결정에 대한 항고권이 없다) 검사는 위 송치결정에 대한 항고를 할 수 없으며, 이미 적법하게 제기되었던 항고도 이유 없게 될 것이다.[55)]

(2) 이 송

1) 다른 소년부로의 이송

(가) 유 형

① 보호의 적정을 위한 재량이송　　보호사건의 송치를 받은 소년부는 보호의 적정을 기하기 위하여 필요하다고 인정한 때에는 결정으로써 사건을 다른 관할소년부에 이송할 수 있다(법 제6조 제1항). 예를 들면, 가출소년이 비행에 빠져 행위지의 소년부에 사건이 계속되었지만 소년의 주소지이고 보호자의 주

---

55) 대결 1966.9.15, 66모61 참조.

소지의 소년부에서 조사심판하는 것이 보호를 위해 적당하다고 인정되는 경우 등에 행하여진다. 이송여부는 재량이며, 개개의 사례에 따라 구체적 사정을 종합하여 합리적으로 판단할 것이 요청된다.

② 관할소년부로의 이송 소년부는 사건이 그 관할에 속하지 아니한다고 인정한 때에는 결정으로써 그 사건을 관할 소년부에 이송하여야 한다(동조 제2항). 즉, 소년사건은 관할소년부에 송치 또는 통고하여야 하고, 관할이 아닌 소년부에 송치 또는 통고된 경우에는 당해 소년부에서 실체심리를 할 수 없고, 반드시 관할소년부에 이송하여야 한다. 관할이 아닌 경우의 이송은 재량이 아니라 의무적이다.

관할이 아닌 소년부에 사건이 이송되는 것은 행위지 아닌 소년의 주거지의 경찰에서 수사가 행하여지고 그 후에 소년의 주거가 이전된 경우 등에 극히 예외적으로 발생한다. 이송할 수 있는 관할소년부가 복수인 경우에는 '보호의 적정'의 견지로부터 이송할 소년부를 선택하여야 하지만 일반적으로 소년의 주소지의 소년부에 이송하는 것이 적절하다. 그러나 이송전에 당해 소년부의 관할구역으로 소년의 주소지를 이전한 경우에는 이송하지 않더라도 무방하다. 다만, 관할권 아닌 소년부에 있어서도 재판권이 없는 경우나 소년이 사망하는 등 심판조건이 없는 경우에는 이송결정이 아니라 형식적 재판으로서 심판불개시결정이 가능하다.

관할의 기초인 소년의 주거부정 등의 원인으로서 이송이 행하여지는 것은 소년의 조기보호의 요청에 반하는 결과로 될 우려가 크고, 신병인도를 수반하는 이송의 경우에는 임시조치기간 내의 처리를 곤란하게 하고 소년의 심정에 악영향을 끼치게 될 것이다. 따라서 이송을 함에 있어서는 소년의 주거 등의 신속하고 신중한 확인을 하는 것은 물론, 보호자조사를 행하여 어느 소년부에서 심리하는 것이 적절하고 타당한가를 신중하게 판단하고, 신병인도를 수반하는 이송의 경우에는 신병압송(집행)이 신속하게 행하여지도록 소년분류심사원과 충분히 연락을 취하는 등의 조치를 할 것이 요청된다.

㈏ 이송의 절차

소년부판사가 관할이전의 결정을 한 경우 결정서를 작성하고 서명날인하여야 한다. 다만, 상당하다고 인정할 때에는 결정의 내용을 조서에 기재하게 하여 결정서의 작성에 갈음할 수 있고, 서명날인을 기명날인으로 갈음할 수 있다(규칙 제2조 제1항). 결정서에는 소년의 성명, 주민등록번호(기록상 주민등록번호를 알 수 없을 때에는 생년월일, 이하 '주민등록번호 등'이라 한다), 직업, 주거, 본적 및 주문과 이유를 기재하여야 한다. 다만, 이송결정의 결정서에는 소년의 성명, 주민등록번호 등, 주거 및 주문 이외의 기재를 생략할 수 있다(동조 제2항). 소년부판사는 결정서등본을 소년과 보호자에게 송부하여 통지하여야 한다.

또 소년부판사는 그 결정서등본을 검사에게 송부하고, 지체없이 소송기록과 증거물을 이전된 법원에 송부하여야 한다(형사소송규칙 제6조 제2항, 제3항). 이송결정에 의하여 소송기록과 증거물을 다른 법원으로 송부할 때에는 이를 송부받을 법원으로 직접 송부한다(동 규칙 제8조 제1항). 이 때 송부를 한 법원 및 송부를 받은 법원은 각각 그 법원에 대응하는 검찰청 검사에게 그 사실을 통지하여야 한다(동 규칙 제8조 제2항).

(다) 이송의 효력

이송결정이 있은 경우에는 사건은 이송한 소년부의 계속을 떠나 이송받은 소년부에 이전하기 때문에 전술한 것처럼 사건기록을 이송받은 소년부에 송부하여야 한다. 이송결정은 사건에 대한 종국결정은 아니고 단지 소년부내에서의 사건의 이전으로서 소위 중간결정이므로 이송한 소년부에서 이루어진 중간결정, 예를 들면, 임시조치(법 제18조), 심판개시결정(법 제20조) 등은 그 효력을 잃지 않는다. 따라서 이송받은 소년부에서 새로이 조사, 심판하기 위해 심리개시결정의 취소(규칙 제22조)를 한 다음 이송하는 것이 일반적이다. 또 이송결정은 사건계속을 이전시키는 것에 지나지 않기 때문에 임시조치로서 소년분류심사원에 위탁한 것(법 제18조 제1항 제3호)이나 수용중의 소년의 신병을 이동시키는 효력은 없다. 소년의 신병을 이동시키기 위해서는 별도로 임시조치의 변경결정(법 제18조 제6항)을 한 다음 그 집행을 할 필요가 있다. 임시조치의 기간에는 이송중의 기간도 산입되므로 이송한 소년부의 임시조치결정에 의해서 소년분류심사원에 위탁하는 기간은 입소한 날부터 1월(1회 연장가능) 이내인 것에 주의할 필요가 있다.

이송결정에 의하여 사건계속의 이전시기에 대하여는 결정고지(확정)설과 사건수리(기록송달)설이 있다, 어떤 설에 의하든 사건기록의 송부 및 신병집행 중에 임시조치를 해야 할 사항이 생긴 경우에는 사건기록이 이송받은 수년부에 도착하기 전에는 이송한 소년부에서 처리하여야 한다.

이송결정은 보호의 적정을 꾀하기 위한 것이므로 이송받은 소년부를 구속하는 것은 아니므로 이송받은 소년부는 다시 다른 관할소년부에 이송하거나 이송을 한 소년부에 역이송을 할 수 있다.

2) 재이송

소년부는 법원으로부터 송치받은 사건을 조사 또는 심리한 결과 본인이 20세 이상인 것이 판명된 때에는 결정으로써 송치한 법원에 사건을 다시 이송하여야 한다(법 제51조).

(3) 송 검

1) 의 의

소년부는 조사 또는 심리한 결과 금고 이상의 형에 해당한 범죄사실이 발견된 경우에 그 동기와 죄질이 형사처분의 필요가 있다고 인정한 때에는 결정으로써 사건을 관할지방법원에 대응한 검찰청검사에게 송치하여야 한다(법 제7조 제1항, 이를 실질적 검사송치라고도 한다). 검찰이 소년부에 송치한 사건의 경우도 마찬가지이다(법 제49조 제2항). 또 소년부는 조사 또는 심리한 결과 본인이 20세 이상인 것이 판명된 때에도 결정으로써 사건을 관할지방법원에 대응하는 검찰청검사에게 송치하여야 한다(법 제7조 제2항, 이를 형식적 검사송치라고도 한다).[56] 이것을 送檢이라고 한다. 소년부는 제6조 및 제7조의 규정에 의한 결정을 한 때에는 지체없이 그 사유를 본인과 그 보호자에게 통지하여야 한다(법 제8조).

이것은 소년사건의 처리에 있어서 검사의 판단과 소년부의 판단이 서로 다른 경우에는 소년부판사의 결정에 따르도록 하는 것으로서, 궁극적으로 검사선의권에 대한 사법적 통제로 작용하고 있다.

2) 요 건

송검의 대상은 '조사 또는 심리한 결과 금고 이상의 형에 해당한 범죄사실이 발견된 경우에 그 동기와 죄질이 형사처분의 필요가 있다고 인정'되는 경우

56) 다만, 법원이 소년에 대한 피고사건을 심리한 결과 벌금 이하의 형에 해당하는 범죄이거나 보호처분에 해당할 사유가 있다고 인정한 때에는 결정으로써 사건을 관할소년부에 송치한 때로서 조사 또는 심리한 결과 본인이 20세 이상인 것이 판명된 때에는 결정으로써 송치한 법원에 사건을 다시 이송하여야 한다(법 제7조 제1항 단서).

이므로 촉법소년이나 우범소년은 그 대상이 될 수 없다.

여기서 '형'은 법정형을 말한다. 한편에서는 '동기와 죄질' 등 양형사유를 고려하도록 하고 있다는 점에서 선고형으로 보아야 한다는 견해도 있다.[57] 그러나 송검결정의 시기는 소년부의 심리개시 전후에 관계없이 할 수 있으며, 송검을 결정할 때 법원이 갖는 범죄사실에 대한 심증의 정도는 개연적 심증으로 보아야 한다는 점 등을 고려할 때 범죄사실의 확정을 전제로 하는 선고형설은 타당하다고 하기 어렵다.[58]

또 '그 동기와 죄질이 형사처분이 필요하다고 인정한 때'라고 하는 것은 첫째, 보호처분의 필요성이 결여되어 형사처분을 함이 타당하다고 생각되는 경우, 즉 소년의 성향으로 보아 범죄적 성향이 강하여 보호처분의 한계를 초월하고, 따라서 범죄적 위험성을 교정 또는 개선할 가능성이 없는 경우, 보호처분에 의한 교정 또는 교육은 가능하지만 죄질로 보아 형사처분에 의한 책임을 묻는 것이 적당하다고 생각되는 경우, 즉, 장래에 범죄를 저지를 위험성은 없지만 현재의 범죄사실이 중대하고 동기가 좋지 않기 때문에 공공복리와 사회안전, 그리고 피해감정을 고려해서 형사처분이 가능한 경우, 셋째, 범죄의 성질상 보호처분에 친하지 않아 형사처분 할 수밖에 없는 경우, 즉 행정범, 특별법범 등에 관하여 법규의 목적, 단속의 필요성 등을 고려할 때 그 성질상 보호처분에는 적합하지 않고 형사처분의 필요성이 인정되는 경우 등을 말한다.[59] 그러나 소년법상 검사가 수사한 결과 보호처분에 처함이 상당하다고 인정되는 경우에는 강제송치주의를 취하고 있음을 고려하면 소년범에 대하여는 보호처분을 우선으로 하고 있다고 보아야 한다. 따라서 송검은 극히 예외적인 현상이라고 할 것이다.[60] 실무적으로도 연령을 초과한 경우가 아니면 거의 송검은 이루어지지 않고 있다고 한다.

3) 절 차

소년부판사가 검사에게 송치하는 결정을 함에는 범죄사실과 적용법조를 명

---

57) 신기하, "소년법상의 문제점"(소년법에 관한 제문제, 사법연수원, 1979), 486면.
58) 김용우/최재천, 앞의 책, 551면.
59) 김용우/최재천, 앞의 책, 551면 ; 유진식, 『소년법』, 육법사, 1982, 346-347면.
60) 입법론적으로 그 요건을 더욱 엄격하게 제한할 것이 요청된다(윤용규/최종식, 앞의 글, 73면 참조).

시하여야 한다(규칙 제8조 제1항). 또 소년부판사는 사건을 검사에게 송치할 때에는 관계되는 서류와 증거물 전부를 검사에게 송부하여야 한다. 다만, 공범이 있거나 기타의 사유로 이를 송부할 수 없는 때에는 송치하는 사건과 관련되는 부분의 등본을 송부하여야 한다(동조 제2항).

4) 효 과

검사는 소년부가 송치한 사건은 다시 소년부에 송치할 수 없다(법 제49조 제3항). 소년부의 송검결정은 최종적인 것이다. 소년부의 송검결정에 대하여 검사는 불복신청도 할 수 없다.

한편, 소년부가 송검결정한 사건에 대하여 검사가 수사 후 범죄혐의가 없다고 인정되는 경우에 불기소처분하거나 기소유예를 할 수 있느냐에 대하여는 다툼이 있다. 이를 긍정하는 견해[61]도 있으나 애초의 소년부 송치시에 이미 검사가 금고 이상의 형에 해당하는 사건이지만 보호처분함이 상당하다고 인정한 사건이므로 불기소처분하거나 기소유예처분을 하는 것은 적절하지 않다고 봄이 타당하다. 이것은 전술한 바와 같이 소년사건에서는 검사의 기소편의주의가 적용될 수 없으며, 소년부의 송검이 '보호처분에 처하는 것'이 부당하다는 의미이지 사안 자체의 판단이 잘못되었다는 의미는 아니기 때문이다.[62] 그러나 송검을 받은 사건의 일부에 대하여 공소를 제기함에 충분한 범죄혐의가 없거나, 범죄의 정상 등에 영향을 미칠 새로운 사정을 발견했기 때문에 소추가 상당하지 않은 경우 및 송치후의 사정에 의해 소추가 상당하지 않다고 사료되는 때에는 소추가 강제되지 않는다고 봄이 타당하다.[63] 이러한 경우에는 검사가 다시 이 사건을 소년부에 송치할 수 있다고 보아야 한다. 이것을 '재송치'라고 한다. 재송치가 요구되는 것은 소년부가 형사처분 상당의 판단의 기초로 된 사정이 변하였

---

61) 유진식, 앞의 책 350면; 신기하, 앞의 글, 497면.

62) 김용우/최재천, 앞의 책, 553-534면 참조. 입법론적으로 이 경우에는 소년부가 사건을 검사에게 송치할 것이 아니라 기소독점주의의 예외를 인정하여 바로 형사법원으로 관할이 송하도록 명문화하는 것이 바람직하다고 한다.

63) 일본의 경우 검사는 가정재판소가 송치한 사건에 대하여 공소를 제기함에 충분한 범죄혐의가 있다고 사료하는 때에는 공소를 제기하여야 한다. 다만, 송치를 받은 사건의 일부에 대하여 공소를 제기함에 충분한 범죄혐의가 없거나, 범죄의 정상 등에 영향을 미칠 새로운 사정을 발견했기 때문에 소추가 상당하지 않다고 사료되는 때에는 그러하지 아니한다. 송치후의 사정에 의해 소추가 상당하지 않다고 사료되는 때에도 마찬가지이다(일본 소년법 제45조 제4호).

으므로 소년부의 판단을 거칠 필요가 있기 때문이다.

(4) 항고법원으로부터의 환송 또는 이송

보호처분의 결정 또는 보호처분 변경의 결정이 그 결정에 영향을 미칠 법령위반이 있거나 중대한 사실오인이 있는 때 또는 처분이 현저히 부당한 때에는 본인, 보호자, 보조인 또는 그 법정대리인은 관할 가정법원 또는 지방법원본원 합의부에 항고할 수 있다(법 제43조 제1항). 또 항고를 기각하는 결정에 대하여는 그 결정이 법령에 위반하는 때에 한하여 대법원에 재항고를 할 수 있다(법 제47조 제1항).

그러나 항고심, 재항고심은 항고 또는 재항고에 이유가 있다고 인정되는 경우이더라도 스스로 보호처분 등의 결정을 할 수 없고, 원결정을 취소하고 사건을 원소년부에 환송하거나 다른 소년부에 이송하여야 한다(법 제45조 제2항). 항고법원으로부터 사건을 환송 또는 이송받은 소년부판사는 환송 또는 이송받은 사건에 관하여 다시 심리하여야 한다(규칙 제51조 제1항). 이 경우에는 본인이 20세를 넘은 경우에도 수리를 거부할 수 없다.

Ⅱ. 통 고

범죄소년, 촉법소년 또는 우범소년을 발견한 보호자 또는 학교와 사회복리시설의 장은 이를 관할소년부에 통고할 수 있다(법 제4조 3항).[64] 통고에 의해

64) 일본의 경우 都道府縣知事은 아동의 행동의 자유를 제한하거나 자유를 박탈하는 강제적 조치가 필요한 때에는 사건을 가정재판소에 송치하여야 한다(일본 아동복지법 제27조의 3). 이를 '요강제사건' 또는 '강제적 조치 허가신청사건'이라고 한다. 실무상으로 이 권한을 아동상담소장에게도 인정하고 있다고 한다. 이것의 성질에 대하여는 사건을 전면적으로 다른 처리기관에 옮긴다는 일반사건'송치'와는 다른 개념으로서 도도부현지사 등이 사법기관인 가정재판소에 강제적 조치를 취할 허가를 신청하는 성질의 것이므로 가정재판소는 소년법 제18조 제2항의 강제적 조치에 대하여 허부를 결정하는 것 뿐이고 보호처분결정 등은 할 수 없다는 견해(통설, 판례)와 송치라고 하는 문언을 사용하는 이상 일

사건이 접수는 되지만 법관에 의한 입건명령이 이루어지면서 비로소 사건이 소년부에 계속하는 것으로 된다. 그렇지 않은 경우는 '수리하지 않음'으로 되어 종국처리된다.

이 때 통고는 서면 또는 구두로 할 수 있다(규칙 제6조 제1항). 통고에는 소년과 보호자의 성명, 생년월일, 직업, 주거, 본적, 통고자의 성명, 통고하게 된 사유 및 소년의 처우에 관한 의견을 명시하여야 한다(동조 제2항). 구술의 통고가 있는 때에는 소년부 법원서기관, 법원사무관, 법원주사 또는 법원주사보는 이를 조서에 기재하고 서명날인하여야 한다(동조 제3항). 서면에 의한 경우를 통고서, 구술에 의하여 작성된 조서를 통고조서라고 한다. 규정은 없지만 통고조서의 중요성에 비추어 통고자에 대하여 기재내용을 읽거나 들려주어 잘못이 없는 것을 확인시킨 후 서명날인하도록 하는 것이 절차적으로 상당하다고 하겠다.

구술에 의한 통고에 전화연락에 의한 경우도 포함되는가에 대하여는 의견이 나뉜다. 즉, 전화에 의한 통고는 통고자, 통고내용 등을 담당자가 면전에서 확인할 수 없기 때문에 절차의 형식적 확실성을 해치고, 소년의 인권을 부당하게 침해할 우려가 있다는 점에서 부정하는 견해와 소년이 긴급하게 보호되어야 할 상태에 있고, 그 복지상 필요가 있으면 어느 정도 형식적 확실성의 문제가 있더라도 소년의 건전육성을 꾀한다는 구체적 타당성의 면에서 이것을 긍정하는 견해가 있다.

반사건의 송치와 같은 의미이므로 통상 송치라고 해석하여야 하고, 따라서 가정재판소는 소년법 제18조 제2항의 강제적 조치를 허가해서 도도부현지사 등에게 송치할 수 있는 것 외에 보호처분결정 등도 가능하다는 견해 및 절충설로서 소년법 제6조 제3항의 송치도 사건의 송치이므로 제18조 제2항의 강제적 조치를 허가할 수 있는 것 외에 가정재판소 본래의 심판대상인 경우에는 보호처분을 할 수 있다거나 제6조 제3항의 송치에 통상 송치의 취지가 택일적 또는 예비적으로 포함되어 있는 경우에는 보호처분 등의 결정을 할 수 있다는 견해 등이 있다.

이외에 아동복지기관은 취급하고 있는 18세 미만의 아동에 대하여 가정재판소의 심판에 부하는 것이 적당하다고 인정할 때에는 그 아동을 가정재판소에 송치하는 경우가 있다(일본 아동복지법 제27조 제1항 제4호). 주로 촉법소년 또는 18세 미만의 우범소년이 대상이고, 다만, 14세 미만의 소년에는 아동상담소장에게 통고하도록 함으로써 아동복지기관 선의권이 인정되고 있다(일본 소년법 제3조 참조).

제7장 사건의 접수

Ⅰ. 사건의 접수와 수리

사건의 접수란 어떤 사건에 대한 서류를 최초로 법원이 받아들이는 행위를 말하는데, 서류를 받아들이는 순수한 사실행위인 접수와 그 서류를 법원이 정식 사건으로 인정하는 행위인 수리로 구분해 볼 수 있다. 좀더 구체적으로 말하면, 사건의 수리란 송치기관의 대상소년의 송치, 통고권자의 통고에 의해 소년법원에 소년보호사건으로 계속되는 것을 의미한다.[1)]

소년보호사건에서 통고사건을 제외한 나머지 사건의 경우에는 서류접수와 동시에 사건이 수리되지만, 통고의 경우에는 통고서를 접수하는 것만으로는 부족하며, 소년부가 이를 심리할 필요가 있다고 인정한 때에 비로소 정식으로 수리된다(법 제11조 제2항). 송치나 통고된 보호사건을 소년부가 수리하면 그 사건은 소년법원에 계속된다.

---

1) 김동림, 『소년법』, 화성사, 2000, 299면; 법원행정처, 『법원실무제요(소년 · 비송)』, 2000, 80면.

Ⅱ. 사건의 계속

사건의 계속이란 사건이 소년부에서 수리되어 사건에 대한 조사 및 심리가 이루어질 수 있는 상태를 말하며, 원시적 사건계속과 승계적 사건계속으로 나누어 볼 수 있다.[2)]

1. 원시적 사건계속

송치와 통고에 의한 소년법원의 사건수리를 원시적 사건계속이라고 한다. 송치에는 경찰서장에 의한 송치(법 제4조 제2항)와 검사의 송치(법 제49조 제1항)가 있고, 통고에는 보호자, 학교장, 사회복지시설의 장의 통고가 있다(법 제4조 제3항).

2. 승계적 사건계속

이송 및 환송에 의한 사건계속을 승계적 사건계속이라고 한다. 승계적 사건계속은 (i) 형사법원이 소년에 대한 피고사건을 심리한 결과 벌금 이하의 형에 해당하는 범죄이거나 보호처분에 해당하는 사유가 있다고 인정한 때에 관할 소년부에 대해 행하는 송치와 (ii) 소년법원이 소년의 보호의 적정을 기하기 위해 또는 관할 소년부에 이송하는 소년법원간 이송이 대표적이다(법 제6, 50조). 그 이외에도 항고심이나 재항고심에서 환송되거나 이송된 경우(법 제45조 제2항, 47조), 소재불명으로 인하여 심리불개시 결정을 받은 소년의 소재가 밝혀진 때에 심리불개시의 결정이 취소되어 당해 소년법원에 사건이 계속되는 경우(법 제19조 제4항)가 있다.

---

2) 사건계속 대신 사건수리라는 용어를 사용하는 경우도 있으나 그 내용에는 차이가 없다.

Ⅲ. 사건접수의 절차

소년부판사는 사건이 접수된 때에는 소년의 비행사실을 보호자나 보조인에게 통지하고, 송치서나 통고서를 심사하여 조사·심리에 필요하다고 인정하는 때에는 임시감호조치를 취할 수 있다. 소년보호사건의 접수절차는 [서류의 검토→접수인의 날인→사건번호의 부여→기록의 제출→사건배당→기록의 편성→기록의 결재 및 기록의 배부] 등으로 이루어진다.[3)]

1. 서류의 검토

소년보호사건의 접수는 가정법원 소년과, 지방법원 형사과, 가정지원 사무과의 접수계가 이를 담당한다.[4)] 이 경우 접수담당자는 필요한 서류의 구비여부만 검토할 수 있을 뿐 기록에 대한 심사권이나 접수를 거부할 권한은 가지고 있지 않다. 경찰서장 또는 검사의 송치의 경우에는 송치서를 검토하여 관할, 연령, 증거물 기타 참고자료의 첨송여부 등을 확인하고 미비점이 있으면 그 보완을 요구하되 만약 보완되지 않으면 그 사유를 간략히 부전지에 기재하여 첨부하고 이를 접수한다.[5)] 여기서 보완의 촉구는 공무소간의 사무처리를 원활하게 하는 의미의 촉구이므로 형식적 기재사항에 한정된다. 통고서의 통고 역시 이에 준하여 접수한다.

---

3) 사건접수실무와 관련된 설명은 무엇보다 법원행정처, 『법원실무제요(소년·비송)』, 2000, 80면 이하 참조.

4) 일과시간 후에는 문서의 수발, 인계, 관리를 담당하는 당직자가 이를 접수한다. 당직근무자가 송치서 등을 접수한 때에는 문서건명부에 이를 기재하고 그 접수와 관련하여 긴급한 처리를 요하는 사항이 생긴 때에는 지체없이 이를 당직법관이나 담당재판부 또는 주무부서에 연락하거나 소속기관장에게 보고하고 필요한 조치를 취하여야 한다(법원당직 및 비상근무규칙 제12조 제1항 제3호 및 제3항).

5) 흠결 있는 소송서류의 접수방법(송민 64-18)의 유추적용.

2. 서류검토후의 조치

(1) 접수인의 날인

접수담당자는 서류를 검토한 후 송치서, 통고서, 통고조서 또는 환송·이송의 경우에는 기록송부서의 첫 면 좌측 하단에 문서접수인을 찍어 접수연원일과 번호를 기입하고 소년보호사건부에 등재한 후 담임 법원사무관 등에게 교부하여야 한다.[6]

(2) 사건번호의 부여

접수담당자는 접수인을 날인할 때 접수순서대로 전일의 최종접수사건의 사건번호에 연이어 사건번호를 부여하는데 그 방식은 접수서류표지 우측상단 여백에 일정한 양식의 고무인을 찍고 그 해당란에 사건번호를 기재함에 의한다.[7] 사건번호는 대상소년마다 하나씩 부여하며 사건별 부호문자는 소년보호사건은 "푸", 소년보호항고사건은 "크", 소년보호재항고사건은 "트"로 한다.[8] 사건명은 범죄소년의 경우 위반된 죄명을 사건명으로 하고 우범소년의 경우에는 사건명을 모두 "우범"으로 한다. 촉법소년의 경우에는 범죄소년과 구별하기 위하여 "촉법(죄명)"으로 사건명을 기재해야 하지만, 실무상 보통 위반된 죄명만을 기재하고 있다.

(3) 기록의 제출 및 사건배당

송치사건에서 소년이 송치와 함께 동행되어 온 경우에는 신병인수를 분명하게 하기 위하여 "소년인수증"을 인도한 자에게 교부하고, 인도된 소년에 대하여는 도착한 때부터 24시간 이내에 임시조치여부를 결정하여야 한다. 소년의 신병확보를 위한 임시조치를 할 것인지의 여부를 결정하게 하기 위해 앞의 절차가 끝난 직후 소년부판사에게 기록을 제출하여야 한다. 당일의 사건접수가 모두

---

6) 법원재판사무처리규칙 제7조 제1항.

7) 법관 등의 사무분담 및 사건배당에 관한 예규(송일 78-2, 송일 81-4) 제14조.

8) 법원재판사무처리규칙 제19조 제3항 별표 1.

끝나면 접수마감 즉시 또는 다음날 업무시작 즉시 사건배당을 행한다. 사건의 재배당의 필요성이 있으면 보호사건 재배당요구부에 기재하여 재배당한다.[9)]

(4) 기록의 편성, 결재 및 배부

법원의 송치에 의해 사건이 소년부에 접수되는 경우 소송기록 및 수사기록은 송치서가 송부된 날부터 수일 후에 송부되어 오는 것이 보통인데, 이 때에는 송부된 기록을 우선 문서건명부에 기재한 후 해당기록에 이를 첨부한다. 기록편성요령은 기록을 송치서에 기하여 별도로 작성하여 이에 소년보호사건표지를 붙이며, 송치 이후 소년부에서의 절차진행에 관계된 서류는 송치서를 시작으로 하여 순서대로 가철하고, 송치법원으로부터 송부된 형사소송기록은 소년보호사건기록에 첨철한다.[10)] 이는 사건종결 후 형사소송기록을 분리하여 검찰청에 반환해야 하는 데 따른 편의를 도모하기 위한 것이다.

검사의 송치에 의하여 사건이 접수된 경우에도 법원의 송치와 마찬가지로 기록을 편성하지만, 통고나 경찰서장의 송치에 의해 사건이 접수된 경우에는 사건종결후 기록을 반환할 필요가 없으므로 통고서나 송치서 앞에 소년보호사건기록 표지를 붙이고, 소년부에서의 절차진행에 관계된 서류를 통고서나 형사기록의 끝부분에 순서대로 가철한다.

이렇게 기록이 편성되면 지체 없이 행정결재를 얻어 담당재판부별 참여계에 배부한다. 기록배부를 받은 참여계에서는 각자의 사건진행상황부, 위탁감독부 등에 등재한 후 담당재판부에 제출하여 기일의 지정 등 필요한 지시를 받는다.

(5) 통고사건의 처리

통고사건은 소년부판사가 심리할 필요가 있다고 인정한 경우에 비로소 보호사건으로 수리되지만, 심리의 필요성여부를 결정하기 전이라도 통고가 있었다는 사실 및 그 후의 처리상황을 명확히 할 필요가 있다. 따라서 통고를 받은

9) 사건배당방법은 송일 78-2, 81-4 예규 제3관 참조.
10) 형사사건의 소년부 송치시 기록송부절차 등에 관한 예규(송일 86-2).

단계에서 일단 사건번호를 부여하고 이를 사건부에 기재한 후 수리여부의 신속한 결정을 위하여 신병에 관한 임시조치여부 결정의 경우와 같이 즉시 소년부판사에게 기록을 제출하여야 한다. 소년부판사는 통고서, 통고조서 및 참고자료를 검토하여 이를 결정하고, 통고서 또는 통고조서에 수리 또는 불수리라고 기재하고 날인한다. 불수리결정이 있으면 사건은 그로써 종결되므로 사건부에도 불수리라고 기재하여 종결시켜야 한다.[11]

(6) 비행사실 등의 고지

소년부판사는 소년보호사건을 접수한 때에는 소년 및 보호자 또는 보조인 중 적당하다고 인정되는 사람에게 (i) 소년의 비행사실, (ii) 소년 또는 보호자는 보호자 또는 변호사 기타 소년부판사의 허가를 받은 사람을 보조인으로 선임할 수 있다는 것, (iii) 보호자는 조사 또는 심리기일에 출석하여 의견을 진술할 수 있고, 소년보호에 도움이 되는 자료를 제출할 수 있다는 것을 서면으로 고지하여야 한다. 다만 소년법 제50조(법원의 송치) 규정에 의하여 송치된 소년보호사건에 있어서는 소년의 비행사실은 이를 고지하지 아니할 수 있다(규칙 제9조).[12]

---

11) 앞의 법원실무제요, 85면.

12) 종전의 직권주의적 소년심판절차의 결점을 보완하여 적법절차를 보장하려는 취지로 소년법 제3차 개정 이후 1989년 전문개정된 소년심판규칙에 의해 운용되고 있다(김동림, 앞의 책, 301면).

제8장 신병에 관한 절차

Ⅰ. 감호에 관한 임시조치

1. 의 의

'감호에 관한 임시조치'란 소년보호사건의 조사·심리에 필요하다고 인정되는 때에 소년부판사가 결정으로써 내리는 감호에 관한 조치를 말하며 가위탁처분이라고도 한다. 이러한 임시조치에는 ① 보호자나 소년을 보호할 수 있는 적당한 자 또는 시설에 위탁하는 것, ② 병원, 기타 요양소에 위탁하는 것, ③ 소년분류심사원에 위탁하는 것 등 세 가지가 있다(법 제18조 제1항).

이러한 가위탁처분은 통상의 경우 조사와 심리를 위하여 필요하다고 판단될 때에 소년부판사가 이를 결정할 수 있도록 하고 있어 임의적인 성격을 띠고 있으며 가위탁처분결정의 시기에는 제한이 없다. 그러나 소환이나 심리불응을 이유로 동행영장에 의해 동행된 소년의 경우에는 소년부에 소년이 인도된 때로부터 24시간 이내에 가위탁처분결정을 하도록 함으로써 결정에 대한 시간적 제한규정을 두고 있다. 구속된 소년에 대하여 소년법 제49조 제1항 및 제50조에 따른 검사 또는 법원의 소년부송치결정이 내려진 경우에도 마찬가지로 24시간이라는 시간적 제한이 적용된다(법 제18조 제2항).

항고에 의하여 원심법원의 보호처분의 결정이 취소된 경우 항고법원으로부터 사건을 환송·이송받은 소년부판사도 소년심판규칙 제50조에 의하여 임시조치를 내릴 수 있다. 그 외 소년법 제37조 제1항 본문의 규정에 의하여 보호처분 변경신청이 있는 경우에도 소년부판사는 필요하다고 인정하는 때에 제18조 제1항의 임시조치를 내릴 수 있다(규칙 제39조).

2. 요 건

임시조치의 요건과 관련하여 소년법 제18조 제1항은 "소년부판사가 사건의 조사 및 심리에 필요하다고 인정한 때"라고만 규정하고 있어서 그 요건이 상당히 추상적·포괄적이라고 할 수 있다 이러한 추상적 규정으로 인하여 실제 소년법원들이 해당 법원의 전통과 관행에 근거한 요건을 마련하고 이에 따라 가위탁결정을 하고 있는 실정이어서 각 법원별로 그 기준이 상당히 다르게 나타나고 있다.

즉 소년분류심사원 위탁결정시 구속여부를 기준으로 소년분류심사원 위탁처분을 결정하는 법원이 있는가 하면 구속여부에 상관없이 위탁을 결정하는 법원도 있다. 전자의 경우 소년이 구속조사를 받았거나 구속기소되어 소년부에 송치된 때에는 모두 소년분류심사원에 위탁되며 불구속수사를 받았거나 불구속기소되어 소년부에 송치된 때에는 불위탁되고 있는데, 서울가정법원과 대전지방법원이 바로 이러한 기준에 따라 위탁결정을 하고 있다. 후자의 경우 소년법원이 위탁여부를 다시 판단하여 결정하고 있는 법원(춘천, 청주, 대구, 전주지방법원)도 있고 소년 전원을 소년분류심사원에 위탁하는 법원(광주지방법원)도 있다. 그 외 사건을 송치받은 곳을 기준으로 위탁결정을 하는 법원도 있다. 즉 부산지방법원은 본원에서 공판을 받은 소년과 검찰에서 송치되어 오는 소년에 대하여는 전부 위탁결정을 하고 본원 관할 이외의 법원, 지원에서 송치되는 경우에는 소년의 신병이 오지 않고 사건기록과 송치서만 보내오기 때문에 불위탁으로 처리하고 있다.[1] 이처럼 위탁결정의 기준을 법원별로 다르게 적용할 경우 처우절차상 형평을 기할 수 없게 되므로 이를 통일시킬 것이 요구되고 있으며,[2] 임시조치

1) 김지선, 「소년미결구금제도에 관한 연구」, 한국형사정책연구원, 2003, 86면.
2) 김지선, 위 논문, 76면.

의 요건이 추상적으로 규정됨으로써 인권침해소지가 크다는 비판이 제기되면서 객관적인 준거기준 설정의 필요성이 제고되고 있다.[3)]

3. 절차 및 내용

(1) 보호자 등 위탁처분(제1호 위탁처분)

보호자나 소년을 보호할 수 있는 적당한 자, 기타 시설 등에 소년을 위탁하는 처분으로서 기간은 3월을 초과할 수 없으나 특히 계속의 필요가 있는 경우에는 1회에 한하여 결정으로써 이를 연장할 수 있다(법 제18조 제3항).

여기서 보호자란 법률상 감호교육의 의무가 있는 자 또는 친권자, 후견인, 아동복지시설의 장 등과 같이 현재 소년을 감호하고 있는 자를 말한다. 소년을 보호할 수 있는 적당한 자란 자원보호자 등 보호자를 대신하여 소년을 보호할 수 있는 사람을 말한다. 즉 소년을 비행으로 몰아넣었던 좋지 않은 환경이 개선되지 않거나 보호자의 보호능력이 불완전한 경우에 보호자에 대신하여 소년을 맡아 보호할 수 있는 자이다.[4)] 기타 시설이란 아동복지법상의 아동복지시설 기타 소년보호시설을 말하며, 대표적인 처분시설로는 살레시오 근로청소년회관, 효광원, 로뎀의 집 등이 있는데 주로 종교단체 또는 사회복지단체에서 운영하고 있다.[5)]

소년을 보호자에 위탁하는 임시조치와 관련해서는 신병확보의 실효성이 적다는 문제점이 지적되고 있다.

(2) 병원 기타 요양소 위탁처분(제2호 위탁처분)

소년이 정신지체, 정신병질 등 신체적 · 의학적으로 문제가 있다고 보이는

---

3) 강금실, "소년법상 가위탁결정을 둘러싼 문제점－소년의 신병처리를 중심으로"(청소년범죄연구 제3집, 1985), 77면.

4) 윤용규/최종식, "우리나라 소년사법의 운용실태와 개선방안에 관한 일고찰"(형사정책연구 제11권 제4호, 2000), 68면.

5) 서울소년분류심사원, 『소년사법제도에 대한 이해』, 2005, 10면.

경우에 내릴 수 있는 임시조치이며 기간은 3월을 초과할 수 없으나 특히 계속의 필요가 있는 경우에는 1회에 한하여 결정으로써 이를 연장할 수 있다(법 제18조 제3항). 그러나 제2호의 위탁처분은 적절한 시설 선정 및 예산 등의 문제로 실제 거의 내려지지 않고 있으며, 2004년 단 1건만이 병원등에의 가위탁처분을 받았을 뿐이다.[6)]

이상 제18조 제1항상의 제1호, 제2호 위탁처분, 즉 보호자 등 위탁과 병원 등 위탁처분을 할 때에는 보호자 또는 수탁자에게 소년감호에 관한 필요사항을 지시할 수 있다(법 제18조 제4항). 이러한 위탁처분의 결정은 소년 및 보호자 또는 보조인 중 적당하다고 인정되는 사람과 수탁자에게 통지하여야 하며, 그 기간의 연장에 관한 결정도 소년과 수탁자에게 각 통지하여야 한다(규칙 제20조).

(3) 소년분류심사원 위탁처분(제3호 위탁처분)

1) 위탁의 내용

소년의 비행원인을 진단하여 이를 심리에 참고하기 위한 목적으로 소년분류심사원에 위탁하는 것을 내용으로 하는 처분이다. 여기서 소년분류심사원이란 소년에 대하여 수용분류심사, 외래분류심사, 상담조사 등의 임무를 수행하고 있는 기관으로서 이들 임무 중 대부분은 소년부판사의 위탁소년과 소년원송치처분을 받은 소년에 대한 수용분류심사가 중심을 이룬다.[7)]

즉 소년분류심사원은 소년법원의 임시조치결정에 의하여 위탁된 소년을 수용·보호하여 각종 심리검사와 환경조사, 상담 등을 거쳐 비행원인을 심층진단하고 이에 따른 처우지침 및 지도방향에 관한 의견을 제시하여 이를 분류심사서로 작성하고 법원에 제출하는 임무를 담당하고 있다(소년원법 제2조 제2항 제1호, 제27조 제1항). 그 외에 소년분류심사원은 소년법 제12조에 의하여 소년법원 판사가 약 4~6일간 상담조사를 의뢰한 소년을 대상으로 주간에만 분류심사와 비행성 개선을 위한 특별교육을 실시하고 상담조사결과와 의견을 법원, 소년원장, 보호관찰소에 통지하며(소년원법 제2조 제2항 제2호, 제27조 제1항, 제2항), 소년원법 제12조 제2항 제3호에 의해 소년원장, 보호관찰소장이 의뢰하거나 제26

---

6) 법무부 보호국 소년 제1과, 『소년범죄관련 주요통계』, 2005, 3면.
7) 조준현, "소년법 개정방향에 관한 이론과 실제"(보호 제17호, 법무부, 2005), 94면.

조에 의해서 가정, 학교, 사회단체 등에서 요청한 소년에 대한 분류심사를 실시하여 그 결과를 분류심사를 의뢰·요청한 자에게 통지하는 임무를 담당하고 있다(소년원법 제27조 제3항).

이러한 소년분류심사원은 현재 서울, 부산, 광주 등 3곳에 설치되어 있으며 분류심사원이 설치되어 있지 않은 지역은 소년원에서 분류심사원 임무를 대행하고 있다.8)

소년에 대한 분류심사는 학문적 소양과 전문지식을 갖춘 분류심사관이 담당하며(소년원법 제25조), 분류심사관은 분류심사를 행함에 있어 심리학, 교육학, 사회학, 사회복지학, 교정학, 의학 등의 전문적인 지식과 기술에 근거하여 위탁소년의 신체적·심리적·환경적 측면을 조사·판정하여야 한다(소년원법 제24조 제2항).

소년분류심사원에 위탁된 소년에 대해 실시하는 수용분류심사는 일반분류심사와 특수분류심사로 나눌 수 있다. 일반분류심사는 비행요인이 비교적 간단한 소년에 대하여 주로 면접조사, 신체의학적 진단, 집단검사, 자기기록검토, 자료조회, 행동관찰 등의 방법에 의하여 실시되며, 특수분류심사는 일반분류심사 결과 비행요인이 중대하고 문제해결이 용이하지 않은 소년에 대한 심층적인 분류심사로서, 개별검사와 정신의학적 진단, 현지조사 등이 추가되어 실시된다(소년원법시행규칙 제48조 제2항). 이와 같이 소년을 분류심사하는 방법으로는 면접조사, 심리검사, 정신의학적 진단, 행동관찰, 자기기록 검토, 자료조회, 현지조사 등이 있으며(소년원법시행규칙 제48조 제1항), 면접조사의 경우 담당분류심사관이 위탁소년 등을 비롯하여 보호자 그 밖의 참고인 등을 대상으로 직접 면담하여 조사하여야 한다. 이 때 분류심사관은 면접대상자가 심리적 안정감을 가질 수 있도록 친철하게 대하고 용모·태도·언어 등에 유의하여야 한다(소년원법시행규칙 제49조). 소년에 대한 행동관찰은 객관적이고 신뢰성있게 하고 그 결과가 분류심사 등에 유용하도록 제공되어야 한다(소년원법시행규칙 제50조).

분류심사를 통해서 위탁받은 소년의 신체, 성격, 소질, 환경, 학력, 경력과

8) 대구, 춘천, 청주, 전주, 제주 등은 소년원에서, 대전은 대전의료소년원에서 소년분류심사원의 업무를 대행하고 있고, 인천과 수원은 서울소년분류심사원에서, 창원은 부산소년분류심사원에서 업무를 대행하고 있다. 소년분류심사원은 1995년 1월 기존의 소년감별소의 명칭을 변경한 것으로서 1977년 서울소년감별소(서울소년분류심 사원)가 최초 개설됨으로써 제도적인 발전을 이루게 되었다.

그 상호관계가 규명되어 위탁소년의 교정에 관한 최선의 방침이 수립되어야 하므로(소년원법 제24조 제1항), 분류심사관은 각종 기록 및 상담결과, 관계인과의 면접, 그 밖의 객관적인 자료 등을 토대로 신상관계, 신체적 측면, 심리적 측면, 환경적 측면, 행동특징, 그 밖의 참고사항을 종합·분석하여야 한다(소년원법시행령 제51조). 신상관계와 관련해서는 소년의 인적사항, 학력, 지니고 있는 문제 및 비행에 대한 개요, 비행력, 보호자 및 가족상황, 그 밖에 참고인 등에 대한 자료를 분석하며, 심리적 측면과 관련해서는 소년의 건강상태, 신체특징, 결함여부 및 병력 등을 진단하고, 심리적 측면과 관련해서는 지능능력, 성격특징, 신경증·정신병 등 전신기능의 장애여부, 적응 및 욕구, 자기개선에 대한 의지 등을 측정한다. 환경적 측면과 관련해서는 출생 이후 현재까지 소년의 가정·학교·사회생활 등을 조사하며 행동특징면에서는 수용생활 및 검사·면접시 등 소년이 처해진 환경의 조건에 따라 반응하는 특이사항 및 경향을 관찰하여야 한다.

이상의 분류심사자료와 분류심사위원회의 의견 등을 종합하여 분류심사관은 분류심사서를 작성하여야 하며(소년원법시행령 제53조), 이를 소년분류심사원장이 소년법원에 통지하여야 한다(소년원법 제27조 제1항). 또한 위탁소년이 보호처분의 결정을 받은 때에는 소년분류심사원장은 위탁소년의 심사결과와 의견을 지체없이 그 처분을 집행하는 소년원 또는 보호관찰소에 통지하여야 한다(소년원법 제27조 제2항).

그 외 소년분류심사원에서는 단기간의 집중적인 교육프로그램과 치료적 처우를 실시하여 소년의 성행개선과 건전한 소년으로서의 사회복귀를 돕고 있다. 신입 위탁소년을 대상으로 1주간 오리엔테이션, 상담, 심리검사 등을 실시하여 새로운 환경에 적응하도록 지도하며, 이러한 신입교육이 종료된 후에는 2주간 정보화교육, 분류심사, 체험위주의 인성교육, 정신교육, 특별활동 등을 실시하여 성행개선과 인성발달을 도모하도록 지도하고 있다.[9] 다만 이러한 교정교육의 수준은 원론적인 수준에서 제시된 소년원법을 그대로 준용하고 있을 뿐이며 분류심사를 주된 업무로 하다보니 실제로 이러한 교육과정이 제대로 운영되지 못하고 있는 실정이어서 다각적인 노력에도 불구하고 아직 초보적인 단계에 머물러 있다고 할 수 있다.[10]

---

9) 앞의 『소년사법제도에 대한 이해』, 15-16면.
10) 김지선, 앞의 논문, 96면.

소년분류심사원 위탁처분의 결정은 소년심판규칙 제20조에 따라 소년, 보호자 보조인 중 적당하다고 인정되는 사람과 수탁자에게 통지하여야 한다.

2) 위탁의 성격

소년분류심사원 위탁처분의 성격을 일종의 미결구금으로 볼 수 있을 것인가와 관련해서는 현재 세 가지 입장이 주장되고 있다. 첫째, 미결구금의 성격을 부인하는 입장이다. 이에 의하면 소년법원의 감호결정에 의한 소년분류심사원 위탁처분은 소년의 신병을 확보하면서 소년을 보호하는 기능을 하는 것으로서, 단순히 형사소송의 진행과 형벌의 집행을 확보하기 위하여 신체의 자유를 제한하는 기능만 하는 미결구금과는 개념적으로 구별되는 것이라고 한다.[11]

이에 반해서 미결구금의 성격을 긍정하는 견해[12]도 있다. 이러한 입장에서는 소년분류심사원 위탁처분을 소년보호절차의 대상이 된 비행소년의 미결구금으로 이해한다. 그 이유로는 소년분류심사원 위탁처분이 보호처분 결정 이전에 특정시설에 보호사건의 대상이 되는 소년을 감금함으로써 실질적으로는 대상소년의 신체의 자유를 박탈하는 효과를 갖기 때문에 법적 성질에서 구속과 다를 바 없다는 점을 든다. 또한 소년법 제61조에서 소년분류심사원 위탁기간을 판결선고전 구금일수로 간주하고 있는 점도 구속의 한 형태로 보아야 하는 근거가 된다고 한다. 그 밖에 소년에 대한 피고사건이 소년법원에 송치되는 경우 그 대부분이 구속사건이며, 구속상태에서 소년법원에 송치될 경우 거의 대부분이 신병확보를 위해 소년분류심사원에 위탁되어 심리 이전까지 구금되고 있는 것이 실무상 관행인 점에 근거할 때 소년분류심사원 위탁처분은 구속과의 연속선상에 있는 미결구금의 한 형태라고 볼 수 있다는 것이다.

그 외 미결구금으로서의 성격을 긍정하면서도 순수한 미결구금으로만 이해하는 것은 잘못된 것이라고 보는 견해도 있다.[13] 소년법원의 절차가 사법절차로서의 심리과정과 소년법의 이념에 기초한 보호과정이라는 두 가지 기능을 갖고

11) 최장락, "소년범에 관한 제문제"(법관연수자료, 사법연수원, 1979), 442면.

12) 원혜욱, "소년범죄에 대한 시설내처우의 문제점 — 미결구금제도(소년분류심사원제도)의 문제점을 중심으로"(교정연구 제15호, 2002, 교정학회), 10면 이하; 오영근/최병각, 「소년사건처리절차의 개선방안에 관한 연구」, 한국형사정책연구원, 1995, 91-92면 ; 강금실, 앞의 글, 174면; 유진식, 『소년법』, 육법사, 1982, 239면; 강영철, "소년사건처리절차의 현황과 개선방안"(소년보호연구), 104면.

13) 김지선, 앞의 논문, 75면.

있으므로 소년분류심사원 위탁의 성격에도 미결구금과 소년보호라는 두 가지 기능이 모두 고려되어야 한다는 것이다. 이에 의하면 소년분류심사원 위탁처분은 본질에서는 구금과 성격을 같이하나 이러한 처분이 소년에 대한 보호기능을 함께 수행할 수 있도록 하기 위해서는 이에 관한 제반 시설과 제도가 마련되어야 한다는 것이다.

소년분류심사원 위탁처분은 소년의 요보호성을 조사할 목적으로 하는 위탁·수용처분이기는 하나, 보호소년에 대한 심리가 있기 이전에 일정기간 소년을 시설내에 수용하며, 이로써 소년의 자유가 구속된다는 점에서 볼 때 소년보호절차상의 미결구금으로서의 성격을 부인하기 어렵다 할 것이다.

3) 위탁기간

소년분류심사원에의 위탁기간은 1월 이내이며 특히 계속의 필요가 있는 경우에 한하여 결정으로써 1회 연장할 수 있으며(법 제18조 제3항), 이러한 연장결정은 소년 및 수탁자에게 각 통지하여야 한다(규칙 제20조). 이와 같이 위탁기간을 1회 연장할 수 있도록 되어 있어 소년분류심사원 위탁기간은 실제 2월 이내까지 가능하게 되는데 그 기간이 너무 길다고 할 수 있다.

실제 소년분류심사원의 위탁기간을 보면 2001년의 경우 전체 위탁소년의 70.5%가 30일 이내 위탁되고 한달 이상 장기간 위탁된 경우도 29.5%가 되며, 10일 이내는 5.7%에 불과한 것으로 나타났다.[14] 소년분류심사원의 위탁이 소년보호를 위한 것이라 해도 미결구금의 형태로서 사실상 신체의 자유를 구속하며 수용기간이 장기화될수록 다른 비행소년으로부터 범죄수법이나 범죄에 대한 태도를 배우거나 서로 교환할 우려도 높아진다.[15] 이런 점에서 볼 때 소년분류심사원 위탁기간은 가능한 단기로 하는 것이 바람직하겠다.

(4) 위탁처분의 현황

세 가지 임시조치 중에서 실무상으로는 소년분류심사원 위탁처분과 사실상 석방에 해당하는 보호자위탁처분이 대부분을 차지하고 있다. 특히 신병확보의

---

14) 법무부 보호국 통계.

15) 김지선, 앞의 논문, 87-88면.

실효성을 거둘 수 있다는 장점 때문에 소년분류심사원 위탁처분은 많은 비율을 차지하고 있었다. 그러나 현재 사회내처우가 확대되는 추세에 따라 소년분류심사원 위탁처분의 비율도 계속해서 감소하고 있다.16) 1989년 소년분류심사원 위탁비율은 전체 보호사건의 과반수 이상을 차지하여 51.5%에 이르렀으나, 1994년부터 위탁비율이 급속히 감소하기 시작하여 2004년 71.1%로 다시 증가한 바 있기는 하나 2003년 25.9%까지 감소하였다.17) 이와 같이 소년분류심사원 위탁비율이 감소된 이유로는 구속전 피의자심문제도 실시 이후 구속수사의 관행이 다소 완화된 점과 형사법원의 소년부송치비율이 감소된 점을 들 수 있다.

앞서 언급한 바와 같이 통상 보호소년에 대하여 인성과 환경조사의 필요성이 있다고 판단될 때에 소년분류심사원 위탁처분이 내려지는 것이나, 실무상 이러한 위탁처분을 결정하는 기준으로 가장 많이 적용하는 것이 보호사건으로 접수되기 이전의 사건처리절차에서 구속되었는지 여부이다. 즉 현재 대부분의 법원의 관행은 구속상태에서 재판을 받다가 소년부에 송치된 경우 소년분류심사원에 위탁하고 있다. 그런데 형사법원에 의해 소년부로 송치된 소년의 80% 이상이 구속 상태에서 소년부로 송치되며 이들은 대부분 소년분류심사원에 위탁되기 때문에 전체 보호사건 중 법원송치비율의 급격한 감소는 소년분류심사원 위탁비율의 감소를 가져올 수밖에 없는 것이다.

형사처분절차를 받다가 형사법원에 의해서 보호처분이 필요하다고 생각되어 소년법원으로 송치된 비율은 1987년 이후 약 39%에서 41% 정도를 차지하다가 1993년 이후로 하락세로 접어들어 2001년에는 12.7%만이 보호사건으로 접수되었다. 이러한 소년부 송치비율의 감소는 검사의 선도조건부 기소유예나 보호관찰부 기소유예 등의 증가로 소년범에 대한 구공판비율이 감소하고 형사법원에서 소년범에 대한 집행유예의 비율이 증가한 데에 기인한다.18)

소년분류심사원 위탁처분이 미결구금의 성격을 띠고 있다는 점에서 볼 때 가능한 시설구금을 최소화해야 하는바, 따라서 이러한 위탁비율의 감소는 바람직한 것으로 받아들일 수 있다. 다만 소년분류심사원에 위탁된 소년에 대한 분류심사결과가 소년부 판사에게 보호소년의 요보호성의 존재여부 및 정도를 파악할 수 있는 객관적인 자료로서 기여한다는 점과 현실적으로 소년조사관제도

---

16) 조준현, 앞의 논문, 95면.

17) 소년범죄관련 주요통계, 법무부, 3면.

18) 김지선, 앞의 논문, 80-81면.

가 거의 활용되고 있지 않는 점[19]을 고려해 볼 경우, 소년분류심사원 위탁비율의 감소는 보호소년의 환경과 인성에 대한 조사가 거의 없는 상황에서 진술조서나 피의자신문조서에 근거하여 보호처분이 내려지는 보호사건의 수를 증가시킬 수 있다는 우려를 가져온다. 소년조사관에 의한 조사제도를 활성화하는 방안이 강구되어야 할 것이다.

4. 집 행

소년부판사가 임시조치를 결정한 때에는 결정서를 작성하고 서명날인하여야 한다. 결정서에는 소년의 성명, 주민등록번호(주민등록번호를 알 수 없는 경우에는 생년월일), 직업, 주거, 본적 및 주문과 이유를 기재하여야 한다. 임시조치 결정의 집행지휘는 결정서의 등본을 그 집행담당자에게 교부함으로써 한다(규칙 제21조). 임시조치를 한 때에 소년부판사는 소년부 법원서기관, 법원사무관, 법원주사, 법원주사보, 소년분류심사원 소속 공무원, 교도소 또는 구치소 소속 공무원, 보호관찰관, 사법경찰관리로 하여금 그 결정을 집행하게 할 수 있다(법 제18조 제5항).

19) 보호사건에서의 조사에는 조사관에 의한 조사와 소년분류심사원이 행하는 분류심사의 두 가지가 있다. 즉 가정법원 및 지방법원 소년부에는 조사관을 두어 소년의 요보호성 등에 관해 조사하도록 하고, 전문분류기관으로 소년분류심사원을 두어 같은 조사임무를 수행하도록 하고 있다. 소년사건이 접수되면 소년부판사는 조사관으로 하여금 소년에 관한 조사를 명하게 되고 조사관은 소년본인, 보호자, 참고인 등의 조사를 통해 소년들의 성행, 경력, 가정상황 등을 규명하여 그 결과를 판사에게 보고해야 한다. 조사기간은 1월이며 연장할 수 있고 소년분류심사원에 위탁할 수도 있다. 그러나 현재 소년조사관에 의한 조사는 거의 이루어지고 있지 않다. 조사업무를 실질적으로 담당하는 조사관이 모두 20여명에 불과하여 충실한 조사업무를 수행한다는 것이 불가능할 뿐만 아니라 법원일반사무직인 법원서기관 혹은 사무관 등이 조사관 겸임발령을 받아 조사업무를 수행하고 있어 전문적인 지식이나 기법을 갖추고 있지 않기 때문에 과학적인 방법에 의거한 조사를 기대할 수 없다. 현재 소년에 대한 조사는 대체로 소년분류심사원에 의뢰하여 이루어지고 있다.

5. 취소 및 변경

소년법 제18조 제1항의 임시조치는 언제든지 결정으로써 취소 또는 변경할 수 있다(법 제18조 제6항). 소년에 대한 임시조치결정에 대하여는 보호자나 보조인이 이에 불복하거나 변경을 신청할 권한이 부여되어 있지 아니하고 소년부 판사가 직권으로 위탁변경을 할 수 있을 뿐이다. 이와 관련하여 특히 소년분류심사 위탁처분의 경우 소년 및 보호자 등에게 위탁변경 신청권한을 부여하여 처분자 이외의 기관에 의한 재심사기회를 보장하는 것이 필요하다는 주장이 제기되고 있다. 다만 그 방법으로 형사소송법상의 체포·구속적부심사제도와 유사한 제도를 소년법에 규정하자는 견해[20]가 주장되고 있으나 실무상으로는 소년분류심사원에 수용된 소년이나 보호자가 위탁변경을 신청하면, 소년법원이 직권으로 보호자에의 위탁결정으로 변경하는 사실상 보석허가신청과 비슷한 위탁변경허가신청이 행해지고 있다. 소년원법 제9조는 1995년 1월 5일 개정을 통하여 소년분류심사원장이 계속수용이 부적절한 사유가 있는 경우 위탁결정을 한 법원 소년부에 위탁변경에 관한 의견을 제시할 수 있도록 하고 있다. 임시조치의 취소 및 변경에 관한 결정은 소년 및 보호자 또는 보조인 중 적당하다고 인정되는 사람과 수탁자에게 각 통지하여야 한다(규칙 제20조).

Ⅱ. 소환 및 동행

1. 의 의

소년부 판사는 사건의 조사·심리에 필요하다고 인정한 때에는 기일을 지정하여 본인, 보호자 또는 참고인을 소환할 수 있으며(제13조 제1항), 본인 또는 보호자가 정당한 이유없이 소환에 불응할 경우에는 동행영장을 발할 수 있다(법 제13조 제2항). 특히 소환에 불응하여 동행영장에 의하여 동행된 소년에 대해서는 제18조 제1항의 임시조치를 강제하고 있다.

---

20) 강영철, 앞의 글, 105면.

2. 소환의 방법

소년, 보호자 또는 참고인의 소환은 소환장의 송달에 의하여야 한다(규칙 제14조 제1항). 소환장에는 소년의 성명, 생년월일과 소환되는 사람의 성명, 소년보호사건에 관하여 소환하는 뜻, 출석할 일시와 장소, 소년이나 보호자가 정당한 이유없이 소환에 응하지 아니할 때에는 동행영장을 발할 수 있다는 뜻을 기재하고 소년부 판사가 기명날인하여야 한다(규칙 제14조 제2항). 소년 등의 소환장의 송달과 관련해서는 민사소송법 중 송달에 관한 규정 및 형사소송법 제76조 제2항 내지 제5항의 규정을 준용하나, 민사소송법 제187조 및 공시송달에 관한 규정은 그 적용을 배제한다(규칙 제14조 제3항).

소년법 제18조 제1항상의 임시조치결정에 의하여 위탁된 소년이 소년법 제13조 제1항의 소환을 받거나 소년심판규칙 제11조 제3항에 의하여 조사를 위한 출석요구를 받은 때에는 수탁자는 지정된 기일에 그 소년을 출석시켜야 한다(규칙 제15조). 이 경우 수탁자가 소년분류심사원 또는 소년분류심사원의 업무를 행하는 소년원인때에는 소년분류심사원 소속공무원은 소년을 호송하고 당일의 조사 또는 심리가 종료될 때까지 소년부 청사내에서 소년을 감호하여야 한다(규칙 제15조 제2항).

3. 동행영장

본인 또는 보호자가 정당한 이유없이 소환에 응하지 아니한 때에는 동행영장을 발하여 동행을 강제할 수 있다(법 제13조 제2항). 동행영장에는 소년 또는 보호자의 성명, 연령, 주거, 행위의 개요, 인치 또는 수용할 장소, 유효기간 및 그 기간의 경과후에는 집행에 착수하지 못하며 영장을 반환하여야 한다는 취지와 발부년월일을 기재하고 소년부판사가 서명날인하여야 하며(법 제15조), 이외에도 소년을 보호하기 위하여 긴급조치가 필요한 이유를 구체적으로 기재하여야 한다(규칙 제16조 제1항).

동행영장은 소년부판사의 지휘(규칙 제17조)에 의하여 조사관이 집행하나(법 제16조 제1항), 소년부판사는 소년부 법원서기관, 법원사무관, 법원주사, 법원주사보나 보호관찰관 또는 사법경찰관리로 하여금 동행영장을 집행하게 할 수도 있다(법 제16조 제2항). 동행영장의 집행지휘는 동행영장을 앞의 집행담당자에게 교부함으로써 한다(규칙 제17조).

동행영장을 집행함에는 피동행자에게 이를 제시하고 신속히 지정된 장소에 동행하여야 한다(규칙 제18조 제1항). 다만 동행영장을 소지하지 않은 경우 급속을 요하는 때에는 피동행자에게 비행사실 및 동행영장이 발부되었음을 고지하고 집행할 수 있다. 이 때에도 집행이 완료된 후에는 동행영장을 제시하여야 한다(규칙 제18조 제2항).

동행영장이 집행된 때에는 지체없이 이를 보호자 또는 보조인에게 통지하여야 한다(법 제16조 제3항). 동행영장 집행후 집행담당관은 집행일시, 장소, 집행할 수 없었을 경우에는 그 사유를 동행영장에 각 기재하고 기명날인하여 이를 소년부 판사에게 제출하여야 하며, 이를 제출받은 소년부판사는 피동행자가 동행된 경우 법원사무관 등에게 동행일시를 기재하도록 하여야 한다(규칙 제18조 제4항).

4. 긴급동행영장

소년부 판사는 본인을 보호하기 위하여 긴급조치가 필요하다고 인정한 때에는 제13조 제1항에 규정한 소환 없이 동행영장을 발할 수 있다(법 제14조).

Ⅲ. 관련문제

1. 소년의 신병관련문제

소년부가 사건을 검사에게 송치하거나 타소년부나 형사법원으로 이송한 경우 소년분류심사원에 위탁되거나 기타 임시조치가 된 소년의 신병을 어떻게 취급할 것인지가 문제될 수 있으나 현행법은 이에 대한 규정을 두고 있지 아니하다. 소년부에서 심리한 결과 그 동기와 죄질이 형사처분의 필요가 있다고 인정하여 송검된 경우는 소년의 신병확보가 더욱 필요하나, 소년부송치나 이송으로 인하여 종전의 임시조치는 당연히 그 효력을 잃게 되었으므로 소년의 신병을 확보할 근거규정이 필요하다고 하겠다. 이와 관련해서 두 가지 견해가 주장된다. 먼저 송치 또는 이송된 일정기간까지 임시조치를 유지시키고 그 기간 내에 다른 조치가 없는 때에는 임시조치의 효력을 소멸시키도록 하자는 견해이다.[21] 그 외 소년분류심사원에의 위탁결정은 송치나 이송에 의하여 자동적으로 구속으로 변경되는 것으로 하고 그 밖의 임시조치는 소년이 새로이 구속되거나 별도의 취소가 있을 때까지 그 효력을 지속시키자는 견해이다.[22] 타소년부로 이송된 경우에는 임시조치의 효력은 상실되지 않는다. 다만 이송받을 법원의 관할구역 내에 있는 소년분류심사원으로 신병을 이전할 필요가 있으므로 소년분류심사원의 지정변경에 관한 절차규정이 필요하다.[23]

2. 임시감호조치 관련문제

(1) 임시조치 변경신청

소년에 대하여 임시조치를 한 경우 현저한 사정변경 등 사유가 있을 때에는 소년의 보호자 등에 그 조치의 취소나 변경신청을 허용할 필요가 있다. 다만 소년분류심사원 위탁처분이 보호자위탁처분으로 변경된 경우에는 위탁변경과 함께 분류심사도 중단되게 된다. 그러나 보호처분의 개별화 및 실질화를 기하기 위해서는 소년의 인성과 환경에 대한 심층적·과학적인 조사가 전제되어야 한다는 점에서 볼 때, 위탁변경이 필요한 소년에 대해서도 이를 중단할 것이 아니라 재택분류심사를 실시하는 것도 생각해 볼 수 있을 것이다.[24]

---

21) 김동림, "소년법의 문제점과 입법에 관한 논의"(형사정책 제12권 제1호, 한국형사정책학회, 2000), 124면.

22) 김영란, "개정소년법에 대한 일고"(청소년범죄연구 제7집, 법무부, 1989), 240면; 강봉수, "소년법개정에 있어서의 문제점 II"(청소년범죄연구 제5집, 법무부, 1987), 60면.

23) 김동림, 위의 글, 124면; 김영란, 위의 글, 240면.

24) 김지선, 앞의 논문, 78면.

(2) 임시조치요건의 객관화

소년법상 임시조치의 요건은 "조사 · 심리에 필요한 경우"라고만 규정되어 있어 실무상 임시조치 결정기준이 통일되지 못하고 있을 뿐만 아니라 특히 미결구금의 성격을 띠는 소년분류심사원 위탁처분에 있어서 광범위한 재량을 인정하게 된다.

이에 소년분류심사원 위탁기준과 관련해서 객관적인 기준을 설정해야 한다는 데에 거의 견해가 일치해 있다. 다만 그 기준을 무엇으로 할 것인가에 관해서만 견해가 나뉘어지고 있다. 첫째, 가출로 인하여 보호자의 통제가 불가능한 경우나 소년의 건강과 복지에 위험이 있는 경우 등으로 엄격하게 제한하자는 견해[25]이다. 둘째, 소년심판의 조건의 있을 것, 비행사실이 존재할 개연성이 있을 것, 심리를 행할 개연성이 있을 것, 소년의 주거부정이나 도망 또는 도망할 우려가 있을 것, 증거인멸의 우려가 있을 것, 조사와 심리를 위하여 소년의 출석을 확보할 필요가 있을 것, 결정의 집행을 확보할 필요가 있을 것, 잠정적 보호를 위하여 수용할 필요가 있을 것, 재비행방지의 필요가 있을 것 등으로 제한하자는 주장도 있다.[26] 셋째, 형사소송법상의 구속요건과 유사하게 구체적으로 규정하자는 견해도 있다.[27] 독일의 경우 적절한 소년법원보조인(Jugendgerichtshilfe) 가정내 가위탁만으로 재범방지가 불가능하다고 판단될 때에만 미결구금의 형태인 조사구금(Untersuchungshaft)을 명할 수 있으며, 특히 14-15세 소년에 대한 조사구금은 소년이 절차를 회피했거나 시설에서 도주했거나 정해진 주소나 거소가 없는 경우에 한하여 허용되고 있다.

(3) 소년분류심사원 위탁처분의 문제점

임시조치의 요건이 추상적으로 규정되어 있는 까닭에 비행사실에 대한 심판의 개연성이 미약한 우범소년에 대해서도 소년분류심사원의 위탁수용이 가능할 수 있게 된다. 그러나 실제 범죄를 행하지 않은 우범소년에게 처분이 확정되지 않은 상태에서 소년분류심사원 수용처분을 내릴 경우 보호주의라는 명목하

---

25) 오영근/최병각, 앞의 논문, 96-97면.

26) 유진식, 앞의 책, 240-242면.

27) 강금실, 앞의 글, 189면 ; 강영철, 앞의 글, 113면.

에 소년에 대한 신체자유의 침해를 묵인하는 것이 될 것이다. 시설내 가위탁처분이 소년의 인권을 침해하고 오히려 소년의 보호에 악영향을 끼칠 수 있다는 우려는 널리 인지되어온 것이다. 이를 피하기 위해서는 소년분류심사원 위탁처분의 요건을 객관적·제한적으로 규정함과 동시에 그 시행에 있어서도 일반형사절차에서와 마찬가지로 보충성의 원칙, 비례성의 원칙 등 적법절차의 원칙이 적용되어야 한다.[28)]

소년보호사건의 심리절차에서 비행사실이 없다는 이유로 심리불개시결정이나 불처분결정이 내려진 경우, 소년분류심사원 위탁에 대하여 보상을 청구할 수 있는지가 문제이다. 이와 관련해서 현행법상 형사보상법의 적용대상이 되지 않으나 보상이 필요하다는 데에 일치된 견해를 보이고 있다.[29)] 보호사건의 심리절차에서 구금이 소년의 '보호'가 될 수 있는 것은 비행사실이 존재하는 경우로 한정된다. 따라서 비행사실이 존재하지 않음에도 불구하고 신병을 구속당하는 것은 그것이 소년보호절차라 할지라도 허용될 수 없다. 비행사실이 없었음에도 불구하고 구금된 소년에 대해 교육적 배려에서 보상할 필요가 있으며, 이를 인정하지 아니할 경우 성인과의 사이에서 불합리한 차별을 야기하게 되고 형사절차에 부쳐진 관계 소년이 형사보상을 받을 수 있다는 점에서 부당하다. 이에 소년법원이 스스로 비행사실없음을 이유로 하는 심리불개시·불처분 결정을 내릴 수 있도록 소년법에 근거규정을 명시하고 구금(시설수용) 사실이 있을 때에는 보상받을 수 있도록 하되 소년심리절차상의 특수성에 비추어 형사보상법과는 다른 독자적인 소년보상법을 제정하는 것이 타당하다.[30)]

소년분류심사원 위탁기간이 최장 60일까지 연장됨으로써 소년범의 조사과정에서 장기간의 자유박탈이 허용되게 된다. 위탁기간 중에 분류심사관에 의하여 비행원인에 대한 심층적인 조사가 가능하기는 하나, 절차상 심리이전 단계이기 때문에 개별화된 교정교육이 체계적·집중적으로 행해지기에는 불충분하다. 또한 장기간의 구금을 통해 범죄하위문화의 형성 등의 문제가 발생할 소지가 높다는 점에서 위탁기간을 최소한으로 단축할 필요가 있다.[31)]

---

28) 원혜욱, 앞의 글, 24면.
29) 오영근/최병각, 앞의 논문, 108면; 윤용규/최종식, 앞의 글, 74-76면; 김지선, 앞의 논문, 78면.
30) 윤용규/최종식, 앞의 글, 76-77면.
31) 김지선, 앞의 논문, 79면.

제 9 장

조사절차

Ⅰ. 개 요

현행 소년법에서는 보호사건의 조사절차에 관해 제9조부터 제12조에 걸쳐 규정하고 있다. 먼저 조사방침에 관해서는 "조사는 의학 · 심리학 · 교육학 · 사회학 기타 전문적인 지식을 활용하여 소년과 보호자 또는 참고인의 성행 · 경력 · 가정상황 기타 환경 등을 구명하도록 노력하여야 한다"고 선언하고 있고, 조사 이전에 진술거부권을 고지하도록 하고 있다. 이러한 조사를 위해 소년부판사는 조사관에게 조사명령을 내려 본인, 보호자 또는 참고인의 심문 기타 필요사항을 조사하게 할 수 있다. 또한 정신과의사 · 심리학자 · 사회사업가 · 교육자 · 기타 전문가의 진단과 소년분류심사원의 분류심사결과를 조사와 심리에 참작해야 한다.

즉 보호사건의 조사는 조사관 조사와 전문가 진단, 분류심사원의 분류심사 세 가지로 구분해 볼 수 있는데, 이 중에서 현재 공식적인 조사주체로서 활동하고 있는 것은 법원의 소년조사관과 소년분류심사원이다.

소년법상의 조사절차에 관한 이러한 규정은 행형의 단계에서 가장 중요한 지배원리인 '처우의 개별화'에 이념적 기초를 두고 있다. 처우의 개별화란 범죄자 한 사람 한 사람이 서로 다른 개성을 가진 인격체이고 범죄의 원인도 다양하므로 범죄자에 대한 처우를 유효하게 하기 위해서는 개개인 범죄자의 신체적,

정신적, 환경적 특성에 따라 가장 적합한 처우를 해야 한다는 것이다.[1] 이러한 처우의 개별화가 이루어지기 위해서는 범죄자의 신체적, 정신적, 환경적 특성을 파악하는 조사가 우선 이루어져야 한다. 소년 보호사건에서 조사절차가 필요한 실무적인 이유에 관해서는 다음 절에서 설명하고 있지만 보다 근본적인 의미는 이러한 처우의 개별화 이념에서 찾아야 할 것이다.

Ⅱ. 조사방침

1. 보호사건의 특징과 조사의 필요성

형사사건과 구분되는 보호사건의 가장 큰 특징은 조사제도이다. 형사소송에서 공판에 해당되는 부분이 보호절차에서는 조사와 심리의 2단계로 분리되어 있다. 물론 소년에 대한 형사절차에서 판결전조사를 실시하고 있고, 성인에 대해서도 판결전조사를 실시하는 외국의 사례가 있지만, 특히 소년에 대한 보호사건에서 반드시 조사를 필요로 하는 이유는 다음과 같다.

첫째, 소년보호사건의 조사와 심리는 형사소송의 공판구조에 비해 더 직권주의이기 때문이다.[2] 보호사건에서는 이해당사자라는 개념이 없기 때문에 심리에 필요한 자료를 법원 스스로 수집해야 하는 것이다. 둘째, 보호사건에서 보호처분의 필요성이 인정되기 위해서는 비행사실보다는 요보호성의 유무를 밝혀야 하기 때문이다.[3] 따라서 케이스워크적 접근이 가능한 전문가의 도움이 필요한 것이다.

2. 인간관계과학

'조사는 의학 · 심리학 · 교육학 · 사회학 기타 전문적인 지식을 활용하여'

---

1) 조준현, "수형자의 분류와 인격조사"(행형의 과제와 실험, 법무부, 1989), 2면.

2) 유진식, 『소년법』, 육법사, 1982, 304면; 團藤重光 · 森田宗一, 『少年法』, 有斐閣, 1984, 84면.

3) 田宮裕, 『少年法』, 有斐閣, 1986, 71면.

하도록 규정하고 있다. 제9조에서 조사방침의 일환으로 열거하고 있는 의학·심리학·교육학·사회학은 인간행동에 관한 대표적인 학문분야이다. 이와 같이 학문분야를 열거하고 있다고 하여 조사를 위한 전문분야를 이들 학문만으로 제한하는 것으로 해석할 수는 없다. '기타 전문적인 지식'을 언급하고 있으므로 이들 학문과의 인접학문을 비롯해 인간행동에 관해 전문적으로 연구하는 학문분야라면 모두 포함된다고 보아야 할 것이다. 예를 들면, 사회복지학이라든가 가족학, 아동학, 간호학 등이 여기에 해당될 수 있을 것이다.

3. 조사대상

조사대상자는 '소년과 보호자 또는 참고인'이다. 참고인은 피의자 아닌 제3자를 말한다. 이는 형사소송법상의 개념으로서 수사단계에서 검사 또는 사법경찰관은 수사에 필요한 때에는 피의자 아닌 자의 출석을 요구하여 진술을 들을 수 있다(형사소송법 제221조). 형사소송법에서는 법원 또는 법관에 대해 진술하는 제3자는 증인이라고 하고, 수사기관에 대해 진술하는 제3자는 참고인이라고 한다.

보호사건에서의 조사절차는 법원에 의해 진행되기는 하지만 심리전에 이루어지는 과정이기 때문에 조사의 대상이 되는 제3자를 증인이 아닌 참고인으로 칭하고 있다. 보호사건에서의 참고인은 그 성격에 있어서도 형사소송에서 수사기관에 대해 진술하는 제3자와 유사한 역할을 하게 된다. 참고인은 증인과는 달리 강제로 소환당하거나 신문당하지 않는다. 따라서 진술거부권을 고지할 필요가 없다.

4. 조사내용

조사내용은 '성행·경력·가정상황 기타 환경 등의 구명'이다. 소년심판규칙에서는 다음 사항을 조사하도록 규정하고 있다(규칙 제11조 제1항).

① 비행사실, 그 동기와 비행 후의 정황 및 비행전력.

② 소년과 보호자의 교육정도, 직업, 소년과 보호자의 관계, 소년의 교우관

계 및 소년의 가정환경.

③ 소년비행화의 경위 및 보호자의 소년에 대한 보호감독상황과 향후의 보호능력.

④ 피해자에 대한 관계 및 재비행의 위험성과 정도.

⑤ 소년의 심신상태.

⑥ 기타 심리와 처분을 함에 필요한 사항.

이러한 조사내용은 크게 보면 '자질과 환경'을 파악하기 위한 것이라고 볼 수 있다. 이는 소년이 어떤 성격을 가지고 있고, 어떤 상황에 처해 있는지 알아보고자 하는 것으로써 궁극적으로는 '요보호성'의 유무를 구명하고자 하는 것이 조사의 목적이다.

요보호성이란 비행성이 억제되지 않은 상태를 말한다.[4] 이러한 요보호성의 내용은 다음 세 가지로 정리할 수 있다. 첫째는 재비행가능성이다. 소년의 성격과 환경을 볼 때 장래 다시 비행을 할 가능성이 있다는 것을 의미한다. 둘째는 교정가능성이다. 보호처분에 의하여 재비행가능성이 제거될 수 있어야 한다. 셋째는 보호상당성이다. 보호처분에 의한 보호가 가장 유효적절한 수단이라고 인정되어야 한다.[5]

이상과 같이 보호사건에서의 조사제도는 소년의 요보호성 유무를 파악하기 위해 당사자인 소년을 비롯하여 그의 보호자와 제3자에 대해서까지 그들의 자질과 환경을 구명하도록 하고 있다.

Ⅲ. 진술거부권의 고지

1. 진술거부권의 의의

진술거부권이란 피고인 또는 피의자가 공판절차 또는 수사절차에서 법원

---

4) 平場安治, 『少年法』, 有斐閣, 1987, 203면.

5) 백춘기, "소년보호사건에 있어서의 비행사실"(가정법원사건의 제문제, 법원행정처, 1993), 849면.

또는 수사기관의 신문에 대하여 진술을 거부할 수 있는 권리를 말한다. 헌법 제12조 제2항은 모든 국민에게 진술거부권을 보장하고 있으므로 소년보호사건의 대상 소년도 진술거부권의 주체가 된다. 진술은 구두 진술에 한하지 않으므로 서면에 의한 진술서 작성도 거부할 수 있다.

헌법은 형사상 자기에게 불리한 진술의 강요를 금지하고 있다. 그러나 형사소송법 제289조는 단순히 진술을 거부할 수 있다고 규정하고 있을 뿐 불리한 진술로 제한하지 않고 있다. 피의자에 대한 제200조 제2항의 규정도 같다. 이와 같이 형사소송법에서 진술거부권의 진술내용을 불리한 진술로 제한하지 않는 것은 피고인에게 당사자로서의 지위를 인정하고 변호권을 보장하려는 취지이다. 반면에 소년법에서의 진술거부권은 불리한 진술에 대해서만 거부할 수 있도록 규정하고 있는데, 이는 형사소송의 공판구조가 당사자주의인 데 반해 보호사건의 조사와 심리는 직권주의이기 때문이다.

2. 진술거부권의 고지

진술거부권의 고지는 진술거부권의 전제가 된다. 고지는 명시적으로 해야 한다. 조사 때마다 매번 고지할 필요는 없지만 조사가 상당한 기간 동안 중단되었다가 다시 개시되거나 조사자가 변경되었을 때는 다시 고지해야 한다. 진술거부권을 고지하지 않고 소년의 범죄사실을 조사한 경우에 소년의 진술에 대해서는 증거능력을 부정해야 한다고 해석해야 할 것이다.

3. 진술거부권의 효과

소년이 진술거부권을 행사했다는 이유로 형벌을 과할 수 없다는 것은 당연하다. 또한 진술거부권의 행사를 소년에게 불이익한 간접증거로 하거나 이를 근거로 유죄의 추정을 하는 것은 허용되지 않는다. 따라서 보호사건으로 진행되던 사건이 형사사건으로 이송되더라도 진술거부권을 행사했다는 것을 이유로 불이익한 형벌을 과할 수는 없다. 그러나 보호처분의 경우는 범죄사실의 여부에 따라 결정되는 것이 아니라 요보호성 여부가 중요한 판단기준이 되는 것이고, 소년법상의 진술거부권은 형사소송법과 달리 불리한 진술로 제한하고 있기 때문에 소년에게 적합한 보호처분을 결정함에 있어서는 진술거부권의 행사여부를 고려할 수 있다고 해석해야 할 것이다.

Ⅳ. 조사명령

1. 조사명령

(1) 의 의

조사명령이란 소년부 판사가 법원의 조사관에게 소년보호사건의 본인인 소년이나 그의 보호자·참고인의 심문, 그 밖의 필요한 사항을 조사하도록 명하는 것을 말한다. 소년보호사건이 수리되면 소년부 판사는 배당받은 사건에 대해 법적 조사를 해서 심리를 개시할 필요가 있다고 인정하면 소년의 요보호성의 판단에 도움을 받을 수 있는 사회조사를 행하게 한다. 이 사회조사를 조사관에게 명하는 것을 조사명령이라고 한다. 일본의 경우 전건조사주의[6]를 취하고 있는 것과 달리 우리나라의 조사명령은 소년부 판사의 재량이다. 소년법의 정신에 비추어 본다면 전건 조사명령을 하는 것이 바람직할 것이다.

그 동안은 소년비행에 대한 전문성을 갖추지 못한 법원 일반사무직인 법원서기관 혹은 사무관 등이 조사관 겸임 발령을 받아 주로 소년을 법원에 소환하여 면접조사방법에 의하여 조사업무를 수행함으로써 조사의 과학성, 전문성, 객관성에 있어서 많은 문제점을 안고 있었으나 최근 몇 년 동안 전문성을 갖춘 조사직을 특별 채용하여 과학적인 조사를 위해 노력하고 있다. 그러나 법무부 소년보호직 공무원인 소년분류심사원의 분류심사관에 의하여 행하여지는 소년에 대한 분류심사와 관련하여 소속이 다른 기관에 의해 비슷한 조사가 중복되어 행해진다는 비판도 제기되고 있는 실정이다.

6) 田宮裕, 앞의 책, 67면.

(2) 조사절차

조사명령에 의해 받은 사건기록에는 비행사실에 관련된 자료를 중심으로 소년과 보호자가 진술한 조서에 비행의 동기, 가족관계, 생활상태가 기술되어 있으므로 조사관은 이것을 우선 검토하게 된다. 재비행일 경우에는 이전 기록을 찾아 검토해 본다. 이렇게 하여 얻은 정보를 정리하여 소년법의 이념과 가정법원의 기능에 비추어 조사대상의 범위, 조사기간의 선택, 조사방법을 결정한 후 대상소년과 보호자 등을 소환해서 조사를 하는 것이다. 조사를 실시한 후에는 이를 조사보고서에 기록하여 판사에게 서면으로 보고하는 외에 직접 소년의 처우에 관해 의견을 진술할 수 있다(법 제30조 제1항).[7]

(3) 조사방법

조사방법에는 면접조사, 조회조사, 환경조사, 각종 검사, 기록조사 등이 있다. 이 중 과거에는 면접조사와 조회조사[8]가 주를 이루었으나 근래에는 환경조사와 각종 검사를 실시해 실제적이고 과학적인 조사를 위해 노력하고 있다.

조사관은 필요한 경우에 공무소나 공사단체에 조회하여 필요한 사항의 조사, 보고 또는 필요한 사건기록이나 서류의 송부를 요구할 수 있다. 조사관은 조사를 위해 소년, 보호자, 참고인 기타 필요한 사람의 출석을 요구하거나, 방문하여 면접, 관찰 또는 심리검사 등을 할 수 있다. 이 경우의 출석요구는 출석요구서의 송달 기타 적당한 방법으로 할 수 있다(규칙 제11조 제2, 3항).

1) 면접조사

조사관의 면접은 가정법원이라는 강력한 권한을 배경으로 공적인 관계에서 비행소년이나 보호자 등과 언어를 매개로 하여 상호교섭과정을 통해 필요한 정보와 자료를 수집하는 가장 중요한 방법이다. 조사관은 관찰, 경청, 질문의 과정을 통해 소년 등의 인격이해에 대한 자료를 수집한다.

---

7) 법원행정처, 『법원실무제요(소년 · 비송)』, 1986, 110-121면.

8) 면접조사와 조회조사에 관해서는 위의 책, 116-120면.

2) 조회조사

면접에 의한 자료의 수집에는 한계가 있다. 그래서 면접조사와 같이 활용하는 조회조사가 중요한 역할을 하고 있다. 조회조사는 "조사관은 필요한 경우에 공무소나 공사단체에 조회하여 필요한 사항의 조사, 보고 또는 필요한 사건기록이나 서류의 송부를 요구할 수 있다"라고 규정한 소년심판규칙 제12조 제2항에 근거를 두고 있다. 우편에 의한 서면조회는 기간의 제약 때문에 자주 사용하기 어렵고 보통 전화조회나 보호자에게 각종 증명서 등의 자료를 가져오라고 지시하는 경우가 많은데, 주로 학교, 직장 및 병원에 대한 조회가 대부분을 차지한다.

3) 기 타

기타 조사방법으로 소년이 처해 있는 환경을 정확하게 파악하기 위해 현장조사를 실시하는 한편 소년이 처한 환경 중에서도 가장 영향력이 큰 환경인 부모를 변화시키기 위해 부모상담과 부모교육을 실시하고 있다. 또한 과학적이고 전문적인 조사를 위해 심리검사 등의 전문 조사기법도 활용하고 있다. 이 외에도 일본의 소년조사관이 담당하고 있는 '시험관찰' 제도를 도입해 시험적으로 실시해 봄으로써 소년조사관 제도의 전문화와 다른 조사담당 기구와의 차별화를 위해 노력하고 있다. 이러한 기타의 조사방법들은 최근 조사직으로 채용된 조사관들이 활동하면서 개선된 부분이다.

(4) 조사결과

조사관은 조사결과를 의견을 붙인 서면으로 보고해야 한다(규칙 제12조 제1항). 그러나 조사한 내용을 단순히 조사보고서에 기재해 소년부 판사에게 보고하는 데 그치는 것이 아니라 조사한 자료를 검토, 정리하여 바르게 이해한 다음 케이스를 진단하고 소년의 자질 및 능력을 평가하여 구체적인 처우를 선택케 하는 데 그 의의가 있다. 따라서 조사관은 보고서를 통해 조사결과를 소년부 판사에게 보고해 판사로 하여금 적절한 판단을 할 수 있도록 필요한 사회적, 법률적 판단의 자료를 제공한다. 이 조사보고서는 조사명령 사항에 대하여 조사관이 주체적으로 조사하고 작성한 문서로서 이 보고서의 신뢰 위에서 심판절차가 진행되는 것이다.[9] 따라서 조사관은 조사보고의 전후를 통해 소년부 판사에게 소년의 처우에 관한 의견을 진술할 수 있다(규칙 제12조 제2항).

2. 소년조사관

(1) 의 의

소년보호사건을 적정하게 처리하여 소년에 대한 사회복귀가 원활하게 이루어지기 위해서는 소년의 인간관계상 제문제점 및 인간행동상의 문제점을 과학적으로 해명하고 소년에게 필요한 지도와 원조를 해줄 수 있어야 한다. 소년부를 구성하는 판사를 보좌함으로써 이러한 기능을 맡는 전문직을 조사관이라 하고, 구체적으로는 인간과학의 제과학, 즉 심리학, 사회학, 교육학, 사회사업학, 정신의학 등의 지식과 경험이 있는 자들로서 구성된 조사관으로 하여금 소년법원의 이념을 실현토록 한 것이 소년조사관 제도이다.

(2) 현 황

서울가정법원은 창설기에 그 전문성을 구현하기 위해 조사관으로 심리학, 교육학, 사회사업학, 정신의학의 전문가들을 각 1명씩 두었으나 그 직급이 현 직급으로 2급에서 4급에 보해져 법관 및 일반사무직과 화합을 이루지 못하여 모두 사직 또는 퇴직한 후 일반직 사무관이 순환보직에 의해 조사관업무를 담당하게 되었다. 그 후 조사관 업무를 보조하는 조사관보(8급)로 심리학, 법률학 전공자 수 명을 1967년도에 특별채용하고 1972년 심리학, 사회사업학, 정신의학 등 전문과목이 중요한 비중을 차지하는 조사관보(7급) 공개경쟁시험을 치르기 시작했다.[10] 그 후 소년에 대한 조사는 주로 소년분류심사원의 조사결과를 활용함으로써 조사관제도는 유명무실한 제도로 운영되어 오다가 2001년 7월부터 상담관련전공 석사학위 소지자를 계약직으로 채용하였으며, 2004년부터는 조사직 6급으로 특별채용하여 소년조사를 전담하게 되었다.

---

9) 박태영, "조사업무의 실태와 개선방안"(청소년범죄연구 제3집, 1985), 211면 이하.

10) 위의 글, 206면.

소년조사관제도는 2001년도 7월을 기점으로 급격한 변화를 맞이했다. 그 이전까지는 전국에 15명의 소년조사관이 있었고 이들 대부분이 가사·가정보호조사를 겸직했으며, 서울가정법원의 경우 2명의 소년조사관이 2000년도에 1년 동안 단 18건의 조사명령만을 받아 시행한 상태였다. 그러나 2001년 7월부터 심리학, 사회복지학 등 청소년상담 관련전공 석사학위 소지자 10여 명을 계약직으로 선발해 조사업무를 담당하게 하였고, 2004년에는 이들 14명을 조사직 6급으로 채용하였으며 서울가정법원에 8명(소년조사 전담 2명)을 배치했다.[11] 사법연감(2004년 12월 집계자료)에 의하면 법원의 조사관 총인원은 85명이고, 이 중 가사담당이 74명, 가정보호담당이 52명인데, 소년담당은 17명에 불과하다. 그나마도 대부분 가사조사관이 겸직하고 있는 것으로 나타나 있다.[12]

(3) 담당업무

소년법 및 소년심판규칙에는 조사관의 업무에 관해 소년보호사건의 심리에 필요한 조사를 주된 직무로 하고 그 밖에 여러 가지 직무들을 수행하도록 다음과 같이 규정하고 있다.

① 진술거부권의 고지(법 제10조)

② 보호사건의 대상소년에 대한 조사(법 제11조)

③ 동행영장의 집행(법 제16조)

④ 공무소 등에 조회 및 서류 등 송부요구(규칙 제11조 제2항)

⑤ 소년보호자 등에 대한 출석요구(규칙 제11조 제3항)

⑥ 조사결과의 보고(법 제19조, 규칙 제12조)

⑦ 심리기일 출석 및 의견진술(법 제23조 제2항, 제25조 제1항, 규칙 제23조)

⑧ 조사기록의 서명·날인(법 제30조 제2항)

⑨ 형사사건의 대상소년에 대한 조사(법 제56조)

조사관은 위와 같은 직무를 통하여 판사를 보좌, 보충하여 소년심판의 적정하고도 효율적인 운영에 기여하고, 소년의 문제 이해, 인간 이해를 통하여 소년에 대해 원조적·교육적 기능을 갖게 하는 역할을 담당하는 것이다.[13] 최근

---

11) 이춘화, "한국 소년조사관 제도의 현황과 개선방안"(한국소년법학회 2004년 하계학술대회 자료집, 2004), 8면.

12) 사법연감 2005, 153면 이하.

들어 조사관제도가 양적·질적으로 개선되고 있기는 하지만 실제 이와 같이 중요한 업무를 담당하고 있는 조사관이 그 직무를 충실히 수행하기에는 아직도 수적인 면에서 부족한 것이 현실이다.

(4) 관련문제

1) 조사관련기관의 협력체제 구축

소년사건의 처리절차에는 상당히 많은 종류의 조사과정이 있다. 소년은 경찰과 검찰에서 우선 비행사실에 관해 조사를 받고, 각각 법원의 소년조사관이나 소년분류심사원 분류심사관, 보호관찰소 보호관찰관 등에게 보내져 전문적인 조사를 받게 되며, 시설에 수용되어 다시 분류처우를 위한 심사를 받게 된다. 이 중에서도 특히 법원의 소년조사관과 소년분류심사원, 보호관찰소 등 세 개의 조사기관은 그 성질상 거의 유사한 조사업무를 담당하고 있다. 그렇다 보니 반복되는 조사로 인해 보호소년에게는 불편함을 유발하고 행정적으로도 매우 소모적이고 불합리한 점이 있다. 이에 대한 개선방안으로는 소년에 대한 경찰의 조사자료에 다음 단계 조사자료들이 누적되어 최종단계까지 이관될 수 있도록 제도화해야 하며, 가능한 부분의 조사양식은 일원화하여 중복되는 조사항목은 다음 기관에서 생략할 수 있어야 한다. 이러한 제도적 일원화가 어렵다면 소년에 대한 조사를 담당하는 관련기관의 전산망을 통합하여 정보를 공유할 수 있다면 중복 조사의 문제가 상당 부분 해결될 수 있을 것이다.

한편 소년조사제도가 그 역할을 충실하게 다하기 위해서는 먼저 이와 같이 유사한 조사업무를 담당하고 있는 관련조직 간의 긴밀한 협조체제구축이 전제되어야 한다. 우리와 가장 비슷한 구조를 가지고 있는 일본의 경우 법원의 조사관과 분류심사원 간에 유기적인 협조체제가 구축되어 두 기관의 조사결과가 종합되어 판사에게 제출되게 된다. 그러나 우리의 경우는 법원의 조사관과 분류심사원의 분류심사관 사이에 아무런 상호작용 없이 운영되고 있다. 소년에 대한 처우의 개별화를 위한 조사제도가 효율적으로 운영되기 위해서는 둘 사이의 업무관계가 보다 체계적으로 편성되어야 할 것이다. 예를 들면 조사내용을 구분해 법원의 조사관은 소년의 환경적 측면을 위주로 조사하고, 소년분류심사원에서는

---

13) 박태영, 앞의 글, 207면.

과학적인 기법을 활용한 심리적 측면을 위주로 조사하는 방안이 있을 수 있고, 한편 조사시기를 나누어 소년분류심사원에서는 심리전 조사를 담당하고 조사관은 심리과정 중에 조사필요성이 발생하거나 재조사가 필요하게 된 경우의 조사를 담당하는 방안도 생각해 볼 수 있다.

2) 시험관찰제도의 도입

현재 시험실시 중에 있는 '시험관찰' 제도를 전면적으로 실시하여 조사관 조사제도를 다른 조사기구들의 조사업무와 차별화하는 시도가 필요하다. 기존의 조사업무가 단기간에 걸친 정적인 조사라면 시험관찰은 동적으로 보호조치를 취하면서 소년을 관찰하여 소년에게 가장 적절한 보호처분 내용을 조사해 내는 것이고, 단순한 조사에 그치는 것이 아니라 보호처분의 실질도 가지고 있어 반드시 심판 중에 보호처분 결정자료가 부족한 경우에만 실시할 수 있기 때문에[14] 법원의 소년조사관이 담당하기에 매우 적절한 업무라고 할 수 있다. 법원의 조사관이 시험관찰에 주력한다면 다른 조사기구들과의 업무중복문제도 해결될 수 있을 것으로 기대된다.

3) 조사명령의 활성화

현재 소년사건에 대한 판사의 조사명령은 보호사건의 경우는 소년분류심사원에 내릴 수 있고, 형사사건의 경우는 보호관찰소에 내릴 수 있다. 또한 공통적으로 법원의 소년조사관에게 조사명령을 내릴 수 있다. 최근 들어 조사관에 대한 조사명령이 증가하기는 했지만 아직도 양적으로 그리 많은 편은 아니다. 따라서 이들 조사기관에 대한 조사명령을 좀더 활성화할 필요가 있다.

한편 조사제도가 활성화되기 위해서는 가장 먼저 조사인력의 대폭적인 증원과 전문성 강화가 전제되지 않는 한 어떠한 실효성도 없을 것이다. 현재와 같은 소년조사관 인원으로는 조사명령이 활성화될 경우 업무를 제대로 처리할 수가 없을 것이다. 한편 이와 관련되는 사안으로 2005년도에 소년사건 전담법관제도가 도입되었다. 이전까지는 가정법원과 지방법원에 소년부가 설치되어 있지만 판사가 순환보직으로 배치되기 때문에 소년사건에 대한 전문성이 부족했다. 소년사건의 경우는 성인범죄자에 대한 재판과는 그 성격이 매우 다른데, 차이점

14) 平場安治, 앞의 책, 235-237면.

중에서도 가장 중요한 것이 조사과정이다. 따라서 이러한 소년사건의 특성에 따라 적합한 심리와 이를 위한 조사명령을 내리기 위해서는 소년사건 전담법관제도가 더욱 활성화되어야 한다.

3. 통고소년에 대한 조사

소년법 제11조 제2항에서는 소년부에 송치된 소년 외에 보호자 또는 학교와 사회복리시설의 장이 통고한 소년에 대해서는 심리할 필요가 있다고 인정한 때에는 그 사건을 조사하여야 한다고 규정하고 있다. 동조 제1항에서는 '조사를 명할 수 있다'고 규정한 반면, 제2항에서는 '심리할 필요가 있다고 인정한 때에는 그 사건을 조사하여야 한다'고 규정하고 있다. 따라서 소년부에 송치된 소년에 대한 조사는 선택적으로 이루어질 수 있으나, 통고소년에 대해서는 심리의 필요성이 인정되기만 하면 전건조사주의를 취하고 있음을 알 수 있다.

이와 같이 통고소년의 심리에 있어서만 전건조사주의를 취하고 있는 것은 이들이 보호자 등에 의해 직접 소년부로 통고됨으로써 경찰 또는 검찰단계에서는 수사과정을 전혀 거치지 않았기 때문이다. 따라서 법원은 심리를 하기 위해 스스로 조사하여 소년에 대한 판단자료를 수집해야 하는 것이다.

Ⅴ. 전문가 진단과 소년분류심사원의 분류심사

1. 전문가 진단

소년부는 조사 또는 심리를 함에 있어 정신과의사·심리학자·사회사업가·교육자 기타 전문가의 진단을 참작해야 한다. 이러한 전문가 진단은 조사방침으로서 의학·심리학·교육학·사회학 기타 전문적인 지식을 활용하도록 한 것과 맥을 같이 하고 있으나 실무에서는 거의 활용되지 않고 있다. 판사에 따라서 대학교수나 대학부설의 심리연구소에 조사를 의뢰하는 경우가 매우 드물게 있다. 이러한 전문가 진단보다는 다음에 소개할 소년분류심사원의 분류심사제도가 소년부 판사에 의해 상대적으로 선호되고 있다.

2. 소년분류심사원의 분류심사

(1) 의 의

소년부는 조사 또는 심리를 함에 있어 소년분류심사원의 분류심사결과와 의견을 참작해야 한다. 분류심사란 청소년의 성격과 행동에 나타난 여러 가지 문제점을 과학적으로 진단하여 교정치료를 위한 구체적인 방법을 밝혀 주는 일련의 활동을 말하는데, 생활사를 중심으로 한 사회·환경적 조사, 각종 심리검사, 행동관찰, 신체·정신상황, 보호자 상담 및 각종 기록조회 등 다각적 수단을 동원하여 요보호성 여부를 판별하는 작업이다. 여기에서 요보호성이란 소년의 성격과 행동에 나타난 여러 가지 문제점을 방치할 경우 범죄로 심화될 위험요인을 말하는 것으로써 요보호성 여부의 판별이 분류심사의 관건이 되는 것이다.[15)]

이러한 비행소년의 분류심사는 여러 가지로 정의되고 있는데 먼저 법규에 나타난 정의는 다음과 같다. 소년분류심사지침에 의하면 비행소년의 분류심사란 "의학, 심리학, 교육학, 정신의학 등을 기초로 하여 대상소년의 자질을 규명하고, 소년에 대한 처우지침을 수립함을 말한다"라고 되어 있고, 소년원법시행령에 의하면 "위탁소년의 보호필요성의 유무와 그 경중을 가려내고 그에 적합한 개별처우방침을 결정"하는 것으로 되어 있다. 이러한 소년분류심사제도는 1995년 1월 5일 소년원법이 개정되기 전까지는 '분류심사'라는 용어가 아니라 '감별'이라는 용어를 사용하였다.

소년원법 제24조 제1항에서는 "분류심사는 보호소년 등의 신체, 성격, 소질, 환경, 학력 및 경력과 그 상호관계를 규명하여 보호소년 등의 교정에 관한 최선의 방침을 수립함을 원칙으로 한다"고 규정하고 있을 뿐 아니라, 제2항에서

---

15) 이태호, "분류심사의 개방화를 통한 지역사회 봉사방안"(법조 제470호, 1995), 196-197면, 211면.

는 “분류심사를 행함에 있어서는 의학, 심리학, 교육학, 사회학, 사회복지학, 교정학, 의학 등의 전문적인 지식과 기술에 근거하여 보호소년 등의 신체적·심리적·환경적 측면을 조사·판정하여야 한다”고 하고 있다. 한편 동법 제25조에서는 학문적 소양과 전문지식을 갖춘 분류심사관을 소년분류심사원에 배치하여 분류심사업무를 수행하도록 규정하고 있다.

(2) 현 황

소년분류심사제도의 담당기구는 소년분류심사원이다. 소년분류심사원이란 법원 소년부로부터 위탁된 소년이나 법원 소년부가 상담조사를 의뢰한 소년, 소년원장 또는 보호관찰소장이 의뢰한 소년에 대해 비행 원인과 자질을 규명하여 법원의 조사 심리 자료를 제공하는 한편 소년원과 보호관찰소, 보호자 등에게 처우지침을 제시해 주는 법무부 소속 국가기관이다.

우리나라의 소년분류심사원은 전국에 3개소가 설치되어 있다. 서울소년분류심사원, 부산소년분류심사원, 광주소년분류심사원이 그것이다.[16] 이들 소년분류심사원이 설립되기 이전에는 분류심사업무를 소년원에서 실시하였고, 현재도 소년분류심사원이 없는 지역에서는 소년원에서 업무를 대행하고 있다. 또한 소년원이 설치되지 않은 인천, 수원 2개 지방법원 소재지의 경우 서울소년분류심사원에서 업무를 대행하고 있다.

(3) 조 직

소년분류심사원의 조직은 원장 이하 서무과, 교무과, 분류심사과, 의무과의 4개 부서와 급식관리위원회, 분류심사위원회, 청소년상담실, 청소년적성검사실이 있으며, 그 외 비상설기구로 분류심사과에 분류심사자문위원회가 있다. 각 부서별 업무를 살펴보면, 서무과는 인사, 서무, 회계, 급식 등을 담당하고, 교무과는 정신교육, 생활지도, 행동관찰, 면회, 호송, 입출원 등의 업무, 분류심사과는 심리검사, 사회조사, 상담, 분류심사판정 등의 업무, 의무과는 방역, 의료, 보건 등

---

16) 대구와 대전을 포함해 5개의 소년분류심사원이 있었으나 최근에 시설 수용인원이 줄어들면서 3개소로 축소되었다.

의 업무를 담당한다. 분류심사자문위원회는 정신과 전문의 1명, 임상심리학자 2명, 사회심리학자 1명, 사회사업가 1명, 뇌파기사 1명으로 구성되어 있다.[17] 분류심사 전문직원으로는 수석분류심사관(분류심사과장), 분류심사관, 분류심사요원으로 구성되어 있다.[18]

(4) 분류심사의 종류

분류심사의 종류는 다음과 같이 나누어 볼 수 있다.[19] 먼저 분류심사가 어떻게 의뢰되었는지에 따른 구분으로 소년원법 제2조와 제26조에 4종류로 구분하여 규정하고 있다.

① 법원소년부 위탁소년 수용분류심사: 이것은 법원 소년부 판사가 소년분류심사원에 위탁한 소년을 대상으로 하는 분류심사를 말한다.

② 법원소년부 의뢰소년 상담조사: 2004년에 소년원법 개정을 통해 소년분류심사원의 새로운 임무로 도입된 제도이다. 법원소년부가 상담조사를 의뢰한 소년을 대상으로 수용이 아닌 주간 출석방식을 통해 상담과 조사를 행하는 분류심사를 말한다.

③ 소년원장 또는 보호관찰소장 의뢰소년 분류심사: 소년원장이나 보호관찰소장이 의뢰한 소년을 대상으로 하는 분류심사를 말한다.

④ 외래분류심사: 법원 소년부판사, 소년원장, 보호관찰소장 외의 각종 소년관계기관 및 가정, 학교 등에서 의뢰하는 정상소년 또는 일반소년에 대하여 실시하는 분류심사를 말한다.

다음은 분류심사의 실시방법에 따른 구분이다.

① 일반분류심사: 분류심사 대상소년 모두에게 1차적으로 행해지는 분류심사로 그 중 문제 또는 비행원인이 비교적 간단한 소년을 면접조사와 신체의학적 진단, 표준화검사, 자기기록, 행동관찰 등을 주로 하여 실시하는 방법이다.

② 특수분류심사: 일반분류심사 결과 문제 또는 비행원인이 중대하고 복잡한 소년을 대상으로 하여 개별검사와 정신의학적 진단, 자료조회, 현지조사, 뇌

---

17) 서울소년분류심사원, 『분류심사원 생활안내』, 11면.

18) 김준호/이동원, 「비행소년 감별기준에 관한 연구」, 한국형사정책연구원, 1994, 34면.

19) 위의 논문, 18-19면; 법무부, 『소년보호행정편람』, 1994, 367, 372면; 정해룡, "소년분류심사제도의 운영실태와 발전방향"(소년보호연구 제5호, 2003), 50-54면.

파검사 등을 추가하는 것이다.

위에서 기술한 분류심사의 종류 중에서 법원소년부 의뢰소년 '상담조사제도'는 2003년 7월에 도입된 제도인데, 2004년 소년원법 개정을 통해 소년분류심사원의 새로운 임무로서 법제화되었다. 한편 소년분류심사원이 대도시에만 설치되어 있기 때문에 원거리에 거주하는 대상소년의 경우 출석에 제약이 많다. 이러한 어려움을 해소하기 위해 2004년 7월부터는 소년분류심사원이 설치되어 있지 않은 지역이나 거리가 먼 지역의 경우에는 해당 지역 법원이나 검찰청에 임시 사무공간을 마련해 '출장상담조사'를 실시하고 있다.

(5) 분류심사절차와 방법

법원의 소년부 판사에 의해 위탁 결정된 소년이 소년분류심사원에 입소하게 되면 우선 간단한 신원확인 및 소지품 확인 그리고 분류심사원 생활에 대한 소개를 하고, 분류심사 절차에 들어가게 된다. 소년분류심사원에서는 다음의 절차들을 통해서 신체발육이나 질병 등 신체적 측면과 지능이나 성격 등 심리적 측면, 소년이 지내온 가정이나 학교 등 환경적 측면, 분류심사원에서의 행동관찰 측면 등 4가지 영역에 관해 파악한다.[20)]

우선 분류심사과에서는 소년의 담당 분류심사관을 결정하고 1차 면접을 통하여 조사자료를 작성하게 되는데, 이 단계에서 작성되는 자료는 신상관련, 가족, 학교 등 환경관련 자료 등이며, 보호자에게 통보하여 학생생활기록부와 주민등록등본을 제출토록 하고, 지방검찰청에 해당 소년의 과거 비행력을 조회하게 된다. 한편 교무과에서는 소년이 위탁기간 동안 생활할 방을 배정하게 되는데 초기에는 개인실에 머물다가 집단실로 이동하게 되고 그 동안 분류심사 조사자료의 하나인 '행동관찰통보서'를 작성하게 된다. 한편 의무과에서는 소년의 신체를 검진하여 '신체특징조사서' '건강조사서' 등을 작성하게 되고 필요에 따라 특수분류심사를 받는 소년에 대한 검사도 추가로 하게 된다.[21)]

분류심사과에서는 1차 면접 이후에 모든 소년을 대상으로 적성, 홍미, 지능검사, 다면적 인성검사(M.M.P.I.), 문장완성검사 등을 실시하고 특수분류심사 대

---

20) 법무부, 『비행소년의 분류심사』, 1996, 17면.

21) 김준호/이동원, 앞의 책, 21면.

상소년은 신경정신 의학적 평가표 및 소견서 등을 작성하기 위한 몇 가지 검사를 더 받게 된다. 이로써 분류심사에 필요한 자료수집 및 검사절차는 종료되고 모든 자료는 담당분류심사관에게 제출된다. 담당분류심사관은 대상소년과의 2차 면접을 통하여 조사된 자료를 확인하고 정리한다. 조사자료가 정리되면 간이판정회의를 하게 되는데, 이 회의는 분류심사판정위원회 전에 수석분류심사관, 담당분류심사관, 분류심사요원 등이 해당 소년의 분류심사 결과에 대해 충분한 논의를 하기 위한 것이다. 이 과정이 끝나면 원장을 위원장으로 하는 분류심사판정위원회가 열려 소년의 처우방침에 대한 심의와 최종적으로 소년에게 적절한 보호처분의 종류가 무엇인가를 결정하는 분류심사판정을 하게 된다. 분류심사판정회의가 끝나면 분류심사관은 해당 소년에 대한 분류심사결과통지서를 작성하여 법원에 송부함으로써 분류심사 절차는 종료된다. 이러한 절차에 소요되는 기간은 통상 2∼3주 정도이다.[22)]

이상이 소년이 입원하여 퇴원할 때까지의 분류심사과정인데, 다음에서는 이러한 분류심사의 절차에서 활용되는 분류심사방법에 관해 간단히 소개하고자 한다.[23)]

① 진찰법 및 신체검사: 진찰법은 일반병원에서 환자를 진찰하는 것과 간이 분류심사 대상자의 신체에 질병 등 이상유무 및 정도를 해당 전문의가 진단하는 것이고, 신체검사법은 신체 각 기관의 이상 및 우열을 검사전담자가 과학적 기구로 측정하는 방법이다.

② 심리검사법: 어떤 능력, 지식, 성격특성의 유무 및 정도를 알기 위하여 일정한 장면에서 일정한 작업을 행하게 하여 그에 대한 적성 또는 행동을 일정한 기준과 비교하여 측정, 평가 및 기록하는 심리검사는 타당성, 신뢰성, 객관성을 가진 표준화된 검사를 사용하는 것이다.

③ 면접 및 현지조사법: 분류심사 대상자의 환경적 측면을 분석하기 위한 면접은 조사자와 피조사자가 면대면의 관계에서 필요한 사항을 질문하고 응답하는 방법이고 현지조사법은 대상자의 생애, 성장환경을 직접 관찰하기 위하여 출장조사하는 방법이다.

④ 정신의학진단법: 분류심사 대상자와의 면접, 심리검사 결과 및 행동관

22) 위의 책, 21-22면.
23) 앞의 『비행소년의 분류심사』, 1996, 17-18면.

찰을 통하여 중대한 문제점이 보이면 정신과 전문의사가 정신질환의 유무 및 정도를 측정, 진단하는 방법이다.

⑤ 행동관찰법 : 수용생활 및 검사, 면접시 등 소년이 처해진 환경의 조건에 따라 반응하는 특이사항 및 경향을 관찰하는 방법이다. 이것은 분류심사 대상자를 이해하는 비언어적 방법의 대표적인 것으로써 수용생활 중에는 행동관찰담당자, 검사시에는 검사자, 면접시에는 면접자가 관찰결과를 분류심사에 참고한다.

(6) 조사내용

소년분류심사원에서 실시하는 분류심사의 방법은 각 분류심사원마다 조금씩 차이가 있으나 대체로 심리검사, 신체검사 및 진찰법, 정신의학진단법, 행동관찰법, 면접 및 현지조사법 등이 활용된다. 이 중에서 특히 분류심사의 타당성과 신뢰성, 객관성을 확보해 주는 표준화된 방법으로 심리검사를 들 수 있다. 일본의 경우에는 문장완성검사나 인성검사, 태도검사 등 주요검사에 대해서는 법무성에서 표준화된 양식을 제정하여 사용하도록 하고 있다.[24)]

우리나라에서는 과거에 각종 관련 연구소에서 만든 양식을 이용해왔으나 근래에는 소년분류심사원에서 조사도구를 자체개발해 사용하기도 한다. 심리검사 외에도 분류심사 과정에서는 각종 조사양식들이 사용되고 있는데, 신상조사서, 가정 · 학교 · 사회 등 각종 환경조사서, 행동관찰표, 신체 및 건강조사서 등이 그것이다.

이상 모든 조사를 마치면 그 결과를 분류심사결과통지서에 정리하여 법원에 보고한다. 이 통지서의 기재내용을 살펴보면, 성명, 주민등록번호 등의 신상관계, 가족관계, 의학적 측면, 비행력, 가정, 학교, 사회 등의 환경적 측면, 지능, 성격, 적성 등 심리적 측면, 생활관찰, 면담 등을 통한 행동관찰 등이 있고, 이상 조사결과를 종합하여 문제점을 분석하고 지도방향을 제시하며, 재비행 예측과 처분의견을 제안한다.

(7) 분류심사의 결과

분류심사관은 분류조사 사항과 분류심사위원회의 의견을 종합하고, 처우방

---

24) 김준호/이동원, 앞의 책, 35-36면.

침을 검토한 위에 분류심사결과통지서를 작성하여 심판의 자료로써 법원에 제출한다(소년원법 제27조). 분류심사의 결과는 다른 기록과 함께 소년부에 기재되고 보호처분의 결정이 된 경우 그 처분의 집행에 자료로 하기 위해 소년원, 보호관찰소 등에 송부된다. 이러한 소년부는 보호처분이 집행되는 동안 소년의 신병과 같이 이동한다. 우리나라 소년분류심사원의 분류심사 판정결과에 대해서는 법원의 신뢰도가 높은 편인데, 이는 소년부 판사의 심판결정의 합치율이 점점 증가하고 있는 점에서 확인할 수 있다.

(8) 관련문제

1) 검사선의주의에 따른 보완

우리나라의 소년법은 검사선의주의를 취하고 있다. 따라서 검사는 비행소년에 대해 보호처분을 할 것인지, 형사처분을 할 것인지, 기소유예처분을 할 것인지 여부를 결정함으로써 소년에 대한 실질적인 권한을 행사하게 된다. 이러한 검사선의주의 하에서는 선의권 행사가 범죄사실에 의존하게 되기 때문에 이는 소년의 보호·육성을 위한 구체적·개별적인 처우라는 소년법제의 기본원리에 반하는 것이 된다. 따라서 이론적으로는 소년사건을 먼저 소년법원에 송치하게 하는 법원선의주의가 타당할 것이다. 그러나 현실적으로 법원선의주의에로의 입법화는 상당한 입법적 결단을 요구하게 될 것이고 또한 법원선의주의를 취하기 위해서는 전문적인 소년법원의 설립이 우선되어야 한다. 따라서 현재의 검사선의주의가 유지되는 상태에서 소년에 대한 인권침해 없이 검사가 소년에 대한 조사결과를 활용할 수 있는 방안도 모색할 필요가 있다.

우리나라의 비행소년에 대한 전문조사기구로는 소년보호절차상의 소년분류심사원과 소년형사절차상의 보호관찰소를 들 수 있다. 일부 지방검찰청에서 시험적으로 소년분류심사원에 조사를 의뢰하고 있는 경우가 있으나, 현재 법규정상 이들 기관에 조사를 위탁하는 것은 소년법원이든 형사법원이든 판사만이 가능하다. 소년법을 개정해 검사에게도 이들 소년조사기관에 조사를 위탁하는 것이 가능하도록 함으로써 검사가 소년의 성격과 환경, 요보호성 등에 관해 충분한 자료를 기초로 처분을 결정할 수 있도록 하여 검찰처리를 과학화하고 소년의 인권도 보장할 수 있도록 해야 할 것이다. 이와 아울러 구치소에 수감될 소년의 경우 구속기간의 범위 내에서 소년분류심사원에 수용함으로써 이를 대신하는 방안도 고려해볼 필요가 있다.

2) 소년분류심사원의 증설과 소규모화

현재 우리나라에는 3개의 소년분류심사원이 있다. 소년분류심사원이 5개에서 3개로 축소된 이유는 위탁소년 수용분류심사가 줄었기 때문이다. 그러나 소년분류심사원은 위탁보다는 분류심사가 핵심기능이고 2004년부터는 수용하지 않고 조사하는 상담조사제도도 도입되었으므로 법원의 분류심사 의뢰가 좀더 활성화된다면 오히려 시설의 증설이 요망된다. 전국적으로 12개 지방법원이 있는 것을 감안할 때 이것은 단순히 수적인 면에서만 보아도 분류심사 시설이 부족함을 알 수 있다. 최소한 각 지방법원별로는 소년분류심사원이 설립되어 전문 분류심사 시설이 아닌 소년원이나 다른 지역의 소년분류심사원을 이용하는 것은 개선되어야 할 것이다.

한편 소년분류심사원은 소년에 대한 개별 처우를 위해 전문적인 조사를 행하는 기관이라는 점을 감안할 때 현재와 같이 한개 시설에 많은 인원을 수용해 조사할 경우 그들에 대한 관호에 많은 인력과 노력을 투자하게 되므로 상대적으로 소년 개개인에 대한 정밀한 분류심사를 기대하기 어려울 것이다. 따라서 소년분류심사원의 시설규모를 소규모화해 여러 지역에 증설하는 것이 바람직할 것이다. 또한 소년분류심사원의 시설 성격도 점차 개방형으로 바꾸어갈 필요가 있다.

3) 분류심사의 활성화

소년분류심사원의 증설을 위해서는 먼저 법원의 분류심사의뢰가 활성화되어야 한다. 분류심사의뢰는 판사의 재량이지만 이의 중요성을 인식하여 가급적 심리 전에 모든 소년이 소년조사관 또는 소년분류심사원의 조사를 거칠 수 있도록 해야 한다. 또한 분류심사의 활성화를 위해서는 분류심사관의 전문화와 인력확충이 이루어져야 한다.

분류심사관은 보호소년에 대한 정확한 인격이해, 요보호성 판단을 위해 인간관계 제과학에 통달해야 할 필요가 있고 사회발전에 따라 환경과 가치관의 변동이 계속되므로 전문과학에 대한 부단한 연구를 계속해야만 조사의 과학성을 담보할 수 있고 소년처우에 대해 올바른 방향을 제시할 수 있다. 소년분류심사제도의 성패는 바로 이 분류심사관의 능력과 역할 수행에 달려있다고 해도 과언이 아닐 것이다. 따라서 자질과 능력을 갖춘 직원을 선발해 적절한 훈련과 교육을 통해 효율적으로 직무를 수행할 수 있도록 하는 것이 중요하다. 비행은 복잡한 원인과 동기의 결과이기 때문에 이에 대한 면밀한 분석과 심사를 통한 대책의 수립은 법률학에만 의존할 수 없고 제반 사회과학의 관여가 요청된다. 따라서 사회사업, 교육, 심리, 정신의학 등을 전공한 전문직원의 증원에 정책적인 배려가 필요하다.

한편 소년형사사건에서의 조사는 보호관찰소에서 이루어지고 있는데 조사 전문기관이 아니기 때문에 과학적인 조사에 한계가 있다. 소년보호사건에서의 조사를 위한 소년분류심사원이 있는데, 이와 같이 소년에 대한 조사를 서로 다른 기관에서 담당하는 것은 행정적으로도 비효율적이다. 소년의 경우는 보호사건과 형사사건의 구분 없이 소년분류심사원에 조사를 의뢰할 수 있도록 법률개정이 요망된다.

제10장 심리절차

소년심판은 소년의 건전한 육성을 목적으로 하기 때문에 사건의 수리에서부터 조사, 심리, 보호처분에 이르는 전 과정이 소년에 대하여 교육적 기능을 수행할 것이 요구된다. 이러한 교육적 기능을 달성하기 위하여 소년심판절차의 심리는 소년부판사가 소년, 보호자, 참고인 등을 직접 조사한다. 심리절차[1]에서 소년과 보호자는 판사에게 직접 진술할 기회를 갖게 되고, 판사는 정확한 심증을 얻어서 소년과 보호자에게 처우의 방침을 이해시키면서 보호처분을 결정한다.

Ⅰ. 심리의 대상

소년심판절차에서의 심리의 대상에 대해서는 비행사실만이 심리대상이라는 설, 요보호성만이 심리대상이라는 설, 비행사실과 요보호성의 모두를 심리대상으로 보아야 한다는 설이 대립될 수 있다. 생각건대, 소년보호사건의 심리과정

1) 심리절차에 대한 참고문헌: 최병각, 「소년보호사건의 범위와 처리에 관한 연구」(서울대학교 박사학위논문, 1998); 오영근/최병각, 「소년사건처리절차의 개선방안에 관한 연구」, 한국형사정책연구원, 1995; 배종대, 『형사정책』(제6전정판), 홍문사, 2005, 459면 이하; 박상기/손동권/이순래, 『형사정책』(제7판), 한국형사정책연구원, 2003, 451면 이하.

은 실체적 진실의 발견 및 인권보장이라는 사법적 기능을 실현하기 위한 사법과정임과 동시에 소년의 보호육성이라는 복지적 내지 교육적 기능을 실현하기 위한 보호과정이라고 할 수 있다. 그런데 요보호성만을 심리대상으로 보는 설은 후자의 복지적 기능만을 강조한 것이고, 비행사실만을 대상으로 하는 설은 전자의 사법기능만을 강조한 견해에 불과하다. 그러나 사법적 기능과 보호적 기능은 각자 정당히 평가되면서 서로 조화를 이루면서 작용되어야 할 요소이다. 따라서 실체적 진실의 발견과 인권보장의 사법기능에서 요구되는 비행사실의 확정은 소년보호처분의 결정을 위해 중요한 판단근거로 작용하는 요보호성과 함께 심리의 대상이 된다고 보는 견해가 타당하다.

Ⅱ. 심리개시결정

1. 의 의

심리개시결정이란 소년부판사가 송치서와 조사관의 조사보고에 의하여 사건을 심리할 필요가 있는지를 심사한 이후에 사건을 심리할 필요가 있다고 인정한 때에 하는 결정이다(법 제20조 제1항). 그러나 사건을 심리할 수 없거나 개시할 필요가 없다고 인정한 경우에는 심리불개시의 결정을 해야 한다(법 제19조 제1항).

심리개시의 결정은 소년과 보호자에게 통지하여야 하고, 이 경우 심판에 부하여질 사유의 요지 및 보조인을 선임할 수 있다는 취지를 아울러 통지하여야 한다. 소년법원 판사가 접수된 소년보호사건에 대하여 불처분결정 또는 보호처분결정을 내리는 데에는 반드시 심리를 거쳐야 한다. 왜냐하면 소년보호사건에 대하여 불처분을 하거나 보호처분을 하는 것은 “조사 또는 심리한 결과”가 아니라 “심리의 결과”이어야 하기 때문이다. 심리불개시는 법원이 심리 자체를 개시하지 아니하겠다는 결정이기 때문에 심리 없이 하게 된다.

2. 심리개시결정의 요건

소년법 제20조 제1항에 의하면 심리개시결정의 요건으로 '심리의 가능성과 필요성'이 요구된다.

(1) 심리의 가능성

심리의 가능성은 소년심판조건에 관한 문제라고 하겠다. 소년심판의 조건은 전체로서의 소년심판이 발생·유지·존속되기 위한 기본조건을 말한다. 소년심판조건은 형사재판의 소송조건에 상응하는 개념이라고 할 수 있다. 소년심판의 존재는 심리개시의 전제이고 보호처분의 요건이다. 즉 소년심판조건의 부존재는 심리개시 이전에는 심리불개시결정의 사유가 되고, 심리개시 이후에는 원칙적으로 불처분결정의 사유가 된다. 소년심판조건은 다음과 같다.

1) 소년보호사건에 대한 재판권이 있어야 한다. 소년보호사건에 대한 재판권은 지방법원 소년부에 부여되어 있는 형사재판권의 일종이라고 할 수 있다. 이러한 맥락에서 소년보호사건에 대한 재판권은 국가의 형벌권이 미치는 범위와 소년보호사건의 범위를 기준으로 결정된다.

2) 소년보호사건에 대한 관할권이 있어야 한다. 다만, 소년법원은 구체적 사건에 대한 관할권이 없는 경우에 관할 소년법원으로 이송하여야 하고, 소년심판조건의 결여를 이유로 심리불개시결정을 할 것은 아니다.

3) 소년보호사건에 대한 적법·유효한 통고 또는 송치가 있어야 한다. 소년법원이 검사에게 송치한 사건을 검사가 다시 소년법원에 송치한 경우에 그 송치는 소년법 제49조 제3항에 위반되는 무효인 송치이기 때문에 소년법원은 심리불개시결정을 하여야 한다. 경찰서장이 범죄소년을 촉법소년으로 오인하여 송치한 경우에 소년법 제4조 제2항에 의한 송치는 아니지만 무효인 송치는 아니다. 검사나 형사법원이 촉법소년이나 우범소년을 송치한 경우에 그 송치가 소년법 제49조 제1항과 제50조의 "보호처분에 해당하는 사유가 있다고 인정한 때"라는 요건을 충족한 것이라면 적법·유효한 송치라고 할 수 있다.

4) 동일 사건이 다른 소년법원에 계속되어 있지 않아야 한다. 동일 사건에 대하여 토지관할이 경합하여 이중의 심판계속이 발생한 경우에 먼저 접수한 소

년법원이 그 사건을 관할하도록 하고, 다른 소년법원은 심리불개시결정을 하여 소년심판계속을 종료시켜야 할 것이다.

5) 동일 사건에 대한 소년법원의 보호처분결정이나 형사법원의 확정결정이 없어야 한다. 보호처분결정이 내려진 사건이 다시 소년법원에 접수된 경우에는 소년법 제53조에 명시적으로 위반되는 것이고, 따라서 심리불개시 또는 불처분결정을 해야 한다. 소년법원이 접수한 사건이 이미 형사법원의 확정판결이 내려진 사건으로 판명된 경우에는 헌법 제13조 제1항 후문, 형사소송법 제326조 제1호 및 소년법 제53조의 일사부재리원칙을 존중하여 심리불개시 또는 불처분결정을 해야 할 것이다.

6) 대상자가 12세 이상 20세 미만의 생존하는 소년이어야 한다. 대상자가 재판시를 기준으로 상한연령 20세를 초과한 경우에는 원칙적으로 검사에게 송치하거나 형사법원으로 이송해야 할 것이다. 대상자가 12세 미만이면 심리불개시결정을 해야 하는데, 이 경우 하한연령 12세는, 촉법소년은 행위시를 기준으로 판단해야 하고 우범소년은 통고 또는 송치시를 기준으로 판단해야 할 것이다.

(2) 심리의 필요성

소년보호사건에 대한 심리는 보호처분의 가능성과 필요성을 판단하는 것이므로, 심리의 필요성이 있는 경우에만 개시할 수 있다. 다음은 심리의 필요성과 관련하여 논의될 수 있는 문제이다.

1) 소년법원 판사가 송치서와 조사보고만으로 비행사실이 없다는 것을 인정할 수 있는 경우에는 보호처분을 할 수 없다는 것을 심리 없이도 충분히 판단할 수 있을 것이다. 이 경우 소년법원판사가 심리 자체만으로 소년에 대한 '훈계'가 될 수 있다는 일종의 부수적 효과를 겨냥하여 심리개시결정을 할 수 있는가가 문제이다. 소년심판의 국친사상과 교육주의를 강조하여 이를 긍정하는 견해도 있을 수 있으나, 비행사실이 없는 소년에 대한 심리개시는 사법의 과잉으로 볼 수밖에 없기 때문에 부정되어야 할 것이다.

2) 소년법원 판사가 오직 비행사실의 존부를 확인하기 위한 의도만으로 심리개시결정을 할 수 있는가가 문제이다. 소년이 비행사실을 완강하게 부인하면

서 보호처분의 필요에 관한 조사를 거부하는 경우에 소년법원 판사가 심리를 통하여 비행사실의 존부를 먼저 확인할 필요가 있다는 견해가 있다. 그리고 소년보호절차에서도 부당한 구금에 대한 보상, 다시 말해서 일종의 형사보상이 이루어져야 한다는 입장에서도 소년법원 판사의 심리를 거쳐 비행사실의 부존재를 공적으로 확인하는 결정이 필요할 것이다. 그러나 비행사실은 소년의 반사회성을 징표하는 것으로서 그 존재가 보호처분의 필요조건이지만, 비행사실의 존재만으로 보호처분을 하는 충분조건은 아닐 것이다. 또한 소년법원 판사는 비행사실이 존재하더라도 그 사안이 경미하여 심리를 개시할 필요가 없다는 인정한 경우에 심리불개시의 결정을 할 수 있다. 이에 비추어 보호처분의 필요가 없음에도 단순히 비행사실의 존부를 심리하기 위한 심리개시결정은 할 수 없다고 할 것이다.

3. 방 식

소년사건에 대한 심리개시 혹은 심리불개시는 소년부판사의 결정에 의해서 행해지며, 본 결정은 본인과 보호자에게 통지하여야 한다. 특히 심리개시결정의 경우에는 심판에 부하여질 사유의 요지 및 보조인을 선임할 수 있다는 취지를 아울러 통지하여야 한다(법 제20조 제2항). 사안이 경미하다는 이유로 심리불개시 결정을 할 때에는 소년에 대하여 훈계하거나 보호자에 대하여 소년에 대한 엄격한 관리나 교육을 시키도록 고지할 수 있다(법 제19조 제3항).

4. 효 력

심리개시결정의 효력으로는 공소시효정지의 효력과 보조인의 기록열람권을 들 수 있다.

1) 공소시효정지의 효력

소년보호절차에서 심리개시결정이 있는 때에는 그로부터 그 사건에 대한 보호처분결정이 확정될 때까지 공소시효의 진행이 정지된다(법 제45조).

2) 보조인의 기록열람권

심리개시결정 이후에는 보조인이 소년보호사건의 기록과 증거물을 열람하는 경우에 소년법원 판사의 허가를 요하지 아니한다(규칙 제29조). 소년보호절차에서 적법절차의 원칙과 변호인의 조력을 받을 권리가 실질적으로 보장되어야 한다는 취지에서 특히 심리개시결정 이후의 심리단계에서 보조인의 기록열람권을 인정한 것이다. 보조인을 선임하지 않은 경우에 소년의 기록열람권은 형사소송법 제55조를 준용하여 인정된다고 하겠다.

5. 조사관 등에 대한 출석요구

심리가 개시되면, 심리기일에는 판사와 서기가 열석하여야 하고, 조사관, 보호자 및 보조인은 심리기일에 출석할 수 있다. 즉 조사관 등의 출석은 의무사항은 아니다. 그러나 소년부판사는 심리기일에 의견진술을 필요로 하는 조사관 또는 소년분류심사원 및 보호관찰소 소속 공무원에게 심리기일에 출석할 것을 요구할 수 있다(규칙 제23조).

6. 취　소

심리개시결정은 소년법 제23조의 규정에 의한 심리가 개시되기 전까지 결정으로써 이를 취소할 수 있다(규칙 제22조). 심리개시취소의 결정도 소년과 보호자에게 통지하여야 한다(규칙 제3조 제2항).

심리개시의 취소결정은 종국결정이 아니고, 그 사건에 대하여 심리개시의 여부에 관한 결정이 있기 전의 상태로 되돌릴 뿐이다. 따라서 심리개시결정을 취소한 경우에도 접수된 소년보호사건에 대한 조사와 소년에 대한 임시조치는 가능하다. 이는 심리불개시결정이나 불처분결정이 있는 경우에 임시조치 취소간주의 효력이 발생하는 것과 구별된다.

심리개시결정을 한 다음 심리기일의 심리가 개시되기 전에 소년이 사망하거나 소재불명된 경우와 같이 심리불개시의 사유가 발생한 경우에는 심리개시의 취소결정과 동시에 심리불개시결정을 해야 하고, 이 경우 소년보호사건의 소년심판계속을 전제로 하는 조사와 임시조치의 시행은 더 이상 불가능하다.

심리개시의 취소결정은 소급되지 않는다고 한다. 이는 심리개시결정 이후부터 그 취소결정 이전까지 심리개시결정에 근거하여 발생한 법적 효과가 심리개시결정의 시점으로 소급하여 소멸되는 것은 아니라는 의미이다.

Ⅲ. 심리기일의 준비

1. 기일의 지정

심리기일은 소년부판사가 지정하며, 다만 직권으로 혹은 본인, 보호자 또는 보조인의 청구가 있는 경우에는 심리기일을 변경할 수 있다(법 제21조, 제22조). 심리기일을 지정하는 경우 소년 또는 보호자가 심리에 대한 준비를 할 수 있고, 기일전에 송달보고서가 돌아올 수 있을 정도의 유예기간은 두어야 할 것이다.

2. 소환 및 통지

소년부판사는 심리기일을 지정하고, 본인과 보호자를 소환하여야 한다(법 제21조 제1항 본문). 다만, 필요가 없다고 인정한 때에는 보호자는 이를 소환하지 않을 수 있다(법 제21조 제1항 단서). 그리고 소년부판사는 필요하다고 인정하는 때에는 참고인을 소환할 수 있다(법 제13조 제1항). 또한 소년부판사는 심리기일에 의견진술을 필요로 하는 조사관 또는 소년분류심사원 및 보호관찰소 소속 공무원 등에게 심리기일에 출석할 것을 요구할 수 있다(규칙 제23조). 여기에서 소년은 필요적 소환의 대상인 반면, 보호자, 참고인, 조사관 등은 임의적 소환의 대상이다.

소년부판사가 소년 또는 보호자를 소환하는 경우에는 소환장의 송달에 의하여야 하고(규칙 제14조 제1항), 심리기일에 소환을 받은 본인 또는 보호자가 소환에 응하지 아니한 때에는 소년부판사는 동행영장을 발하여(법 제13조 제2항)

출석을 강제할 수 있다.

소년심판절차에서 보조인은 소년부판사의 소환대상은 아니다. 그러나 보조인의 선정이 있는 경우에는 보조인에게 심리기일을 통지하여야 한다(법 제21조 제1항, 제2항). 소년부판사가 심리기일을 변경한 경우에도 이를 본인, 보호자 또는 보조인에게 통지하여야 한다(법 제22조).

Ⅳ. 심리의 방식

1. 심리의 장소

심리기일의 소년심판은 원칙적으로 법원 소년부에서 행하되, 예외적으로 법원장은 필요에 따라 법원외의 장소에서 개정하게 할 수 있다(법원조직법 제56조 제1항, 제2항).

2. 심판정의 구성

심리가 개시되면 법원측에서는 판사와 서기가 열석하여야 한다(법 제23조 제1항). 소년부판사는 심리기일에 소년을 소환하여야 하고, 소년이 소환에 불응하면 동행영장을 발하여 출석을 강제할 수 있다(법 제13조 제2항). 소년에게는 심리기일에 출석할 출석권이 인정되므로 소년이 심리기일에 출석하지 아니한 때에는 심리를 할 수 없다(규칙 제24조). 보호자·보조인은 심리기일에 출석하여 심리에 관하여 의견을 진술할 수 있다(법 제23조 제2항). 다만, 소년부판사는 보호자 및 보조인의 의견진술시에 필요하다고 인정되는 때에는 당해 소년의 퇴석을 명할 수 있다. 본인, 보호자·보조인 이외에 조사관, 소년분류심사원과 보호관찰소 소속 공무원은 판사의 소환에 의해 심리기일에 출석하여 의견을 진술할 수 있다. 또한 소년부판사의 명령에 의하여 증인, 감정인, 통역인, 번역인이 출석하여 의견을 진술할 수 있으며, 이에 대해서는 보호사건의 성질에 위반되지 않는 한도에서 형사소송법의 규정을 준용한다(법 제26조).

3. 심리운영의 원칙

소년심판에서 심리는 친절하고 온화하게 운영되어야 한다(제24조 제1항). 이는 심리의 주체인 소년부판사가 심리의 대상인 소년에게 이념적으로는 국친(國親)으로서 보호자의 역할을 해야 하고, 심리 그 자체가 소년의 건전육성에 긍정적으로 기여할 수 있도록 해야 하기 때문이다.

(1) 비공개의 원칙

소년심판에서 심리는 공개하지 아니하는 것을 원칙으로 한다. 따라서 일반인은 소년심판정에 입정할 수 없다. 다만, 소년부판사는 적당하다고 인정하는 자에게 재석을 허가할 수 있다(법 제24조).

(2) 병합심리의 원칙

소년부판사가 심리를 함에는 비행사실을 고지하고 변명의 기회를 주어야 하며, 동일소년에 대한 2개 이상의 보호사건 및 관련보호사건은 될 수 있는 한 병합하여 심리하여야 한다(규칙 제25조).

(3) 개별심리의 원칙

다른 소년이 같은 비행을 한 공범자라 할지라도 그 심리는 소년마다 개별적으로 하여야 할 것이다. 이것은 처우의 개별화, 절차의 개별화, 비공개의 원칙, 소년의 형사사건에 대한 심리의 분리(법 제57조) 등에 비추어 당연한 것이다.

(4) 심리의 공정성 확보

심리의 공정성을 확보하기 위해 소년사건의 경우에도 판사 등에 대한 회피제도가 인정되고 있는데, 소년부판사는 심리의 공평을 해할 만한 상당한 사유가 있다고 인정할 때에는 그 직무의 집행을 회피할 수 있다. 법원사무관 등 조사관에게도 회피제도가 인정된다(규칙 제26조).

4. 심리의 진행

소년부판사는 심리를 진행함에 있어 해당 소년에게 비행사실을 고지하고 그 이익되는 사실을 진술할 기회를 주어야 한다(규칙 제25조 제1항). 심리진행의 결과 보호처분을 할 수 없거나 할 필요가 없다고 인정되는 때에는 소년부판사는 그러한 취지의 결정을 하여 본인과 보호자에게 통지하여야 한다(법 제29조 제1항). 심리과정에서 소년부 법원서기관, 법원사무관, 법원주사 또는 법원주사보는 보호사건의 심리에 대한 기록을 작성하여 심리의 내용과 모든 결정을 명확히 하고 기타 필요한 사항을 기재하여야 한다(법 제30조 제1항).

5. 묵비권의 고지

일반 형사절차와 달리 소년심판절차에서는 명문의 규정이 없으므로 심리대상 소년에게 진술거부권이 인정되지 않는다는 견해도 주장될 수 있겠으나, 통설은 헌법의 규정에 근거하여 소년보호사건에 대해서도 진술거부권을 인정하고 있다. 소년법에 명문의 규정이 없더라도 최고의 실정법인 헌법에 구속되어야 하는 것은 법치국가의 원리상 당연하기 때문이다. 그리고 헌법규정에 의하여 소년심판절차에서도 진술거부권이 인정된다고 보는 이상 거부권의 고지는 거부권을 실효성 있게 하기 위한 필수적인 절차적 요건이므로 해석에 의하여 형사소송법을 준용하여 소년심판절차에서도 진술거부권의 고지가 반드시 있어야 한다. 따라서 진술거부권을 고지하지 아니하고 행한 소년에 대한 심문절차는 위법한 것으로 평가되어야 할 것이다.

6. 비행사실의 고지와 변명취지

소년부판사가 심리를 함에는 비행사실의 내용을 고지하고 변명의 기회를 주어야 한다(규칙 제25조 제1항). 이 사항은 보호처분의 전제되는 사실에 관한 실체적 진실의 발견은 물론이고, 소년의 인권보장을 위한 적정절차의 원칙에 의해서도 요구되는 것이다. 비행사실의 고지는 보통 사건송치서 또는 조사관의 조사보고서에 기재된 행위의 개요를 읽어주는 방법에 의하여 행해진다. 소년이 만일 비행사실을 부인하는 경우에는 증거를 제시하고 그것에 대한 의견을 물을 필요가 있을 것이고, 요보호성에 관한 자료가 있는 때에는 그 내용을 고지하고 변명을 들어야 할 것이다. 이 경우 변명은 소년은 물론이고, 보호자 및 보조인이 선임된 경우에는 보조인도 이를 할 수 있을 것이다.

7. 비행사실의 인정

(1) 증거조사청구권

형사소송법 제294조는 일반형사절차의 피고인에게 증거조사청구권을 인정하고 있다. 그러나 소년심판절차에서는 소년의 증거조사청구권에 대하여 아무런 규정이 없다. 그 때문에 형사소송법상 당사자의 증거조사청구권이 소년심판절차에 준용되어 인정되어야 할 것인지가 문제된다. 이에 대해서는 일반 형사소송절차와 소년보호절차의 구조상 차이에 근거하여 원칙적으로 부정하는 것이 타당할 것이다. 왜냐하면 일반형사절차에서 피고인에게 증거조사청구권을 보장하는 것은 소추자인 검사의 공격으로부터 피고인이 대등한 당사자의 지위에서 자기를 방어할 수 있도록 하기 위한 것인 데 대하여, 소년심판절차에서는 소추자인 검사와 변호하는 변호인은 없고 오직 소년을 위하여 협력관계에 있는 재판관과 그 밖에 조사관 등의 관계자가 있을 뿐이기 때문이다. 따라서 소년심판절차에서의 증거조사는 직권에 의한 증거조사만이 인정되며 소년이 증거조사를 청구하더라도 이는 법원의 직권발동을 촉구하는 의미밖에 없다고 볼 것이다.

(2) 증인신문권

소년보호를 위한 직권주의 소송구조만을 고려하여 증거조사신청권 그 자체는 부정되더라도 일단 증거조사가 개시된 경우에는 적정절차의 보장적 측면에서 소년, 보호자 등에게 증인신문권은 인정되어야 한다. 소년심판의 목적은 소년의 건전한 육성에 있고 소년에 대한 보호처분은 형벌과는 달리 처벌이 아니라고 하지만 소년심판절차에도 국가의 강제력이 필연적으로 수반되며 또한 보호처분도 개인의 자유를 구속·제한하는 처분이라는 점에서 준형벌적 성격을 가지고 있기 때문이다.

(3) 직권증거조사의무

소년이 고지된 비행사실의 전부 또는 일부를 부인하고, 비행사실을 뒷받침하는 증거의 내용을 다투면서 증거신청을 하는 경우에 소년부판사는 그 증거조사를 직권으로 행하여야 할 것인가의 문제가 제기된다. 이런 경우에 소년부판사는 원칙적으로 직권에 기한 증거조사를 행하여야 할 의무는 없다 할 것이다. 그 증거조사의 시행여부는 소년부판사의 합리적인 재량에 위임되어 있는 것이다.

(4) 전문법칙

소년법은 형사소송법과 같이 전문증거의 증거능력을 제한하는 전문법칙에 관한 규정을 두고 있지 않다. 따라서 전문법칙에 관한 형사소송법의 규정이 소년심판절차에 준용될 것인가의 문제가 발생한다. 이에 대해서는 원칙적으로 부정하는 것이 타당할 것이다. 왜냐하면 형사소송절차의 전문법칙은 대립 당사자주의 소송구조를 전제로 당사자의 반대신문권을 보장하는 데 그 취지가 있는데 반하여, 소년심판절차는 소년의 보호육성이라는 교육적 기능을 달성하기 위하여 재판관과 조사관, 보호자 및 그 밖의 심판관계자들의 협력관계가 요구되는 직권주의적 소송구조를 취하고 있기 때문이다.

(5) 자백의 증거능력과 보강증거

소년보호사건에서도 소년의 자백이 중요한 증거자료가 된다. 그런데 형사소송절차에서는 헌법 제12조 제7항과 형사소송법에 의하여 임의성 없는 자백은 증거능력이 없고 임의성 있는 자백이라도 보강증거가 필요하다는 자백법칙이 규정되어 있지만, 소년법에는 자백법칙에 관한 직접적 규정이 없다. 그 때문에 소년보호사건에서도 자백법칙이 적용될 것인가에 대하여는 견해가 대립하고 있다. 소년보호절차에서도 자백의 임의성 및 보강증거가 필요한가에 관해서 이를 주장하는 견해도 있으나, 형사사건에서 자백의 임의성 및 보강증거를 요구하는 헌법의 규정취지와 소년은 성인에 비하여 강제력의 영향을 받기 쉽고 그 진술의 신빙성도 희박한 점 등을 고려하여 소년보호사건에서도 자백의 임의성과 보강법칙이 적용되는 것으로 보아야 할 것이다.

(6) 사실인정에서의 조사보고서의 이용

조사관의 조사보고서나 소년분류심사관의 심사보고사가 요보호성을 판단하는 자료로서 사용되어야 하는 것은 명백하다. 그런데 조사관이 당해 사건에서 작성한 조사보고서나 소년분류심사관이 작성한 심사보고서가 비행사실 인정의 자료로 사용되는 것까지 허용될 것인가에 대해서는 견해가 대립하고 있다. 이에 대해서는 조사보고서나 심사보고서가 오로지 요보호성을 판단하는 자료로서만 사용되어야 하며 비행사실을 인정하는 자료로는 사용할 수 없다고 보는 것이 타당할 것이다. 왜냐하면 그러한 자료가 비행사실 인정의 증거로 사용되는 것이 허용될 경우에는 조사자와 소년 사이의 신뢰관계가 훼손되거나 악용될 위험성이 있기 때문이다.

(7) 증거의 조사방법

일반 형사절차에서 범행사실과 같은 중요한 사실은 증거능력 있는 증거와 엄격한 법정절차에 따른 증거조사에 의하여 인정되어야 한다는 내용은 소위 '엄격한 증명'의 대상이 된다. 이를 위해 형사소송법 제291조, 제292조 등은 증거에 대한 개별적 조사, 증거물의 제시, 서류요지의 고지 또는 낭독 등 공판정에서의 증거조사의 방식을 엄격하게 규정하고 있다. 그러나 소년법에는 이에 관한 규정이 없다. 그 때문에 형사소송법의 규정이 소년보호절차에 준용될 것인가가 문제된다. 이에 대해서는 형사소송에서의 증거조사에 관한 규정들은 대립 당사자주의 소송구조를 전제로 한 것이므로 소년의 보호를 위하여 직권주의 소송구조를 취하는 소년심판절차에는 원칙적으로 준용되지 않는 것으로 보아야 할 것이다. 따라서 소년심판절차에서의 증거조사의 방식은 재판관의 합리적 재량에 맡겨져 있는 것으로 보아야 한다.

8. 보호필요성에 관한 사실의 심리

(1) 개 요

소년심판사건에서 '비행' 또는 '요보호성'에 대한 판단은 매우 중요하다. 왜냐하면 소년부가 보호처분을 부과하는 기준이 될 수 있기 때문이다. 요보호성은 소년의 자질, 환경의 양면을 고려한 범죄의 위험성, 보호처분에 의한 개선가능성 등을 말한다. 그러나 이러한 요보호성에 대한 판단은 소년의 인권을 침해할 수 있는 극히 주관적인 판단이 될 수 있다. 따라서 소년의 요보호성에 대한 판단은 소년부의 심리절차에 의해 합목적적으로 행해져야 한다.

(2) 심리절차

소년법의 규정에 의한 보호소년은 관할소년부에 송치됨으로써 심리가 개시된다. 보호대상소년을 송치 또는 통고받은 소년부판사는 보호소년에 대한 조사 또는 심리를 한다. 이를 위해 소년부판사는 조사관에서 본인·보호자 또는 참고인의 심문 기타 필요사항의 조사를 명할 수 있고(법 제11조 제1항), 보호자 또는 학교와 사회복지시설의 장으로부터 통고받은 보호사건에 대해서도 소년을 심리할 필요가 있을 때에는 해당 사건을 조사하여야 한다(법 제11조 제2항). 관할소년부는 소년에 대한 전문가가 아니기 때문에 정확하고 과학적인 조사와 심리가 어렵다. 따라서 조사 또는 심리를 할 때에는 정신과의사·심리학자·교육자 기타 전문가의 진단 및 소년분류심사원의 분류결과와 의견을 참작하여야 한다(법 제12조). 소년부판사는 사건의 조사·심리에 필요하다고 인정한 경우에는 임시조치를 취할 수 있다(법 제18조 제1항), 이러한 임시조치의 결과에 따라 소년부판사는 심리개시 혹은 심리불개시의 여부를 결정하여야 한다(법 제19, 20조).

(3) 증거법칙 · 심증의 정도

소년심판에 있어서도 실체적 진실발견에 기본적인 원칙이라고 할 수 있는 증거재판주의(형사소송법 제307조)와 자유심증주의(형사소송법 제308조)가 적용된다.[2] 여기서 비행사실을 증명하는 데에는 증거능력 있는 증거에 의한 엄격한 증명이 필요하지만, 요보호성을 판단함에 있어서는 자유로운 증명으로 충분하고, 비행사실의 증명은 '합리적 의심이 없을 정도'이어야 하지만, 요보호성을 증명하는 데에는 '증거의 우월'로 충분하다는 것이 통설적 견해이다. 또한 증거법칙에 관하여는 소년보호사건에 관하여도 증인신문, 감정, 통역, 번역을 명할 수 있고, 검증 · 압수 · 수색을 행할 수 있으며, 비록 '보호사건의 성질에 위반되지 아니하는 한도에서'라는 단서가 붙지만 형사소송법의 규정을 준용하도록 하고 있다(법 제25조, 제26조).

V. 증거조사절차

1. 개 요

일반형사사건에서는 당사자주의원칙에 근거하여 형사소송법상의 적법절차원칙을 적용하여 인권의 침해를 방지하고 있으나, 소년심판에서는 비송(非訟)사건의 형식을 취하고 있어 증거조사의 과정이 직권주의에 의해 진행되고 있다. 이와 같은 방식은 보호의 필요성이 있는 소년에 대해 국가가 친권자로 개입하여 그 역할을 수행한다고 하는 국친사상에 근거하고 있다. 그러나 다수의 소년사건이 비공식적인 절차에 의해 진행되고 있기 때문에 해당 소년의 권리가 제대로 보장되지 않고 있다. 따라서 소년사건에 대한 증거조사절차에서도 형사소송법상의 규정을 준용하여 소년의 인권이 침해되지 않도록 해야 할 것이다.

---

2) 증거법칙에 대해서는 오영근/최병각, 앞의 논문, 105면 이하 참조.

2. 증인신문 · 검증 등

소년부판사는 증인을 신문하고 감정, 통역, 번역을 명할 수 있다(법 제26조 제1항). 형사소송법 중 법원의 증인신문, 감정, 통역 및 번역에 관한 규정은 보호사건의 성질에 위반되지 아니하는 한도에서 이 경우에 준용한다(동조 제2항). 또한 소년판사는 검증, 압수 또는 수색을 할 수 있다(법 제27조 제1항). 형사소송법 중 법원의 검증, 압수 또는 수색에 관한 규정은 보호사건의 성질에 위반되지 아니하는 한도에서 이 경우에 준용한다(동조 제2항).

3. 원조 · 협력

소년부판사는 그 직무에 관하여 모든 행정기관, 학교, 병원 기타 공사단체에 대하여 필요한 원조와 협력을 요구할 수 있다(법 제28조 제1항).

제11장

조서작성 및 기록의 열람

Ⅰ. 소년심판의 조서

소년심판의 조서 가운데 가장 중요한 것은 심리조서이다. 심리조서 이외에 구술에 의한 통고의 경우에 작성하는 통고조서, 심리기일 외의 증인, 감정인 등을 신문하거나 검증, 압수 또는 수색을 하는 경우의 각각의 조서가 있다. 소년심판의 조서에 대해서는 소년보호사건의 성질에 위반되지 않는 한, 형사소송법상 조서에 관한 규정(형사소송법 제48조-제59조; 형사소송규칙 제29조-제41조)이 소년심판의 조서에도 준용된다(규칙 제28조 제4항). 따라서 여기에서는 심리조서와 기록의 열람·등사에 관한 소년법 및 소년심판규칙의 규정에 한정하여 살펴보기로 한다.

Ⅱ. 심리조서

1. 조서의 작성

심리조서는 형사소송법 제51조의 공판조서와 같은 것으로 소년심판절차의 심리기일에서 그 절차 및 내용을 공증하기 위해 법원사무관 등에 의해 작성된다(규칙 제28조 제1항). 심리조서의 작성방식 및 증명력에 관해 소년심판규칙에 규정되지 않은 사항은 보호사건의 성질에 위반되지 않는 한, 형사소송법 제48조-제59조 및 형사소송규칙 제29조-제41조의 규정이 준용된다.[1]

심리조서는 심리절차에 참여한 법원사무관등이 이를 작성하고 그 법원사무관등과 심리를 진행한 소년부판사가 이에 서명한다(법 제30조; 규칙 제28조 제1항; 형사소송법 제53조 제1항).

2. 조서의 기재사항

심리조서의 기재사항은 아래와 같으며, 심리에 참여한 법원사무관 등은 소년부판사의 허가가 있을 때에는 그 기재사항 중 일부를 생략할 수 있다(규칙 제28조 제2, 3항).[2]

— 심리를 한 법원, 그 일시와 장소(규칙 제28조 제2항 1호)

— 소년부판사, 법원사무관등 및 출석한 조사관 또는 소년분류심사원 및 보호관찰소 소속공무원 등의 직위, 성명(동항 2호)

— 소년, 출석한 보호자 및 보조인의 성명(동항 3호)

— 출석한 증인, 감정인, 통역인, 번역인 및 참고인의 성명(동항 4호)

— 비행사실의 내용을 고지하고 그 이익 되는 사실을 진술할 기회를 준 사실(동항 5호)

— 소년의 진술요지(동항 6호) 소년의 비행사실 등에 대한 진술요지뿐만 아니라 소년에 대한 인정신문도 조서의 첫부분에 기재한다.

— 보호자, 보조인 및 조사관 또는 소년분류심사원, 보호관찰소 소속공무원 등의 진술요지(동항 7호)

— 증인, 감정인, 통역인, 번역인 및 참고인의 진술요지(동항 8호)[3]

---

1) 법원행정처, 『법원실무제요(소년 · 비송)』, 2000, 164면.

2) 이하의 해당 각호의 설명부분은 위 법원실무제요, 165면 이하 참조.

3) 소년심판의 증인 등의 진술이 길지 않은 점을 고려하여 필요한 경우 이외에는 진술요지를 별지의 조서에 기재하여 공판조서의 일부로 할 필요는 없고 심리조서에 함께 기재하는 것이 적절하다고 한다(위 법원실무제요, 165면).

— 결정 기타 처분을 고지한 사항(동항 9호) 종국결정은 별도의 결정서가 작성되지만, 그 밖에 심리도중에 하는 부수적 결정 기타 처분은 조서의 기재로 결정서에 갈음할 수 있으므로 결정의 주문 등을 기재하여야 한다. 결정 기타 처분에 해당하는 것으로는 증거결정, 사건의 병합, 진술제한, 입퇴정명령, 심판기일에서의 압수 등이 있다.[4]

— 기타 심리에 관한 중요사항 및 소년부판사가 기재를 명한 사항(동항 10호) "기타 심리에 관한 중요사항"에는 소년의 출석유무, 비행사실 및 묵비권의 고지, 증거조사에 관한 의견, 제8호 이외의 증거조사에 관한 사항, 재석허가된 자의 성명·소년과의 관계, 그 의견의 요지 등, 보조인선임 허가·취소, 사건의 병합·분리, 진술의 제한, 관계인의 입퇴정, 심리절차의 갱신, 증거물의 압수 및 환부 등, 종국결정고지, 다음기일의 지정 등이 있다.[5]

그 밖에 사항에 관해서는 형사소송법의 규정이 준용된다. 심리조서에는 서면, 사진 기타 법원이 적당하다고 인정한 것을 인용하고 소송기록에 첨부하여 이를 조서의 일부로 할 수 있다(형사소송규칙 제29조). 또한 필요한 때에는 속기 또는 녹취도 가능하다(형사소송법 제56조의2; 형사소송규칙 제31조-제39조). 조서상의 문자의 삽입·삭제 그리고 난외기재의 경우에도 그 곳에 날인하고 자수를 기재하며 삭제부분을 해득할 수 있도록 그대로 두어야 한다(형사소송법 제58조). 증인선서서 등 공무원 아닌 자가 서명날인해야 할 경우 서명불능이면 타인이 대서하고 그 대서를 한 자가 그 사유를 기재하고 서명날인하여야 한다(형사소송규칙 제41조).

Ⅲ. 기록의 열람과 등사

1. 기록의 열람과 등사

소년보호사건의 기록과 증거물은 소년부판사의 허가를 받은 경우에 한하여

4) 위 법원실무제요, 166면.
5) 위 법원실무제요, 166면.

이를 열람 또는 등사할 수 있다. 다만, 보조인이 심리개시결정 후에 소년보호사건의 기록과 증거물을 열람하는 경우에는 소년부판사의 허가를 요하지 않는다(규칙 제29조).[6)]

소년보호사건의 심리는 비공개가 원칙이기 때문에(법 제24조 제2항) 소년보호사건의 기록과 증거물도 역시 원칙적으로 비공개로 하고 있다. 보호사건의 적정한 처리와 소년의 명예보호를 위한 규정이다. 다만 심리개시 후에는 보조인의 심리보조의 편의를 위하여 기록과 증거물의 열람에 한하여 보조인에게 자유롭게 열람할 수 있도록 예외를 두었다.

2. 결정서 등·초본의 청구

소년, 보호자 및 보조인은 결정서 또는 결정을 기재한 조서의 등본, 초본 또는 심판에 관한 사항의 증명서의 교부를 법원사무관 등에게 청구할 수 있다. 법원사무관 등은 제1항의 등본, 초본 또는 증명서를 작성할 때에는 등본, 초본 또는 심판에 관한 사항의 증명서라는 취지를 기재한 후 기명날인하여야 한다(규칙 제30조).

6) 기록의 열람과 등사에 관해서는 재판기록 열람·등사 예규(송일 99-2) 참조.

제12장 종국결정

Ⅰ. 총 설

가정법원소년부와 지방법원소년부(이하 소년법원으로 통일한다)에서 이루어지는 소년보호사건의 심리[1]절차는 소년법원 판사의 종국결정에 의해서 종료된다. 소년법원은 수리한 사건에 관하여 조사를 하고 심리가 필요한 것에 관해서는 심리를 열어 판사가 종국결정을 한다. 이들 종국결정에 의해서 소년법원의 심리가 종결된다. 종국결정 가운데에는 반드시 심리를 열어 행하는 것(불처분결정, 보호처분결정)이 있는 반면, 조사단계에서 이루어지는 결정도 있다(심리불개시결정, 검사송치결정). 이 가운데 검사송치결정은 심판을 거쳐 행해지는 경우도 있다.

현행 소년법상의 종국결정의 전체적인 특징으로서는 검사선의제의 영향을 강하게 받고 있는 점을 들 수 있다. 즉 소년법원의 종국결정 가운데 특히 심리불개시결정, 불처분결정과 검사송치결정의 비율이 낮고, 보호처분결정의 비율이 높게 나타나고 있다. 검사가 선의권을 행사하여 상당수의 인원을 불기소처리하고 있기 때문에 소년법원에서 심리불개시·불처분결정을 받는 인원이 적으며, 검사가 비행사실이 무거운 대부분의 범죄소년을 형사법원에 기소하고 있으므로,

---

1) 소년법에서는 '심리'라는 용어를 사용하고 있으나 규칙에서는 '심판'과 '심리'를 혼용하고 있다. 이하 본문에서도 '심리'와 '심판'을 함께 사용하기로 한다.

소년법원에서 형사처분 필요성을 인정한 검사에 대한 역송치결정도 적게 나타나고 있다. 그 결과 소년법원에서 보호처분결정의 비율은 높게 나타나고 있는 것으로 보인다. 현재 소년법원에서 보호처분결정의 비율은 약 90%에 이르며, 심리불개시와 불처분결정은 합해서 약 10% 정도에 지나지 않는다. 한편 형사처분이 타당하다는 이유로 검사에 역송되는 검사송치결정의 비율도 약 0.5% 미만에 불과하다.[2)]

1. 결정의 종류

소년법원이 심리와 결정을 할 때에는 소년법원 단독판사에 의하여 이루어진다(법 제3조 제3항). 즉 구두변론을 거치지 않고 소년법원 단독판사에 의하여 이루어지므로 그 형식은 모두 결정이다. 보호사건에 대한 조사와 심리 과정에서 이루어지는 결정에는 중간결정과 종국결정이 있다. 그 차이는 소년법원의 심리절차를 종결시키는가 아닌가에 있다.

중간결정에는 임시조치의 결정(법 제18조 제1항), 임시조치연장결정(법 제18조 제3항), 임시조치(위탁)기간연장결정(법 제18조 제3항 단서), 임시조치취소・변경결정(법 제18조 제6항), 심리개시결정(법 제20조 제1항) 등이 있으며, 이송의 결정(법 제6조, 제51조)도 중간결정에 해당한다. 소년법상의 종국결정에는 심리불개시결정(법 제19조 제1항), 검사송치결정(법 제7조 및 제49조 제2항), 불처분결정(법 제29조 제1항), 형사법원이송결정(법 제51조), 보호처분결정(법 제32조 제1항)이 있다.

한편 예외적으로 소년심리절차의 종결 후에 이루어지는 결정도 있다. 즉, 보호처분의 변경결정(법 제37조 제1항), 보호처분의 취소결정(법 제38조, 제39조) 등이 그것이다. 또한 소년법원판사가 범죄소년과 촉법소년에 대하여 보호처분을 하는 경우에는 몰수결정을 할 수 있는데(법 제34조 제1항), 이 결정은 종국결정인 보호처분에 부수되는 처분이므로 종국결정과는 다른 성격을 지닌다.

---

2) 범죄백서 2004, 231면.

2. 결정서

결정의 형식은 서면이다. 즉, 결정을 할 때에는 소년법원판사가 결정서를 작성하고 서명·날인하여야 한다. 다만, 서명날인에 대신하여 기명날인도 할 수 있지만, 임시조치결정(법 제18조 제1항), 위탁기간연장결정(동조 제3항 단서), 임시조치 취소·변경결정(동조 제6항), 불처분결정(법 제29조), 보호처분의 결정(법 제32조 제1항), 보호처분변경결정(법 제37조 제1항), 항고·재항고에 대한 결정(법 제45조, 제47조)의 경우에는 예외로서 반드시 서명·날인해야 한다(규칙 제2조). 또한 결정서를 생략할 수 있는 경우로서, 소년부판사가 상당하다고 인정할 때에는 결정의 내용을 조서에 기재하게 하여 결정서의 작성에 대신할 수 있다(규칙 제2조). 조서결정의 경우에도 보호처분이나 검사송치 등의 중요한 결정의 경우에는 그 이유의 요점을 충분히 기재해야 할 것이다. 따라서 이유의 기재를 생략할 수 없는 경우(법 제7조, 제32조, 제49조 제2항 등)와 이유의 기재가 상당한 경우(법 제18조 등)에는 조서결정으로써 대신할 수 없다고 봄이 타당하다.

결정서에는 주문과 이유 외에 소년의 성명, 주민등록번호, 직업, 주거, 본적을 기재한다(규칙 제2조 제3항 본문). 다만 종국결정과 이송(법 제6조), 보호처분의 변경(법 제37조), 보호처분의 취소(법 제38, 39, 40조) 결정 이외의 결정서에는 소년의 성명과 주민등록번호 등 주거 및 주문 이외의 기재를 생략할 수 있다(규칙 제2조 제2항 단서).

3. 결정의 고지와 통지

상대방인 소년에게 결정의 내용을 알리는 것을 결정의 고지라고 한다. 결정은 고지에 의하여 대외적으로 효력을 발생한다. 보호처분을 결정하는 경우에는 반드시 심리기일에 결정서에 의하여 고지하여야 한다(규칙 제3조 제1항). 따라서 이 경우의 고지는 소년법원에서 소년부판사가 소년을 직접 대면한 자리에서 이루어지는 면전고지이다. 보호처분의 결정을 고지함에는 소년 및 출석한 보호자에 대하여 보호처분의 취지를 이해할 수 있도록 친절히 설명하여야 한다(규칙 제31조 제1항). 또한 소년법원 판사는 보호처분결정의 고지를 할 경우에 항고기간과 항고법원을 알려줄 의무가 있다(규칙 제31조 제3항). 소년에게 중요한 의미를 갖는 보호처분의 결정에 대한 교육적 효과를 고려한 조치이다. 기타의 결정을 하는 경우에는 소년과 보호자에게 그 결정의 내용을 통지해야 하는 것으로 규정하고 있지만(규칙 제3조 제2항), 보호처분의 결정 이외에도 검사송치결정과 같은 중요한 결정의 경우에는 심리기일에 소년의 면전에서 결정서에 의하여 고지하도록 하는 것이 타당할 것이다.

임시조치결정에 의하여 위탁된 소년에 대한 심리기일변경(법 제22조), 이송(법 제6조, 제51조), 검사송치(법 제7조, 제49조 제2항), 심리불개시(법 제19조), 불처분(법 제29조), 보호처분(법 제32조 제1항) 결정을 한 경우에는, 수탁자에게도 그 결정을 통지해야 한다(규칙 제4조 제1항). 보호처분이 계속중인 소년에 관해서도, 보호처분기간연장(법 제33조 제1항, 제3항), 보호처분의 변경(법 제37조), 보호처분의 취소(법 제38조 내지 제40조), 항고재판(법 제45조)에 관한 결정을 한 경우에는 수탁자 또는 보호처분을 집행하는 자에게 그 결정을 통지해야 한다(규칙 제4조 제2항). 소년보호사건에서는 보호·교육, 최적의 처우를 지향하는 것이므로 사건처리의 결과나 결정한 처우내용을 송치한 기관에 대해서 통지하고, 관계기관의 소년의 처우에 대한 관심을 높이고 앞으로의 사건처리에 참고할 수 있도록 하는 것이 유익할 것이다. 따라서 송치기관 등에도 통지하도록 하는 것이 바람직하다.

통지의 방식은 결정서등본의 송달 기타 적당하다고 인정하는 방식에 의할 수 있다(규칙 제5조). 이에 따라 전화나 구두, 우편에 의한 통지가 가능하지만, 통상의 엽서에 의한 통지는 보호사건의 밀행성에 비추어 경미한 사건의 경우일지라도 바람직하지 않다.

한편 소년과 보호자 및 보조인은 결정서 또는 결정을 기재한 조서의 등본, 초본의 교부를 법원사무관 등에게 청구할 수 있다(규칙 제30조 제1항).

4. 처우의 선택

(1) 의 의

조사와 심리의 결과 소년에게 비행사실이 인정된 경우, 소년법원은 요보호성의 유무와 정도에 따라 심리불개시(법 제19조 제1항), 불처분(법 제29조 제1항),

검사송치(법 제7조), 보호처분(법 제32조 제1항) 등의 종국결정을 해야 한다. 이것을 처우선택이라고 부르지만, 그 선택에 관해서는 통일적인 기준은 규정되어 있지 않다. 이것은 소년보호절차가 개개의 소년의 자질·환경·비행내용 등을 종합 판단하여 최적의 처우를 개별적으로 추구함으로써 소년의 건전한 육성을 도모함을 그 목적으로 하고 있기 때문이다. 이와 같은 처우의 선택은 요보호성의 정도에 의하는 것이 원칙이지만, 비행사실의 경중, 사회방위적 배려 등 복합적인 요소를 가미한 종합적 판단이 된다.

적정한 처우선택을 함에는 먼저, 동기·과정 등도 포함한 비행사실의 내용 및 소년의 성격과 행상, 보호환경 등의 요보호성에 관한 사실의 정확한 파악이 전제가 되어야 한다. 그를 위해서는 사건기록의 검토는 물론 조사결과(법 제9조; 규칙 제11조), 소년분류심사원의 분류심사결과, 심리결과 등을 충분히 검토하여야 한다.

보호처분에는 소년에 대한 복지적 측면과 범죄로부터 사회를 지키기 위한 형사정책적인 관점이 병존하고 있으며, 어느 쪽을 중시하는가에 관해서는 의견이 나뉘고 있다. 최근의 세계적인 소년사법의 흐름은 전자로부터 후자로 기우는 경향에 있다. 그러나 소년법원에서의 심리는 보호주의의 큰 틀 아래에서 소년에 대한 복지적 측면을 기본적으로 중시해야 한다. 비행소년은 외관상으로는 가해자임에 틀림이 없지만 보호자나 사회와 학교 등으로부터 소외된 피해자, 약자로서의 측면을 가지는 경우가 많고 가소성(可塑性)[3]이 풍부한 소년이 많다는 점에서도 교육·보호·복지적인 관점에서의 대처가 중요하고도 유효하다. 여기서 문제인 것은 소년법원이 선택할 수 있는 처분의 다양화와 활성화이다. 집행기관에 의한 처우내용의 부단한 검토·개선, 그리고 소년법원이 그들 처우의 실상을 고려한 적정한 판단 아래, 다양하고 유효한 처분을 적절하게 활용할 수 있는 풍토가 조성되는 것이 중요한 과제이다.

(2) 종국결정에서의 비행사실과 요보호성의 기능

처우결정, 즉 종국결정의 근거가 되는 것은 비행사실과 요보호성이다. 이

3) 가소성이란 물리학적 용어로서 소성(塑性: plasticity)이라고도 하며, 고체에 외력을 가하여 탄성한계 이상으로 변형시킨 상태에서, 그 외력을 제거하더라도 원래의 모습으로 돌아가지 않는 성질을 말한다. 따라서 소년의 경우 비행으로 인한 영향이 소년의 건전한 육성에 결정적으로 나쁜 영향을 미칠 가능성이 높다는 의미를 지닌다.

문제는 소년심리의 대상의 문제이기도 하다. 즉 심리과정에서 심리·판단해야 할 대상이 무엇인가 하는 문제이다. 이것은 소년법원에서의 보호절차의 본질을 어떻게 이해하는가 라는 근본문제와 직결된다.

1) 비행사실과 요보호성과의 상관관계

대부분의 사건에서는 비행사실의 경중과 요보호성은 상호 대응하고 관련된다. 가벼운 비행에는 일시적인 것이 많고, 특별한 보호조치를 필요로 하지 않는 소년이 많지만, 중대한 비행을 저지른 소년은 요보호성의 정도도 높아서 좀더 무거운 보호를 가할 필요가 있는 경우가 많다. 범죄소년의 경우에는 보통 성격이나 환경적으로 깊은 문제가 개재되어 있는 경우가 적지 않다. 특히 비행사실과 요보호성의 상관의 의미는 형사절차의 범죄사실과 정상(情狀)의 관계와는 다르다. 형사절차의 양형에서는 이론은 있지만, 범죄의 실행행위와 결과가 중시된다. 범행의 동기·목적이 고려되는 비율은 행위와 결과에 비하여 일반적으로 상당히 낮다. 소년의 비행사실은 요보호성의 징표로서 다루어지는 일도 있기 때문에 그 동기와 목적이 본인의 성격적인 문제점 해명의 관점으로부터 중시되며, 범행 후의 대응 등도 환경적인 문제점으로서 고려된다. 이와 같이 소년의 비행사실에서는 행위와 결과 이외에 동기나 목적 등이 중시되므로, 비행사실의 배경사실로부터 범죄의 결과는 크지 않더라도 경미한 비행이라고 단정해서는 안 되는 경우가 있다. 반대로 범죄의 결과는 중대하지만, 기대가능성이 없는 경우, 위법성의 정도가 낮은 경우에는 본인의 비행성과 상관성은 없으며 중대한 비행으로서 다루어서는 안 되는 경우도 있을 것이다. 이 점에서 소년에 대한 처우선택은 비행사실만의 경중에 치중하여 이루어지는 것이 아니라, 그 요보호성의 판단을 중시한 선택이 이루어져야 한다. 이 점은 비단 소년법원에서뿐만 아니라, 검사가 선의권을 행사하는 경우에도 적용되어야 한다.[4)]

2) 비행사실과 요보호성의 불균형

송치사실에 비하여 요보호성이 큰 경우에는 실질적으로 여죄나 우범을 동반하고 있는 일이 적지 않다. 이러한 경우에는 그 여죄나 우범사실을 입건하여

4) 현실적으로는 검사선의제를 유지하는 한, 수사단계에서 범죄소년의 요보호성을 판단할 수 있는 제도적 장치가 마련되어야 할 것이다.

그것들을 종합적으로 검토해서 요보호성을 정확하게 판정한 후에 그에 적합한 처분을 선택하여야 할 것이다. 그러나 현행 소년법의 검사선의제에 의하여, 소년법원판사에 앞서 검사가 이러한 소년들을 비행사실의 경미함에 따라 불기소처리를 하는 경우에는, 소년법원이 그 소년의 비행사실의 배경에 있는 중대한 요보호성을 신중하게 조사·판단할 수 있는 기회가 많지 않다는 점이 문제가 될 것이다.

비행사실이 중대하지만 재비행의 우려가 없는 등 요보호성의 정도가 낮은 경우가 문제인제, 요보호성만을 중시한다면 불처분 또는 보호처분으로 하는가, 아니면 비행사실이 크므로 형사처분으로 하는가의 선택이 될 것이다. 비행사실을 중시한 검사가 형사법원에 기소하는 일이 많은 현실에서는, 요보호성의 정도가 낮다는 판단하에 소년법원으로 송치하는 경우는 많지 않을 것이다. 그러나 형벌이 교육적 처우를 위하여 유효한 경우에만 선택되어야 한다는 입장에서는 이러한 경우 대부분 소년법원의 보호사건으로서 불처분이나 보호처분으로 될 가능성이 많을 것이다.[5] 보호처분이 허용되는 한 형벌보다는 교육적 효과로서 보호처분을 활용하는 것이 바람직하다.

(3) 피해자에 대한 배려

최근 범죄피해자가 주목을 받고 법적 지위의 재확인과 그 권리를 보장하려는 새로운 경향이 활발하게 전개되고 있는 가운데, 소년법에서도 다양한 형태로 피해자의 법적 지위를 확립하려고 하는 움직임이 보인다. 아직 우리 소년법에는 피해자를 배려하는 직접적 규정이 없다. 이것은 중대범죄를 저지른 범죄소년의 경우 대부분 검사가 소년법원이 아닌 형사법원으로 기소하여 대심(對審)구조의 공개적인 일반 형사재판이 가능하기 때문인 것으로 보인다. 즉, 비공개심리가 원칙인 소년법원에서 피해자를 완전히 배제한 채 이루어지는 중대범죄를 저지른 범죄소년에 대한 심리와 보호처분이 그리 많지 않기 때문일 것이다.[6]

---

5) 澤登俊雄, 『少年法入門』(第3版), 有斐閣, 2005, 188면.

6) 전건송치주의를 채택하여 소년법원에서 검사송치가 적은 일본에서는 피해자를 배제한 상태에서 열리는 비공개심리 때문에 피해자측의 불만이 누적되고, 그것이 중요한 계기가 되어 2000년도에 이루어진 소년법개정에서는 피해자배려규정이 신설되었다(일본 소년법 제5조의2, 제9조의2).

소년법의 본래의 성질로부터 소년법에서의 피해자의 법적 지위의 확립과 권리보장에는 본질적으로 대립하는 측면이 존재함을 부인할 수 없다. 소년법원의 심리에서 중요시하는 것은 비행사실 그 자체보다는 소년이 비행에 이른 과정이나 당해 소년이 안고 있는 문제점을 규명하는 것이므로 상대적으로 피해자측을 배려하는 여지는 적기 때문이다. 특히 범죄소년에 대한 보호처분은 응보적 대응이 이루어지지 않는 점에서 범죄피해자는 자신의 범죄피해가 정당하게 평가되지 않을 뿐만 아니라, 범죄피해가 소년의 갱생에 이용된다는 감각을 갖게 되는 경우마저 있게 된다. 이 점에서 피해자는 소년법원의 심리와 그 결과에 대하여 불만을 표출하게 된다.

소년의 재범방지와 갱생을 위해서도 자신의 범죄결과, 피해자에게 가한 손해・고통・슬픔 등에 대하여 깊이 반성하며, 그 위에서 피해자에게 진심으로 사죄하고 보상하려는 노력을 기울이는 자세가 필수적이다. 그러나 이와 같이 소년사건에서 피해자의 문제가 외면할 수 없는 과제로 대두하고 있다고는 할지라도, 피해자에 대한 배려조치가 어디까지나 소년의 교육과 건전한 육성의 관점을 손상시키지 않는 범위 내에서 반영되어야 할 것이다.[7]

(4) 처우결정에 대한 소년・보호자의 납득

국가의 소년에 대한 강제와 자유제한의 논거는 침해원리이다. 이 침해원리는 소년과 보호자를 납득시키는 데 유효하며, 소년법원이 선택한 처우결정에 대하여 소년과 보호자를 납득시키는 것은 실무상으로도 중요하다. 소년의 주체성을 인정하고 그 자립을 원조하는 교육적 처우를 행하기 위해서는 소년의 자발성과 개선의욕, 보호자의 협력이 필요하다. 소년에게 자신의 문제를 자각시켜서 자발적으로 문제점을 개선하고 갱생하려는 의욕을 환기시키는 것이 교육의 시작이며, 소년의 납득을 얻는 것은 이 자발성과 자기개선의욕의 출발점이 된다. 그러나 소년측이 자신의 문제에 대하여 자각하지 못하고 반성의 자세가 보이지 않는 경우에는, 소년에게 자신의 문제점을 자각하고 개선의 의욕을 환기시키도록, 교육목적을 위하여 적당한 보호처분이나 조치를 취하는 것도 가능할 것이

---

7) 최근 일본에서는 가정재판소 조사관으로 하여금 피해자조사를 하도록 하는 법 개정의 움직임이 있다[東京家庭裁判所, "少年事件における被害者調査の在り方について"(家庭裁判所月報 57卷 1號, 2005), 175면 이하 참조].

다. 예를 들면 소년원송치처분이나 형사처분필요성을 이유로 하는 검사송치처분이 그것이다.

(5) 처우선택에서의 사회방위적 요소의 문제

이 문제는 소년법원이 처분을 결정할 때, 소년의 이익과는 별도로 사회방위상의 필요를 고려해야 하는가 아닌가라는 문제이다. 만약 고려해야 한다면 소년법원의 사법기능 안에 사회방위적 기능이 추가되는 것이 된다. 최근의 세계적 추세는 소년법원의 사법기능의 강화, 형사정책적 기능의 강화에 따라서 사회방위적 기능이 인정되는 것이 일반화되어 가고 있다. 사회방위적 기능을 인정하는 의견은 보호의 실질을 보호처분만으로 보는 견해, 즉 보호절차의 처우절차로서의 측면을 중시하지 않는 견해와 직결된다. 나아가 소년의 건전한 육성의 의미에 관해서도, 범죄위험성의 제거에 중점을 두고 생각하는 견해, 즉 보호처분을 보안처분의 일종으로서 보는 견해와 밀접성을 지니고 있다.

이 문제는 보호처분의 선택기준에 관해서도 견해의 차이를 낳게 한다. 보호처분을 과할 수 있는 것은 비행사실과 요보호성의 쌍방이 인정되는 경우로 한정되지만, 보호처분의 선택에서 사회방위의 관점을 강조하면 처분과 비행사실과의 균형을 중시하지 않을 수 없다. 즉, 비행이 중대하면 그에 상응한 무거운 처분이 선택되는 것이 필요하다. 따라서 요보호성은 상대적으로 경시되지 않을 수 없다. 이에 대하여, 보호를 순수하게 관철시키려는 견해에 의하면 처분은 요보호성의 내용에 정확하게 대응하는 것이어야 하며, 비행의 경중과는 관계가 없다고 하게 된다. 비행사실의 존재는 어디까지나 보호처분이라는 강제수단을 사용하는 정당화 근거에 그치며, 보호처분에 의한 처우의 내용에는 비행에 대한 제재의 요소는 포함되지 않게 된다.[8)]

보호처분에서의 '보호'는 소년 자신의 보호이지 사회의 보호를 의미하는 것이 아니다. 따라서 소년법의 이념에서 보호처분의 주된 목적은 사회방위가 아니라 어디까지나 소년의 건전한 육성에 있으며, 사회방위는 그 부수적 효과로서 또는 그 반사적 효과로서 기대할 수 있는 것에 불과하다. 즉 소년법은 보호목적의 국친사상을 바탕으로 한 소년복지가 중심을 이루고 있기 때문에 소년의 범

---

8) 澤登俊雄, 앞의 책, 42면.

죄적 위험으로부터 사회를 방위한다거나 형사처분에서와 같은 일반예방효과를 예정하고 있지 않으며 이러한 효과는 반사적으로만 기대할 수 있는 것이다. 그러나 실무는 비행사실이 무거운 경우에는 사회방위적 배려가 직접·간접적으로 행해지고 있는 것으로 보인다. 한편 형벌에 의하기보다는 보호와 교육적 처우로서 사회방위적 배려도 가미하여 보호처분의 선택을 인정하는 것이 실제적이며, 보호주의에도 이바지하는 것이라는 견해가 있다.[9)]

Ⅱ. 심리불개시결정

1. 의 의

소년법원판사는 송치서와 조사관의 조사보고에 의하여 사건의 심리를 개시할 수 없거나 개시할 필요가 없다고 인정한 때에는 심리를 개시하지 않는다는 결정을 하여야 한다(법 제19조 제1항). 심리불개시결정은 소년에 대하여 보호처분을 할 필요가 없거나 심리조차 개시할 수 없는 상황에 있기 때문에, 심판을 열 것도 없이 사건을 종결시키겠다는 결정이다. 따라서 중간결정인 심리개시결정과 다르며, 보호처분 없는 같은 종국결정이라도 불처분결정이 심판을 거친 후 이루어진다는 점에서 다르다. 심리불개시결정에는 형식적 심리불개시(심리를 개시할 수 없는 경우)와 실질적 심리불개시(심리를 개시할 필요가 없는 경우)가 있다.

소년법원에서의 심리불개시결정의 운용실태를 보면, 검사선심제를 채택하고 있는 관계로 검사가 보호처분의 가능성이 높은 비행소년만을 소년법원에 송치하고 있기 때문에, 소년법원에서의 심리불개시결정의 비율은 그다지 높지 않다.[10)]

---

9) 田宮 裕·広瀬健二, 『注釈少年法』(改正版), 2003, 260면.
10) 범죄백서 2004, 231면.

2. 심리불개시결정의 요건

(1) 심리를 개시할 수 없는 때

'심리를 개시할 수 없는 때'란 형식적 심리불개시 결정으로서, 여기에는 심판조건의 부존재와 비행사실의 존재가능성이 없는 때, 심판의 사실상의 불능의 세 가지가 있다.

1) 심판조건의 부존재

심판조건이란 소년법원이 보호사건에 관하여 비행 및 요보호성을 조사·심리하고 실체적 종국결정을 행하기 위해 필요한 조건을 말한다. 즉, 심판조건의 부존재란 보호절차의 개시와 존속에 필요한 조건이 결여된 경우이다. 구체적으로는 (i) 대상소년에게 재판권이 미치지 않는 때, (ii) 소년이 실재하지 않거나 생존하지 않는 때, (iii) 송치, 통고, 보고가 절차법규에 위반하여 무효인 때(본인이 12세 미만인 경우 포함), (iv) 일사부재리의 효력이 미치고 있는 때이다.[11] 또한 (v) 관할권이 없는 때, (vi) 본인이 20세 이상인 경우도 여기에 포함되지만, 관할권이 없는 때에는 다른 소년법원으로 이송함으로써(법 제6조), 그리고 20세 이상인 때에는 범죄사건에 관해서만 형식적 검사송치(법 제7조 제2항)에 의하여 처리할 수 있으므로 심리불개시결정의 대상이 아니다. 따라서 (vii) 우범사건에 관하여 본인이 20세 이상인 때에는 검사송치가 불가능하므로 심리불개시결정의 대상이 된다.

2) 비행사실의 부존재

비행사실의 존재에 관하여 개연성이 인정되지 않는 경우이다. 즉 사실이 비행에 해당하지 않든가, 비행사실이 증명되지 않는 때에는 심리불개시결정을 하여야 한다.

3) 조사와 심리가 사실상 불가능한 경우

소년의 심신상실, 장기간 소재불명·질병·해외거주에 의하여 조사와 심리

---

11) 법원행정처, 『법원실무제요(소년·비송)』, 1986, 360-361면.

가 법률상, 사실상 불가능한 때에는 심리불개시결정을 하여야 한다.[12] 소년법도 소년이 보조인선임, 항고의 신청 등 일정한 행위를 할 수 있도록 규정하고 있으므로 그 전제로서 심판능력을 예정하고 있다. 따라서 심신상실의 경우에는 본 결정의 대상이 된다.

(2) 심리를 개시할 필요가 없는 때

'심리를 개시할 필요가 없는 때'란 심리에 부치는 것이 상당하지 않다고 인정되는 때에 이루어지는 실질적 심리불개시결정이다. 필요가 없다는 것은 심판조건, 비행사실의 개연성도 모두 존재하고 그 의미에서는 심판에 부칠 수 있는 조건을 갖추고 있지만, 보호처분에 상당하는 정도의 요보호성존재의 개연성이 인정되지 않고 소년법원판사의 직접심리를 열 것도 없다고 판단되는 경우를 말한다. 구체적으로는 다음과 같은 것이 있다.

1) 비행사실이 극히 경미하고 국가의 보호를 필요로 하지 않는 경우

비행사실이 극히 경미하고 보호자에게 감호능력이 있는 경우에는 국가의 보호를 필요로 하지 않는 경우에 해당한다. 비행사실이 가벼운 경우에는 소년이 자력 또는 가정이나 학교, 경찰 등의 적절한 조치에 의하여 갱생할 수 있는 경우가 많다는 점, 소년에 대한 과도한 절차적 부담은 오히려 그 갱생의욕을 저해하기 쉽다는 점에서 심리불개시결정의 대상이 된다. 그러나 사안이 경미하다는 이유로 심리불개시결정을 하는 경우에는 이것을 유형화하여 운용하는 것은 바람직하지 않다. 비행사실이 경미한 경우에는 심리불개시, 무거운 경우에는 형사처분이나 보호처분이라는 운용이 될 위험성이 있기 때문이며, 나아가 비행사실이 가벼운 경우일지라도 그 배후에 보이지 않는 소년의 심각한 문제점을 놓칠 우려가 있기 때문이다. 다만, 전건송치제도를 채택하고 있지 않은 현 소년법원제도하에서는 검사가 비행사실이 극히 가벼운 소년에 대해서는 대부분 불기소처리를 하고 있기 때문에, 실제로 소년법원이 사안경미를 이유로 심리불개시결정을 하는 것은 예외적인 경우에 해당한다.

---

12) 앞의 법원실무제요, 362면.

2) 별건에 의한 보호처분 등으로 충분한 경우

별건에 의한 보호처분이나, 형사처분이 내려져서 더 이상의 조치를 가할 필요성이 없든가 추가하는 것이 상당하지 않은 경우이다.

3) 보호적 조치로 충분한 경우

보호적 조치는 소년법원의 조사나 심리단계에서 이루어지는 소년의 재범방지를 위한 다양한 원조활동이다. 소년법상의 임시조치(법 제18조 제1항)에 의하여 소년의 요보호성이 해소된 후, 추가로 심리를 열어 보호처분을 할 필요성이 없는 경우가 이에 해당한다. 또한 사안이 경미하다는 이유로 심리불개시결정을 할 때에는 소년에 대하여 훈계하거나 보호자에게 엄격한 관리나 교육을 시키도록 고지할 수 있도록 하고 있는데(법 제19조 제2항), 이 경우의 소년에 대한 훈계나 보호자에 대한 고지조치도 보호적 조치이다. 보호적 조치는 소년의 보호와 교육을 위하여 유연하게 대응할 수 있으므로 유효한 경우가 많으며 소년에 대한 낙인효과의 방지를 위하여도 의미가 크다.[13] 보호적 조치는 소년과 보호자의 동의에 기초하여 비강제적이고 단기간의 비계속적인 것이지만, 소년에게 사회규범을 체험시키고 문제의 현실적 인식을 지니게 하며, 가족·학교·직장 등의 관계조정 등을 통하여 소년과 보호자에게 문제점을 자각시킴으로써 소년의 효과적인 갱생을 궁극적인 목표로 한다. 보호처분의 다양화·활성화의 문제와 함께 보호적 조치의 다양화와 그 활용방안도 적극적으로 검토되어야 한다.

3. 심리불개시결정의 효력

심리불개시결정에 의하여 사건은 종료된다. 사안경미를 이유로 하는 심리불개시결정의 경우에는 소년에 대하여 훈계하거나 보호자에 대하여 소년에 대한 엄격한 관리나 교육을 시키도록 고지할 수 있다(법 제19조 제2항). 또한 심리불개시결정이 있을 때에는 임시조치는 취소된 것으로 본다(동조 제3항). 소재불명을 이유로 심리불개시결정을 받은 소년의 소재가 밝혀진 경우에는 그 심리불개

---

13) 그런 의미에서는 심리불개시결정 그 자체도 넓은 의미에서 보호적 조치의 일종으로서 이해할 수 있다.

시결정을 취소하여야 한다(동조 제4항). 즉 소재불명을 이유로 하는 심리불개시결정의 경우에는 일사부재리 효력이 명시적으로 부정되고 있다. 장기간의 질병이나, 해외거주의 경우에는 언급이 없지만, 소재불명의 규정을 준용하여 그 사유가 해소된 때에 심리불개시결정을 취소하여야 할 것이다.

효력과 관련하여 특히 문제가 되는 것은 심리불개시결정된 사건에 관하여 다시 소년부에 송치하거나, 형사법원에 공소를 제기할 수 있는가라는 것이다. 즉 헌법상의 일사부재리의 효력 혹은 이중위험금지의 원칙(헌법 제13조 제1항)이 소년법원의 심리불개시결정에도 적용되는가 또는 보호처분결정에 한해서 일사부재리의 효력을 인정하고 있는 소년법 제53조의 규정이 심리불개시결정에도 적용되는가의 문제이다.[14] 소년법 제53조의 단순한 문리해석만에 의하면 심리불개시결정에는 일사부재리효가 미치지 않는다고 해석해야 할 것이지만, 심리불개시결정의 경우에도 일률적으로 판단하기 어려운 면이 존재한다. 즉 형식적 심리불개시 가운데 비행사실의 부존재를 이유로 하는 것과, 비행사실은 인정되지만 보호처분에 상당하는 정도의 요보호성이 인정되지 않는 것을 이유로 하는 실질적 심리불개시의 두 가지 경우가 그것이다. 비행사실의 부존재를 이유로 하는 심리불개시결정과 실질적 심리불개시결정은 모두 그 실질은 사건의 내용에 관한 판단을 내리는 실체적 재판이기 때문에 헌법상의 일사부재리효 또는 이중위험금지의 원칙은 이 경우에도 적용되어야 한다. 동일한 사건에 관하여 장래 거듭해서 재판이나 소년심판을 받게 될 위험은 있을 수 없다는 관점에서 소년측의 사법제도에 대한 신뢰감을 확보하고 소년보호를 위하여 심리불개시라 하더라도 기판력을 인정하여야 한다. 따라서 심리불개시결정 가운데 비행사실의 부존재를 이유로 하는 심리불개시와 실질적 심리불개시의 경우에는 일사부재리의 효력을 인정함이 타당하다.[15] 제19조 제4항이 소재불명을 이유로 심리불개시결정을 받은 소년의 소재가 밝혀진 경우에 그 심리불개시결정을 취소해야 한다고 한 것은 그런 의미를 함축하고 있다고 볼 수 있다.

---

14) 불처분결정과 일사부재리효력에 관해서도 같은 문제가 있으며, 이에 관해서는 다음 절에서 설명하기로 한다.

15) 澤登俊雄, 앞의 책, 200면; 守屋克彦, "不處分決定と一事不再理効"(少年法の課題と展望, 第1卷, 2005), 148면.

Ⅲ. 불처분결정

1. 의 의

소년법원 판사는 심리의 결과 보호처분을 할 수 없거나 할 필요가 없다고 인정한 때에는 불처분결정을 하여야 한다(법 제29조 제1항).

소년법원은 조사의 결과, 심판조건, 비행사실, 보호처분에 상당하는 정도의 요보호성의 존재에 관하여 개연성이 인정되는 때에는, 심리개시의 결정을 하고 심리과정에 들어간다. 그러나 심리결과 보호처분에 부칠 수 없거나 또는 부칠 필요가 없다고 인정하는 때에는 불처분결정을 하여야 한다. 즉 보호처분(법 제32조), 검사송치(법 제7조 제1항)에도 해당하지 않는 경우에 소년법원 선에서 사건을 종결시키는 결정이다. 심리불개시결정과 마찬가지로 형식적 불처분과 실질적 불처분이 있다.

실무상 소년법원에서 불처분결정을 운용하고 있는 비율은 그리 높지 않다.[16] 그 이유는 심리불개시결정과 마찬가지로 검사가 선심권을 행사하여 상당수의 소년들에 대해서 불기소처분을 하고 있으므로 소년법원이 불처분결정을 적용할 대상소년들이 많지 않기 때문일 것이다.

2. 불처분결정의 요건

(1) 보호처분을 할 수 없는 때

형식적 불처분으로서 '보호처분을 할 수 없는 때'에 내려지는 불처분결정이며, 그 사유는 형식적 심리불개시결정의 경우와 대부분 같다. 다만, 비행사실의 존재에 관하여 개연적 심증이 있더라도 확신의 심증(합리적 의심이 없는 심증)에 달하지 않은 때에는 보호처분에 부칠 수 없으므로 불처분으로 한다는 점이 심

16) 범죄백서 2004, 231면.

리불개시결정의 경우와 다르다.

(2) 보호처분을 할 필요가 없는 때

실질적 불처분으로서 심판의 결과 보호처분에 부칠 정도의 요보호성이 인정되지 않는 경우의 불처분결정이다. 이 경우에도 그 사유는 실질적 심리불개시결정과 같다. 다만, 보호처분에 상당하는 정도의 요보호성 존재에 관한 개연적 심증은 심리개시결정시의 그것보다 높을 것이 요구된다.

3. 불처분결정의 효력

불처분결정에 의하여 사건은 종료된다. 사안이 경미하다는 이유로 불처분결정을 할 때에는 소년에 대하여 훈계하거나 보호자에게 소년에 대한 엄격한 관리나 교육을 시키도록 고지할 수 있다(법 제29조 제1항). 심리불개시결정과 함께 불처분결정에서도 소년에 대한 사실상의 교육적·복지적 조치를 취할 수 있도록 하고 있는 것이다. 또한 불처분결정이 있을 때에는 제18조의 임시조치는 취소된 것으로 본다(동조 제2항).

불처분결정과 일사부재리효력과의 관련에 대해서는, 전술한 심리불개시결정과 일사부재리의 효력에 관하여 설명한 이론구성과 궤를 같이 한다. 즉 소년법은 보호처분에 관해서만 일사부재리의 효력을 인정하고 심리불개시와 불처분결정에 대해서는 언급하고 있지 않지만, 따라서 이 두 결정에 관해서는 원칙적으로 일사부재리의 효력이 부정되고 있다고 보아야 하지만, 불처분결정은 심리개시결정이라는 절차를 거쳐서 이루어진 소년법원판사의 종국결정이기 때문에 그 자체의 교육적 또는 사법적 의미는 심리불개시결정보다 크다. 또한 불처분결정이 심리의 결과 내려진 결정이라는 점은 일사부재리에 관한 소년법 제53조의 규정이 '심리결정된 사건'이라고 언급하고 있는 점과 일치한다. 따라서 불처분결정에 대해서도 전술한 심리불개시결정과 마찬가지로 비행사실 없음의 경우와 실질적 불처분의 경우에는 일사부재리의 효력을 인정해야 한다.

그런데 불처분결정에 관한 소년법 제29조 제2항은 사안경미의 불처분결정과 불처분결정이 있는 경우의 임시조치의 취소 간주에 대하여 심리불개시결정에 관한 제19조 제2항과 제3항을 준용하고 있다. 그러나 소년법 제23조에 의한 심리개시결정에 의하여 심리가 개시된 이후 소재불명을 이유로 불처분결정된 소년의 소재가 밝혀진 경우에 제19조 제4항의 준용 여부에 대해서는 언급이 없다. 따라서 소재불명을 이유로 하는 불처분결정의 경우에는 나중에 소년의 소재가 밝혀진 때라도 일사부재리효력을 인정하여 불처분결정을 취소할 수 없는가가 문제이다. 이에 관하여 위에서 언급한 바에 따르면 소재불명을 이유로 하는 불처분결정에 대해서는 비행사실 없음을 이유로 하는 불처분결정의 경우나 실질적 불처분결정의 경우와 마찬가지로 일사부재리효력을 일률적으로 인정할 필요는 없다고 본다. 그것은 소년법원의 실체적 심리와 판단을 거친 불처분결정이 아니기 때문이다. 또한 보호처분에 대해서만 일사부재리효력을 인정하고 있는 소년법이 심리불개시결정과 달리 불처분결정의 경우에만 일사부재리효력을 인정하여 제19조 제4항의 준용을 하지 않도록 의도적으로 배려하고 있다는 해석도 무리이기 때문이다. 따라서 제23조에 의하여 심리가 개시된 이후에 소재불명이 된 때에는 이를 이유로 불처분결정을 해야 할 것이고, 불처분결정을 받은 소년이 후에 그 소재가 밝혀진 경우에는 제19조 제4항의 규정과 마찬가지로 불처분결정을 취소하도록 입법적으로 해결을 하는 것이 바람직하다.

Ⅳ. 검사에 대한 송치결정

1. 총 설

소년법원은 조사 또는 심리한 결과 금고 이상의 형에 해당한 범죄사실이 발견된 경우에 그 동기와 죄질이 형사처분의 필요가 있다고 인정한 때에는 결정으로써 사건을 관할 지방법원에 대응한 검찰청 검사에게 송치하여야 한다(법 제7조 제1항). 또한 조사 심리한 결과 소년이 20세 이상인 것이 판명된 때에도 같다(동조 제2항). 한편 검사가 소년에 대한 피의사건을 수사한 결과 벌금 이하의 형에 해당하는 범죄이거나 보호처분에 해당하는 사유가 있다고 인정한 때에는 사건을 관할 소년법원에 송치하여야 하는데, 이 송치된 사건을 소년법원에서 조사·심리한 결과 그 동기와 죄질이 금고 이상의 형사처분을 할 필요가 있다고 인정할 때에도 결정으로써 당해 검찰청 검사에게 송치할 수 있다(법 제49조 제2항). 이와 같이 검사송치결정에는 소년의 비행사실과 요보호성을 검토하여 형사처분의 필요를 인정한 후 이루어지는 실질적 검사송치와 연령초과를 이유로 이루어지는 형식적 검사송치가 있다. 이들 종국결정은 조사결과 또는 심리결과 어느 단계에서든 내려질 수 있다. 소년법원에서의 검사에 대한 송치결정 가운데 연령초과를 사유로 하는 형식적 검사송치보다는 실질적 검사송치가 특히 중요하다.

일반적으로 보호처분에 의해서 교육적 효과를 기대하기 어려운 범죄소년에 대해서는 부득이 형사처분에 의한 개선을 고려할 수 있다. 따라서 이러한 경우에 형사처분을 과하는 것은 보호주의의 제한이 아니라 그 연장이라고 보아야 할 것이다.[17] 즉, '보호를 위한 형사처분'이어야 한다. 따라서 검사가 범죄소년을 형사법원에 기소하는 경우이거나, 소년법원이 형사처분의 필요를 인정하여 범죄소년을 검사에게 송치하는 경우(법 제7조 제1항, 제49조 제2항)를 불문하고 이러한 기본적인 관점과 배려하에 이루어져야 한다. 결국 소년에 대한 형사처분은 소년범의 특수한 유형에 근거한 개선목적으로서의 결단만이 요청된다 할 것이다.[18] 소년보호를 목적으로 하고 있는 소년법이 소년에 대하여 형사처분의 길도 열어놓고 있는 것은 형사처분의 교육적·개선적 효과에 기대를 걸고 있기 때문이다. 그러나 소년법의 이념은 형벌의 이러한 효과에 회의를 갖고 가능한 한 무엇인가 다른 비형벌적 처분에 의해서 그 목적을 달성하려고 한다는 것도 분명한 사실이다. 소년에게 형사처분은 최후의 수단이 되어야 하며, 보호를 위한 형사처분이라고 하더라도 이것을 적극적인 보호조치로서 이용하려는 것은 소년법의 이념에 비추어 찬성할 수 없다.[19] 보호처분에 의하여 건전한 육성이 가능한 한 보호처분에 의해야 하며, 만약 소년의 범죄적 위험성이 보호처분의 집행기관의 현실적 처우능력의 한계를 넘는 경우, 즉 보호처분으로서는 교육과 개선효과를 기대하기 어려운 경우에 한하여 형사처분을 활용하도록 해야 한다.

소년법원에서 이루어지는 검사에 대한 송치결정의 운용상황을 보면, 최근

---

17) 澤登俊雄, 『犯罪者処遇制度論(下)』, 1975, 173면.
18) 배종대, "형법의 목적과 소년형벌의 효율성 검토"(청소년범죄연구 제4집, 1986), 21면.
19) 윤용규/최종식, "우리나라 소년사법의 운용실태와 개선방안에 관한 일고찰"(형사정책연구 제11집 제4호, 2000), 57면.

증가경향에 있기는 하지만 극히 소수에 지나지 않는다.[20] 이와 같은 운용실태도 역시 검사선심제의 영향이라고 하겠다. 즉 검사가 선심권을 행사하는 우리 소년법의 구조상 소년법원에는 대부분 보호처분의 가능성이 높은 소년들이 송치되고, 형사처분의 가능성이 높은 범죄소년의 경우에는 대부분 형사법원으로 기소되고 있기 때문이다.

2. 검사에 대한 송치결정의 종류

(1) 형식적 검사송치

소년법원은 조사 또는 심리의 결과 본인이 20세 이상인 것이 판명된 때에는 결정으로써 사건을 관할 지방법원에 대응하는 검찰청 검사에게 송치하여야 한다(법 제7조 제2항). 이 검사송치결정은 형식적 검사송치로서 연령초과에 의한 심판조건의 결여로 내려지는 형식적 재판이다. 연령의 판단시점은 재판시이며, 그 대상은 형사법원으로부터의 이송사건(법 제51조)을 제외하고, 수사기관이 송치한 사건과 보호자 또는 학교와 사회복리시설의 장이 소년법원에 통고한 사건(법 제4조 제3항)이다.

이 규정의 본래의 취지는, 주로 범죄소년으로 송치나 통고된 후에 20세 이상으로 판명된 대상자에 대하여 관할권이 없어진 소년법원이 대상소년을 검사에게 송치하여 처리하도록 하는 데에 있을 것이다. 그러나 소년법은 연령 이외에 그 대상소년의 범위에 관하여 특별한 제한규정을 두고 있지 않다. 따라서 해석상으로는 촉법소년과 우범소년에 대해서도 소년법원에서 20세 이상인 것이 판명된 경우에는 검사에게 송치해야 한다. 그 대상이 범죄소년으로서 송치나 통고되었던 경우에는 문제가 없지만(20세 미만의 범죄소년으로 오인되어 소년법원으로 송치나 통고된 본래 20세 이상 대상자의 경우와 소년법원의 조사나 심리과정에서 20세에 이른 범죄소년의 경우), 또한 오인된 촉법소년(14세 미만의 촉법소년으로 오인되어 소년법원으로 송치나 통고된 본래 20세 이상 대상자의 경우가 상정될 수 있지만, 본래 촉법소년이었던 대상자가 소년법원의 조사나 심리과정에서 20세에 달하는

20) 범죄백서 2004, 231면.

경우의 상정은 불가능하다)의 경우에도 처음부터 촉법소년이 아닌 성인범죄자이었으므로, 이 경우의 검사송치도 특별한 문제는 없을 것이다. 그러나 우범소년의 경우에는 다르다. 즉, 우범소년(20세 미만의 우범소년으로 오인되어 소년법원으로 송치나 통고된 본래 20세 이상 대상자의 경우와 소년법원의 조사나 심리과정에서 20세에 이른 대상자가 상정될 수 있다)의 경우에는 검사에게 보내더라도 불기소처분이 되므로 검사송치를 하지 않고, 소년법원에서 심리불개시나 불처분결정을 하여 절차를 종결하는 것이 합리적일 것이다.[21]

한편 소년법원이 범죄소년을 성인이라고 오인하고 형식적 검사송치를 하여, 검사가 그대로 공소를 제기한 경우에는 위법·무효이므로 형사법원은 공소기각의 결정을 해야 한다.

(2) 실질적 검사송치

1) 의 의

소년법원은 조사 또는 심리의 결과 금고 이상의 형에 해당한 범죄사실이 발견된 경우에 그 동기와 죄질이 형사처분의 필요가 있다고 인정한 때에는 결정으로써 사건을 관할지방법원에 대응한 검찰청 검사에게 송치하여야 한다(법 제7조 제1항). 또한 검사가 소년에 대한 피의사건을 수사한 결과 벌금 이하의 형에 해당하는 범죄이거나 보호처분에 해당하는 사유가 있다고 인정한 때에는 사건을 관할 소년법원에 송치하여야 하는데, 이 송치된 사건을 소년법원에서 조사·심리한 결과 그 동기와 죄질이 금고 이상의 형사처분을 할 필요가 있다고 인정할 때에도 결정으로써 당해 검찰청 검사에게 송치할 수 있다(법 제49조 제2항). 이 실질적 검사송치결정은 실체적 재판이며, 심판조건 외에 형식적 요건과 실질적 요건이 존재하여야 한다.

제7조 제1항에 의한 실질적 검사송치의 대상에 관해서는 별다른 제한규정이 없으므로 형식적 검사송치의 경우와 마찬가지로 수사기관이 송치한 사건과 보호자 등으로부터 통고된 사건이 포함된다. 그런데 제50조의 규정에 의하여 형사법원이 보호처분의 상당성을 인정하여 소년법원에 송치한 사건에 대해서도

---

21) 같은 견해는 최병각, 「소년보호사건의 범위와 처리에 관한 연구」(서울대학교 박사학위논문, 1998), 202면.

실질적 검사송치를 할 수 있는가가 문제이다. 법문상으로는 이에 대하여 아무런 언급이 없으므로 형사법원에서 보호처분이 상당하다고 인정하여 소년법원에 송치한 사건이라도 제7조 제1항의 요건이 충족되면 검사송치결정을 할 수 있다고 해석할 수 있으나, 이렇게 되면 동일한 사건에 대하여 검사의 이중기소를 요구하는 것이 될 뿐만 아니라 형사법원에 대해서도 같은 사건에 관한 이중재판을 요구하는 결과가 되어 불합리하며, 나아가 이러한 처리는 소년보호의 이념에도 반하므로 찬성할 수 없다.

전술한 바와 같이 소년법은 제7조 제1항에 의한 실질적 검사송치와 제49조 제2항에 의한 실질적 검사송치규정을 두고 있다. 이 두 개의 규정은 사실상 동일한 내용을 규정하고 있는 것으로 볼 수 있지만, 그 입법취지는 근본적으로 다른 것으로 보인다. 즉 전자는 소년법원에서 조사 또는 심리한 결과 송치 또는 통고된 비행사실과는 다른 금고 이상의 형에 해당한 새로운 범죄사실을 발견한 경우에 소년법원으로 하여금 실질적 검사송치를 할 수 있도록 한 것이다. 특히 제4조 제3항은 수사기관 이외의 보호자, 학교와 사회복리시설의 장이 비행소년을 발견한 경우에 직접 소년법원에 통고할 수 있도록 하고 있고, 나아가 제11조 제2항은 제4조 제3항에 의하여 통고된 소년을 심리할 필요가 있다고 인정한 때에는 그 사건을 조사하여야 하는 것으로 분명히 언급하고 있다. 즉 수사기관 이외의 경로를 통하여 소년법원에 직접 통고된 비행소년에 대해서 심리의 필요성이 있는 경우에는 반드시 조사하도록 규정하고 있다. 제7조 제1항의 실질적 검사송치는 바로 이 경우를 상정해서 두어진 것으로 보인다. 즉 촉법소년은 이 실질적 검사송치의 대상에서 제외되지만, 범죄소년과 14세 이상의 우범소년으로서 통고된 소년에게 금고 이상의 형에 해당하는 새로운 범죄사실이 발견된 경우에 특별히 실질적 검사송치를 할 수 있도록 규정한 것이라고 해석함이 타당하다.

한편, 제49조 제2항은 검사가 보호처분이 상당하다고 인정하여 소년법원에 송치한 범죄소년의 경우에, 소년법원이 다시 형사처분이 필요하다고 인정한 때에 이루어지는 검사에 대한 역송치규정이라고 보아야 한다. 이 규정은 결과적으로 검사의 선의권 행사를 소년법원이 제한할 수 있도록 하는 의미를 지니고 있지만, 역으로 보면 형사처분을 하여야 하는 소년을 누락시키지 않도록 하는 이중적 장치를 마련하고 있는 것으로 볼 수도 있으며, 따라서 이 규정은 우리 소년법이 형사처분을 강조하고 있는 증좌라고도 할 수 있다. 더욱이 제49조 제3

항이 소년법원에서 역송치한 소년에 대해서는 검사가 다시 소년법원에 송치할 수 없도록 하고 있는 규정도 같은 맥락에서 이해할 수 있으며, 본래의 취지와는 다르게 이 제3항에 의하여 다시 삼중적 장치를 설정하고 있는 것으로 보인다. 수사의 전문기관인 검사가 수사를 수행한 후 형사처분이 아닌 보호처분이 상당하다고 인정하여 소년법원에 송치한 소년을 다시 소년법원이 형사처분이 상당하다는 이유로 역송치할 수 있도록 규정하고 있는 것은 검사선의제를 채택하고 있는 현실에서는 불합리하며 소년에게 가혹한 절차이다.

더욱이 제49조 제1항에서는 분명히 "검사가 소년에 대한 피의사건을 수사한 결과 벌금 이하의 형에 해당하는 범죄이거나 보호처분에 해당하는 사유가 있다고 인정한 때"에 사건을 소년법원에 송치하여야 하는 것으로 규정하고 있는데, 제2항은 "그 사건을 조사·심리한 결과 동기와 죄질이 금고 이상의 형사처분을 할 필요가 있다고 인정할 때"에 검사에게 역송치할 수 있는 것으로 규정하고 있다. 새로운 범죄사실이 발견되지 않는 한 동일한 벌금 이하의 형에 해당하는 사건에 대하여 소년법원판사가 금고 이상의 형사처분을 할 필요가 있다고 인정할 수는 없다. 이 점에서도 본래 의미에서의 실질적 검사송치의 규정으로서는 제7조 제1항의 문언의 표현이 정확하다고 본다.

이와 같이 제7조에 의한 실질적 검사송치와 제49조에 의한 실질적 검사송치는 기본적으로 다른 목적하에서 두어진 것으로 보이지만, 제49조 제2항에 의한 실질적 검사송치(역송치)는 현행 검사선의제하에서는 마땅히 삭제되어야 하며, 소년법원의 실질적 검사송치의 대상으로서는 제7조 제1항에서 제49조 제1항의 경우도 명문으로 포함시킴으로써 충분하다. 이하에서는, 제7조 제1항의 실질적 검사송치를 중심으로 설명한다.

2) 요 건

㈎ 형식적 요건

소년법원이 조사 또는 심리한 결과 금고 이상의 형, 즉 사형, 징역, 금고에 해당한 새로운 범죄사실이 발견되어야 한다. 금고 이상의 형이란 법정형을 말하며, 법정형에 금고가 포함되어 있으면 족하며 따라서 선택형, 병과형으로서 벌금 이하의 형이 포함되어 있어도 좋다. 검사송치 후 형사법원에서 벌금 이하의 형을 선고해도 상관이 없다. 법정형이 벌금 이하뿐인 사건을 금고 이상의 사건에 합쳐서 검사송치할 수 있는가에 관해서는, 두 사건이 과형상 일죄의 관계에

있는 경우에는 긍정적으로, 경합범의 경우에는 부정하는 것이 타당하다.[22)]

형식적 요건과 관련하여 특히 문제가 되는 것은 그 범죄사실의 존재에 관하여 소년법원에서 어느 정도의 심증을 필요로 하는가이다. 이에 관해서, ① 범죄소년에 대한 넓은 의미의 처우의 하나로서 검사송치를 선택하므로 보호처분을 결정할 때와 같은 합리적 의심이 없는 심증을 요한다는 견해, ② 공소제기와 같은 정도의 심증, ③ 증거의 우월, ④ 긍정적 증거에 의한 개연적 심증을 요한다는 견해가 있다.[23)] 소년법원판사는 금고 이상의 형에 해당한 새로운 범죄사실을 발견하고 또한 형사처분의 필요성을 인정하여 검사송치를 하는 것이므로, 이러한 실질적 검사송치의 성격은 실질적 심리불개시나 불처분결정, 보호처분결정과 같은 정도의 소년의 요보호성에 따른 종국결정의 하나로서 보아야 한다. 나아가 소년법원의 검사송치결정은 소년측에게 실질적인 불이익처분이며 그에 대해 불복신청을 인정하는 규정도 없기 때문에, 검사송치결정에 관해서도 비행사실존재에 관하여 합리적 의심이 없는 확신의 심증이 필요하다고 본다.[24)] 소년법원판사가 이러한 확신의 심증에 이르지 못할 경우에는 새로운 범죄사실에 기초하여 형사처분의 필요성을 인정할 수 없으므로 다만 기존의 비행사실에 따라서 향후의 정상적인 보호절차를 진행시켜야 할 것이다.

㈏ 실질적 요건

제7조 제1항은 검사송치의 실질적 요건에 관하여 "그 동기와 죄질이 형사처분의 필요가 있다고 인정한 때"라고 규정하고 있다. 즉 형사처분필요성을 실질적 요건으로서 규정하고 있다. 형사처분필요성의 내용에 관해서는, ① 보호처분 우선을 강조하여 보호처분에 의해서는 교정개선의 가능성이 없는 경우(보호불능)에 한정하는 견해, ② 보호불능은 아니지만 사안의 성질, 사회감정, 피해감

---

22) 最高裁判所 司法硏修所 編, 『少年法槪說』(三訂版), 1969, 79면.

23) 田宮 裕・広瀬健二, 『注釈少年法』(改正版), 2003, 183면; 澤登俊雄, 앞의 책, 184면.

24) 같은 견해, 佐々木一彦, "逆送について"(講座少年保護2, 1982), 95면; 千葉裕, "保護事件非行事實認定"(講座少年保護 2, 1982), 235면. 일본 소년법에도 소년법원으로부터의 검사송치(역송)의 규정(제45조 제5호)이 있으며, 이 경우 "… 공소를 제기함에 족한 범죄의 혐의가 있다고 사료되는 때는…" 기소가 강제된다. 따라서 일본의 경우는 공소를 유지함에 족하다고 추측되는 정도의 심증을 필요로 한다는 점, 검사가 기소의 의무를 지므로 사건은 형사절차에서 정식의 판단을 받게 된다는 점 등으로부터 개연적 심증설이 다수설로 되어 있다. 그러나 우리나라 소년법은 일본 소년법의 제45조 제5호와 같은 규정을 두고 있지 않은 점, 또한 검사선의제하에서의 기소중시의 운용을 제한하고자 하는 취지로부터 확신의 심증설이 타당하다고 생각한다.

정 등으로부터 보호처분으로 대처하는 것이 상당하지 않은 경우(보호부적합)도 포함시키는 견해, ③ 기소상당의 판단은 검사가 전문가이며, 소년법원의 판단은 요보호성의 관점에서 보호를 위해 유효한 경우(처우의 유효성)로 한정시켜야 한다고 하고 중대한 사안 등에서는 소년의 사회복귀의 관점에서 예외를 인정하는 견해 등이 있다.[25)]

전술한 바와 같이, 보호처분에 의하여 건전한 육성이 가능한 한 보호처분에 의해야 하며, 만약 소년의 범죄적 위험성이 보호처분의 집행기관의 현실적 처우능력의 한계를 넘는 경우, 즉 보호처분으로서는 교육과 개선효과를 기대하기 어려운 경우에 한하여 최후수단으로서 형사처분을 활용하도록 해야 한다. 보호처분에 의하여 교육과 개선의 효과를 기대하기 어려운 경우란 소년의 요보호성의 정도에 비추어 보호처분에 의하기보다는 형사처분에 의한 좀더 강한 처우방법을 사용하는 것이 소년의 개선과 갱생에 효과적이라고 판단되는 때일 것이다.

그러나 소년법 제7조 제1항이 형사처분필요성을 인정할 때, "그 동기와 죄질"을 판단근거로서 규정하고 있는 점은 문제의 소지가 있다. 즉, 동기와 죄질 모두 범죄행위를 중심으로 한 개념이며, 따라서 형사처분의 필요성이 행위 불법적 판단을 기초로 이루어짐을 규정하고 있는 것이다. 소년법원에서 소년에 대한 형사처분의 필요성을 판단함에는 이러한 행위불법적 판단요소 이외에도 인격적 판단요소도 충분히 고려하여야 한다. 즉 형사처분이 필요한가의 판단은 소년이 범한 행위의 중대성, 사회적 감정 등 소년이 범한 행위 그 자체에서 얻어지는 행위요소만이 아니라 소년의 연령, 성격, 성숙도, 비행력, 환경 등의 인격적인 판단요소를 더욱 중시하여 형사처분이 적절한가 아닌가를 결정해야 한다. 소년법이 조사와 심리에 특히 과학적·전문적 조사를 요구하고 있는 취지(법 제9조, 제12조)는 이 경우에도 당연히 관철되어야 한다. 제7조 제1항에 의해서 소년은 보호처분이 아닌 형사처분을 받게 되므로 실질적 요건은 한층 엄격하게 해석해야 할 것이다.

결국 소년법원이 형사처분필요성을 인정하여 검사송치결정을 하는 경우에 그 형사처분필요성의 내용에 관해서는 위의 ③의 견해에 찬성한다.

---

25) 田宮 裕·広瀬健二, 앞의 책, 183면.

3. 검사송치결정의 효력

검사송치결정에 의하여 해당 사건은 소년법원에서의 절차가 종료된다. 적법한 검사송치결정의 행사는 소년형사사건의 소송조건이므로 송검을 거치지 않은 경우, 벌금 이하의 형밖에 없는 사건이 송검된 경우, 이를 모르고 검사가 그대로 기소한 때에는 형사법원에서 공소기각의 결정을 해야 하며, 형사법원에서 이것을 간과하고 판결하는 경우에는 파기대상이 된다. 검사는 송검된 사건과 사실의 동일성이 있는 범위 내에서는 사실을 변경하여 기소할 수 있으며, 기소 후의 소인변경도 가능하지만, 형사법원에 기소하기 전에 검사의 조사결과 금고 이상의 형에 해당하는 범죄가 존재하지 아니하는 것으로 판단된 경우가 문제이다. 이 경우에는 본래 송검해서는 안 되는 사건을 소년법원이 송검한 것이 되지만, 이 경우에도 제49조 제2항의 재송치 금지규정을 적용한다면 검사는 불기소처분을 해야 할 것이다. 그러나 본래 소년법원으로부터의 송검이 위법·무효이므로 다시 소년법원에 송치할 수 있다고 해석하는 것이 타당할 것이다.

한편 제49조 제2항의 소년법원에서 송검된 사건에 대한 검사의 재송치 금지규정은, 1963년 소년법 제2차 개정시 검사의 선의권을 인정하는 대신 소년법원의 검사송치결정에 구속력을 부여한다는 취지에서 도입되었다고 하지만,[26] 불합리한 규정이다. 검사송치결정에 굳이 구속력을 부여한다는 취지라면, 송치를 받은 검사에 대하여 기소강제규정을 두었어야 한다.[27] 검사선의제의 소년법 체제하에서는 이러한 운용은 별로 의미가 없다고 생각한다. 따라서 이 문제는 전술한 바와 같이 제49조 제2항을 삭제함으로써 자연히 해결될 것이다.

소년법원이 형사처분필요성을 인정하여 검사에게 송치한 경우에 검사가 그 사건을 어떻게 처리해야 하는가가 문제이다. 이 경우에 소년법은 검사에게 기소강제의 의무를 부과하고 있지 않으므로, 검사는 재량에 의하여 기소유예의 처분을 할 수도 있을 것이다.[28] 검사의 선의권에 대한 소년법원의 견제를 상정한다

---

26) 최준호, "소년법의 개정방안: 가정법원의 설립에 관한 의견제출 요강과 관련하여"(사법행정, 1963), 57-61면.

27) 일본 소년법 제45조 제5호는 역송치된 사건에 대하여 검사의 기소강제를 규정하고 있다. 일본에서는 소년법원선의제를 채택하고 있으므로 이 규정이 의미가 있을지도 모르지만, 검사선의제를 채택하고 있는 우리 소년법에서는 형사처분을 우선시하는 경향을 강화시킬 우려가 있는 등 바람직하지 않다.

28) 앞의 법원실무제요, 375면.

면 검사의 기소강제도 생각할 수 있으나, 우리 소년법 체제에서 불합리하다는 점은 전술한 바와 같다.

4. 검사송치결정에 대한 불복신청

소년법원이 형사처분의 필요성을 인정하여 검사송치의 결정을 한 경우에 소년측이 불복할 수 있는가의 문제이다. 소년법은 제43조에서 보호처분결정과 보호처분변경결정에 대하여는 항고권을 인정하고 있지만 위의 검사송치결정에 대해서는 언급하고 있지 않다. 따라서 검사송치결정에 대해서는 제43조에 의한 항고는 인정되지 않는다. 명문의 규정이 없고 또한 송검결정은 중간결정이며 실체적인 불이익이 발생한 것이 아니기 때문에 불복권이 인정될 수 없다는 견해[29]가 있으나, 소년의 보호를 위하여 인정하는 것이 타당하다. 소년법원의 검사송치결정에 의하여 형사처분의 가능성이 높아졌기 때문에 그 결정은 소년에게 확실히 불이익한 결정이며, 검사가 기소하지 않고 보호처분이 상당하다고 인정하여 소년법원으로 송치한 사건이므로 소년에게 불복할 수 있는 기회를 부여해야 한다. 따라서 소년법 제43조의 항고사유에 제7조 제1항의 송검결정도 추가하는 것이 타당하다.

Ⅴ. 형사법원에 대한 이송결정

1. 의 의

형사법원은 소년에 대한 피고사건을 심리한 결과 벌금 이하의 형에 해당하는 사건이거나 보호처분에 해당할 사유가 있다고 인정한 때에는 결정으로써 사

29) 일본에서는 이 견해가 통설과 판례이다(最高裁判所 司法硏修所 編, 앞의 책, 79면; 平場安治, 『少年法』(新版), 法律學全集 44-Ⅱ, 1987, 348면; 団藤重光・森田宗一, 『新版少年法』(第2版), 1984, 313면; 東京高決昭和45・8・4家月23・5・108.

건을 관할소년법원에 송치하여야 한다(법 제50조). 형사법원의 송치에 의하여 사건은 형사사건으로부터 보호사건으로서 소년법원의 조사와 심리의 대상이 된다. 이와 같이 소년의 범죄사건이 형사사건에서 보호사건으로 이행될 수 있는 제도가 인정되는 것은 소년사법절차 전체가 보호주의의 이념에 의해서 뒷받침되고 있기 때문이다. 이런 의미에서 본다면 모든 소년사건절차를 보호절차라고 할 수 있을 것이다. 즉 보호처분도 형사처분도 모두 소년의 건전한 육성을 위한 수단으로서 본질을 공유하고 있다는 것이다.

소년법원이 송치받은 사건을 조사 또는 심리한 결과 본인이 20세 이상인 것이 판명된 때에는 결정으로써 송치한 법원에 사건을 다시 이송하여야 한다(법 제51조). 즉 연령초과를 이유로 대상자를 다시 형사법원으로 되돌려 보내는 소년법원의 종국결정이다.

2. 요건과 효력

소년법원이 형사법원으로 이송할 수 있는 자는 20세 이상이라는 연령의 형식적 요건이 필요하다. 그 대상으로는 본래 20세 이상인 자가 잘못 소년법원으로 이송된 경우와, 본래 소년이었으나 소년법원에 이송된 후 20세 이른 자이다. 본인이 20세 이상인 경우 소년법원의 심판조건이 결여되므로 소년법원은 검사에게 송치해야 하지만, 검사가 아닌 형사법원으로 이송하도록 하고 있는 것은 이미 기소된 소년이므로 이중기소를 막기 위한 당연한 조치이다(법 제7조 제2항 단서). 소년을 20세 이상으로 오인하고 형사법원으로 이송한 경우는 위법이므로 공소기각의 결정을 하는 것이 타당하다. 또한 전술한 바와 같이, 형사법원에서 이송한 범죄소년에 대하여 소년법원이 다시 제7조 제1항의 실질적 검사송치를 할 수는 없다고 보아야 한다.

소년법원의 이송결정에 의하여 소년법원에서의 절차는 종결된다. 따라서 형사법원에서 일반 성인범죄자로서 형사절차에 따라서 처리될 것이다.

Ⅵ. 보호처분의 결정

1. 의의 및 요건

보호처분이란 소년법원이 심리한 결과 비행소년에 대하여 환경의 조정과 성행을 교정하기 위하여 내리는 처분이며(법 제32조 제1항), 소년의 건전한 육성을 목적으로 하고(법 제1조), 교육적・사회복지적인 조치를 내용으로 한다. 즉 보호처분이란 소년법원판사가 보호사건을 심리한 결과, 소년의 교화・개선과 보호를 위하여 소년의 환경을 조정하거나 성행을 교정할 것이 요구되어 소년에 대한 처분이 필요하다고 인정할 때 행하는 종국결정의 주형식이며, 소년법 제1조는 보호처분우선주의를 선언하고 있다.

보호처분결정의 요건은 심판조건, 비행사실 및 요보호성의 존재이다. 심판조건은 다른 종국결정의 경우와 같다. 비행사실의 존재에 관해서는 합리적인 의심의 여지가 없는 확신의 심증이 필요하다. 요보호성에 관해서는 증거의 우월 정도의 확신의 심증이 필요하다. 요보호성의 판정이 소년의 성격, 환경(생활환경・보호환경・사회자원)의 전반에 걸친 종합적・전망적인 판단이기 때문이다. 다만, 비행사실에 포함되지 않은 여죄를 요보호성 판단에 사용하는 경우에는 비행사실의 인정과 마찬가지로 그 여죄에 관해 합리적 의심의 여지가 없는 심증이 필요하다.

한편 몰수결정은 보호처분에 부수되는 처분(법 제34조 제1항)이므로 여기에서 설명하기로 한다.

2. 보호처분의 본질

(1) 보호처분과 책임

보호처분 자체의 본질에 관한 문제는, 책임과 요보호성과의 관계를 어떻게 이해하여야 하는가라는 문제와 직결된다. 이 문제는 바로 소년법의 본질과 관련되는 문제이기도 하다.[30] 소년법 제4조 제1항 및 제32조 제1항은 실체법으로서의 중심규정이다. 이 두 규정과의 관련에서 특히 그 대립이 현저한 것은 범죄소년에게 보호처분을 결정하기 위해서 책임의 요건을 갖출 것이 필요한가에 관한 문제이다.

이 문제를 형식적으로만 이해한다면 다음과 같이 설명할 수가 있다. 먼저 범죄소년이란 문자 그대로 죄를 범한 소년이므로, 그 소년의 행위에 관해서 범죄가 성립해야 한다. 따라서 그 행위에 관해서는 책임능력이 필요하다는 것이 된다. 이에 대해 촉법소년과 우범소년은 죄를 범한 소년이 아니므로 그 행위에 관해서 책임능력은 필요하지 않다고 하게 될 것이다. 그러나, 이러한 설명만으로 충분하다면, 다음과 같이 불합리한 점이 생길 수가 있다. 예를 들면 14세의 甲이라는 소년과 13세의 乙이라는 소년이 각각 물리적 및 심리적 조건에 있어서도 다른 점이 없는 상해행위를 하였다고 가정하자. 甲과 乙 모두 심신상실로 인정된 경우라면, 乙이라는 소년은 촉법소년으로서 보호처분의 대상으로 될 가능성이 있음에 반하여, 甲이라는 소년은 유책성이 없으므로 따라서 범죄소년이 아니기 때문에, 보호처분의 대상으로 될 가능성이 없게 된다. 그러나 보호처분은 형벌과 달리 요보호성에 대한 처분이라는 측면이 있기 때문에, 만약 甲이라는 소년과 乙이라는 소년 모두에게 요보호성이 인정된다면, 어느 소년에 대해서도 보호처분의 가능성이 있다고 해야 할 것이다. 만일 보호처분의 성질에 비추어 심신상실자에 대해서는 보호처분을 가해서는 안 된다고 하면, 두 소년 모두에 대해서 보호처분의 가능성을 부정해야 할 것이다. 여기서 보호처분이 비행사실에 대한 제재의 일종이라고 한다면, 보호처분의 내용에 관해서는 소년이 행한 행위 자체의 위법성과 유책성에 따라 그 처분에 의한 자유박탈의 정도를 가감하지 않으면 안 된다. 예를 들면, 위법성과 유책성이 특히 강한 경우에는 이미 보호처분으로는 적절하지 않으며 형사처분으로 해야 한다든가, 혹은 보호처분 가운데서도 보호관찰보다는 소년원송치를 고려해야 할 것이다. 그러나 현재 일반적인 견해로는 보호처분의 본질은, 그것이 소년의 요보호성에 대응한 처분이라는 점에서 찾고 있다.

요보호성의 내용에 관해서는 견해가 대립되고 있지만, 적어도 다음과 같이

---

30) 澤登俊雄, 『少年非行と法的統制』, 1989, 67-68면; 澤登俊雄, "保護處分と責任の要件"(團藤重光博士古稀祝賀論文集 第3卷, 1984), 153면.

보는 것은 일반적으로 허용된다 할 것이다. 즉 소년에게 범죄적 위험성이 인정되어 그대로 방치하면 그 건전한 육성이 저해될 것, 따라서 지금 어떤 대응이 필요하지만 그 수단으로서는 보호처분이라는 강제수단이 가장 적절할 것 등이 요보호성의 기본적인 내용이다.[31] 다시 말하면 요보호성이란 소년에 대한 적절한 보호가 결여되어 있고, 방치하면 비행이 심화되어 환경적·인격적으로 위험성이 많으며 교정가능성이 크기 때문에, 보호처분에 의한 보호가 가장 유효적절한 보호수단으로 인정되는 상태[32]를 말한다. 따라서 요보호성이 인정될 수 있는가, 만약 인정된다면, 그 구체적인 내용은 무엇인가에 관하여 판단할 때, 그 판단기준은 범죄적 위험성과 건전한 육성에 관한 판단자의 이해방법에 크게 의존하게 된다.

최근의 다수 견해에 의하면 책임의 개념은 고의·과실, 책임능력, 위법성인식(불법의식), 기대가능성이라는 네 개의 요소로 구성되어 있다.[33] 형법상으로는 위의 요소 가운데 어느 한 요소가 결여되더라도 책임은 존재하지 않으며, 따라서 범죄도 성립하지 않고 형벌도 과할 수가 없다. 이에 대하여 소년법상의 취급을 살펴보면, 우선 고의·과실이 없거나 기대가능성이 없는 경우에까지 비행의 존재를 인정하여 보호처분을 선고할 수 있다고 하는 견해는 인정될 수 없을 것이다. 보호처분을 선고하는 요건으로서 책임이 문제될 때 실질적으로 검토되어야만 하는 것은 책임능력의 여부 및 그 실질적 내용이다. 범죄소년과 책임능력과의 관계에 관하여 학설과 판례의 대세는, 14세 이상 20세 미만의 범죄소년에 대해서 보호처분을 선고하기 위해서는 소년에게 책임능력이 있어야 한다고 한다(책임요건 필요설).[34] 따라서 그 소년이 심신상실에 있는 경우, 즉 책임능력이

---

31) 澤登俊雄, 앞의 책, 70면.

32) 이시균, "단기소년원 송치제도의 효율적 시행방안"(청소년범죄연구 제8집, 1990), 153면.

33) 오영근, 『형법총론』, 2002, 442면; 배종대, 『형법총론』(제6판), 2001, 353-354면; 이재상, 『형법총론』(전정판), 1990, 293-357면.

34) 배종대, "형법의 목적과 소년형벌의 효율성 검토—사형, 자유형(부정기형), 벌금형을 중심으로—"(청소년범죄연구 제4집, 1986), 22면; 유진식, 앞의 책, 186면; 오행남, "소년범에 대한 보호처분의 연구"(가정법원사건의 제문제, 재판자료 제18집, 1983), 798면; 김시수, "소년보호사건의 처리과정에 있어서의 제문제"(가정법원사건의 제문제, 재판자료 제18집, 1983), 762면; 柏木千秋, "改訂新少年法概說," 最高裁判所事務總局 編, 改訂少年執務資料集(一), 家庭裁判資料第107號, 1978, 118면; 平場安治, 앞의 책, 100면 이하; 團藤重光 外 3人, "少年法," 最高裁判所事務總局 編, 改訂少年執務資料集(一), 家庭裁判資料第107號, 1978, 119면; 日本判例로는, 甲府家裁昭和45(1970)年 12月 19日 決定(最高裁判所事務總局

없는 경우에는 보호처분을 선고할 수가 없다. 이와 같은 견해의 근거로서 형식적인 것과 실질적인 것을 생각할 수가 있다. 먼저 형식적 이유로는 소년법에 "죄를 범한 소년"이라고 명기되어 있는 이상, 문자대로 해석하여 그 소년이 행한 행위에 관해 형법상의 범죄가 성립할 필요가 있으며, 따라서 소년에게 형사상의 책임능력이 인정되어야만 한다는 것이다. 다음에 실질적인 이유로서 설명되고 있는 것을 요약하면 대체로 다음과 같다. 즉, "보호처분은 그 내용이 아무리 복지적으로 구성되더라도, 그것은 자유의 박탈 내지는 자유의 제한을 수반하는 강제적 조치이다. 따라서 대상소년이 명확히 반사회적인 행위를 저질렀다는 것을 근거로 비로소 보호처분을 선고할 수가 있는 것이다. 소년의 행위가 범죄성립의 모든 요건을 갖추고 있지 않으면 반사회적인 행위라고 말할 수는 없을 것이다."[35] 또한 "책임연령의 문제는 별도로 하고 유책한 행위라는 것에 의하여 그 행위가 충분한 인격의 표현이라는 것으로 볼 수 있다는 점과 책임요건을 갖춘 행위를 교정교육을 내용으로 하는 보호처분의 기초로 하는 것은 형사정책적으로도 합리성을 갖는다고 해야 할 것이라는 점 등에서 생각하면, 범죄소년으로 인정하기 위해서는 책임능력이라는 요건이 필요하다."[36]

위의 책임요건 필요설에 대해 14세 이상 20세 미만의 범죄소년에 대해서도 책임능력은 필요치 않다고 하는 소수의 견해가 있다(책임요건 불요설).[37] 이 견해에 따르면, 소년이 책임능력이 없다고 인정된 경우에도 보호처분을 선고할 수

編, 改訂少年執務資料集一卷, 家庭裁判資料第107號, 1978, 130-131면), 大阪家裁昭和45(1970)年 4月 24日 決定(最高裁判所事務總局 編, 改訂少年執務資料集一卷, 家庭裁判資料第107號, 1978, 129-130면)이 있다.

35) 澤登俊雄, 앞의 책, 73면.

36) 日本全國少年係裁判官會同家庭局見解(1968. 2), 最高裁判所事務總局 編, 『改訂少年執務資料集(一)』, 家庭裁判資料第107號, 1978, 121-122면.

37) 최병각, 앞의 논문, 1998, 89면; 최종식, "소년법상 보호처분의 본질에 관한 고찰"(소년보호연구, 제3호, 2001), 229면; 일본에서 소수설을 취하는 학자 및 판례는 다음과 같다. 裾分一立, "要保護性試論," 最高裁判所事務總局 編, 改訂少年執務資料集(一), 家庭裁判資料第107號, 1978, 98-99면, 123면; 入江正信, "少年保護事件における若干の法律問題" 最高裁判所事務總局 編, 改訂少年執務資料集(一), 家庭裁判資料第107號, 1978, 123면; 平井哲雄, "非行と要保護性," 最高裁判所事務總局 編, 改訂少年執務資料集(一), 家庭裁判資料第107號, 1978, 123-124면; 團藤重光・森田宗一, 앞의 책, 48-49면; 일본판례로는 岡山家裁昭和45(1970)年 9月 12日 決定, 最高裁判所事務總局 編, 改訂少年執務資料集(一), 家庭裁判資料第107號, 1978, 133-134면; 松江家裁昭和39(1964)年 4月 21日, 最高裁判所事務總局 編, 改訂少年執務資料集(一), 家庭裁判資料第107號, 1978, 133면.

있게 된다. 이 설의 실질적 근거는 다음과 같다. "보호처분은 소년의 요보호성에 대처하는 수단이며 이를 통하여 소년의 건전육성을 꾀하려는 것이다. 따라서 이 수단을 사용할 계기로서 비행에 관해 책임(책임능력)을 요구할 이유는 없다. 책임(책임능력)이 문제되더라도 그것은 요보호성판단의 장면에 있어서일 뿐이다."[38] 또한, "심판의 대상으로 될 수 있는 하나의 조건에 지나지 않는 비행에 책임의 존재를 요구할 필요성을 인정할 수 없다. 따라서 죄를 범해서 형벌법령에 저촉된다고는 하지만 그것은 구성요건에 해당하는 위법한 행위를 가리키는 것이고, 심판의 대상이 될 수 있는 조건으로서는 그것으로 족하다. 책임능력이나 책임조건은 비행의 실체적 판단으로서의 요보호성의 인정에 기여할 때 고려하면 충분하며, 그것이 또한 타당하다. 요보호성의 판단에 중요한 의미를 가지는 비행의 분석에 있어서 고의·과실이 분명히 존재하지 않는 경우에는 해당소년에게 요보호성이 존재하지 않는 일이 많을 것이기 때문에 불처분결정으로 처리하게 될 것이다."[39] 비행 내지 비행사실의 개념에서 책임능력을 배제시키고 있음이 분명하다.

이와 같이 보호처분을 둘러싼 책임의 논의는, 보호처분을 함에 있어서 책임능력은 그 요건이라는 견해와 책임능력은 보호처분의 요건이 아니라는 견해로 대립되고 있다. 전자에 있어서는 보호처분이 강제처분이라는 측면과 보호처분에 의한 범죄억지기능에 대한 기대가 강한 것으로 생각된다. 이 기대가 한층 커지면 소년에 대한 형벌과 보호처분과의 실질적인 차이가 줄어들게 된다. 그 결과 보호처분이라는 강제처분의 기능이 미치지 않는 책임무능력자에 대해서는 순수한 치료처분의 요청이 생기게 된다. 한편 보호처분에 있어 책임능력이 필요하지 않다는 견해는 책임무능력자에 대한 치료처분적 성질을 강조하는 것으로 될 것이다. 결국 위의 두 견해는, 심신상실 등에 의한 책임무능력상태의 비행소년을 어떻게 처리할 것인가의 문제로 귀결된다고 생각한다.

심신상실 등에 의한 책임무능력상태의 비행소년에 대한 보호처분의 법적 근거는 소년법 제32조 제1항 5호이다. 즉 병원, 요양소에 위탁하는 보호처분이다. 그러나 제5호 처분은 실제로 거의 활용되고 있지도 않고, 심신상실 등의 비행소년에 관한 처리지침도 없는 실정이다. 소년법 제32조 제1항 5호를 해석하면

38) 澤登俊雄, 앞의 책, 73면.
39) 入江正信, 앞의 글, 123면.

기타의 질병을 가지고 있는 비행소년은 물론이고 특히 심신장애상태에서 비행을 저지른 책임무능력 소년도 그 대상이 된다고 해석해야 할 것이다. 한편 14세 이상 20세 미만(범죄소년)의 심신장애로 인한 책임무능력상태의 비행소년은 치료감호법의 치료감호규정(동법 제2조)에 의해서 처리할 수 있다. 치료감호법에 의한 치료감호(보안처분)규정은, 심신장애자로서 형법 제10조 제1항의 규정에 의하여 벌할 수 없는 자 등을 그 대상으로 하고 있으므로(치료감호법 제2조 제1항) 14세 이상 20세 미만의 심신장애로 인한 책임무능력 비행소년도 포함될 것이다. 그러나 치료감호처분은 형사절차에 따라서 과해지는 보안처분이며 형벌을 회피하는 처분이 아니다. 또한 소년법의 적용연령인 12세 이상 14세 미만의 심신장애로 인한 비행소년에 대해서는 치료감호법을 적용할 수 없다. 결국 소년보호처분에 있어서 유책성은 그 요건이 아니라고 해석하고 심신장애의 책임무능력 비행소년은 소년법의 5호처분에 의해서 처리하는 것이 타당하다고 생각한다.

비행소년에게 과하는 보호처분은 책임을 전제로 하는 것이 아니다. 소년의 건전한 육성을 목적으로 하는 보호처분에 있어서 현재 범죄위험성이 있는 요보호소년에 대해서 그 요건으로서 책임능력을 요구하고 책임능력이 없는 소년에 대해서는 보호처분을 행할 수가 없다고 한다면, 비합리적이며 보호주의의 이념에도 반한다고 할 것이다. 책임능력이 없다는 이유만으로 적절한 보호처분을 받지 못함으로써 방치된 그 소년은 결국 다시 비행에 빠질 우려가 높기 때문이다. 고의 또는 과실이나 기대가능성이 없는 비행소년에게는 보호처분조차 과해서는 안 될 것이지만, 심신장애의 책임무능력상태에 있는 비행소년에 대해서는 보호처분을 과할 수 있다고 해석함이 타당하다.

(2) 보호처분과 보안처분 및 형벌과의 관계

1) 보호처분과 보안처분

보안처분이란 이미 죄를 저질렀거나 저지를 우려가 있는 자에 대하여 그 범죄적 위험성에 대응한 사전 예방적 조치로서 과해지는 강제적인 처분방법을 가리킨다. 보안처분이나 보호처분도 다 같이 범죄적 위험자에 대한 특별예방적 수단이라는 점에서는 공통성을 갖는다. 그리고 보안처분의 성질로서 지적되는 여러 가지 특성 가운데 일부분이 보호처분과도 겹치기 때문에 보호처분도 넓은 의미에서는 보안처분의 일종으로 다루어지고 있다.[40]

그러나 양자의 기본적 성격에는 큰 차이가 있다.[41] 특히 보안처분제도가 오로지 범죄의 방지와 억지라는 형사정책적 요청에서 고안되어 발전된 것이라는 점에 주목할 필요가 있다. 이 점에서 주로 국가에 의해 소년의 복지를 실현한다는 복지정책적 요청에서 발전된 보호처분제도와는 본질적으로 다르다. 보안처분 가운데에도 복지적 색채를 띠는 것이 있기는 하지만 이러한 복지정책적 요청은 어디까지나 형사정책적 요청에 대해 부차적인 것에 지나지 않는다.

본래 형벌이 수행할 수 있는 여러 기능 가운데에서는 특히 그 보안기능이 중시되고 있었으며, 이 의미에서 고대나 중세에 있어서는 형벌과 보안처분이 미분화의 상태에 있었다고 할 수 있다. 그런데 근세 형법학이 확립되어 책임에 기초를 둔 형벌이라는 관념이 법률제도 안에 정착됨에 따라, 형벌의 보안기능에 일정한 한계가 생기게 되었다. 즉 책임의 한계를 넘는 행위자의 위험성에 대하여 형벌이라는 수단은 별로 제 기능을 다할 수가 없기에 이르렀던 것이다. 그래서 이 범죄자의 위험성을 제거시킬 수단, 즉 보안처분이 형벌을 보충하는 것으로서 형벌과 나란히 형법의 영역으로 들어와 자리잡게 되었다.

이와 같은 경위에서 보안처분에서는 다음과 같은 특성을 발견할 수가 있다. 보안처분은 책임의 한계를 넘는 행위자의 위험성에 대한 특별예방적 조치이기 때문에 그것은 어디까지나 형벌을 보충하는 것이지 형벌에 대신하는 것이 아니다. 또한 그것은 형벌에 의한 책임의 추구를 회피하는 것도 아니며, 형벌에 의한 책임추구에 따르는 일반예방적·특별예방적 기능을 방해하지 않는 범위 내에서 기능해야 하는 것이다. 이 점에서 우선, 후술하는 바와 같이 형벌에 의한 책임추구를 회피하는 것에서 성립하는 보호처분과는 본질적으로 다르다.[42]

보안처분의 두 번째 특성은 형벌을 보충하는 그 방식에 있다. 즉 책임의

---

40) 최병각, 앞의 논문, 216면; 배종대, 앞의 책, 735면; 김일수, 『형법학원론』, 1988, 1247면; 임웅, 『형법총론』, 1999, 590면; 이재상, 앞의 책, 622면; 김철수, 『헌법학신론』, 1988, 265면.

41) 윤재윤, "소년보호처분의 본질·요건·효력과 그 현황"(판례월보 제181호, 1985.10), 34면; 나채규, "소년법상 보호처분의 활성화 방안"(청소년범죄연구 제8집, 1990), 175면; 오행남, 앞의 글, 796면; 澤登俊雄, 앞의 책, 1975, 168면; 澤登俊雄 外 3人 編, 刑事政策, 205면; 森下忠·須須木主一, 刑事政策, 增補版, 1980, 270면; 森下忠, "刑罰と保安處分との關係"(刑事政策の現代的課題, 小川太郎博士古稀祝賀論文集, 1977), 175-180면; 山口幸男, 少年非行と司法福祉, 1974, 99-105면; 前野育三, 刑事政策論, 1988, 120-121면; 阿部純二, "刑罰·保安處分·保護處分," 刑事政策入門, 1982, 188면.

42) 澤登俊雄, 앞의 책, 169면; 前野育三, 앞의 책, 121면.

한계를 넘는 범죄자의 위험성을 제거하는 방법으로서 범죄자 자신을 개선시키는 방법과 범죄자를 사회로부터 격리시키는 방법이 가해진다. 개선가능성이 있는 자에게는 개선에 주안을 둔 처우가, 개선이 곤란한 자에게는 격리에 주안을 둔 처우가 가해지게 된다. 이 점에서 개선에 주안을 둔 처우만이 추구되는 보호처분과 본질적으로 다르다.

보안처분의 세 번째 특성은 그 목적이 범죄자로부터 범죄적 위험성을 제거하는 것에 두어지며, 그것에 한정되어 있다는 것이다. 보안처분에 있어서는 대상자의 인권보장이라는 관점에서 범죄적 위험성의 제거 이외의 목적으로 여러 가지 처우가 가해지는 것은 허용될 수 없다. 그러나 보호처분에 있어서는 목적이 소년의 건전한 육성에 두어진다. 따라서 보안처분은 범인의 위험성을 제거하면 역할이 끝나는 것에 대하여, 보호처분에서는 소년의 범죄적 위험성을 제거하는 것만으로는 불충분하며 더 나아가 소년이 장래에 건전한 사회생활을 보낼 수 있는 인적·물적 조건의 정비가 필요하게 되는 것이다. 이 목적의 차이로부터 같은 개선처우라고 하더라도 양자의 처우내용에는 자연히 차이가 생기게 된다.

이상을 요약하면, 보호처분제도가 소년의 범죄적 위험성의 제거를 목적으로 하는 형사정책적인 요청에 기초하고 있다는 사실은 부정할 수 없지만, 그 요청과 병행하여 혹은 그보다도 강하게 복지정책적인 요청에 기초를 두고 있다는 것이다. 그 복지정책적 요청이 국친사상이라는 이념으로 표현되고 있다. 요컨대 보호처분제도를 받쳐 주는 지도이념인 보호주의가 형사정책과 복지정책이 서로 겹치는 부분에서 성립하는 것이라는 점은 분명하다. 바로 이 점에서 보호처분의 보안처분에 대한 여러 가지 특성이 생기게 되는 것이다.

보안처분은 형벌을 보충하는 것임에 대하여 보호처분은 형벌을 회피하는 것이다. 따라서 보호처분의 목적에 보안처분에서 말하는 격리 내지는 보안의 목적이 파고 들어갈 여지는 없다고 할 것이다.

2) 보호처분과 형벌

형벌이란 국가가 범죄에 대한 법률상의 효과로서 범죄자에 대하여 책임을 전제로 하여 과하는 법익의 박탈이다. 형벌은 범죄자의 위험성을 기초로 하는 것이 아니라 어디까지나 개별적인 행위에 대한 책임을 기초로 과해지는 제재이다. 따라서 "책임 없으면 형벌 없다"는 책임주의는 근대형법의 철칙으로 되어

있으며 형법상 최고원리의 하나이자 지도사상으로서 헌법적 지위를 누린다.[43)]

보호받지 못하는 소년을 국가가 보호해 줄 의무가 있다는 관점에서는, 보호받지 못함으로써 결국 범죄에 빠진 소년에 대하여 국가가 형벌권을 행사하여 책임을 묻는 것은 자기모순이다. 더욱이 범죄적 위험성 제거의 관점에서 보더라도 소년에 대해서는 특히 형벌의 개선효과를 크게 기대할 수 없다. 소년에게는 일반적으로 그 인격은 아직 미숙하기 때문에 극히 유동적이며 환경에 오염되기 쉽고 악성도 뿌리 깊지 않다. 또한 소년의 경우는 일반적으로 성인에 비해서 개선가능성이 높지만, 다른 한편 인격이 충분히 고정되어 있지 않기 때문에 상처받기 쉽다는 특성도 갖고 있다. 따라서 범죄소년에 대해서는 형벌적 요소를 불식시킨 특별처우가 요구되기에 이르렀던 것이다.[44)] 그 중심에 서는 것이 소년법상의 보호처분이다.

형벌은 범죄에 대한 책임을 묻는 것으로서 행위자에게 과해진다. 이에 대해 소년에 대해서는 복지정책적 관점에서는 물론이고 형사정책적 관점에서도 형벌의 적용을 회피해야 한다는 요청에서 보호처분을 행한다. 그것은 소년법이 비행사실의 존재를 전제로 하면서도 소년의 요보호성의 유무와 내용, 정도에 따라서 가장 적절한 개선처우를 선택하는 것으로 하고 있는 데서도 분명해진다(법 제1조, 제4조, 제32조). 또한 소년법에서는 보호절차의 진행 중 이미 여러 가지의 보호적·개선적 조치를 취하는 것이 예정되어 있다. 즉 보호절차는 처우를 결정하기 위한 절차 이상의 의미와 실질을 갖추고 있다. 여기에서 형벌회피를 지향하는 것이 명료하게 나타난다(법 제9조, 제12조, 제15조, 제18조, 제19조, 제23조, 제24조, 제29조, 제55조, 제57조 등).

형벌의 전제는 범죄이다. 따라서 범죄가 없으면 형벌은 있을 수 없다. 그러나 보호처분은 범죄소년은 물론이고 범죄소년이 아닌 촉법소년과 우범소년에 대해서도 과할 수가 있다. 따라서 보호처분에 있어서 그 전제는 범죄가 아니다. 또한 형벌은 범죄자에 대하여 형사책임을 묻는 것이지만, 보호처분은 비행소년에게 그 행위에 대한 책임을 묻는 수단이 아니다. 보호처분은 어디까지나 비행소년을 처벌의 대상이 아닌 보호의 대상으로서 이해하고, 그 환경의 조정과 성행의 교정을 통하여 건전한 육성을 기하려는 것이라는 점에서 형벌과는 차별성

43) 임웅, 앞의 책, 243면.

44) 澤登俊雄, 앞의 책, 5면.

을 지닌다.

결국, 형벌과 보안처분의 관계에서 보안처분이 형벌을 보충하는 것이라고 한다면, 보호처분과 형벌과의 관계에서는 보호처분이 원칙이고 형벌이 보호처분을 보충하는 관계에 있다고 봄이 타당하다(법 제1조 참조).

(3) 보호처분의 효력

1) 집행력

보호처분의 결정은 고지와 동시에 집행할 수 있으므로, 고지와 동시에 집행력이 생긴다. 보호처분의 결정에 의하여 국가와 소년간에는 결정한 내용에 따라서 보호처분을 집행할 법률관계가 발생하며 바로 보호처분의 실시가 가능하게 된다. 즉 결정의 확정을 기다리지 않고 집행이 가능하다. 항고도 역시 결정의 집행을 정지하는 효력이 없다(법 제46조). 이 점은 형사재판에 있어서 법률에 특별한 규정이 없으면 확정한 후에 집행하는 것(형사소송법 제459조)과는 크게 다르다. 이것은 보호처분이 복지적·교육적 처분이기 때문에 보호처분이 필요하여 결정이 이루어진 이상, 공백 기간이 생기는 것은 적당치 않기 때문이다. 보호처분결정은 소년법원판사의 지휘에 의하여 조사관, 법원서기관, 법원사무관, 법원주사, 법원주사보나 보호관찰관 또는 사법경찰관리, 소년원 또는 소년분류심사원 소속공무원, 기타 위탁 또는 송치받을 기관 소속의 직원으로 하여금 집행하게 할 수 있다(법 제16조 제1항, 제2항 및 제35조).

2) 일사부재리의 효력

소년법상의 보호처분을 받은 소년에 대하여는 그 심리결정된 사건은 다시 공소를 제기하거나 소년법원에 송치할 수 없다(법 제53조). 이것은 소년법상의 보호처분을 받은 소년에 대하여 일사부재리 또는 이중위험금지의 효력을 인정한 것이다. 보호처분을 받은 사건과 동일한 사건으로 재기소·재송치하는 것은 소년의 건전한 육성을 해칠 뿐만 아니라 법적 안정성과 신뢰를 무너뜨리는 것으로 이중처벌에 해당하기 때문이다.[45)]

이 소년법상의 보호처분의 효력에 관한 제53조는 헌법 제13조 제1항의 이

---

45) 최병각, 앞의 논문, 218면.

중처벌금지의 원칙에서 유래한다.[46] 비록 보호처분이 형벌의 대체처분이라 하더라도 국가에 의한 강제처분의 하나라는 점에서 볼 때, 같은 비행사실을 근거로 다시 보호처분을 받게 하거나 그 이상의 형사처분을 받게 하는 것은 소년의 건전한 육성을 해칠 뿐만 아니라, 인권보장적 측면에서 타당하지 않다. 소년법이 제53조 규정을 둔 것은 기본적으로 헌법상의 일사부재리의 원칙을 소년범에 관해 구체화한 것이라고 본다.[47] 일사부재리의 원칙은 헌법상 인정하고 있는 원칙이므로 소년범이라고 해서 그 예외가 될 수는 없다. 소년에 대한 교육적 배려[48]라고 하는 것은 이미 여기에 당연히 포함되어 있는 것이다.

보호처분에 관한 일사부재리효력은 보호처분결정이 확정된 경우에 발생한다.[49] 검사 또는 경찰서장의 송치나 제4조 제3항의 통고에 의한 사건에 대하여 소년법원판사가 보호처분을 한 후, 그 보호처분의 계속 중 본인이 처분 당시 20세 이상이었던 것이 판명된 경우에, 소년법원판사는 그 보호처분을 취소하고 사건을 검사에게 송치하여야 하는데(법 제38조 제1항 제1호), 이 경우에는 일사부재리의 효력이 인정되지 않고 공소를 제기할 수 있다(제53조 제1항 후단). 보호처분의 취소에 의하여 보호처분은 처음부터 없었던 것으로 간주되고, 또한 검사에게 송치한 사건이므로 당연히 검사에 의한 공소제기도 상정되기 때문에 두어진 규정이며, 또한 형사법원에서 보호처분 상당성을 인정하여 소년법원으로 이송한 사건에 대해서 연령초과를 이유로 다시 형사법원으로 되돌려 보내는 경우에도(법 제51조), 논리상 일사부재리 효력은 인정되지 않는다. 일사부재리의 효력이 심리불개시·불처분결정에도 적용되는가의 문제는 전술한 바와 같다.

소년법 제53조는 "보호처분을 받은 소년"이라고 하여 대상소년에 관해서는 제한을 두고 있지 않으므로 범죄·촉법·우범소년 모두 포함된다. 또한 제53조의 효력과 범위는 심리결정된 사건에 한하며, 사건의 심리절차에서 그 대상을 판단한 결과 보호처분의 필요성에 따라 결정한 사실 전부에 그 효력이 미친다.[50] 즉 보호처분의 대상으로 된 결정서 기재의 비행사실을 가리킨다. 나아가

---

46) 앞의 법원실무제요, 381면; 유진식, 앞의 책, 362면; 최종식, 앞의 글, 236면; 최병각, 앞의 논문, 218면.

47) 澤登俊雄, 앞의 책, 197면.

48) 今中道信, "少年保護事件における不告不理", 最高裁判所事務總局 編, 改訂少年執務資料集(二)の上, 家庭裁判資料第120號, 1981, 722면; 入江正信, 앞의 논문, 722-723면.

49) 앞의 법원실무제요, 381면.

50) 유진식, 앞의 책, 363면; 市村光一, "少年法概論", 最高裁判所事務總局 編, 改訂少年執務

결정서 기재의 비행사실과 동일성이 있는 사건도 포함된다.[51] 사건의 동일성은 범죄사건 상호간에서는 기본적 사실의 동일싱을 기준으로 하여 결정하면 족하다. 우범사건에 관해서는 범죄사건과 우범사건의 동일성은 기본적으로 부정해야 하며, 동일성이 인정되는 것은 범죄사실과 우범행상 인정의 중요한 요소가 된 사실이 서로 겹치고 범죄가 그 우범의 우범성 전체를 나타내고 있는 경우에 한정된다. 우범사건으로서 보호처분에 부쳐진 경우의 일사부재리효력의 범위에 관해서는, 최초 심판의 종국결정 전에 행해진 범죄 또는 우범사유를 이유로 하는 우범소년이 심판 후에 송치된 경우에는 일사부재리효력을 인정하고, 최초 심판의 종국결정 후에 이루어진 범죄 또는 우범소년이 심판 후에 송치된 경우에는 사실의 동일성은 인정되지 않으며 새로운 비행사실로서 인정되기 때문에 일사부재리효력은 인정되지 않는다.[52]

소년법 제53조에 의하여 일사부재리의 효력이 인정된 사건에 관해 다시 공소를 제기하거나 소년법원에 송치할 경우에는 어떻게 처리하여야 하는가라는 문제가 있다. 다시 공소를 제기하였을 경우에는 공소기각의 판결(형사소송법 제327조 제2호)을 하여야 한다는 견해와,[53] 면소판결(형사소송법 제326조 제1호)을 하여야 한다는 견해[54]로 나누어지고 있다. 그러나 형사소송법 제327조 제2호에 따라서 공소제기의 절차가 위법·무효라는 이유로 공소기각의 판결을 해야 한다고 해석하는 것이 타당하다. 형사소송법 제326조 제1호의 확정판결이란 유죄, 무죄, 면소의 판결만을 의미하기 때문이다.[55] 경찰서장 등이 일사부재리의 효력이 인정된 사건을 다시 소년법원에 송치하였을 때에는 심리조건의 결여를 이유

資料集(二)の上, 家庭裁判資料第120號, 1981, 724면; 團藤重光·森田宗一, 앞의 책, 393-394면.

51) 田宮 裕·広瀬健二, 앞의 책, 399면; 平場安治, 『少年法』(新版), 1987, 316면.

52) 田宮 裕·広瀬健二, 앞의 책, 399면.

53) 최병각, 앞의 논문, 220면; 신동운, 『형사소송법』, 1993, 749면·753면·779면; 임동규, 「일사부재리의 원칙에 관한 연구」(서울대 박사학위논문, 1994), 118면; 최종식, 앞의 글, 240면; 강완구, "우리나라 소년심판제도상의 제문제"(가정법원사건의 제문제, 재판자료 제18집, 1983), 674면; 小野清一郎 外 3人, "改訂刑事訴訟法," 最高裁判所事務總局 編, 改訂少年執務資料集(二)の上, 家庭裁判資料第120號, 1981, 742면; 最高裁昭和40(1965)年 4月 28日 大法廷判決における奥野健一裁判官補足意見, 最高裁判所事務總局 編, 改訂少年執務資料集(二)の上, 家庭裁判資料第120號, 1981, 743면.

54) 이재상, 『형사소송법』(제5판), 1994, 607면; 앞의 법원실무제요, 382면; 유진식, 소년법, 363-364면; 김시수, 전게논문, 786면; 일본의 다수설이다.

55) 백형구, 『형사소송법강의』, 1993, 757면.

로 심리불개시의 결정(법 제19조 제1항) 또는 불처분결정(법 제29조 제1항)을 하여야 한다(통설).[56] 이것은 법원에서 직권으로 조사하여야 한다.[57]

3. 보호처분의 종류

(1) 총 설

1958년 독자적인 소년법을 제정·시행한 우리나라는 1988년 제3차 소년법 개정에 의하여 7가지의 보호처분을 규정하고 있다. 그 역사적 과정을 간략히 살펴보면 다음과 같다. 일제시대 소년법의 전신인 조선소년령이 규정하였던 보호처분은 모두 6가지 종류였다. (i) 조건을 붙여 보호자에게 인도하는 것, (ii) 寺院, 교회, 보호단체 또는 적당한 자에게 위탁하는 것, (iii) 조선총독부 소년보호사의 관찰에 부치는 것, (iv) 조선총독부 감화원에 송치하는 것, (v) 조선총독부 교정원에 송치하는 것, (vi) 병원에 송치하는 것 등이고 위 각 처분은 병합할 수 있었다(令 제4조). 이 조선소년령에 의한 보호처분은 해방후 1958년에 독자적인 소년법이 제정될 때까지 계속 시행되었다. 1958년의 소년법(구소년법)에 규정된 보호처분의 종류는, (i) 보호자 또는 적당한 자의 감호에 위탁하는 것, (ii) 사원, 교회, 기타 소년보호단체의 감호에 위탁하는 것, (iii) 병원 기타 요양소에 위탁하는 것, (iv) 감화원에 송치하는 것, (v) 소년원에 송치하는 것의 5종류이다. 1963년 제1차 소년법 개정으로 보호처분의 하나로서 보호관찰처분(제30조 제1항 6호)을 신설하였다. 1977년 제2차 소년법의 부분 개정이 있었지만, 보호처분의 다양화를 중심으로 하는 개정논의가 계속되어[58] 1988년 12월 15일 국회에서 제3차 개정소년법이 통과되었다. 이것이 현행 소년법이다. 현행 소년법은 보호처분을 정비하여 감화원송치처분을 폐지하고, 특히 보호처분을 활성화하기 위하여 그 종류를 7가지로 다양화시킨 점에 특색이 있다. 또한 사회봉사명령과 수강명

---

56) 앞의 법원실무제요, 382면; 유진식, 앞의 책, 364면; 김시수, 앞의 글, 786면; 일본의 통설·판례이다.

57) 대판 1973.7.24, 73도1255.

58) 김기두, "소년법상의 제반문제점과 개정방향"(청소년범죄연구 제3집, 1985), 8면; 윤재윤, "소년법상 보호처분종류의 다양화 및 그 시행방안"(청소년범죄연구 제3집, 1985), 63면, 75면; 오행남, 앞의 글, 807-809면.

령제도를 신설하여 보호관찰처분시 동시에 명령할 수 있도록 하였다.

현행 소년법은 실질적인 처분의 측면에서 비행소년에 대한 보호처분을 한층 보강하였으며, 그 특징은 다음 네 가지이다. 첫째, 종래의 현실성이 없거나 시행에 어려움이 많았던 처분방법을 폐지하거나 수정하여 보호처분이 비행소년의 선도나 교육에 실질적으로 기여할 수 있도록 하였다. 둘째, 보호관찰법의 제정으로 보호관찰처분의 내실을 도모하였다.[59] 셋째, 기존의 보호처분을 장기와 단기로 세분화하여 보호처분이 소년 개인의 필요에 따라 적절하게 선택될 수 있도록 하였고, 넷째, 새로 사회봉사명령과 수강명령제도를 신설하여 보호관찰처분시 동시에 명할 수 있도록 하였다.

현행 소년법의 보호처분의 종류는 다음과 같다. 즉 보호자 또는 보호자를 대신하여 소년을 보호할 수 있는 자에게 감호를 위탁하는 것(법 제32조 제1항 제1호; 이하 제1호 처분이라 한다), 보호관찰관의 단기보호관찰을 받게 하는 것(동항 제2호; 이하 제2호 처분이라 한다), 보호관찰관의 보호관찰을 받게 하는 것(동항 제3호; 이하 제3호 처분이라 한다), 아동복지법상의 아동복지시설 기타 소년보호시설에 감호를 위탁하는 것(동항 제4호; 이하 제4호 처분이라 한다), 병원·요양소에 위탁하는 것(동항 제5호; 이하 제5호 처분이라 한다), 단기로 소년원에 송치하는 것(동항 제6호; 이하 제6호 처분이라 한다), 소년원에 송치하는 것(동항 제7호; 이하 제7호 처분이라 한다)이다.

이 가운데 제2호·제3호의 보호관찰처분과 제6호·제7호의 소년원송치처분은 사법기관인 소년법원의 처분결정 후, 그 처분의 집행은 행정부(법무부)의 소관으로 되어 있으나 제1호 처분, 제4호 처분과 제5호 처분의 집행은 예외적으로 소년법원의 소관으로 되어 있는 점이 특징이다(규칙 제33조·제34조·제38조; 법 제33조·제36조 참조). 한편 제2호 처분과 제3호 처분시 16세 이상의 소년에 대해서는 사회봉사명령 또는 수강명령을 동시에 명할 수 있도록 하고 있으므로(법 제32조 제3항), 이들 명령도 보호처분에 포함시켜 설명하기로 한다.

59) 개정소년법 이전에도 시험적으로 보호관찰이 운영된 적이 있었다. 1983년부터 시험실시된 종전의 보호관찰은 주로 각종 시설에서 가석방이나 가퇴원된 자로서 보호관찰의 필요성이 인정되는 자를 대상으로 실시한 것으로 소년법원의 조사관이 이를 담당하였다.

(2) 제1호 처분

1) 의 의

제1호 처분은 보호자 또는 보호자를 대신하여 소년을 보호할 수 있는 자에게 감호를 위탁하는 것이다(법 제32조 제1항 제1호). 그 기간은 6개월이며, 6월의 범위 안에서 1차에 한하여 그 기간을 연장할 수 있다. 또 소년부판사는 필요한 경우 언제든지 그 위탁을 종료시킬 수 있다(법 제33조 제1항). 여기서 보호자라 함은 법률상 감호교육의 의무가 있는 자 또는 현재 감호하는 자를 말하며(법 제2조), 이에 해당하는 자로서는 친권자, 후견인, 또는 아동복지시설의 장을 들 수 있다. 또한 보호자를 대신하여 소년을 감호할 수 있는 자란 자원보호자 등 보호자에 갈음할 수 있는 자를 말한다.

한편 소년법원판사는 제1호 처분을 한 때에는 수탁자에 대하여 소년에 관한 보고서 또는 의견서의 제출을 요구할 수 있으며, 조사관으로 하여금 처분의 집행상황을 보고하게 할 수 있고 필요하다고 인정되는 경우 수탁자에게 그 집행과 관련된 사항을 지시할 수 있다(법 제36조 제1, 2항). 이에 따라 보고의 명을 받은 조사관은 지시사항의 이행여부, 수탁자의 감호상황 또는 소년법원판사가 특히 필요하다고 인정하는 사항을 조사하여 의견을 붙인 서면으로 보고하여야 한다(규칙 제38조 제1항). 조사관이 그 조사를 함에 있어서는 수탁자에게 필요한 보고를 요구할 수 있으며, 소년 또는 수탁자의 출석을 요구하거나 수탁기관을 방문할 수도 있다(동조 제2항). 소년법원에 의한 제1호 처분의 집행에 대하여 사후 지도·감독을 규정한 것이다. 소년의 보호자는 수탁자에 대하여 그 감호에 관한 비용의 전부 또는 일부를 지급하여야 하며, 다만 보호자가 부담할 능력이 없는 경우에는 소년법원이 이를 지급할 수 있다(법 제41조). 사법기관인 소년법원이 집행도 담당하고 있는 소년법 체계의 독특한 제도이다.

현행 소년법상의 제1호 처분은 제정소년법의 1호 처분이, 보호자 또는 적당한 자의 감호에 위탁하는 것으로 규정되어 있던 것을 개정하여 좀더 구체화한 것이다. 개정 전 구소년법의 1호 처분은, 대부분 감호능력이 결여되었거나 감호에 실패했던 보호자에게 아무런 환경의 개선도 없이 비행소년을 그대로 돌려보냄으로써 과거의 좋지 못한 환경으로 복귀시킬 뿐이라는 비판이 있었다. 이러한 문제를 시정하기 위하여 개정소년법은 좋지 못한 환경이 개선되지 않거나 보호자의 보호능력이 불완전한 경우 등에는 보호자에 대신할 수 있는 자원보호자 등에게 소년의 위탁을 활용하기 위하여 그 근거를 구체적으로 부여한 것이다. 예를 들어 종전에는 소년의 비행이 보호자와의 불화로 말미암은 경우나 보호자가 소년을 보호할 수 있는 능력이 결여된 경우에도, 보호자에게 소년을 돌려보내야 했으나 개정 소년법에서는 그런 경우에 가까운 친척이나 자원보호자에게 소년의 감호를 맡길 수 있도록 1호 처분을 좀더 구체화한 것이다. 그러나 현행 소년법시행 이후에도 제1호 처분의 비중이 타처분에 비해 월등히 많다는 문제가 있다.[60]

2) 자원보호자에 대한 감호위탁제도

자원보호자 감호위탁제도는 비행습벽이 고착되지 않아 교정가능성이 큰 소년들 가운데 보호자가 없거나 보호자가 있어도 그 보호능력이 미약한 경우에, 보호자 대신 다른 성실한 자원봉사자의 보호에 맡김으로써 1호 처분을 한층 실효성 있게 하기 위한 제도이다. 즉 소년과 자원보호자 사이의 1대 1의 소박한 인간관계를 통하여 소년 스스로 자신의 문제를 깨닫고 새사람이 될 수 있도록 도와주자는 것이 이 제도의 근본취지인 것이다.[61] 자원보호자 감호위탁처분의 피처분자가 다른 보호처분의 피처분자에 비하여 자신의 처분에 대한 각종 효과를 가장 긍정적으로 평가하고 있으며, 동시에 가장 긍정적인 의식과 태도를 지니고 있는 것으로 나타난 조사보고서가 있다.[62]

자원보호자제도는 1985년 서울가정법원에서 자체적으로 처음 실시되어 긍정적인 반응을 얻게 됨에 따라 개정소년법의 제1호 처분의 내용으로서 자리를 잡게 되었다. 본래 1988년 초 법무부의 소년법개정안에는 종전의 제1호 처분이 실질적으로 효과가 없다는 이유로 폐지하기로 하였으나, 그 후 자원보호자제도의 효용을 인정하여 1호 처분에 반영하게 되었다. 이 제도는 소년심판의 과정에서 자연스러운 필요에 따라 우연히 생긴 것으로서 어떠한 형사정책적인 근거나 연구기초를 갖고 시작되었던 것이 아니다. 서울가정법원에서 우연한 기회에 확보된 몇몇 자원봉사자의 인력을 활용하여 한 명의 소년이라도 진실로 실효성 있는 보호처분을 해보자는 취지에서 시도해 본 것이 그 시초였다고 한다. 따라서 이 제도는 먼저 실시되고 그 후에 법령의 제정 등이 뒤따랐다는 점에서 특

---

60) 범죄백서 2004, 231면.

61) 윤재윤, "소년자원보호자제도의 시행경위와 현황," 890면.

62) 이윤호, 「소년보호처분의 효과분석」, 1991, 97면.

이한 경우라고 할 수 있다. 현재 소년심판규칙 제33조에 자원보호자의 위촉과 해촉에 관한 규정까지 제정되어 서울에서뿐만 아니라 지방에서도 실시되고 있으며, 자원보호자협의회가 설립되어 활동하고 있다. 자원보호자로서는 정신과 의사, 심리학자, 사회사업가 또는 학식과 덕망이 있는 사람 중에서 위촉한다(규칙 제33조 제1항).

자원보호자제도의 내용과 절차는 다음과 같다. 자원보호자는 6개월간 수탁소년을 보호지도하며, 1개월에 최소한 2회 이상, 통상은 1주일에 1회씩 소년과 만난다. 가정이 없는 무의탁소년은 희망하는 자원보호자가 있을 경우 자원보호자의 집에서 생활을 같이 하도록 한다. 구체적인 보호방법에는 제약이 없으며, 다만 정기적인 만남과 상담을 통한 자기인식의 회복과 진로설정을 중요시하며, 소년의 부모 등도 사전에 협조서약을 받아 전반적인 환경의 개선을 도모하도록 하였다. 자원보호자는 매월 2회 이상 보호소년을 면접·관찰하여 보호, 지도, 원호하고 그 결과를 감호일지에 기재하고 이를 비치하여야 한다(춘천지방법원 자원보호자 및 수탁기관 등 지정에 관한 내규, 제6조 제1항). 또한 자원보호자는 위 감호결과를 3개월마다 소년부판사에게 보고하여야 한다(동 내규 제7조 제1항). 소년부는 수탁자별 감호소년명부, 자원보호자의 위촉 및 해촉에 관한 기록서, 보고에 관한 기록서 등을 비치하여야 한다(동 내규 제10조). 소년부판사는 직권 또는 수탁자의 신청에 의하여 보호소년에 대한 처분의 변경을 할 수 있으므로(법 제37조), 자원보호자에 대한 위탁 후 소년이 비협조적일 때에는 다른 처분으로 변경할 수 있으나 실제로 그런 예는 거의 없다고 한다. 자원보호자가 보호사항을 소정양식의 보호상황표에 기재하여 6개월 경과 후 법원에 제출함으로써 자원보호는 종료되며, 필요할 경우에는 기간연장도 가능하도록 하였다. 소년법원판사가 자원보호자에게 소년을 위탁하고자 할 때에는 자원보호자에게 미리 통지하여 소년에 대한 심리기일에 출석하게 하여, 판사로부터 감호 등에 필요한 지시를 받아 보호소년을 인수하도록 한다(위의 내규 제4조).

(3) 제2호 및 제3호 처분

1) 의 의

제2호 및 제3호처분이란, 보호관찰관의 보호관찰을 받게 하는 처분이다(법 제32조 제1항 제2, 3호). 즉 소년을 시설에 수용하지 않고 가정이나 학교·직장 등에서 정상적인 생활을 하는 가운데 보호관찰관의 지도감독 · 보도원호를 받게 하여 소년의 개선과 갱생을 도모하는 사회내처우의 주요한 제도이다. 제2호 처분은 6개월 동안 보호관찰관의 단기보호관찰을 받게 하는 것이고, 제3호 처분은 2년간 장기로 보호관찰을 받게 하는 처분이다. 제3호 처분은 보호관찰관의 신청에 따라 1년의 범위 안에서 1차에 한하여 그 기간을 연장할 수 있다(법 제33조 제2, 3항). 또한 보호관찰처분은 제1호 처분과 병합할 수 있으며(법 제32조 제2항), 보호관찰처분시 16세 이상의 소년에 대하여 필요하다고 판단되면 부가처분으로서 사회봉사명령과 수강명령을 겸할 수 있도록 하고 있다(동조 제3항).

현행 소년법의 보호관찰처분은 구소년법의 제6호 처분인 보호관찰처분의 활성화방안으로서 더 세분화하고 그 담당기관과 관찰기간을 분명히 한 것이다. 종전의 보호관찰은 시행규정과 전담실시기관 등의 미비로 가정법원이나 지방법원의 소년조사관이 이를 담당하여 왔는데, 조사관의 전문성의 결여와 수적인 부족으로 말미암아 보호관찰의 원래의 취지에 부합한 시행을 제대로 하지 못하고 있었다. 그 후 소년법의 개정과 아울러 보호관찰법[63]이 제정 · 공포됨에 따라 보호관찰을 전담하게 될 보호관찰소가 신설되어 1989년 7월 1일부터 운영되고 있다.[64]

보호관찰처분은 소년법에서 의도한 바와 같이 소년 보호처분제도에 있어서 중요한 처분방법으로서 점차 자리를 잡아 가고 있다.[65] 실제의 처분효과에 있어서도 제1호 처분 가운데 자원보호자 감호위탁처분 다음으로 효과가 양호하다는 조사결과도 보인다.[66]

2) 실행기관

보호관찰처분의 책임관청은 보호관찰소이며 그 실행기관은 보호관찰관 또는 범죄예방자원봉사위원이다. 보호관찰소는 보호관찰, 사회봉사명령, 수강명령

63) 보호관찰법은 1995년 1월 5일 갱생보호법을 흡수하여 「보호관찰 등에 관한 법률」로 개칭하는 등 전문 개정되었다(법률 제4933호, 1995년 1월 5일).

64) 소년에 대해서 본격적으로 시행된 지 만 6년을 넘기면서 보호관찰제도의 중요성과 그 효과에 대한 긍정적인 평가를 바탕으로, 1995년 12월 2일 제177회 정기국회에서 형법 개정이 통과되어 성인범죄자에 대한 보호관찰(형법 제59조의2, 제62조의2)도 실시하게 되었다(1997년 1월 1일부터 시행).

65) 범죄백서 2004, 231면.

66) 이윤호, 앞의 논문, 72면.

및 갱생보호에 관한 실시와 사무를 관장하며, 기타 선도조건부 기소유예된 소년의 선도, 범죄예방위원에 대한 교육훈련 및 업무지도와 범죄예방활동 등의 보호관찰과 관련된 제반 업무를 집행하는 곳으로서 법무부장관 소속의 국가기관이다(보호관찰법 제14조, 제15조). 2003년 현재 전국에 12개소의 보호관찰소와 18개소의 보호관찰지소가 설치되어 있다. 보호관찰관은 형사정책학, 행형학, 범죄학, 사회사업학, 교육학, 심리학, 기타 보호관찰에 필요한 전문적 지식을 갖춘 자들로 임명하도록 되어 있고 5급 이상의 공무원으로 구성되어 있다(동법 제16조). 범죄예방자원봉사위원은 범죄예방활동을 행하고 보호관찰 활동 및 갱생보호사업을 지원하기 위하여 조직된 민간자원봉사집단이다(동법 제18조). 범죄예방자원봉사위원의 임기는 2년이며 법무부장관이 위촉하는 명예직이다. 보호관찰의 담당자는 보호관찰법 체계상 원칙적으로 보호관찰관이고 범죄예방자원봉사위원은 보호관찰관을 도와서 대상소년에 대한 지도감독과 보도원호를 행한다.

한편 보호관찰에 관한 사항을 심사·결정하기 위하여 법무부장관 소속하에 보호관찰심사위원회를 두고 있다(동법 제5조). 그 주요 담당사무는 가석방과 그 취소에 관한 사항, 가퇴원과 그 취소에 관한 사항, 보호관찰의 가해제와 그 취소에 관한 사항, 보호관찰의 정지와 그 취소에 관한 사항, 가석방중인 자의 부정기형의 종료에 관한 사항 등 보호관찰의 실효성과 관련된 매우 중요한 업무를 수행하고 있다. 현재 서울, 부산, 대구, 광주, 대전 등 5개 지역에 설치되어 있다.

3) 보호관찰의 업무

보호관찰은 죄를 범한 자로서 재범방지를 위하여 체계적인 사회내처우가 필요하다고 인정되는 자에 대하여 지도·원호를 함으로써 건전한 사회복귀를 촉진하고 개인 및 공공의 복지를 증진함과 아울러 사회를 보호함을 목적으로 한다(동법 제1조). 따라서 보호관찰의 주요업무로는 보호관찰대상자의 개선과 사회복귀를 원활히 하기 위하여 그를 지도·감독하고 보도·원호하는 것이다. 대상소년의 특성에 따라 소년의 비행성을 교육적인 수단에 의하여 제거하고 교정하기 위하여 사회봉사명령과 수강명령을 집행한다. 지도란 보호관찰대상자의 재범을 방지하고 건전한 사회복귀를 촉진하기 위하여 행하는 제반 활동이다(동법 제33조 제1항). 원호는 보호관찰대상자의 사회복귀를 지원하는 것으로서 비권위적이며 복지적인 성격을 띠고 있다. 즉 보호관찰대상자가 자조의 노력을 함에 있어, 그의 개선과 자립을 위하여 필요하다고 인정되는 활동을 말한다(동법 제34조 제1항). 주로 갱생을 위하여 필요한 자원을 형성하여 원조를 제공하며, 환경을 조정하는 것을 내용으로 한다. 지도와 원호의 성격에 있어 전자는 권위적·지시적인 측면이 강하고, 후자는 비권위적이고 복지적인 측면이 강하다. 그러나 양자는 현실적으로 결합하여 하나의 처우과정을 구성하고 있고 그 처우과정은 각각의 역할을 다하는 여러 가지 요소에 의하여 운영되고 있다. 따라서 지도와 원호는 성격이 다를지라도 소년보호관찰에 있어서 상호보완적인 의미와 역할을 지니고 있다.

(4) 제4호 처분

제4호 처분이란 아동복지법상의 아동복지시설 기타 소년보호시설에 감호를 위탁하는 것이다(법 제32조 제1항 제4호). 아동복지법상의 아동복지시설이란 보호자가 없거나 보호자로부터 이탈된 아동, 또는 보호자가 아동을 학대하는 경우 등 그 보호자가 아동을 양육하기에 부적당하거나 양육할 능력이 없는 경우의 18세 미만의 아동을 보호하는 복지시설이다(아동복지법 제2조, 제16조). 그 아동복지시설 가운데 불량행위를 하거나 불량행위를 할 우려가 있는 아동으로서 보호자가 없거나 친권자나 후견인이 입소를 신청한 아동 또는 소년법원에서 보호위탁된 아동을 입소시켜 그들을 선도하여 건전한 사회인으로 육성하는 것을 목적으로 하는 시설이 아동보호치료시설이다(아동복지법 제16조 제1항 제3호). 기타 소년보호시설이란 아동복지법상의 아동복지시설로 등록되지 않은 민간단체가 운영하는 보호시설이다.

제4호 처분은 구소년법의 2호 처분(소년보호단체, 사원, 또는 교회의 감호에 위탁하는 것)을 개정한 것이다. 구소년법의 2호 처분에서는 사원이나 교회 등 종교단체의 참여는 거의 없었고 주로 사회 독지가나 사회단체가 운영하는 소년보호시설에 의존할 수밖에 없었는데 그것도 극히 미약하여 효과를 기대할 수가 없었기 때문에 보호처분 활성화방안의 하나로서 개정된 것이다. 따라서 개정소년법에 의하여 구소년법하의 소년보호시설 등이 아동복지법상의 아동복지시설로 등록하면, 국가의 운영지원과 감독을 받을 수 있게 되었다.

제4호 처분은 주로 소년의 연령이 낮다거나, 성행이 비교적 양호하지만 적당한 보호자가 없어 오갈 데가 없거나, 부모나 보호자가 시설수용을 신청하는 등의 사정이 있을 때 하는 처분으로서 그들을 수용하여 건전한 시민으로 선도 육성하는 것을 목적으로 한다. 따라서 제4호 처분은 국가보호시설인 소년원에 송치하는 처분과 사회내처우와의 사이에 존재하는 중간처우의 성격을 갖는다고 할 수 있다.[67] 제4호 처분을 집행하는 수탁시설은 지역사회에 설치되어 있기 때문에 소년원처럼 사회로부터 격리된 환경이 아니다. 그리고 수탁시설에서는 소년이 시설운영자의 지도하에 단체생활을 하기 때문에 일상적인 가정에서는 쉽지 않은 지속적인 감독과 통제가 가능하다. 수탁시설은 이러한 점에서 소년원과 가정의 중간단계에 속하는 개방적 수용시설이라고 할 수 있다. 그러나 제4호 처분의 효과는 현재 수탁시설의 열악한 실태에 따라 아직 그렇게 양호한 편이 아니다. 피처분자에 대한 효과에 있어서는 소년원송치처분과 함께 보호처분 중에서 가장 부정적인 것으로 조사된 보고서가 있다.[68]

제4호 처분의 위탁기간은 제1호 처분과 마찬가지로 6개월이며, 6월의 범위 안에서 1차에 한하여 그 기간을 연장할 수 있다(법 제33조 제1항). 법원장은 아동복지시설 기타 소년보호시설의 수탁기관을 지정하여야 한다(규칙 제34조 제1항). 그 지정된 수탁기관 등은 소년에 대한 환경의 조정과 성행의 교정에 적당한 곳이어야 하고, 이를 지정함에 있어서는 미리 그 시설의 운영자와 협의하여야 한다(동조 제4항). 이러한 지정과 함께 중요한 것은 법원의 시설에 대한 지도와 감독일 것이다. 이에 관하여 소년법원판사는 제4호 처분을 한 때에는 수탁자에 대하여 소년에 관한 보고서 또는 의견서의 제출을 요구할 수 있으며, 조사관으로 하여금 처분의 집행상황을 보고하게 할 수 있고, 필요하다고 인정되는 경우 수탁자에게 그 집행과 관련된 사항을 지시할 수 있다(법 제36조 제1, 2항). 이에 따라 보고의 명을 받은 조사관은 지시사항의 이행여부, 수탁자의 감호상황 또는 소년법원판사가 특히 필요하다고 인정하는 사항을 조사하여 의견을 붙인 서면으로 보고하여야 한다(규칙 제38조 제1항). 조사관이 그 조사를 함에 있어서는 수탁자에게 필요한 보고를 요구할 수 있으며, 소년 또는 수탁자의 출석을 요구하거나 수탁기관을 방문할 수도 있다(동조 제2항). 또한 법원장은 언제든지 소속공무원으로 하여금 지정된 수탁기관이 소년의 보호에 충분한 시설을 가지고 있는가의 여부와 그 운영실태를 조사·보고하도록 하고 이에 부적당하다고 인

67) 이수성, "비행소년에 대한 사회내처우의 평가와 전망"(청소년범죄연구 제8집, 1990), 15면; 나채규, 앞의 글, 180면.
68) 이윤호, 앞의 논문, 97면.

정되는 경우에는 그 지정을 취소할 수 있도록 하고 있다(규칙 제34조 제5항). 수탁시설처분을 받은 소년의 보호자는 수탁자에 대하여 그 감호에 관한 비용의 전부 또는 일부를 지급하여야 한다. 다만 보호자가 지급할 능력이 없는 때에는 소년부가 이를 지급할 수 있다(법 제41조). 제1호・제5호 처분과 마찬가지로 사법기관인 소년법원이 그 집행에도 관여하고 있는 소년법 체계의 독특한 제도이다.

현재 우리나라에는 전국에 불과 10여개소의 수탁시설이 있을 뿐이다. 이 중 절반 정도가 아동복지시설로 지정되어 있고 아동복지시설로 등록되지 못한 나머지는 소년보호시설이다. 따라서 소년법원에서 제4호 처분을 결정하는 경우도 극히 적은 실정이다.[69] 제4호 처분은 소년원에 수용하기는 곤란하고 그렇다고 제1호 처분을 할 수도 없는 소년에 대한 보호처분으로서 장점을 지니고 있으므로 시설의 활성화와 내실화가 강하게 요구된다.

(5) 제5호 처분

제5호 처분이란 병원, 요양소에 위탁하는 것이다(법 제32조 제1항 제5호). 즉 질병이 있는 비행소년을 치료하기 위해서 병원이나 요양소에 위탁하는 처분으로서 그 절차는 대체로 제4호 처분과 같다. 즉 위탁기간은 6개월이며, 6월의 범위 안에서 1차에 한하여 그 기간을 연장할 수 있다(법 제33조 제1항). 법원장은 처분을 받은 소년을 수용할 병원, 요양소 등 수탁기관을 지정해야 하며(규칙 제34조 제1항), 그 지정된 병원과 요양소는 소년에 대한 환경의 조정과 성행의 교정에 적당한 곳이어야 하고, 이를 지정함에 있어서는 미리 그 시설의 운영자와 협의하여야 한다(동조 제4항). 또한 법원장은 언제든지 법원소속 공무원으로 하여금 지정된 병원, 요양소 등이 소년의 보호에 충분한 시설을 가지고 있는가의 여부와 그 운영실태를 조사, 보고하도록 하고 이에 부적당하다고 인정되는 경우에는 그 지정을 취소할 수도 있다(동조 제5항). 한편 위탁으로 인한 치료비 등 감호에 관한 비용은 원칙적으로 소년의 보호자가 그 전부 또는 일부를 부담하여야 한다. 다만 보호자가 부담할 능력이 없는 경우에는 법원 소년부가 이를 지급할 수 있다(법 제41조). 전술한 제1호・제4호 처분과 마찬가지로 제5호 처분도

69) 범죄백서 2004, 231면.

사법기관인 소년법원이 그 집행에도 관여하고 있는 소년법 체계의 독특한 제도이다.

비행소년의 상당수가 다소 정도의 차이는 있으나 정신질환 또는 정신장해 상태에 빠져 있는 경우가 많고, 특히 본드나 부탄가스 흡입, 각성제 등의 사용으로 인하여 일시적 장애에 빠진 상태에서 비행을 저지르는 경우가 적지 않다. 미성년자 마약사범은 대체로 정체현상을 보이지만 본드 등 환각물질 사범에서는 미성년자의 점유비율이 단연 높다. 특히 17세 연령대의 증가현상이 뚜렷하다. 즉 고등학교 재학 정도의 연령층에 환각물질 흡입이 가장 많다는 특징을 보인다. 마약이나 기타의 환각물질을 흡입하는 소년들이 증가할 것으로 예상되기 때문에 제5호 처분의 필요성도 그만큼 커질 것이다. 그러나 현실적으로는 질병이 있는 비행소년의 치료를 위해 위탁할 수 있는 병원이나 요양소 등이 미비하여 제5호 처분은 거의 활용되지 않고 있는 실정이다.[70)]

(6) 제6호 및 제7호 처분

제6호 및 제7호 처분이란 소년원에 송치하는 것이다(법 제32조 제1항 제6·7호). 소년원송치처분은 비행사실의 경중이나 요보호성의 태양과 정도, 재비행성 여부 등에 비추어 국가교정시설에 강제수용하여 체계적이고 집중적인 교정교육을 받게 할 필요가 있다고 인정되는 소년을 대상으로 하는 보호처분이다. 시설에 강제수용된다는 점에서 보호처분 가운데 가장 무거운 비개방적 수용처분이다. 현재 소년법원에서 행해지고 있는 소년원송치의 보호처분율은 10% 미만이다.[71)]

제6호 처분은 비행이 경미하고 단기간 집중교화로 개선이 가능한 소년을 단기로 소년원에 수용하는 처분으로 그 수용기간은 6개월을 초과할 수 없다(법 제33조 제5항). 단기 소년원송치제도는 1989년부터 신설된 제도이다. 구소년법에서는 단기 소년원송치처분이 없었기 때문에 소년원송치처분자 가운데 비행이 경미하고 단기간 집중교화로 개선가능한 소년이라고 판단되더라도 조기에 퇴원시킬 수 있는 방법이 없었다. 이러한 실무적인 요청에서 개정 소년법(1988년 제

70) 범죄백서 2004, 231면. 한편 대전의료재활교육소년원의 신설에 따라 제5호 처분을 정비할 필요성이 높아졌다고 할 수 있다.

71) 범죄백서 2004, 231면.

3차 개정 소년법)에서 소년원송치처분을 구분하여 6개월의 단기소년원송치처분을 신설하게 된 것이다. 현재 소년원 6개소에서 단기교육을 실시하고 있다. 이들에 대한 교육훈련은 법정수용기간 6개월의 범위 내에서 집중적인 정신교육, 체험교육, 체육훈련을 실시하여 잘못된 습관과 태도를 바로잡고 심성을 순화하기 위하여 생활지도 중심의 교육훈련과 치료적 처우방법을 다양하게 도입하여 활용하고 있다.[72)]

한편 제7호 처분을 받은 소년은 소년원에 입원한 후 비행사실과 재비행 위험성을 심사하여 처우기간의 분류를 하는데, 일반 A과정은 6월 이상 13월 미만, 일반 B과정은 12월 이상 16월 미만, 일반 C과정은 15월 이상 19월 미만으로 분류한다(보호소년수용지침 제22조 제2항). 일반과정은 전국의 8개 소년원에서 분산 · 실시하고 있다. 제7호 처분은 소년법상의 보호처분 가운데 가장 무거운 처분으로서 그 수용기간이 정해져 있지 않으며, 최장 21세까지 수용이 가능하다(소년원법 제43조 제1항). 따라서 제7호 처분은 상대적 부정기형이기는 하지만 소년에게 형벌을 선고하는 것보다 오히려 더 가혹한 면이 있다.[73)]

물론 소년원송치처분 역시 비행소년의 성행을 교정하고 환경을 조정하여 소년을 건전하게 보호 · 육성하기 위한 시도라는 점에 있어서는 다른 보호처분과 같지만, 소년원이라는 국가시설에 강제로 수용된다는 점에서 가장 강력한 보호처분으로 인식되고 있으며 그러한 강제적 수용에 따른 문제점 등 소년원 수용제도의 부정적 측면이 없지 않다.[74)] 반면에 소년원송치처분은 비행소년의 요보호성과 교육개선의 가능성에 기초하여 비행소년을 체계적이고 전문적이며 지속적으로 처우할 수 있다는 점에서는 일부 긍정적 평가를 받고 있는 것도 사실이기 때문에 소년원의 활성화와 효율성의 제고를 위해 많은 노력들이 시도되고 있다.

소년원 개혁의 일환으로, 법무부는 2000년 8월 9일 "소년원 특성화 중 · 고등학교 교육과정 편성운영지침"(법무부훈령 제427호)을 제정하였다. 이 지침은 수요자 중심의 전문 교육과정 운영을 통해 교육의 다양성을 확보하는 한편, 학생

---

72) 법무부, 「소년원교육훈련계획」, 1995, 4면 참조.

73) 나채규, 앞의 글, 181면; 홍경호, "현행소년법상의 보호처분에 관한 몇 가지 문제점과 그 개선방안"(대한변호사협회지, 1984. 7 · 8月 합병호), 13면.

74) 소년원 출신자들이 상당한 수준의 재범률을 나타내고 있으며, 다른 보호처분을 받은 소년범에 비하여 가치관이나 의식구조가 부정적이라는 견해가 있다(이윤호, 앞의 논문, 97-98면).

에게 출원 후 폭넓은 진로선택의 기회를 부여함으로써 재비행방지와 완전한 사회복귀를 실현하는 것을 목적으로 하고 있다. 또한 다양한 능력 수준에 부합되는 수준별 교육과정 운영 및 실용영어, 컴퓨터 등 전문교과 중심의 최소 교과목단위 개편으로 교육의 실효성을 제고함과 아울러 교육과정의 편성과 운영과정 전반에 대한 평가체제를 구축하고, 교육의 질적 수준을 유지·관리하는 것을 기본방향으로 하고 있다. 따라서 교육과정을 소년원학교의 특수성을 고려하여 교과·재량·특별활동으로 편성하고, 교과활동은 실용영어, 컴퓨터 등 전문교과와 국어, 사회, 수학 등 보통교과로, 재량활동은 심성훈련·상담지도·정서지도 중심으로, 특별활동은 자치활동·봉사활동·행사활동·적응활동 등을 중심으로 각각 운영하도록 하였다. 특히 전문교과인 실용영어·컴퓨터 과목의 시간배당을 중학교의 경우 전체 배당시간의 70%, 고등학교는 80% 이상 운영할 수 있도록 하였다. 소년원의 기능별 분류는 초·중등교육소년원, 직업능력개발소년원, 의료재활교육소년원의 세 가지로 분류되어 있으며(소년원법시행령 제2조 제1항), 세부적으로는 특성화학교로서 정보통신학교 4개교, 정보산업학교 5개교, 체육학교 1개교, 예능학교 1개교, 관광학교 1개교가 있다. 일반학교로서는 인문계의 중·고등학교가 각 1개교씩이며, 의료재활교육소년원으로서 한 곳이 설치되어 모두 14개소의 소년원이 있다(2005년 12월말 현재).

비행소년 가운데에는 의외로 재능이 뛰어난 소년이 많은데 이러한 소년들이 사회에서 환경적인 문제로 인하여 자신의 재능을 살리지 못하고 방황하던 끝에 비행을 저지른 경우에는, 새로운 소년원에서 특성화교육을 받음으로써 심신의 안정을 되찾고 갱생에 성공하는 사례가 적지 않다. 소년원의 특성화 및 대안학교화는 바람직한 변화라고 생각한다. 2003년에 개정된 소년원법(2004년 4월 21일부터 시행)을 보면 이러한 소년원 개혁에 대한 방향을 알 수 있다.

이 개정 소년원법은 종전에 비정규학교로 운영되어 온 소년원학교를 초·중등교육법에 의한 정규학교로 그 성격을 명확히 하고 소년원을 퇴원하는 보호소년에 대한 사후지도를 강화하며, 일반 초중등학교의 징계대상 학생에 대한 특별교육과 보호소년의 보호자에 대한 교육을 신설하는 등 수요자중심 교육을 통하여 보호소년의 인권신장과 완전한 사회복귀를 도모하고 있다. 또한, 소년분류심사원의 분류심사 대상을 모든 소년사건으로 확대하는 등 소년분류심사원이 지역사회 청소년의 비행예방과 건전한 육성을 위하여 중추적 역할을 담당할 수 있도록 하는 데 중점을 두었다. 그 주요골자는 다음과 같다.

첫째, 소년분류심사제도의 활성화를 모색하였다. 이를 위해 불구속 방식에 의한 분류심사가 가능할 수 있도록 보호소년 상담조사제를 도입(소년원법 제2조)하고, 소년분류심사원에 교육학, 심리학 등 관련분야의 전문지식을 갖춘 분류심사관을 두어 업무의 전문성을 높이고자 하였다(동법 제25조).

둘째, 보호소년 등의 인권신장에 노력하였다. 즉 14세 미만 연소자를 분리수용하여 체계적으로 보호, 관리할 수 있도록 개선하였으며(동법 제8조), 인권침해의 소지가 있는 단독실 징계처분을 폐지하는 대신 자기성찰 개념의 봉사활동을 신설하는 등 규율 위반자에 대한 교육적 선도조치를 다양화함으로써 징계처분의 실효성을 높이고자 하였다(동법 제15조). 또한 교육, 처우기간 단축에 따라 소년원 퇴원 상한연령을 종전 23세에서 22세로 하향 조정하였다(동법 제43조).

셋째, 소년원을 초중등교육법에 의한 정규학교로 명확히 규정하였다. 이를 위해 소년원에 각급학교 설치 및 운영에 관한 근거를 명시하고(동법 제29조), 교사의 자격을 초중등교육법에 의한 교원과 동등한 자격을 가진 자로 규정하였으며, 소년원학교와 일반 중고등학교 교사간 교환수업 등 교류협력 근거를 마련하였다(동법 제30조). 아울러 일반학교로의 전학과 편입학 등 학적연계를 한층 원활히 할 수 있도록 해당 학교장의 전학, 편입학 수용 및 전적 학교장의 졸업장 수여를 의무화하였다(동법 제31조, 제32조 및 제34조).

넷째, 지역사회의 청소년비행 예방기능을 강화하고자 하였다. 이에 따라 소년원 및 소년분류심사원에서 일반학교 문제학생들을 대상으로 성행개선 중심의 특별교육을 실시할 수 있는 근거를 신설하였고(동법 제42조의2), 보호자 교육을 통하여 자녀에 대한 교육적 관심을 높이고 자녀지도에 대한 보호자의 역할 개선을 유도할 수 있도록 하였으며(동법 제42조의3), 소년분류심사원에 진로 및 적응상담, 특별교육 등을 전담할 청소년적성검사실을 설치하여 지역사회 청소년 비행예방 및 건전육성을 도모할 수 있도록 하였다(동법 제50조의2).

다섯째, 사후지도 및 재범방지 기능을 한층 강화하였다. 즉 퇴원하는 보호소년 등이 원하는 경우 본인, 보호자 또는 법정대리인의 신청에 따라 보호소년 등의 성공적인 사회정착을 지원하기 위하여 6월～1년의 사후지도를 할 수 있도록 하고(동법 제45조의2), 소년원 교육현장에 자원봉사로 참여하고 있는 보호소년 지도위원이 소속감을 가지고 교육 및 사후지도 활동에 참여하여 적극 지원할 수 있는 법적 근거를 마련하였다(동법 제51조의2).

이러한 소년원법 개정에 의하여, 소년원은 명실상부한 정규학교로서의 기능을 수행할 수 있게 되었으며, 소년분류심사원 또한 불구속송치 소년에까지 그 대상을 확대하는 등 청소년비행예방에 좀더 적극적으로 나설 수 있는 법적 근거를 마련하였다. 이에 따라 비행소년에 대한 과학적인 진단과 그에 따른 체계적인 지도 및 완전한 사회복귀를 위한 사후지도에 이르기까지 일원화된 처우가 가능할 수 있게 되었다.

(7) 사회봉사명령과 수강명령

사회봉사명령과 수강명령제도는 본래 영국에서 창안된 것으로 우리나라에서는 1988. 12. 31일 공포되어 1989. 7. 1일부터 시행된 개정소년법에서 보호처분의 활성화방안의 하나로서 처음으로 도입, 채택하였다. 법무부가 1988년 9월 국회에 제출한 '법률안설명자료'에 따르면, 사회봉사명령은 비행소년에 대하여 일정한 시간동안 무보수로 봉사작업이나 사회봉사활동을 하게 함으로써 비행소년을 시설 내에 수용하지 않으면서 사회에 대한 비행의 배상을 하도록 하는 동시에 건전한 시민정신을 함양케 하는 것이며, 수강명령은 가벼운 비행을 저지른 소년에 대하여 교통규범, 약물의 오・남용으로 인한 해독 등을 강습하거나 교도소견학, 전과자체험담 강의 등을 받도록 함으로써 비행성을 교정하는 제도라고 한다. 소년에 대한 사회봉사명령과 수강명령의 실시 결과 긍정적인 평가를 받으면서 성인범에 대해서도 이 제도를 도입・실시하자는 논의가 제기되었다. 그 결과 1995년 12월 2일 제177회 정기국회의 형법개정에 포함(형법 제62조의2)되어 1997년부터 성인범에 대해서도 전면적으로 실시하고 있다. 성인범에 대한 확대실시에 따라 대법원 예규는 법원이 사회봉사와 수강의 종류나 방법 및 그 대상이 되는 시설을 지정하도록 하고 그 일반적 유형을 예시하고 있다(대법원 예규 송일97-1, 1998년 6월 1일, 제7조).

수강명령과 사회봉사명령은 모두 시설구금의 폐해를 줄이기 위한 사회내처우 프로그램의 하나로서 범죄자의 사회복귀를 목표로 하고 있는 점에서는 같지만, 양자는 그 내용에 차이가 있다. 즉, 사회봉사명령은 강제노역의 의미를 가진 노동을 통하여 범죄자의 재사회화를 달성하려고 하는 것에 대하여 수강명령은 주로 강의와 교육을 통하여 그것을 달성하려고 한다. 즉 양자는 같은 목표를 가지고 있지만, 그 목표에 이르고자 하는 수단을 달리한다. 또한 수강명령은 대상자에 대한 바람직한 교육 또는 훈련 등 적극적・행위조성적 성격이 많다는 점에서, 주로 대상자의 일정한 활동 내지 거주제한 등 소극적·행위제한적 성격이 강한 보호관찰과 다른 점이 있다.

사회봉사명령과 수강명령은 16세 이상의 소년에 대하여 보호관찰처분을 할 때 이에 병과하여 동시에 부과된다는 점에서 부가적 명령이며 보호관찰에 부수된 법정의 특별준수사항의 성격을 띠고 있다. 명령의 대상은 16세 이상의 소년이며 죄명에는 제한이 없고, 명령시간은 단기보호관찰처분에 병과하는 경우에는 50시간 이내, 장기보호관찰처분에 병과하는 경우에는 200시간 이내이다(법 제32조 제3항, 제33조 제4항).[75] 또한 보호관찰관이 그 명령을 집행함에는 본인의 정상적인 생활을 방해하지 않도록 하여야 하며, 다만 단기보호관찰 또는 보호관찰이 종료되거나 가해제되었을 경우에는 이를 집행하지 않는다(법 제33조 제4항).

소년법원판사는 명령을 부과하는 경우에 보호처분의 결정을 고지할 때 소년이 이행하여야 할 총 사회봉사시간 또는 총 수강시간을 정하여야 한다. 이 경우 필요하다고 인정하는 때에는 사회봉사 또는 수강할 강의의 종류나 방법 및 그 대상이 될 시설 등을 지정할 수 있다(규칙 제31조 제1, 2항). 구체적으로 그 이행하여야 할 총 사회봉사시간과 수강시간에 관하여는, 대상자의 개선가능성, 범죄의 경중, 미결구금여부 등을 종합적으로 고려하여 결정하는바, 50시간(단기보호관찰에 부가하는 경우) 또는 200시간(장기보호관찰에 부가하는 경우)의 범위 내에서 8의 배수가 되도록 정하여 명한다(대법원예규 송일 97-1, 1998년 6월 1일, 제6조). 또한 법원장은 소년이 사회봉사 또는 수강할 장소 또는 시설을 지정할 수 있다(규칙 제34조 제2항). 그 시설을 지정함에 있어서는 보호관찰소장으로 하여금 필요한 보고를 하게 하거나 그 의견을 들을 수 있다(동조 제3항). 지정된 수탁기관 등은 소년에 대한 환경의 조정과 성행의 교정에 적당한 곳이어야 하고, 이를 지정함에 있어서는 미리 그 시설의 운영자와 협의하여야 한다(동조 제4항). 또한 법원장은 언제든지 법원소속 공무원으로 하여금 지정된 수탁기관 등이 소년의 보호에 충분한 시설을 가지고 있는가의 여부와 그 운영실태를 조사, 보고하도록 하고 이에 부적당하다고 인정되는 경우에는 그 지정을 취소할 수도 있다(규칙 제34조 제5항).

사회봉사명령 또는 수강명령은 보호관찰관이 이를 집행한다. 다만, 보호관

---

75) 소년법원에서의 사회봉사명령과 수강명령의 구체적인 운용상황은 범죄백서, 2003, 333면 이하 참조.

찰관은 국·공립기관 기타 단체에 그 집행의 전부 또는 일부를 위탁할 수 있다(보호관찰법 제61조 제2항). 대상소년이 보호관찰기간 내에 사회봉사명령이나 수강명령을 이행하지 않는 경우에는 실무적으로는 먼저 재참가를 지시한다. 이 경우 보호관찰법에 따른 경고(동법 제38조), 구인(동법 제39조), 유치(동법 제42조)도 가능하다. 그러나 대상소년이 계속 명령의 이행을 거부하거나 가출한 경우 보호관찰관이나 보호관찰소의 장은 소년법원판사에게 보호처분의 변경을 신청할 수 있다(동법 제49조 제1항; 법 제37조 제1항). 이 경우의 보호처분변경에 있어서는 대상자가 20세 이상인 경우에도 소년보호사건의 규정을 적용한다(보호관찰법 제49조 제2항). 사회봉사명령과 수강명령의 종료는 이들 명령이 취소·변경되지 않고 대상자가 명령을 이행함으로써 종료한다(동법 제63조).

4. 몰수결정

소년법원판사는 범죄소년과 촉법소년에게 보호처분을 하는 경우에는 결정으로써 그 관계되는 물건을 몰수할 수 있다(법 제34조 제1항). 몰수는 종국결정의 부수처분으로서 범죄사실(촉법사실 포함)과 일정한 관계에 있는 물건의 소유권을 박탈하여 국고에 귀속시키는 처분이다. 형법상의 몰수와 마찬가지로 사회적으로 위험한 물건 및 비행에 의한 부당한 이익의 보유를 금지하기 위한 보안처분적 성격을 갖는 것이지만, 형법상의 몰수와는 달리 부가형이 아니라는 법적 성질의 차이로부터 추징, 법정형에 따른 제한, 시효의 적용이 없다.

몰수의 요건으로서는 먼저 대상소년이 범죄소년과 촉법소년의 경우로 한정된다(법 제34조 제1항 본문). 우범소년의 경우는 "범죄나 형벌법령에 저촉되는 행위"가 존재하지 않으므로 당연히 포함되지 않는다. 몰수결정의 대상처분으로서는 제32조 제1항의 보호처분에 한정된다. 보호처분 이외의 심리불개시와 불처분결정을 할 때에도 몰수결정을 할 수 있는가가 문제이나, 범죄소년과 촉법소년을 소년법원의 보호사건으로 처리하는 경우에는 심리불개시결정과 불처분결정도 가능하므로 이들 결정을 제외시킬 이유가 없다. 다만, 형식적 심리불개시·불처분결정의 경우만을 제외시키는 것으로 족할 것이다. 따라서 검사송치결정을 제외한 형식적 심리불개시와 형식적 불처분결정시에도 몰수결정을 동시에 할 수 있도록 제34조에 포함시키는 것이 타당하다.

몰수결정의 대상물건으로서는, 범죄 또는 형벌법령에 저촉되는 행위에 제공하거나 제공하려 한 물건(법 제34조 제1항 제1호: 상해의 흉기, 약물사용죄의 주사기 등), 범죄 또는 형벌법령에 저촉되는 행위로 인하여 생기거나 이로 인하여 취득한 물건(동조 제2호: 위조에 의한 위조문서, 공갈행위에 의하여 취득한 물건 등), 제1호 및 제2호의 대가로 취득한 물건(동조 제3호: 절취한 금전으로 구입한 물건 등)이다. 위에서 규정하고 있는 물건은 특정한 유체물이며 동산과 부동산을 포함한다. 채권 기타 무형의 재산권 및 이익은 몰수의 대상이 아니다. 소년법원이 압수하지 않은 물건에 대해서도 그 소재가 분명하고 특정할 수 있으면 몰수할 수 있다. 본조 각호의 요건은 형법 제48조 제1항 각호와 동일하다.

소년법에 의한 몰수는 그 물건이 본인 이외의 자의 소유에 속하지 아니하는 경우에 한정된다(법 제34조 제2항 본문). 형법 제48조는 "범인"이라고 규정하고 있는 것을 소년법 제34조 제2항에서는 "본인"으로 한정하고 있으므로 공범자의 소유와 공유로 되어 있는 물건은 형법과 달리 몰수할 수 없다. 다만 본인의 행위 후에 그 정을 알고 취득한 제3자에 속하는 물건인 경우에는 몰수할 수 있다(동항 단서). 몰수는 보호처분결정에 부수하는 결정이므로 보호처분결정과 동시에 행한다. 결정서의 방식에는 동일한 결정서의 주문에 보호처분의 종국결정과 병기하는 방법과 별개의 결정서에 의한 방법이 가능하다. 몰수결정은 보호처분결정과 함께 본인에게 고지함으로써 효력이 발생하며, 동시에 국가는 그 물건의 소유물을 원시취득한다. 소년법원이 압수하고 있는 물건은 몰수결정 확정 후 집행의 효력이 발생하므로 즉시 몰수물의 처분을 행한다.

몰수결정에 대한 불복은 부수적인 결정이므로 독립하여 항고할 수는 없다. 보호처분결정에 행해진 항고의 효력은 몰수결정에도 미친다고 본다. 또한 보호처분결정이 취소된 경우에는 부수적인 몰수결정도 효력을 상실한다. 따라서 몰수물의 처분은 보호처분확정시까지 유보해야 한다. 몰수결정의 집행, 몰수물의 처분 및 교부에 관하여는 소년법원판사가 형사소송법 중 몰수재판의 집행, 몰수물의 처분 및 교부에 관한 규정에 준하여 행한다(규칙 제36조).

5. 보호처분의 집행 · 변경 · 취소

(1) 보호처분의 집행

소년법원판사는 보호처분과 사회봉사명령 · 수강명령의 결정을 하였을 때에는 조사관, 소년법원의 법원서기관, 법원사무관, 법원주사, 법원주사보, 보호관찰관, 소년원 또는 소년분류심사원 소속 공무원 기타 위탁 또는 송치를 받을 기관 소속의 직원으로 하여금 그 결정을 집행하게 할 수 있다(법 제35조). 보호처분과 사회봉사 · 수강명령에 관한 결정의 실현은 소년원 등의 집행기관에서 처분을 집행함으로써 이루어진다.

본조는 소년법원이 행한 결정을 집행기관에서 실현하는 처우단계로 이행하기까지의 결정의 집행에 관한 규정이다. 그런데 보호관찰처분과 사회봉사명령과 수강명령의 경우에는 관념적인 집행으로써 소년의 신병을 인도해야 하는 것은 아니다. 그러나 제1호 처분(특히 자원보호자 감호위탁처분의 경우)과 제4호 · 제5호 처분, 소년원송치처분의 경우 그 결정을 집행하기 위하여 필요한 경우에 소년의 신병을 확보하기 위한 절차가 필요하다. 이에 관하여 본조는 아무런 언급을 하고 있지 않으나, 보호처분의 실효성을 확보하기 위하여 경우에 따라서는 소년의 신병을 확보하기 위한 절차가 필요하다. 이를 위해서는 소환, 동행영장에 관한 소년법 제13조와 긴급동행영장에 관한 제14조를 준용하도록 하는 입법적 해결이 타당할 것이다.

소년법원판사가 집행지휘를 함에 있어서 제35조에 규정된 자 가운데 누구를 집행담당자로 하는가는 결정의 종류 · 성질, 대상소년의 연령 · 성별 · 성격 · 태도 등의 제반 사정을 고려하고 소년의 감정을 보호하면서 도주 등의 사고의 발생을 방지하고 적절하게 결정내용이 실현될 수 있도록 가장 적당한 자를 선정해야 한다. 제35조의 규정에 의한 집행지휘는 결정서의 등본을 그 집행담당자에게 교부함으로써 이루어진다(규칙 제37조, 제21조).

한편 소년법원판사는 제1호, 제4호, 제5호 처분을 한 때에는 수탁자에 대하여 소년에 관한 보고서 또는 의견서의 제출을 요구할 수 있다(법 제36조 제1항). 나아가 소년법원판사는 조사관으로 하여금 제1호, 제4호, 제5호 처분에 관한 집행상황을 보고하게 할 수 있고, 필요하다고 인정되는 경우에는 수탁자에게 그 집행과 관련된 사항을 지시할 수 있다(동조 제2항). 이 경우 보고의 명을 받은 조사관은 지시사항의 이행여부, 수탁자의 감호상황 또는 소년법원판사가 특히 필요하다고 인정하는 사항을 조사하여 의견을 붙인 서면으로 보고하여야 한다(규칙 제38조 제1항). 이 때 조사관이 조사를 함에 있어서는, 수탁자에게 필요한 보고를 요구할 수 있으며, 소년 또는 수탁자의 출석을 요구하거나 수탁기관을 방문할 수 있다(동조 제2항).

(2) 보호처분의 변경

소년보호절차는 가소성(可塑性)이 많은 소년의 개별적 상황에 따른 최적의 처우를 함으로써 그 건전한 육성을 목표로 하는 합목적적인 것이므로, 교육과 보호적인 관점에서 보호처분이 소년에게 한층 적절한 것이 되도록 취소·변경을 폭넓게 인정하는 것이 바람직한 일면이 있다. 그러나 다른 한편으로 지나친 변경을 인정하게 되면 소년의 지위를 불안정하게 하고 인권침해의 우려도 생긴다. 현행 소년법은 결정기관인 소년법원이 일부 집행에도 적극적으로 관여할 수 있는 전자에 가까운 구조를 취하고 있다.

소년법원판사가 보호처분을 결정한 후에는 그 집행은 사법부(결정기관)가 아닌 행정부(집행기관)가 담당하며 소년법원판사가 그 집행에 관여할 수 없는 것이 삼권분립의 원칙이다. 그러나 보호처분 가운데 제1호 처분과 제4호 처분(특히 소년보호시설위탁처분), 제5호 처분의 경우에는 보호관찰처분이나 소년원송치처분과 달라서 결정기관과 집행기관이 확실하게 분리되어 있지 않다(규칙 제33조·제34조·제38조; 법 제33조·제36조 참조). 따라서 제1호·제4호·제5호 처분의 경우에는 수탁자의 신청에 의하거나 또는 소년법원의 직권으로 보호처분을 변경할 수 있다(법 제37조 제1항 본문과 단서). 그러나 보호관찰처분과 소년원송치처분은 결정기관과 집행기관이 분리되어 있으므로 소년법원이 임의로 그 보호처분을 변경할 수 없으며 그 집행기관인 보호관찰소와 소년원의 신청에 의해서만 변경할 수 있도록 하고 있다(법 제37조 제1항 본문). 보호처분변경의 경우에는 지체없이 본인과 보호자에게 통지하고 그 취지를 수탁자 또는 보호처분을 집행하는 자에게 통지하여야 한다(동조 제3항). 여기서의 보호처분의 변경이란 보호처분의 종류를 변경하는 것을 말한다. 그러나 보호처분결정을 다른 종국결정으로 변경할 수는 없다.[76)]

한편 보호관찰법에 의하면, 보호관찰소의 장은 소년법 제32조 제1항 제2호 또는 제3호의 보호처분에 의하여 보호관찰을 받고 있는 자가 보호관찰기간 중 제32조의 준수사항을 위반하고 그 정도가 무거워 보호관찰을 계속함이 적합하지 아니하다고 판단되는 때에는 보호관찰소의 소재지를 관할하는 법원에 보호처분의 변경을 신청할 수 있다(보호관찰법 제49조 제1항). 이 경우의 보호처분변경에 있어서는 신청대상자가 20세 이상인 경우에도 소년법 제2조 및 제38조 제1항의 규정에 불구하고 동법 제2장(법상의 보호사건)의 규정을 적용한다(동조 제2항). 이것을 준소년보호사건이라고 한다.

제37조 제1항 본문에 의하여 수탁자 또는 보호처분을 집행하는 자가 소년법원판사에게 변경을 신청할 때에는 서면으로 하여야 한다(규칙 제39조 제1항). 이 서면에는 보호처분을 변경할 상당한 이유를 기재하고 이를 소명하여야 한다(동조 제2항). 또한 소년법원판사는 보호처분을 변경함에 있어 필요하다고 인정하는 때에는 소년, 보호자 또는 참고인을 소환하고 소년법 제18조의 임시조치를 할 수 있으며, 필요한 사항을 조사하고 심리할 수 있다(동조 제3항).

(3) 보호처분의 취소

1) 의 의

소년에 대한 처분이 경합하는 경우에는 처분의 집행면이나 소년의 교육적인 면에서도 바람직하지 않은 경우가 발생한다. 동일한 법원이 통일적으로 다루는 한, 현재 집행중인 보호처분도 고려하여 처우결정을 하는 것이 일반적이다. 보호처분 중의 소년에게 연령상의 문제나 유죄판결 혹은 다른 소년법원의 보호처분결정이 내려진 경우도 가능한데, 이와 같이 연령상의 문제가 발생하거나 보호처분이 다른 처분과 경합하는 경우에 그 보호처분의 조정이 필요하게 된다. 이러한 문제를 해결하기 위하여 소년법은 보호처분의 취소제도를 두고 있다. 보호처분 결정 후의 취소에 관하여 소년법은 다음 2)·3)·4)의 세 가지 경우를 규정하고 있다.

2) 연령을 이유로 하는 보호처분의 취소

보호처분의 계속 중, 본인이 처분 당시 20세 이상이었던 것이 판명된 경우에는 소년법원판사는 결정으로써 그 보호처분을 취소하고, 그 사건이 본래 검사

76) 최병각, 앞의 논문, 222면.

또는 경찰서장의 송치나 보호자 등으로부터의 통고에 의한 사건인 경우에는 관할 지방법원에 대응하는 검찰청 검사에게 송치하며(법 제38조 제1항 제1호), 제50조에 의하여 형사법원이 송치한 사건인 경우에는 송치한 법원에 이송한다(동항 제2호). 또한 보호처분의 계속 중 본인이 처분 당시 12세 미만이었던 것이 판명된 경우에는 소년법원판사는 결정으로써 그 보호처분을 취소하여야 한다(동조 제2항). 보호처분 당시 20세 이상이었던 경우와 12세 미만이었던 두 경우 모두 소년법원에 심판권이 없었던 위법한 보호처분의 경우로서 필요적 취소이다. 소년법 제38조 제1항 1호에서 말하는 "제4조 제3항의 통고에 의한 사건"이란 해석상, 우범소년을 제외한 처분 당시 범죄소년 혹은 촉법소년으로 오인된 20세 이상의 자만이 포함된다.

3) 유죄판결을 이유로 하는 보호처분의 취소

보호처분의 계속 중 본인에 대하여 유죄판결이 확정된 경우에 보호처분을 한 소년법원판사는 그 처분을 존속할 필요가 없다고 인정한 때에는 결정으로써 보호처분을 취소할 수 있다(법 제39조). 보호처분과 재산형과는 반드시 양립할 수 없는 것은 아니지만, 사형이나 자유형의 실형과는 양립할 수 없다. 그러므로 보호처분의 계속 중 징역, 금고, 구류의 형이 확정한 때에는 먼저 그 형을 집행하여야 하며(법 제64조), 반대로 판결확정 후 형집행 전에 보호처분이 내려진 경우, 자유형의 집행유예·가석방 중에 보호처분이 내려져서 계속 중에 그 유예나 가석방이 취소된 경우에도 명문의 규정은 없지만 보호처분을 취소할 수 있다고 해석하는 것이 타당하다. 사형의 경우도 보호처분에 우선한다. 보호처분과 형벌이 경합한 경우 보호처분을 취소하는가 아닌가는 보호처분을 한 소년법원의 재량이다.

4) 보호처분의 경합을 이유로 하는 보호처분의 취소

보호처분의 계속 중 본인에 대하여 새로운 보호처분이 있었을 때에는 그 처분을 한 소년법원판사는 앞의 보호처분을 한 소년법원에 조회하여 어느 한 보호처분을 취소하여야 한다(법 제40조). 이 경우에도 필요적 취소이며, 대부분 이전의 보호처분이 취소될 것이다.

5) 관련문제

첫째, 소년법에는 규정하고 있지 않지만, 보호처분을 취소하는 위의 세 가지 경우 이외에, 심판권의 부존재를 이유로 보호처분을 취소할 수 있는가가 문제이다. 현행 소년법은 이에 관하여 침묵하고 있으나 이는 입법적 미비라고 생각된다. 소년법상의 보호처분을 취소하는 세 가지 경우 이외의 심판권의 부존재란 구체적으로 형벌이나 보호처분에 의하여 일사부재리효력이 미치고 있는 사건에 의하여 보호처분을 받고 있는 소년, 비행사실의 부존재 등이다. 따라서 보호처분의 계속 중 이러한 사실이 판명된 경우에도 보호처분을 취소할 수 있도록 법 규정을 정비해야 할 것이다.

둘째, 취소의 시기는 "보호처분의 계속 중"인데 이와 관련하여, ① 항고 중에도 취소할 수 있는가, ② 보호처분집행 종료 후에도 취소할 수 있는가, ③ 불처분・심리불개시결정에 관해서도 취소할 수 있는가, 라는 점이 문제이다. "보호처분의 계속 중"의 의미를, 보호처분의 확정 전에서 보호처분의 집행 종료까지(가퇴원 등을 포함)라고 해석하는 견해에 의하면, ①은 긍정되며, ②와 ③의 경우는 부정된다.[77] 그러나 보호처분이라고 하더라도 잘못 결정된 경우에는 보호처분 계속 중에는 물론 보호처분 종료 후에도 취소할 수 있도록 하는 것이 타당하며, 특히 전술한 첫째의 경우에서(12세 미만의 자에 대한 보호처분의 경우도 포함하여) 그 보호처분에 의하여 소년이 인신구속을 당한 경우에는 국가가 보상하도록 입법적으로 해결해야 할 것이다.[78]

셋째, 연령을 이유로 하는 보호처분의 취소의 경우에서, 12세 미만의 경우는 처음부터 논의의 여지가 없으나, 연령초과의 경우에는 보호처분의 취소와 함께 일사부재리효력도 함께 소멸한다. 그러나 유죄판결을 이유로 하는 때와 보호처분의 경합을 이유로 하는 때의 보호처분의 취소의 경우에는 그 보호처분이 취소되더라도 일사부재리효력은 상실되지 않는다고 봄이 타당하다.

6. 보호처분이 소년의 장래 신상에 미치는 영향

현행 소년법은 제32조에서 보호처분의 종류를 규정함과 아울러서 제5항에

---

77) 澤登俊雄, 『少年法入門』, 2104면(일본의 다수설). 일본 소년법에서도 같은 문제가 있었으나, 2001년의 개정법에서 보호처분의 종료 후에도 취소할 수 있도록 하여 입법적으로 해결하였다(제27조의2 제2항).

78) 소년보호사건과 보상문제에 관해서는, 최종식, "소년보호사건과 형사보상문제"(소년보호연구 창간호), 1999, 295-323면 참조.

서 “소년의 보호처분은 그 소년의 장래 신상에 어떠한 영향도 미치지 아니한다”라고 규정하고 있다. 이것은 보호처분을 받은 소년에 있어서 장래 어떤 불이익이 없도록 함과 아울러 특히 범죄자라는 부정적 낙인을 방지함으로써 소년보호의 목적을 달성하려는 취지라고 볼 것이다. 이 규정에 따라서 보호처분을 받은 소년에게는 형의 선고를 받은 자에게 적용되는 인격적 불이익에 관한 규정(형법 제43조, 제44조)이나 누범가중에 관한 규정(형법 제35조)은 적용되지 않으며, 또한 집행유예의 요건이나 취소 또는 실효에 관한 규정(형법 제62-제64조)도 적용되지 않고, 기타 형의 선고를 받음으로써 신분상 제한을 받는 어떠한 법률상의 규정도 적용되지 않는다.[79)]

특히 소년법은 죄를 범한 소년뿐만 아니라 범죄행위를 하지 않은 우범소년까지를 그 대상으로 하고 있기 때문에, 본래 죄를 범한 것이 아닌 소년에게까지 보호처분을 함으로써 부정적 낙인을 찍는 결과를 초래하여 새로운 범죄자를 만들 우려도 있다는 비판을 받는다.[80)] 실제로 감수성이 예민한 청소년은 보호처분만으로도 쉽게 상처받을 가능성이 많다. 보호처분이 소년보호를 위해서 과해지는 것이지만 소년의 특성상 상처를 줄 수도 있다는 점을 충분히 인식하여야 한다. 따라서 소년에 대한 심리는 친절하고 온화하게 하여야 하며(법 제24조 제1항), 보호처분을 집행함에 있어서는 가급적 소년의 신분이 노출되는 일이 없도록 각별한 배려가 있어야 한다. 또한 과거의 보호처분경력을 근거로 소년에게 어떠한 불이익도 주어서는 안 될 것이다.

---

79) 소년법상의 보호처분을 받은 사실이 상습성 인정의 자료는 된다고 한다(대판 1973. 7. 24, 73도1255).

80) 이윤호, 『교정학』, 1995, 289면; 오영근/최병각, 「소년사건처리절차의 개선방안에 관한 연구」, 한국형사정책연구원, 1995, 62-65면.

제13장 항 고

Ⅰ. 의 의

일반적으로 항고(Beschwerde)란 결정에 대한 상소를 말한다. 항고는 상소방법의 하나이지만 판결에 대한 상소인 항소 또는 상고와는 성질을 달리한다. 판결은 가장 중요한 종국재판임에 반하여, 결정은 원칙적으로 판결에 이르는 과정에 있어서의 절차상의 사항에 관한 종국 전의 재판이기 때문이다. 따라서 판결에 대한 상소는 모두 허용할 필요가 있으나 결정에 대한 상소는 법이 특히 필요하다고 인정하는 일정한 경우에 한하여 허용하고, 그 절차도 간이화되어 있다.[1)]

소년법상의 항고는 가정법원 및 가정법원지원의 소년부, 지방법원 소년부 및 지방법원 소년부지원에서 제1심으로 단독판사가 조사·심리한 보호처분결정에[2)] 대한 불복신청을 말한다. 따라서 항고는 미확정의 결정에 대하여 상급법원에 불복신청을 하여 구제하는 절차이다. 소년에 대한 피고사건을 심리한 법원이 그 결과에 따라 보호처분에 해당할 사유가 있는지의 여부를 인정하는 것은 법관의 자유재량에 의하여 판정될 사항으로서,[3)] 한 번 내려진 결정에 대하여 이

1) 이재상, 『형사소송법』, 박영사, 2004, 687면.

2) 동조의 보호처분은 확정판결이 아니고 따라서 기판력도 발생하지 않는다(대판 1985.5.28, 85도21).

3) 대판 1991.1.25, 90도2693[… 소론은 요컨대 피고인의 초범으로서 범행의 정도가 경미

를 함부로 번복하는 것은 법원의 권위와 법적 안정성을 위해서도 바람직한 것은 아니다. 특히 소년보호사건은 국가의 복지정책적, 교육적 처분이므로 형벌의 경우와는 달리 불복신청을 부정적으로 보는 견해가 있을 수 있으며, 실제로 실무에서도 항고는 많지 않은 편이다. 그러나 모든 사실의 인정이나 법령의 적용, 심리과정에서 법관이 전혀 잘못이 있을 수 없다고 단언할 수는 없다. 이러한 잘못이 있다고 생각하는 관계자(본인, 보호자, 보조인 또는 그 법정대리인)는 신청에 의하여 상급법원에 항고함으로써 제1심의 과오를 시정하여 보호자나 당해 소년을 구제하기 위하여 항고제도는 필요하다.[4]

한편 항고에 관한 소년법상의 규정이 아니어도 형사소송법상의 항고에 관한 규정은 준용될 수 있다. 판례도[5] "형사피고사건에 대한 법원의 소년부송치결정은 형사소송법 제403조가 규정하는 판결전의 소송절차에 관한 결정에 해당하는 것이 아니므로, 이 결정에 대하여 불복이 있을 때에는 동법 제402조에 의한 항고를 할 수 있다고 보아야 할 것이다"라고 판시하고 있다. 일반항고가 판결에 이르는 과정에서의 절차상의 사항에 관한 종국 전의 재판(결정)을 대상으로 함에 비하여 소년법상의 소년부 판사의 보호처분의 결정은 사실상 종국재판의 성격을 가지고 있다. 따라서 소년법상의 항고는 일반항고에 비하여 종국재판에 대한 불복의 성격이 강하다고 할 수 있다.

할 뿐더러 범행 후 잘못을 반성하고 있는 점 등을 고려할 때 소년법 제1조 및 제4조 제1항 제1호에 비추어 피고인에게 형을 선고하기보다는 보호처분을 하여야 마땅하므로, 피고인에게 실형을 선고한 원심판결을 파기하여 피고인에게 보호처분을 하도록 하여 달라는 것이어서, 결국은 원심의 피고인에 대한 형의 양정이 부당하다는 취지로 볼 수 있다. 그러나 이 사건에 있어서 형의 양정이 부당함을 들어 상고이유로 할 수 없는 것임은 앞서 판단한 바와 같을 뿐만 아니라, 소년에 대한 피고사건을 심리한 법원이 그 결과에 따라 보호처분에 해당할 사유가 있는지의 여부를 인정하는 것은 법관의 자유재량에 의하여 판정될 사항이므로(당원 1990.10.12. 선고 90도1760 판결 참조), 논지도 받아들일 것이 못된다].

4) 김동림, 『소년법』, 화성사, 2000, 429면.

5) 대결 1986.7.25, 86모9.

Ⅱ. 항 고 권

1. 항고권의 발생과 소멸

항고권의 발생은 보호처분의 결정이 고지된 때라고 할 수 있으며, 항고의 제기기간인 7일(법 제43조 제2항)이 경과한 때, 또는 항고의 취하로 소멸한다. 보호자 또는 법정대리인이 있는 소년이 항고를 취하함에는 보호자 또는 법정대리인의 동의를 얻어야 한다. 보호자, 보조인 또는 법정대리인은 소년의 동의를 얻어 항고를 취하할 수 있다(규칙 제45조).

2. 항고의 대상

항고의 대상은 모든 소년보호사건의 결정이 아니라 소년법 제32조 제1항 각호의 보호처분 결정과 제37조의 보호처분변경의 결정으로 한정된다(법 제43조 제1항 전단). 구소년법은 제32조 제1항 각호의 보호처분결정만 그 대상으로 하였으나, 개정 소년법은 보호처분 변경의 결정도 항고할 수 있도록 하였다. 보호처분의 변경도 새로운 보호처분의 결정과 다를 것이 없으므로 이러한 변경결정에 대한 항고를 인정한 것은 매우 타당한 입법이라고 할 수 있다. 따라서 불처분결정(법 제29조 제1항)이나 검사에의 송치(법 제7조, 제49조 제2항), 법원에의 이송(법 제51조) 등 보호처분이나 보호처분 변경결정 이외의 결정에 대해서는 항고할 수 없다

3. 항고권자

항고할 수 있는 자는 '본인, 보호자, 보조인 또는 그 법정대리인'(법 제43조 제1항 후단)이다. 소년보호사건절차는 형사절차와는 달리 검사가 조사・심리단계에 참여하지 않으므로 항고권자가 아니다. 보호자의 의미에 관하여 소년법 제2

조는 “법률상 감호교육의 의무 있는 자 또는 현재 감호하는 자”로 규정하고 있다. 이와 관련하여 현재 소년을 감호하는 자를 항고권자로 볼 수 있는가에 대하여 논란이 있다. 소년을 현재 감호하고 있어도 법정대리권이 없는 형, 자매, 의부 등에게는 항고권이 없다는 견해가 있다.[6] 이에 반하여 항고권의 행사는 현재 소년을 감호하는 자도 행사할 수 있다고 보아야 한다는 견해[7]가 있다. 이 견해는 소년법은 ‘현재 소년을 감호하는 자’를 보호자로 명문화하고 있으며, 현재 소년을 감호하는 자를 항고권자에서 배제한다는 규정은 없으며, 또한 항고권자로서 ‘본인, 보호자 및 보조인 또는 그 법정대리인’이라고 규정하고 있어 항고권자는 본인, 보호자, 보조인, 법정대리인이라고 해야 한다는 것을 근거로 한다.

생각건대 항고는 법원의 보호처분결정에 대하여 소년에 대하여 보다 좋은 교육 및 생활환경을 보장해주기 위한 목적으로 행사되어야 한다. 따라서 현재 소년을 실제로 감호하고 있다면 법정대리권이 없더라도 항고권을 인정하는 것이 타당하다고 생각한다. 그러나 법정대리권이 없는 자의 항고권의 인정은 소년법 제43조 제1항 후단의 ‘본인, 보호자, 보조인 또는 그 법정대리인’의 규정에 정면으로 배치될 수도 있다. 따라서 절차적으로 소년의 의사를 확인하는 절차를 포함시키는 것이 타당하며, 소년에 대한 보호의지가 확실히 인정될 수 있는 경우에만 항고권을 인정하는 것이 옳다고 본다.

한편 검사의 소년심판절차에의 관여를 인정하고 검사의 항고권을 인정하는 것이 바람직하다는 견해[8]도 있다. 그러나 법원의 결정에 대한 불복은 제한적으로 인정하는 것이 바람직하다. 또한 검사의 항고권 행사는 대상소년을 형사처분을 하여야 한다는 의사로 볼 수 있으므로 이는 소년법의 근본취지에도 반할 수 있다고 생각한다.

소년보호사건에 있어서 보조인은 보호절차가 갖는 행정적 또는 복지적 성격과 사법적 성격의 양면성으로 인하여 보호소년에 대한 보호처분이 적절하게 이루어지게 하기 위한 협력자의 지위도 아울러 가진다고 할 것이나, 실질적이고도 가장 중요한 기능은 절차상으로 보호소년의 이익을 변호하는 역할이라 할 것이다. 이에 따라 소년법은 보조인에게도 항고권을 인정하고 있다. 또한 소년

6) 유진식, 『소년법』, 육법사, 1982, 368면.
7) 김동림, 앞의 책, 431면.
8) 김동림, 앞의 책, 431면.

법 제21조가 주로 실체상의 이유로 절차에 참가하는 보호자에 대하여는 필요하다고 인정될 경우에는 심리기일에 소환을 하지 아니할 수도 있다고 규정하면서도 보조인에 대하여는 예외 없이 심리기일을 통지하도록 의무 지우고 있는 것도 위와 같은 보조인의 실질적 기능에 착안하여 보조인의 심리기일출석권을 아무런 제한 없이 보장한 것으로 보아야 하는 점 등에 비추어 보면, 소년보호사건의 보조인도 형사소송의 변호인과 마찬가지로 보호소년이 가지는 권리를 행사하는 외에 독자적인 입장에서 보호소년의 이익을 옹호하는 고유의 권리를 가진다고 할 것이다.[9]

Ⅲ. 항고의 사유

보호처분의 결정 또는 보호처분변경의 결정이 그 결정에 영향을 미칠 법령위반이 있거나, 중대한 사실오인이 있는 때 또는 처분이 현저히 부당한 때에는 본인, 보호자, 보조인 또는 그 법정대리인은 항고를 제기할 수 있다(법 제43조 제1항 전단).[10] 일반적으로 일반항고를 즉시항고와 보통항고로 나누어 볼 때, 즉시항고는 명문의 규정이 있는 경우에만 허용되므로, 소년법상의 항고도 일종의 즉시항고라고 할 수 있다.

---

9) 보조인에 대한 심리기일의 통지를 하지 아니하여 보조인이 출석하지 아니한 채 심리를 종결하고 보호처분의 결정을 하였다면 그러한 절차상의 위법은 위와 같은 보조인의 고유의 권리를 부당하게 제한하는 것이 되므로, 가사 보호소년이나 그 보호인이 심리기일에 이의를 제기하지 아니하였다 하더라도 그 하자가 치유되어 보호처분의 결정에 영향을 미치지 아니한다고 볼 수는 없어, 그 보호처분결정은 취소되어야 마땅하다: 대판1994.11. 5, 94트10[보호처분결정에 대한 재항고].

10) 구소년법은 '처분이 현저히 부당한 경우'를 항고의 사유로 하지 않았으나 현행 소년법은 이를 항고사유로 신설하였다. 소년의 인권보장과 적법절차의 보장이라는 취지에서 항고사유를 확대하였다고 볼 수 있을 것이다(김동림, 앞의 책, 432면).

1. 보호처분결정에 영향을 미칠 법령위반

항고의 첫 번째 사유는 보호처분의 결정 또는 보호처분변경의 결정에 영향을 미칠 법령의 위반이다. 이 때의 법령은 헌법을 비롯한 모든 실체법과 절차법을 포함한다. 따라서 소년법이나 기타의 관련 법규를 위반한 경우가 이에 해당한다. 보호처분이란 범죄소년이나 촉법소년, 우범소년에 대하여 국가가 복지정책적 견지에서 이들 소년을 건전하게 육성시켜 원만하게 사회관계를 할 수 있도록 하는 처분으로서, 소년부 판사가 소년보호사건으로 접수한 사건을 조사·심리한 결과 보호처분을 할 필요가 있다고 인정하는 때에 결정으로서 하는 처분이다. 보호처분은 소년보호사건의 종국결정으로서 소년부 판사의 조사·심리를 거쳐서 하는 결정이다. 그리고 이러한 조사와 심리는 소년법에 정해진 절차에 따라서 이행되어야 한다. 예컨대 소년부 또는 조사관은 범죄사실에 대하여 소년을 조사할 때에는 미리 소년에 대하여 불리한 진술을 거부할 수 있음을 알려주어야 한다. 즉 진술거부권의 고지의무가 있다. 그럼에도 불구하고 소년에게 진술거부권을 고지하지 않은 경우에는 보호처분의 결정에 영향을 미칠 법령의 위반에 해당한다.

또한 소년법 제12조는 “소년부는 조사 또는 심리를 함에 있어서 정신과의사·심리학자·사회사업가·교육자 기타 전문가의 진단 및 소년분류심사원의 분류심사결과와 의견을 참작하여야 한다”라고 규정하고 있다.[11] 따라서 만약 이러한 전문가의 진단 등을 참작하지 아니한 채 보호처분의 결정이 내려진 경우에는 이는 항고사유가 된다. 또한 소년보호사건의 대상이 되는 것은 범죄소년, 촉법소년, 우범소년이다. 범죄소년은 형법 또는 특별법상의 범죄를 행한 소년을 말한다. 그러나 형법상의 범죄사실에 속하지 않은 행위를 한 소년이 보호처분의 조사와 심리의 대상이 되었다면 이도 역시 항고사유라고 할 수 있다.

또한 보호처분의 결정을 위한 심리는 원칙적으로 비공개로 진행되어야 한다(법 제23조 제1항). 그럼에도 불구하고 심리가 공개로 진행된 경우에는 법령위반으로서 항고사유가 된다. 또한 형사소송법 중 법원의 증인신문, 감정, 통역, 번역에 관한 규정은 보호사건의 성질에 위반되지 아니하는 한도에서는 보호사

---

11) 소년법의 제정목적으로 미루어 보건대 소년부는 조사 또는 심리상 필요하다고 인정할 경우에 한하여 동법 11조(현행법의 제12조) 소정의 전문가의 진단을 참작하여야 한다고 풀이함이 상당하다(대결 1976.4.28, 75모81).

건의 심리절차에도 준용된다(법 제26조). 따라서 만약 선서 없이 증인신문이 진행되었다면 이는 절차법규정의 위반으로서 항고사유가 된다. 판례 역시 같은 입장이다.[12)]

2. 중대한 사실오인

보호처분의 결정이나 변경의 결정에 영향을 미치는 사실에 대하여 소년부가 그릇된 판단을 한 경우를 말한다. 일반적으로 채증법칙이나 심리나 조사의 문제점으로 인한 경우가 많다. 예컨대 소년보호결정의 대상은 소년이다. 이 때 소년은 20세 미만자로서, 이는 심판의 조건이므로 범행시뿐만 아니라 심판시까지 계속되어야 한다고 보아야 하며, 따라서 소년인지의 여부의 판단은 원칙적으로 심판시, 즉 사실심 판결선고시를 기준으로 하여야 한다.[13)] 판례도[14)] "지문통지서 기재에 의하면 피고인은 1961.8.12. 제주지방법원에서 특수절도 등 죄로 단기 1년, 장기 2년의 징역형을 선고받고 목포형무소에서 복역한 사실을 엿볼 수 있는바 원판결이 인정한 바와 같이 피고인이 1948.7.20일생이라면 위 형을 선고받을 당시에는 만 14세 미만으로 형사미성년자였다는 결론이 나오지 않을 수 없고 더욱 위 지문통보서 기재에 의하면 피고인은 그 후 3차에 걸쳐 서울형사지방법원에서 각 정기형의 선고를 받았음을 엿볼 수 있는바 원판결이 피고인이 미성년자가 아니라고 인정할 자료가 없다고 판시하였음은 채증법칙에 위배하였다고 할 것이다"라고 하여 사실오인을 지적하고 있는 경우가 있다. 따라서 소년에 해당되지 않는 자에 대하여 보호처분의 결정이나 변경이 이루어졌다면 이는 중대한 사실오인으로서 항고사유가 된다.

또한 보호자의 정당한 감독에 복종하지 아니하는 성벽이 없음에도 불구하고 이를 인정하여 보호처분의 대상으로 하였다면 이러한 경우도 사실오인에 해당한다고 할 수 있다. 한편 항고의 사유로서 보호처분의 대상으로서의 비행사실뿐만 아니라 심리의 대상으로서 비행의 기초가 되는 사실도 포함된다고 보아야 할 것이다. 따라서 사실오인에 있어 사실의 범위에 대하여는 비행사실 이외에

12) 대판 1994.11.5, 94트10.

13) 대판 2000.8.18, 2000도2704.

14) 대판 1968.5.14, 68도424.

보호필요성도 포함된다고 봄이 타당하다.[15)]

3. 현저히 부당한 처분

소년의 비행사실과 보호필요성이 인정되는 때에는 소년부판사는 그 보호필요성의 내용이나 정도에 따라 이에 합당한 보호처분을 결정한다. 보호처분의 선택과 결정은 형사소송법의 양형과 같이 법관의 양심과 합리적인 재량에 의한다.[16)] 보호처분의 결정과 변경은 법관의 자유심증주의에 따른 자유재량에 해당한다. 그러나 보호처분은 보호처분상당성과[17)] 필요성 그리고 비례성의 원칙에 따라서 부과되어야 한다. 비행사실에 대한 심증은 '확신에 가까운 개연성'으로 합리적인 의심을 초월한 정도의 심증이 있어야 한다. 또한 보호필요성에 관하여는 재범위험성, 교정가능성, 소년법의 이념을 고려하여 그 심증은 '긍정적 증거의 우세'(preponderance of evidence)로도 충분하다고 할 수 있다.[18)] 또한 근본적으로는 소년법의 이념과 목적의[19)] 토대 위에서 자유재량권은 행사되어야 한다. 따라서 구체적으로는 법관의 자유재량의 범위를 현저히 벗어난 경우에는 이를 시정하는 절차가 필요하다고 할 수 있다.

처분이 부당한 경우로써 첫째, 보호처분이 필요 없으나 보호처분을 결정한 경우가 있다. 둘째, 보호처분의 종류를 잘못 선택한 경우이다. 역시 보호처분의 변경결정에서도 이와 같은 경우를 생각할 수 있다.[20)] 예컨대 조사와 심리의 결과 보호처분의 필요성이 없음에도 불구하고 보호처분의 결정을 내리는 경우에는 이는 현저히 부당한 처분에 해당한다.

---

15) 소년보호처분도 공권력에 의한 강제처분이며, 소년의 인권보장을 위하여 항고사유를 좁게 볼 이유가 없을 것이다; 김동림, 앞의 책, 433면.

16) 규정상 소년에 대한 형사피고사건을 심리한 결과 이에 관할 소년부에 송치할 만한 보호처분사유가 있는지의 여부는 법관이 자유재량에 의하여 판정할 사항이다(대결 1986.5.19, 86모8).

17) 김동림, 앞의 책, 414면.

18) 김동림, 앞의 책, 414면.

19) 소년법 제1조: 이 법은 반사회성 있는 소년에 대하여 그 환경의 조정과 성행의 교정에 관한 보호처분을 행하고 형사처분에 관한 특별조치를 행함으로써 소년의 건전한 육성을 기함을 목적으로 한다.

20) 김동림, 앞의 책, 434면.

보호처분의 내용은 크게 나누어 위탁처분과 보호관찰처분, 요양처분, 소년원 송치, 사회봉사 또는 수강명령 등이다. 그리고 위탁처분의 기간은 6개월이며, 단기 보호관찰은 6월, 장기 보호관찰은 2년이다. 사회봉사와 수강명령은 단기보호관찰의 경우에는 50시간, 장기보호관찰처분의 경우에는 200시간이다. 따라서 조사와 심리의 결과 단기보호관찰처분에 처함이 타당함에도 불구하고 장기보호관찰의 결정을 내린 경우, 소년원송치가 불필요함에도 불구하고 소년원송치결정을 내린 경우, 너무 과중한 시간의 사회봉사 또는 수강명령의 부과 등은 현저히 부당한 처분에 해당할 수 있다.

한편 처분이 현저히 부당한 경우를 항고의 이유로 할 때 형사소송법상의 불이익변경금지의 원칙(형사소송법 제439조)이 적용될 수 있을 것인가, 즉 예컨대 형사처분의 경우에도 벌금형이나 집행유예에 부하여진 자유형이라면, 소년원 송치 결정보다는 이익이라고 하여 항고가 가능한가가 문제된다. 이에 대해서는 항고가 가능하다는 견해도 있으며, 소년보호사건의 목적과 취지는 심신이 미숙한 소년을 형사소송이나 형사처분으로 받게 되는 여러 가지 불이익을 배제하고 소년의 보호 필요성에 대응한 교육적·합목적적 조치를 취하는 것이다. 따라서 형사처분을 소년에게는 유형적으로 불이익한 것이라고 할 수 있다. 결국 보호처분에 대하여 형사처분을 구하는 항고는 항고제도를 이용할 수는 있으나 법적 이익이 없는 부적법한 것이라는 견해가 있다.[21] 그러나 불이익변경금지의 원칙상 보호처분은 소년법의 이념에 의한 비형사처분이라는 점에서 형벌의 부과를 내용으로 하는 형사처분을 구하는 항고는 당연히 허용되지 않는다고 할 것이다.

Ⅳ. 항고의 제기와 효력

1. 항고의 제기기간

항고의 제기기간은 7일이다(법 제43조 2항). 이는 형사소송의 상소기간과 동일하다. 형사소송법 제343조 제2항이 "상소의 제기기간은 재판을 선고 또는 고

21) 김동림, 앞의 책, 434면.

지한 날로부터 진행한다"고 규정하고 있고, 형사소송에 있어서는 판결등본이 당사자에게 송달되는 여부에 관계없이 공판정에서 판결이 선고된 날로부터 상소기간이 기산되므로[22] 소년법상의 항고의 기산점도 보호처분이 결정된 날이라고 할 것이다.[23] 기간의 말일이 공휴일에 해당하는 경우에는 그 다음날로 만료한다고 보아야 한다.

한편 상소권회복에 관한 형사소송법상의 규정이 준용될 수 있을 것인가의 문제가 있다. 형사소송법상의 상소권회복에 관한 규정은[24] 피고인에게 유리한 규정으로서 소년법상의 보호처분의 결정에 대해서는 대상소년에게 유리한 방향으로 확대해석할 필요가 있다. 따라서 대상소년이나 항고권자에게 책임 없는 사유로 인하여 항고권을 행사하지 못한 경우에는 상소권의 회복과 마찬가지로 항고권의 회복을 인정할 필요가 있다고 본다.

한편 소년분류심사원 또는 소년원에 있는 소년이 항고제기 기간내에 항고장을 그 기관의 장 또는 그 직무를 대리하는 사람에게 제출한 때에는 항고제기 기간내에 항고한 것으로 본다(규칙 제46조 제1항). 또한 제1항의 규정에 의하여 항고장을 제출받은 기관의 장 또는 그 대리자는 항고장에 접수연월일을 기재하여 즉시 보호처분결정을 한 소년부에 송부하여야 한다(동조 제2항).

2. 항고제기의 방식

항고는 항고권자가 항고장을 원심 소년부에 제출하여야 하고(법 제44조 제1항), 항고장을 제출받은 소년부는 3일 이내에 의견서를 첨부하여 항고법원에 송부하여야 한다(동조 제2항). 항고장에는 항고의 이유를 간략히 명시하여야 한다

---

22) 대결 2002.9.27, 2002모6.

23) 그러나 보호처분이 결정되어 고지된 당일은 이 기간에 산입되지 않고 익일부터 기산한다는 견해로는 김동림, 앞의 책, 435면.

24) 상소권회복신청의 요건을 규정한 형사소송법 제345조의 '대리인'이란 피고인을 대신하여 상소에 필요한 행위를 할 수 있는 지위에 있는 자를 말하는 것이고 교도소장은 피고인을 대리하여 결정정본을 수령할 수 있을 뿐이고 상소권 행사를 돕거나 대신할 수 있는 자가 아니어서 이에 포함되지 아니하므로, 만일 교도소장이 결정정본을 송달받고 1주일이 지난 뒤에 그 사실을 피고인에게 알렸기 때문에 피고인이나 그 배우자가 소정 기간 내에 항고장을 제출할 수 없게 된 것이라면 상소권회복신청은 인용할 여지가 있을 것이다(대결 1991.5.6, 91모32).

(규칙 제44조). 항고법원은 항고권자의 항고의 이유에 기재된 사항에 관하여 조사하고 결정함을 원칙으로 한다(규칙 제48조 제1항). 항고의 이유는 일반적으로 보호처분의 결정 또는 보호처분변경의 결정이 그 결정에 영향을 미칠 법령위반이 있거나, 중대한 사실오인이 있었다거나 또는 처분이 현저히 부당하다는 점에 대한 구체적인 설명을 말한다. 한편 소년분류심사원 또는 소년원에 있는 소년이 항고제기기간내에 항고장을 그 기관의 장 또는 그 직무를 대리하는 자에게 제출한 경우에는 항고제기기간 내에 항고한 것으로 간주한다(규칙 제46조 제1항). 그리고 이 경우에 항고장을 제출받은 기관의 장 또는 그 대리자는 항고장에 접수연월일을 기재하여 즉시 보호처분결정을 한 소년부에 송부하여야 한다(동조 제2항).

3. 항고의 취하

항고권자는 항고를 취하할 수 있다. 소년 본인이 항고를 취하하고자 하는 경우에는 보호자 또는 법정대리인의 동의를 얻어야 한다(규칙 제44조 제1항). 이는 소년의 독자적인 또는 경솔한 항고취하로 인하여 소년이 입게 될 불이익을 사전에 방지하고자 함과 동시에 보호자 또는 법정대리인의 보호권을 보장하기 위해서이다. 또한 보호자, 보조인 또는 법정대리인이 항고를 취하하고자 하는 경우에도 소년의 동의를 얻어야 한다(동조 제2항). 이는 소년의 동의 없는 항고취하를 방지하고자 하는 규정으로서 소년 중심의 소년법의 이념을 구체화하고 있는 규정이라고도 할 수 있다. 한편 항고를 취하할 수 있는 종기에 대해서는 규정하고 있지 않지만 항고심의 결정이 있을 때까지라고 보아야 할 것이다.[25)]

4. 항고의 효력

항고가 받아들여지더라도 항고는 보호처분의 집행을 정지하는 효력은 없다

25) 항소는 항소심의 종국판결이 있기 전까지 취하할 수 있는바, 항고법원의 소송절차에는 항소에 관한 규정이 준용되므로(민사소송법 제393조 제1항, 제443조 제1항), 항고 역시 항고심의 결정이 있기 전까지만 취하할 수 있다(대결 2004.7.21, 2004마535).

(법 제46조). 소년법은 적법절차의 보장을 위하여 보호처분의 결정에 대하여 항고제도를 인정하고 있으나, 보호필요성이 시급한 소년에 대하여 보호처분의 집행을 정지시키는 것은 소년보호사건의 교육적·복지정책적 이념에도 부합되지 않는다.[26] 항고법원은 항고가 수리되면 항고사건을 조사·심리하여 결정으로써 기각하거나 또는 원소년부에 환송 또는 다른 소년부에 이송하여야 한다(법 제45조). 항고는 이심의 효력이 있다. 항고에 의하여 소년보호사건은 원심을 떠나 항고심으로 옮겨지게 된다.

Ⅴ. 항고법원의 조사와 결정

1. 항고법원의 조사

항고법원은 원칙적으로 항고이유에 기재된 사항에 관하여 조사하여야 한다(규칙 제47조 제1항).[27] 따라서 보호처분의 결정 또는 보호처분변경의 결정이 그 결정에 영향을 미칠 법령위반의 여부, 중대한 사실오인의 여부, 보호처분이 현저히 부당한지의 여부 등을 조사하여야 한다. 즉 원칙적으로 소년법원의 결정에 대하여 사후적 관점에서 그 당부를 판단하여야 한다. 그리고 항고법원은 항고이유서의 기재사항과 관계없이 소년법원의 결정에 대하여 직권으로 조사할 수도 있다(동조 제2항). 즉 항고이유가 아닌 다른 사항에 관하여는 직권조사를 할 수 있다. 이 점에서 소년법상의 항고심은 당사자주의적 구조와 직권주의적 구조가 조화되어 있다고 할 수 있다. 소년법상의 항고심은 또한 소년법원의 결정에 대한 당부를 판단하는 법률심적 성격을 가지고 있지만, 원심에서 송부한 사건기록이나 소년조사 기록, 증거물 조사 등이 불충분할 경우에는[28] 항고법원은 필요한 경우에는 사실조사를 할 수 있으며(규칙 제48조 1항), 이 사실조사는 이를 합의

26) 김동림, 앞의 책, 431면.

27) 일반적으로 형사소송법상의 항고심의 심사범위는 항고이유에 한정되지 않는다(이재상, 앞의 책, 690면). 이에 반하여 소년법상의 항고는 항고이유에 한정됨이 원칙이다.

28) 김동림, 앞의 책, 437면.

부원에게 명하거나 가정법원 또는 지방법원판사에게 촉탁하여 할 수 있다(동조 제2항). 즉 사실관계를 확인할 수 있으며 이를 토대로 소년법원의 결정에 대한 당부를 판단할 수도 있다.

2. 항고심의 결정

(1) 기각결정

항고법원은 항고의 절차가 법률의 규정에 위반하거나 항고가 이유 없다고 인정한 때에는 결정으로 항고를 기각하여야 한다(법 제45조). 예컨대 항고권이 없는 자가 항고를 하였거나, 항고기간이 이미 지난 후에 항고를 하는 경우가 여기에 해당한다.

(2) 원결정에 대한 취소결정, 환송 또는 이송

항고법원은 항고가 이유 있다고 인정한 때에는 원결정을 취소하고 사건을 원소년부에 환송하거나 다른 소년부에 이송하여야 한다(법 제45조 제2항). 항고법원은 원결정을 취소하는 경우에는 소년이 소년법 제32조 제1항 4호(아동복지법상의 아동복지시설 기타 소년보호시설에 감호를 위탁하는 경우) 및 5호(병원, 요양소에 위탁하는 것)의 규정에 의한 수탁기관 또는 6호(6개월 미만의 소년원 송치), 7호(6개월 이상의 소년원 송치)의 규정에 의해서 소년원에 있는 경우에는 지체없이 원결정의 취소결정을 수탁기관 또는 소년원의 장에게 통지하여야 한다. 이 경우에 통지는 취소결정의 등본을 환송 또는 이송을 받을 소년부로 송부하여야 한다(규칙 제49조 제2항). 그리고 이 통지를 받은 시설의 장은 즉시 대상소년을 환송 또는 이송을 받을 소년부로 송치하여야 한다(동조 제3항). 형사소송법상의 항고의 경우에는 항고법원은 원심결정을 취소하는 경우에는 자판하여야 한다(형사소송법 제414조 제2항).[29] 그러나 인격형성기에 있는 소년은 성인과는 달리 사소

---

29) 그러나 소년법상의 항고에서는 항고법원의 자판을 인정하지 않는 것은 소년법원 조사관과 같은 전문가가 없는 항고법원(가정법원 본원합의부 또는 지방법원 본원합의부)에서 소년보호사건에 관하여 심리하는 것은 적당하지 않다고 생각되기 때문이다(김동림, 앞의

한 사건에 의해서도 변화될 수 있는 가변적인 상태에 있을 뿐 아니라 특히 소년이 위탁되어 있는 경우 받는 충격이 작지 않으므로 항고제도가 소년법의 교육목적에 부합하기 위하여서는 보호소년에 대하여 신속한 결정을 함으로써 불안정한 상태에서 빨리 벗어나게 할 필요가 있고, 더구나 항고는 원결정의 집행을 정지하는 효력이 없어 항고법원에서 원결정을 취소하여도 환송받은 법원에서 다시 보호처분 결정을 할 때까지는 이전의 보호처분대로 집행됨으로써 불안정한 상태가 계속되는 불합리가 초래되므로, 항고법원에서도 원결정 이후의 사정변경(예컨대 피해자와의 합의, 가정환경의 개선, 학교에의 복학 등)까지 고려하여 요보호성을 판단할 수 있고, 항고가 이유 있을 경우 보호처분의 효과를 높이기 위하여 원결정을 파기하고 직접 적절한 보호처분의 결정을 할 수 있도록 하는 것이 사건의 신속한 처리를 위하여 바람직하다고 본다.[30][31]

Ⅵ. 환송 또는 이송후의 임시조치와 재판

1. 임시조치

항고법원으로부터 사건을 환송 또는 이송받은 소년부 판사는 사건의 조사와 심리에 필요하다고 인정하는 때에는 보호자·소년을 보호할 수 있는 적당한 자 또는 시설에 위탁하거나(1호), 병원 기타 요양소에 위탁(2호), 소년분류심사원에 위탁하는(3호) 등의 임시조치를 취할 수 있다(법 제18조 제1항). 이 경우에 1호와 2호의 위탁기간은 3월을, 3호의 위탁기간은 1월을 초과하지 못한다(동조

책, 437면).

30) 최종한, "소년재판의 강화 및 소년범의 인권보장"[가사소년제도개혁위원회 자료집(Ⅱ), 2005], 787면.

31) 한편 서울가정법원 산하의 '가사소년제도개혁위원회'에서는 2005. 2. 14일 소년법 제45조 제3항으로 "제2항의 경우 항고법원은 환송 또는 이송하기에 급박하거나 기타 필요하다고 인정한 때에는 원결정을 파기하고 스스로 불처분 또는 보호처분의 결정을 하여야 한다"는 규정을 신설하여 예외적으로 항고법원에서 제1심의 결정을 파기자판할 수 있도록 하는 제도를 신설하기로 의결한 바 있다(위 자료집, 851면).

제3항). 임시조치결정은 소년 및 보호자 또는 보조인 중 적당하다고 인정되는 사람과 수탁자에게, 소년법 제18조 제3항 단서의 규정에 의한 결정은 소년 및 수탁자에게 각 통지하여야 한다(규칙 제20조). 또한 소년부판사는 소년부 법원서기관, 법원주사, 법원주사보, 소년분류심사원 소속공무원, 교도소 · 구치소 소속공무원, 보호관찰관 또는 사법경찰관리에게 결정서의 등본을 그 집행담당자에게 교부함으로(규칙 제21조), 임시조치에 관한 결정을 집행하게 할 수 있다(법 제18조 제4항).

2. 환송 또는 이송후의 재판

항고법원으로부터 사건을 환송받은 소년부 판사는 환송 또는 이송받은 사건에 관하여 다시 심리하여야 한다. 다시 심리한다는 의미는 최초의 결정을 내린 재판부의 결정내용에 구속됨이 없이 소년법상의 조사와 심리에 관한 모든 절차에 따라 새로이 재판하여야 함을 의미한다. 따라서 항고법원은 조사단계에서는 의학 · 심리학 · 교육학 · 사회학 기타 전문적인 지식을 활용하여 소년과 보호자 또는 참고인의 성행 · 경력 · 가정상황 기타 환경 등을 구명하도록 노력하여야 하며(법 제9조), 조사 또는 심리를 함에 있어서 정신과의사 · 심리학자 · 사회사업가 · 교육자 기타 전문가의 진단 및 소년분류심사원의 분류심사결과와 의견을 참작하여야 한다(법 제12조). 심리의 절차에서 조사관, 보호자 및 보조인은 심리에 관하여 의견을 진술할 수 있고, 항고법원은 필요하다고 인정한 때에는 본인의 퇴석을 명할 수 있다(법 제25조). 한편 항고심 재판에 있어서 원결정을 한 소년부판사는 심리에 관여할 수 없다(규칙 제51조). 이는 항고재판의 공정을 확보하고, 원결정에 관여한 소년부판사에게 이중의 부담을 과하지 않기 위한 규정이라고 할 수 있다.

Ⅶ. 재 항 고

1. 의 의

일반적으로 재항고란 항고법원, 고등법원 또는 항소법원의 결정에 대한 항고를 말한다(법원조직법 제14조 제2호). 항고법원 또는 고등법원의 결정에 대해서는 원칙적으로 재항고가 허용되지 않는다. 다만 재판에 영향을 미친 헌법, 법률, 명령 또는 규칙에 대한 위반이 있으면 재항고가 가능하다.[32] 이처럼 재항고사유를 제한하는 것은 대법원의 역할을 법령해석의 통일성 확보에 국한시키고, 대법원의 업무부담을 경감시키고자 하는 데 그 목적이 있다고 할 수 있다.[33] 소년법에 있어서는 항고를 기각하는 결정에 대하여는 그 결정이 법령에 위반하는 때에 한하여 대법원에 재항고할 수 있다(법 제47조 제1항). 그리고 재항고의 기간도 일반항고와 마찬가지로 7일이다(동조 제2항).

2. 재항고법원(대법원)의 재판

대법원은 재항고의 절차가 소년법 및 소년심판규칙의 규정에 위반되거나, 재항고의 이유가 없다고 인정하는 경우에는 재항고를 기각하여야 한다(규칙 제52조 제1항). 즉 재항고의 기간이 이미 경과하였거나, 항고법원의 항고기각 결정이 사실관계의 오인 또는 현저히 부당한 처분에 관련된 것인 때에는 재항고를 기각하여야 한다. 그러나 재항고가 이유 있다고 인정하는 경우에는 원결정 및 보호처분결정을 취소하고 사건을 소년부에 환송하거나 다른 소년부에 이송하여야 한다(동조 제2항).

32) 재항고는 즉시항고이므로, 원칙적으로 그 절차도 즉시항고의 경우와 같다.
33) 배종대/이상돈, 『형사소송법』, 홍문사, 2004, 824면.

제 3 편

소년범죄의 형사사건처리

제14장

수사절차 및 심리절차상의 특칙

Ⅰ. 수사절차상의 특칙

1. 수사의 기본원칙

소년형사사건이나 성인형사사건에 대한 수사절차에서의 수사의 기본원칙은 크게 다르지 않다. 다만 소년에 대한 형사처분은 형벌을 수단으로 하는 제재라는 점에서 일반형사사건과 차이가 없으나 소년을 대상으로 하기 때문에 특별규정으로 그 내용과 절차에 약간의 예외를 인정하고 있다.

소년사건의 처리는 형사사법기관인 경찰과 검찰 그리고 법원에 의해 처리된다. 다만 소년사건은 소년보호사건과 소년형사사건의 이원적 구조를 띠고 있으며, 소년보호사건은 가정법원 소년부나 지방법원 소년부에서(법 제3조 제2항), 소년형사사건은 일반형사사건과 동일하게 처리된다(법 제48조). 부수적 관련기관으로 소년분류심사원, 소년원, 소년교도소[1]가 있다. 소년심판절차는 제2편에서 살펴본 바와 같다.

현행 소년법에 의하면 14세 이상 20세 미만의 소년이 범죄를 저지른 경우 형사사건으로 일반 형사절차에 따라 처리하거나, 보호사건으로 소년심판절차를

1) 천안에 설치되어 있다.

거치도록 하고 있다. 특히 12세 이상 14세 미만의 촉법소년과 12세 이상 20세 미만의 우범소년도 보호사건의 대상으로 삼고 있다. 그러나 소년보호사건으로 처리할 사건의 범위가 명확하게 정해져 있지 않음으로 인해 여러 가지 문제점이 있다.[2] 즉 촉법소년이나 우범소년이 보호절차로만 처리되는 것과 달리, 범죄소년은 형사절차대상이 되기도 하고 보호절차대상이 되기도 한다. 따라서 검사나 형사법원이 형사사건을 벌금 이하의 형에 해당하는 범죄이거나 보호처분에 해당하는 사유가 있다고 인정하여 소년법원에 송치하면 보호사건으로 되고,[3] 소년법원이 보호사건을 동기와 죄질이 금고 이상의 형사처분으로 할 필요가 있다고 인정하여 검사에게 송치하거나 본인이 20세 이상인 것이 판명되어 형사법원에 이송하면 형사사건으로 된다. 즉 소년사건은 담당기관의 판단이나 처리시점에 따라 바뀔 수 있다.

그런데 형사사건이나 보호사건으로 처리되느냐에 따라 당사자인 소년에 대한 수사 및 심리과정과 그 절차와 최종 결론은 다르게 나타난다. 소년에 대한 이러한 이원적 제도의 운용은 소년이 신체적·심리적·사회적으로 아직 성숙되어 있지 않다는 사회적 의미가 깔려 있기 때문이다.

소년보호의 필요성과 소년 또는 청소년의 연령기준을 마련해야 할 현실적 필요성 때문에 법률뿐만 아니라 이론적으로도 12세 이상 20세 미만의 연령층에 속하는 사람을 소년 내지 청소년으로 보는 데 별다른 이의가 없다.

그러나 형법, 소년법, 소년원법, 아동보호법, 청소년보호법 등 소년과 관련된 법률은 아무런 구별기준이 없이 소년과 청소년의 개념을 혼용함으로써 혼란을 야기하고 있는 것도 사실이다. 예를 들어 형법은 분명한 용어선택을 하지 않고 단지 14세 미만의 자를 형사미성년자로만 규정하고 있으며, 소년법과 소년원법은 20세 미만의 자를 '소년', 아동보호법은 18세 미만의 자를 '아동', 청소년보호법은 19세 미만의 자를 '청소년'으로 각각 달리 규정하고 있다. 그러나 1999.7.1일부터 개정된 청소년보호법(1999.2.5. 개정)의 시행으로 청소년을 19세 미만자로 하는 통일적 기준이 마련되었다. 우리나라 법률의 연령규정과 외국 소년법의 연령규정[4]은 다음과 같다.

---

2) 최병각, "소년심판대상에 관한 일고찰"(소년법연구, 2002), 233면.

3) 최병각, "소년보호사건으로의 처리기준: 소년법 제49조 제1항 및 제50조를 중심으로"(이한교교수 정년기념논문집, 2000), 505-522면 참조.

4) 김동림, "소년법의 문제점과 입법에 관한 논의"(형사정책 제12권 제1호, 2000), 96면.

《현행법의 소년연령기준》

법　　률	호　　칭	연령구분
형　법	형사미성년자	14세 미만자
소년법, 소년원법	소　년	20세 미만자
청소년기본법	청소년	9세 이상 24세 미만자
청소년보호법	청소년	19세 미만자
청소년의 성보호에 관한 법률	청소년	19세 미만자
아동복지법	아　동	18세 미만자
도로교통법	어린이	13세 미만의 사람
민　법	미성년자	20세 미만자
근로기준법	연소자	18세 미만자
생활보호법	아　동	18세 미만자
모자보건법	영유아	출생 후 6세 미만자
공직선거법	선거권자	19세 이상 국민
영유아보호법	영유아	6세 미만의 취학 전 아동

《소년법에 의한 보호대상과 연령》

국가명	책임무능력	보호대상	성인취급
영　국	10세 미만	10-13세 아동 Children (추정형사미성년자) 14-17세 청소년 young person	18-20세 연장소년
미　국 (일리노이주)	7세 미만	7-17세 범죄소년(delinquent child) 신분비행소년(status offender) 방임소년(neglected child) 요부조소년(dependent child)	18세 이상
프랑스	13세 미만	13-17세 청소년	18세 이상 (교육은 21세까지 가능)
독　일	14세 미만, 어린이(Kinder)	14-17세 소년(Jugendliche)	18-20세. 연장소년(Heranwachende) 은 특별한 경우 보호.
스웨덴	15세 미만, 어린이(Kinder)	15-18세 소년(Jugendliche)	19세 이상. (21세 이하는 형법의 특칙 적용)
스위스	7세 미만	7-14세 어린이(Kinder) 15-17세 소년(Jugendliche)	18-25세. 청년(Junge Menschen) (특칙 있음)

일 본	하한규정 없음	14세 미만 촉법소년 14-19세 범죄소년 20세 미만 우범소년	20세 이상
한 국	12세 미만	12-13세 촉법소년 14-19세 범죄소년 12-19세 우범소년	20세 이상

현행 소년법에 의하면 소년법원은 심리 중 그 대상자가 12세 미만으로 판명되면, 심리개시결정을 취소하고 심리불개시결정을 하여야 하고(규칙 제42조), 보호처분이 계속되는 중 대상자가 처분당시 12세 미만인 것이 판명되면 보호처분을 취소하여야 한다(법 제38조 제2항). 마찬가지로 심리개시 전인 경우에는 동일 사안에 대하여는 심리불개시결정을 해야 한다. 결론적으로 대상자가 재판시를 기준으로 12세 미만이면 소년심판도 보호처분도 할 수 없다.[5)]

2. 소년의 소환 및 구속

소년에 대한 형사사건에 관하여는 일반형사사건의 예에 의하기 때문에 수사를 위한 소환 또는 구속절차는 일반형사사건절차와 동일하게 적용된다.

수사기관이나 소년부에서는 조사 또는 심리한 결과 금고 이상의 형에 해당되는 범죄사실이 발견된 경우에 그 동기와 죄질이 형사처분의 필요가 있다고 인정한 때에는 결정으로써 사건을 관할지방검찰청에 대응한 검찰청검사에게 송치하여 소년형사절차에 따라 처리해야 한다(법 제7조 제1항). 이 경우 소년형사처리절차 내에서 소년의 신병처리는 성인에 대한 신병처리인 구속과 마찬가지로 처리되나, 소년에 대한 구속영장은 부득이한 경우가 아니면 발부하지 못하고, 소년을 구속하는 경우에도 특별한 사정이 없으면 다른 피의자나 피고인과 분리하여 수용하도록 규정하고 있다(법 제55조).[6)]

이러한 이원화된 소년사건 절차는 다음과 같은 문제점이 야기된다. 즉 검

5) 이에 대해서는 촉법소년의 하한연령 12세 이상의 기준시점을 재판시로 보는 견해와 행위시를 기준으로 보는 견해가 대립되어 있으나 행위시를 기준으로 하는 견해가 타당하다고 생각한다.

6) 이원화된 소년사건 절차로 인하여 소년 형사절차에서는 구속이 미결구금의 형태로, 소년보호절차에서는 소년분류심사원 위탁이 미결구금의 형태로 나타난다.

사가 사건에 따라 형사처분이 적절하다고 생각하여 구속기소하였으나, 법원에서 보호처분이 적절하다고 판단되어 소년부로 송치한 경우, 공판진행 중 구치소, 교도소의 미결수용실 그리고 대용감방 등에 미결구금 되어 있다가, 소년부 송치 결정과 함께 소년분류심사원에 위탁된다. 이러한 절차의 지연과 중복은 소년에게 지나친 부담과 피해를 초래하게 된다.[7)]

소년에 대한 구속요건은 성인과는 다른 구속기준을 제시하고 있지만 규정이 너무 일반적이고 애매모호하여 소년을 구속하는 데 있어 재량권을 통제하는 규정으로서 작동하지 못하고 있으며 실제로는 성인과 동일한 기준(죄를 범하였다고 의심할 만한 상당한 이유가 있고, 증거인멸의 염려, 도망 또는 도망의 염려, 주거부정)에 의해 구속이 된다.

수사기관에서의 소년형사사건의 조사·심리는 소년법에 특별한 규정이 없으면 일반형사사건의 예에 의한다.

Ⅱ. 심리절차상의 특칙

1. 조사의 위촉

법원은 소년에 대한 형사사건에 관하여 그 필요사항의 조사를 조사관에게 위촉할 수 있다(법 제56조). 위촉된 조사관의 조사방침과 관련 절차의 기본원칙은 보호사건에서의 조사와 심리의 원칙이 그대로 적용된다.[8)]

2. 변호인선임의 효력

일반형사사건은 사형, 무기, 3년 이상의 징역 또는 금고에 해당하는 사건만

7) 이러한 폐해 때문에 소년법원에서도 장기간 미결구금되었던 소년에 대해 다시 소년원에 송치하는 것이 가혹하다고 생각되어 소년원처분을 주저하거나, 보호처분이 필요한 경우라도 소년부로 송치하지 않고 집행유예로 석방함으로써 재범을 하게 되는 문제점이 발생되기도 한다[김지선, "소년미결구금제도에 관한 연구"(한국형사정책연구원, 2003), 45면 참조].

8) 자세한 내용은 제2편 제9장 보호사건의 조사절차 참조.

을 필요적 변론사건으로 하지만(형사소송법 제282조), 소년형사사건은 모든 사건을 필요적 변론사건으로 규정하고 있다(동법 제33조, 제283조). 문제는 형사절차에서 변호인을 선임하였거나 보호절차에서 보조인을 선임하였는데 처리절차가 변경된 경우 그 선임의 효력이 어떻게 될 것인가라는 데에 있다.

검사나 형사법원이 사건을 소년법원에 송치한 경우 변호인선임의 효력이 아예 소멸되는가 아니면 보조인선임의 효력이 유지되는가는 문제가 되나 소년법에 이에 관한 명문규정이 없다.

생각건대 소년형사사건을 소년법원에 송치할 경우 변호인선임서도 다른 사건기록과 함께 송부된다는 점, 다시 형사사건으로 될 수 있다는 점, 변호사는 소년법원 판사의 허가 없이도 보조인이 될 수 있다는 점 등에 비추어 형사절차에서 선임된 변호인이 보호절차에서도 보조인의 지위를 갖는다고 보는 것이 타당하다.[9)]

한편 보호절차에서 선임된 보조인이 변호사가 아니면 형사절차의 변호인으로 인정될 수 없겠지만, 변호사일 경우 소년법원이 사건을 검사에게 송치한 경우에는 공소제기 전 변호인선임의 효력을 가지며, 형사법원에 이송한 경우에는 당해 심급에서는 변호인선임의 효력이 유지된다고 보는 것이 타당하다.[10)]

3. 판결전 조사제도

판결전 조사제도란 일반적으로 유죄가 인정된 자에 대하여 판결 전에 그 소질, 환경에 대한 과학적 조사를 하여 그에 적합한 처우를 하기 위한 기초자료로서 이용하게 하는 제도이다. 수집된 자료를 법관이 피고인에 대한 양형에 참고한다는 의미에서 양형자료 조사제도 또는 정상 조사제도라고도 한다. 이 제도는 법원의 종국처분에 앞서 행한다는 점에서 사전조사 또는 예비조사의 성격을 갖는다.[11)]

피고인에 대한 보호관찰의 적격여부를 판단하기 위하여 자료를 수집하면서 발달했던 판결전 조사제도는 사실인정절차와 양형절차로 형사절차가 이분화된

9) 최병각, "변호인의 조력을 받을 권리와 소년사법"(소년법연구 창간호, 2002), 533면 참조.
10) 최병각, 앞의 논문, 533면 참조.
11) 김용우/최재천, 『형사정책』, 박영사, 1998, 268면 참조.

미국에서는 처우결정을 위한 일반 조사활동으로 발전해 왔다. 그러나 우리나라에서는 일반 형사사건에서는 이 제도를 채택하지 않고, 소년보호사건에서만 판결전 조사를 행하고 있다.

소년보호사건에서의 조사는 의학·심리학·교육학·사회학 기타 전문적인 지식을 활용하여 소년과 보호자 또는 참고인의 성행·경력·가족상황 기타 환경 등을 규명하도록 노력하게 규정되어 있다(법 제9조). 이는 사회교육적 원조를 필요로 하는 소년에게는 필수적이며, 소년이 성장하는 과정에서 재사회화를 도모하려는 지원활동과 양형결정과정에 도움이 되는 제도라 할 수 있지만, 일반 형사사건에 이 제도를 채택하면 절차상 혼란을 초래하고, 피고인에게 불리한 자료가 조직적으로 수집되어 형이 가중될 우려가 있으며, 양형에 관한 변호권이 실질적으로 제한될 우려가 있다는 문제점이 있다.

생각건대 소년에 대한 일반형사사건에서 판결전 조사가 행해지기 위해서는 피고인인 소년이 범죄사실에 대하여 유죄라는 취지의 진술을 하거나, 조사자료에 대하여 이의가 없는 것에 한하여 이를 인정하여야 한다고 본다.

4. 심리의 분리와 태도

소년에 대한 형사사건의 심리가 다른 피의사건과 관련된 경우에는 심리에 지장이 없으면 그 절차를 분리하여야 한다(법 제57조). 이는 병합심리로 인해 범죄소년이 외부로부터 영향을 받거나 사회적 낙인이 찍히는 것을 예방함으로써 소년을 보호하기 위한 조치라고 할 수 있다.[12] 그러나 분리심사로 심리에 지장이 있을 경우에는 예외적으로 병합심리하는 것도 가능하다(법 제57조).

또한 소년형사사건의 심리는 친절하고 온화하게 하여야 한다는 심리의 일반적 규정과(법 제58조 제1항), 심리를 할 때 소년의 심신상태·성행·경력·가정상황 기타 환경 등에 대하여 정확한 사실을 규명함에 특별한 유의를 하여야 한다(법 제58조 제2항)는 심리방침을 규정하고 있다. 이러한 규정이 직접 구속력을 갖는 것은 아니지만 성인형사사건의 수사절차에서는 볼 수 없는 소년에 대한 특별한 수사의 원칙이라 할 수 있다.

---

12) 배종대, 『형사정책』, 홍문사, 2003, 484면 참조.

제15장 형사처분상의 특칙

Ⅰ. 총 설

소년법은 범죄소년에게 형사처분을 과한다 하더라도 소년의 경우 성인에 비해 개선가능성이 크다는 점 등을 고려하여 형사처분을 완화하는 특칙을 두고 있다. 즉, 죄를 범할 때에 18세 미만인 소년에 대하여는 사형 또는 무기형으로 처할 것인 때에는 15년의 유기징역으로 하고(법 제59조), 소년이 법정형 장기 2년 이상의 유기형에 해당하는 죄를 범한 때에는 그 형의 범위 안에서 장기와 단기를 정하여 선고하고, 소년의 특성에 비추어 상당하다고 인정되는 때에는 형을 감경할 수 있고(법 제60조 제1, 2항). 소년법 제18조 제1항 제3호(소년분류심사원에 위탁하는 것)의 조치가 있었을 때에는 그 위탁기간을 판결선고전 구금일수로 보고(법 제61조), 원칙적으로 18세 미만인 소년에 대하여는 벌금미납의 경우에도 형법 제70조의 규정에 의한 노역장유치를 하지 못하도록(법 제62조) 규정하고 있다.

소년의 개선가능성이 크다는 것은 다른 한편으로는 국가가 소년의 개선, 교육을 위해 적극적으로 개입할 것을 필요로 하기도 한다. 이 때문에 성폭력범죄의 처벌 및 피해자보호 등에 관한 법률은 성폭력범죄를 범한 소년에게 형의 선고를 유예할 경우 1년 동안 반드시 보호관찰을 받을 것을 명해야 하고(동법 제16조 제1항), 형의 집행을 유예할 경우에는 반드시 보호관찰·사회봉사 또는 수강을 명하여야 한다(동법 제16조 제2항)고 규정하고 있다.

보호관찰, 사회봉사명령 등에 대해서는 보호처분에 관한 부분에서 살펴보기로 하고 이하에서는 소년법상의 형사처분에 관한 특칙규정을 중심으로 살펴보기로 한다.

Ⅱ. 사형·무기형의 완화

1. 연 혁

구소년법 제53조는 "죄를 범할 때에 16세 미만인 소년에 대하여는 사형 또는 무기형으로 처할 것인 때에는 15년의 유기징역으로 한다"고 규정하고 있었다. 이에 대해 죄를 범할 때에 16세 미만의 소년에 대해서만 사형·무기형을 완화하는 것은 그 적용범위가 너무 좁고, 16세 미만으로 해야 할 합리적 근거가 없으며, 사형폐지라는 세계적 경향에 역행하고 소년형법의 이념에 맞지 않는다는 비판이 제기되었다.[1] 이 때문에 1988년 개정소년법은 사형·무기형의 완화범위를 죄를 범할 때에 18세 미만인 소년으로 확대하였다.

2. 소년법 제59조

죄를 범할 때에 18세 미만인 소년에 대하여는 사형 또는 무기형으로 처할 것인 때에는 15년의 유기징역으로 한다(법 제59조). 사형·무기형이 완화되는 것은 죄를 범할 때에 18세 미만의 소년이어야 한다. 죄를 범할 때 18세 미만이면 재판시에 18세 이상이어도 상관없다. 죄를 범할 때 18세 미만의 소년에 대해서만 사형·무기형이 완화되므로 18세 이상 20세 미만의 소년이 죄를 범한 경우

---

1) 배종대, "형법의 목적과 소년형벌의 효율성검토: 사형·자유형(부정기형)·벌금형을 중심으로"(청소년범죄연구 제4집, 1986), 24-25면.

에는 사형·무기형에 처할 수 있다.

여기에서, "사형 또는 무기형으로 처할 것인 때에는 15년의 유기징역으로 한다"에서 사형 또는 무기형은 법정형이 아니라 처단형을 의미한다. 따라서 법정형이 사형 또는 무기징역인 강도살인죄를 범한 소년에 대해 무기징역을 선택한 후 작량감경한 경우에는 7년 이상 15년의 징역에 처하면 되는 것이기 때문에(형법 제55조 제1항 제2호) 15년의 징역을 선고하지 않고 12년의 징역을 선고하여도 무방하다(대판 1986.12.23, 86도2314).

3. 입법론

사형제도는 성인범에 대해서도 폐지되어야 할 제도이지만, 소년범에 대해서 사형을 과하는 것은 더욱 정당화될 수 없다.[2] 사형폐지가 단계적으로 이루어진다면 먼저 소년범에 대한 사형이 폐지되고 다음으로 성인범에 대한 사형이 폐지되어야 할 것이다.

현행 소년법은 18세, 19세의 소년이 죄를 범한 경우에는 사형에 처할 수 있도록 하고 있다. 그러나 이와 같이 소년의 개선가능성을 완전히 포기하는 사형제도는 소년사법에서는 허용될 수 없다고 해야 한다. 따라서 제59조를 '죄를 범할 때에 20세 미만의 소년이었던 자'에 대해서는 사형에 처할 수 없도록 개정해야 할 것이다.

Ⅲ. 부정기형

1. 부정기형의 개념

일반적으로 부정기형이란 부정기 선고형을 의미한다. 범죄인이 구금되어야

2) 공정환, "소년형벌에 대한 고찰: 그 문제점과 개선방안"(사법연구자료 제20집, 1993), 409-410면; 최종식, "소년법과 사형문제"(강원법학 제11권, 1999), 303-310면.

할 형기는 선고형인데, 자유형의 선고형에는 자유형을 선고하면서 형기를 특정하는 것을 정기 선고형, 형기를 특정하지 않고 형의 집행 단계에서 형기를 결정하는 것을 부정기 선고형이라고 한다. 부정기선고형에는 다시 형의 선고시에 형기의 장·단기를 특정하지 않는 절대적 부정기선고형과 형기의 장기와 단기를 특정하여 형을 선고하는 상대적 부정기선고형이 있다. 이 중 죄형법정주의원칙상 절대적 부정기선고형은 인정되지 않으며, 상대적 부정기선고형은 인정된다.

우리나라의 경우 성인범에 대해서는 부정기선고형을 인정하지 않고 있으나, 소년법 제60조 제1항은 "소년이 법정형 장기 2년 이상의 유기형에 해당하는 죄를 범한 때에는 그 형의 범위 안에서 장기와 단기를 정하여 선고한다. 다만, 장기는 10년, 단기는 5년을 초과하지 못한다"라고 규정함으로써 상대적 부정기선고형 제도를 규정하고 있다. 부정기형이 선고되면 수형자는 형선고시에는 구체적 석방시기를 알 수 없고, 교정기관이 가석방 또는 부정기형 집행종료결정을 내리거나 장기가 도래한 때 석방된다.

2. 부정기형의 연혁 및 입법례

(1) 영 국

부정기형은 근대 이전에도 있었으나, 범죄인의 사회복귀와 사회의 안전확보라는 자유형의 목적을 효과적으로 달성하기 위한 방안으로서 이용되는 근대적 부정기형의 효시는 영국의 이주제도(transportation)라고 할 수 있다. 영국은 17세기에 이주제도를 도입하였는데, 사형이나 장기의 자유형을 선고받은 범죄인 중에 건강한 자들에 대해서 형의 집행을 유예하고 그들을 식민지로 이주시켰다. 이 후 식민지총독에게 석방증(ticket of leave)을 수반하는 조건부 사면권이 부여되었는데, 조건부 사면을 받은 자가 석방증의 조건을 위반하는 경우에는 다시 체포되어 원래의 형기를 다시 복역해야 했다.

1840년 매코노키(Alexander Maconochie)가 Norfolk Island의 총독으로 임명되었는데, 그는 (i) 선행, 작업 및 교육에 대한 점수제도와 (ii) 단계적 구금제도를 도입, 실시했다. 매코노키는 구금단계를 (i) 입소에 의한 엄격한 구금, (ii) 공공작업장에서의 작업, (iii) 제한된 지역 안에서의 자유생활, (iv) 일정한 조건하에서 수형자가 선택한 곳에서 생활하도록 허가하는 석방증, (v) 자유의 완전한 회복 등 5단계로 구분하였으며, 미리 정해진 형기의 종료가 아닌 일정한 양의 노동의 완료에 근거하여 조건부 가석방을 허가했다.[3)]

이 제도는 크로프튼(Walter Crofton)에게 깊은 영향을 미쳤다. 크로프튼은 1854년 아일랜드 교도소장으로 임명되었는데, 그는 3단계의 처우를 통한 수형자들의 개선상태를 토대로 하는 분류계획을 발달시켜 마지막 단계까지 성공적으로 수행한 수형자에게 석방증을 주어 가석방시켰다.

현재 영국은 원칙적으로 정기형제도를 택하고 있으나[4)] 상습범에 대한 예방구금이나 소년에 대한 보스탈훈련 또는 보호명령 등에서는 부정기 개념을 채택하고 있다.

(2) 미 국

미국은 19세기 초까지 정기형제도를 운영하고 있었는데, 오스트레일리아와 아일랜드의 부정기형제도가 미국에 알려지면서 부정기형운동이 본격적으로 시작되었다. 이미 1789년 러시(Benjamin Rush)가 부정기형을 주장했지만, 범죄인을 일정한 기간동안 구금할 것이 아니라 범죄인이 위험하지 않을 때까지 구금해야 한다는 관념은 19세기 중반에 이르러 전문가로부터 광범위한 지지를 받았다.

미국 최초의 명백한 부정기형 법률은 1869년 Michigan 주에서 브로크웨이(Zebulon Brockway)의 제청에 따라 제정된 3년법(The Three Year Law)이다. 동법은 매춘부에 대하여 3년 이하의 부정기형을 규정하고 있었는데, Detroit 교정원(House Of Correction)의 장은 그의 재량에 따라 언제든지 수용된 매춘부를 종국적으로 또는 조건부로 석방시킬 수 있었다. 그러나 동법은 삼권분립에 위배된다는 이유로 위헌판결을 받아 곧 폐지되었다.

1870년 Ohio 주 Cincinnati에서 개최된 미국교도소협회(National Prison Conference)의 회의에서 실증주의적 원리들이 광범위하게 채택되었고, 이에 따라 New York 주에 엘마이라 교정원이 설립되면서 초범인 소년범에 대한 부정기형제도

3) Carney, *Introduction to Correctional Science*, 1979, 305-306면; Allen/Eskridge/Latessa/ Vito, *Probation and Parole in America*, 1985, 24-25면.

4) 1990년 형사사법법(Criminal Justice Act)은 정당한 응보(just desert)의 원리에 기초하여, 형의 선고시 실제 복역기간을 확정하도록 하였다.

가 실제로 입법화되었다. 1877년 New York 주는 부정기형을 규정한 법률을 제정하였는데, 동법은 16세 이상 30세 미만의 자에 대하여 형기를 법률에 의해 규정된 상한 즉 법정 장기형으로 제한하고, 실제의 복역기간은 교정원의 장이 결정하도록 규정하고 있었다. 동법은 그 후 대부분의 주에서 제정된 부정기형 법률의 전형이 되었는데, 1900년 11개 주, 1910년 21개 주, 1915년 31개 주, 1922년 37개 주, 1925년 38개 주가 부정기형제도를 도입하기에 이르렀다.[5)]

(3) 독 일

16세기 Karl 5세가 제정한 카롤리나(Carolina) 형법전에 이미 범죄행위가 예견되고, 충분한 보증이 없는 자를 부정기간 감호할 것을 규정하고 있었으며, 1813년 바이에른(Bayern) 형법전에서도 일종의 부정기형을 도입하고 있었다. 그러나 19세기 특별예방이론에 근거하여 범죄인의 사회적 위험성을 양형상 중요한 요소로 보고, 범죄인의 교육개선과 격리를 행형의 목적으로 파악하게 되면서 부정기형이론이 나타나기 시작했다.

리스트(Liszt)는 1882년 Marburg강령에서 범죄란 범죄인의 소질과 환경의 산물이며 범죄인 또한 범죄의 원인이 되므로 범죄에 대한 투쟁의 수단인 형벌은 개개의 범죄인에게 영향을 미쳐야 한다는 목적형사상을 주장하였다. 리스트의 사상은 보안처분의 도입으로 이어졌고, 이후 주로 보안처분과 책임주의를 둘러싼 논쟁을 통하여 부정기형이론이 전개되었다.

바이마르(Weimar)공화국 시대에는 형법개정을 통해 범죄소년에 대한 부정기형제도를 도입하고자 시도했으나 실현되지는 않았다. 그러나 나치정부는 1941년 "소년에 대한 부정기형에 관한 명령"이라는 일종의 법규명령에 의하여 부정기형을 도입하고, 나아가 1943년 제국소년법원법(RJGG) 제정을 통하여 부정기소년형(unbestimmte Jugendstrafe)을 입법화하였다.[6)] 제2차 세계대전 이후 나치의 잔재

---

5) 그러나 1970년대 이후 사회복귀이론은 보수주의자, 자유주의자, 급진주의자 모두로부터 심각한 비판을 받게 되었는데, 주로 양형의 불균형, 부정기형에 따른 석방시기의 불확실성과 구금기간의 연장, 가석방·선행보상에 대한 재량남용 등이 주된 비판내용이었다. 이러한 비판이 제기되게 된 계기로서 교도소의 과밀화, 교도소 폭동, 폭력범죄의 지속적 증가 등을 들 수 있다. 이에 따라 부정기형과 가석방을 폐지하는 주가 늘어났고, 정기형제도에 관심을 돌리게 되었다.

6) Dorner, "Jugendkriminalpolitik im Dritten Reich am Beispiel der unbestimmten

를 청산하기 위해 1953년 소년법원법(JGG)을 제정하였는데, 동법은 소년에 대하여 단기 6월 이상, 장기 4년 이하의 부정기소년형을 규정하였다. 이에 따라 소년법원은 정기소년형과 부정기소년형을 선택적으로 이용할 수 있게 되었다.

그러나 행위책임에 비례하여 형기를 정하는 것이 아니라 교육목적을 위해 행위자의 인격이나 생활태도에 근거하여 석방여부를 결정하는 것은 책임주의 원칙에도 반하고, 또한 석방시기가 불확실하고 수형자가 조기석방을 위해 개선을 위장하게 됨으로써 인권을 침해하는 결과가 된다는 비판이 제기되었고, 실무에서도 부정기소년형을 수년간 전혀 이용하지 않았다. 이로 인해 1990년 제1차 소년법원법개정법률(1.JGG-AndG)에서는 부정기소년형을 폐지하고, 국제적 경향에 일치시켜, 정기형 원칙으로 회귀하였다. 그러나 정기소년형에 대한 보호관찰부 가석방제도를 존치함으로써, 소년의 교화개선에 대한 보상으로 형기단축을 가능하도록 했다.

(4) 일 본

1940년의 "개정형법가안"은 누범에 대하여 장기를 2배 가중하고, 상습누범에 대하여는 장기는 20년, 단기는 처단형 범위 내에서 법관이 정하는 부정기형을 규정하였다. 1961년 "개정형법준비초안"과 1974년 "개정형법초안"에서도 상습누범에 대한 부정기형을 규정하였는데, 처단형 범위 내에서 법관이 장단기를 정하되, 단기는 1년 이상으로 제한했다. 그러나 부정기형제도에 대한 비판이 거세어 성인범에 대한 부정기형은 입법화되지 않았다.

그러나 현행 소년법 제52조는 다음과 같이 소년에 대한 상대적 부정기형을 규정하고 있다. "제52조(부정기형) ① 소년에 대하여 장기 3년 이상의 유기징역 또는 유기금고로써 처단하여야 하는 때에는 그 형의 범위내에서 장기와 단기를 정하여 이를 선고한다. 다만, 단기가 5년을 초과하는 형으로써 처단하여야 하는 때에는 단기를 5년으로 단축한다. ② 제1항의 규정에 의하여 선고할 형에 대하여는 단기는 5년, 장기는 10년을 초과할 수 없다. ③ 형의 집행유예를 선고하는 경우에는 제1항 및 제2항의 규정은 이를 적용하지 아니한다."

Verurteilung"(MschrKrim., 1991), 236면.

(5) 우리나라

우리나라에 근대적인 소년사법제도를 처음으로 도입한 것으로 평가되고 있는 조선소년령(1942.3.24. 제령 제6호)은 제8조에서 "소년에 대하여 장기 3년 이상의 유기징역 또는 금고로 처단하는 때에는 그 형의 범위 내에서 장기와 단기를 정하여 선고하되 단기는 5년을 초과하지 못한다"라고 규정하였다. 해방 이후 1958년 7월 제정된 소년법(1958.7.24. 법률 제489호) 제54조는 "① 소년이 법정형 장기 2년 이상의 유기형에 해당하는 죄를 범한 때에는 그 법정형기의 범위 내에서 장기와 단기를 정하여 선고한다. 단 장기는 10년, 단기는 5년을 초과하지 못한다. ② 형의 집행유예, 형의 선고유예를 선고할 때에는 전항의 규정을 적용하지 아니한다"라고 하여 부정기형을 규정하였다.

그러나 부정기형제도에 대해서는 다음과 같은 비판이 제기되었다.

첫째, 일정한 범죄에 대하여 법정형이 그 하한만을 규정하고 있는 경우 소년이 성인에 비해 양형상 불리하게 된다.[7)]

둘째, 형기의 1/2 이상을 복역한 후 가석방된 경우 소년이 성인에 비해 가석방기간의 종료에 있어서 불리하다.[8)]

셋째, 법정형의 하한이 5년을 초과하는 경우 단기 5년을 선고하기 위해서는 작량감경을 한 결과가 된다. 따라서 명시적인 감경규정을 두는 것이 타당하다.[9)]

넷째, 장기와 단기의 차이에 대하여는 아무런 제한규정이 없다.

다섯째, 소년형법에서만 부정기형을 규정하고 있는 특별한 입법의도가 내용적으로 충족되지 않음으로써 그 정당성이 의심스러워진다.[10)]

1988년의 개정소년법은 제60조를 현행 소년법과 같이 개정하였다.

---

7) 권태호, "소년범에 대한 형벌의 효율성 검토"(청소년범죄연구 제4집, 1986), 39-40면.

8) 정동기, 앞의 논문, 291면.

9) 권태호, 앞의 논문, 41면; 김기두, "소년법상의 제반 문제점과 개정방향"(청소년범죄연구 제3집, 1985), 25면.

10) 배종대, 앞의 논문, 26면.

3. 부정기형의 이론

(1) 부정기형의 이론적 근거

객관주의 범죄이론과 응보형 및 일반예방이론의 입장에서는 형벌의 양은 범죄사실의 경중에 상응하여 정해져야 하기 때문에 정기형 이외의 부정기형은 원칙적으로 인정되지 않는다. 그러나 특별예방주의 및 교육형주의의 입장에서는 형벌의 경중은 객관적인 범죄사실보다도 범죄인의 반사회적 위험성과 교육의 필요에 상응하여 정하여야 하고, 형벌의 개별화에 따른 당연한 귀결로서 부정기형을 인정하게 된다. 부정기형은 사회복귀이념에 따라 범죄인이 교화개선될 때까지 일정한 시설내에 구금함으로써 사회를 보호하고, 또한 다양한 교육과 처우를 통해 범죄인을 신속하게 사회로 복귀시키기 위한 효과적인 수단으로, 사회복귀이론의 중추(backbone)[11)]이다.

사회복귀이론은 범죄환경을 강조하는 입장과 결합할 수도 있으나, 범죄인을 환자로 취급하는 소위 의료모델과 결합하게 되는 경우 자연스럽게 부정기형을 강조하게 된다. 의료모델은 범죄는 일종의 병이고, 전문가에 의해 적절히 진단되면 치료될 수 있다는 전제에 기초하고 있다. 이와 같이 부정기형은 사회복귀이론과 의료모델에 근거하여 범죄인의 사회복귀를 위하여 특성에 알맞은 개별적인 교정처우를 가능하게 하는 데 필수적인 요소로 등장하였다.

(2) 부정기형에 대한 비판이론

1960년대 중반 이후 미국을 위시한 여러 나라에서 사회복귀이념과 치료모델 및 이에 근거한 부정기형에 대해 새로운 회의론이 전개되었다. 비판의 내용은 사회복귀의 비효율성, 양형의 불균형, 부정기형에 따른 석방의 불확실성, 가석방 재량의 남용 등을 들 수 있다.

1) 죄형법정주의에 근거한 비판

첫째, 부정기형제도는 형기의 연장 또는 감축을 교도관에게 맡기는 결과가

11) Mason, "Indeterminate Sentencing: Cruel and Unusual Punishment, or Just Plain Cruel?" (Criminal and Civil Confinement 16, 1990), 89면.

되어 수형자의 개인 인격에 대한 헌법상의 보장을 위태롭게 한다. 또한 법관이 아닌 교정기관이 형기를 연장 또는 감축하는 것은 삼권분립의 원칙에 위배된다.

둘째, 부정기형은 책임의 상한을 초과하는 예방목적의 보안구금을 허용하기 때문에 책임주의에 반한다.

2) 재량권남용에 대한 비판

부정기형제도 나아가 사회복귀모델은 일반적으로 법관, 교도관, 가석방기관 등에 막대한 재량을 부여하는데, 사실상 재량은 항상 남용될 가능성이 있다. 부정기형의 성패는 가석방 및 형집행종료결정을 얼마나 적절하게 실시하는가에 달려 있으나, 수형자의 교화개선 여부나 사회복귀 정도를 결정하는 방법은 기껏해야 원시적이고, 그 신뢰성과 유효성이 매우 약하다.

3) 구금기간연장에 대한 비판

부정기형이 논리필연적으로 중형주의를 내포하는 것은 아니지만, 부정기형이 도입되면서 법정형과 선고형의 형기가 올라가는 경향이 있었다.

4) 정의와 비례성에 근거한 비판

의료모델에 따라 범죄인은 환자이며, 따라서 범죄인을 처벌할 것이 아니라 치료해야 한다고 할 경우 치료는 형벌과 달리 정의에 의해 구속되지 않으며, 공정성보다는 효율성이 중요한 원리가 된다. 그러나 1960년대 이후 입법자, 법관, 학자들은 정의관념에 대해 관심을 갖게 되었고, 자유형에 있어 구금기간의 결정을 치료가능성과 위험성 판단에 의존할 것인가 또는 정의와 비례성의 원칙에 따를 것인가를 심각히 고려하게 되었다.[12)]

(3) 부정기형의 정당성

부정기형에 대한 다양한 갈래의 비판에도 불구하고 부정기형제도는 다음과 같은 논거들에 의해 정당화될 수 있다.

---

12) 모리스(Morris)는 사회복귀이론은 "고상한 거짓말(noble lie)"에 불과하다고 한다(Noval Morris, *The Future of Imprisonment*, 1974, 59면 및 73-75면).

첫째, 부정기형은 행형목적인 사회복귀이념을 완전하게 실시할 수 있도록 허용한다. 부정기형은 비자발적으로 구금된 수형자들이 사회복귀를 위해 자발적으로 노동하도록 동기를 부여하는 가장 좋은 수단이며, 이러한 동기부여는 대부분의 사회복귀 프로그램의 효율적 시행을 위한 전제요건이고, 시설내의 질서를 유지하는 데 도움이 된다.

둘째, 부정기형은 구금기간에 대한 결정을 교정전문가에게 맡김으로써, 법관에 의한 형선고시보다 더 많은 증거에 기초하여 최종적 판단을 내리도록 한다.

셋째, 부정기형은 법률에서 장기와 단기의 범위를 규정하고 있고, 법원의 판결에 의한 것으로, 교정기관은 법률 또는 판결에 따라 일정한 장기와 단기 사이에서 형을 집행함에 불과하기 때문에 부정기형이 입법권이나 사법권을 침해하는 것은 아니다.

넷째, 부정기형은 범죄인을 불필요하게 구금하는 것을 예방하고, 또한 명백히 사회복귀할 준비가 되어 있지 않은 범죄인을 석방하는 것을 예방함으로써, 구금기간에 대한 결정이 범죄인의 사회복귀와 사회의 안전을 충분히 조화시키는 선에서 이루어질 수 있게 한다.

다섯째, 부정기형은 특히 소년형사사법분야에서는 그 정당성이 필연적으로 인정될 수밖에 없다. 소년범죄인의 처우에 있어서는 소년의 개선, 교육 및 사회복귀 목표가 다른 어느 목표보다 우선하기 때문이다. 현행 소년법 제1조도 소년의 건전육성이란 목표를 선언하고 있다. 이러한 목표를 달성하는 데에는 정기형보다는 부정기형이 더 적합한 수단이라고 할 수 있다.

4. 소년법상의 부정기형제도

(1) 부정기형의 선고

1) 관할법원

부정기형의 선고는 소년에 대한 형사사건을 심리한 법원에서 행한다. 소년형사사건의 관할에 대하여 소년법에 특별한 규정이 없기 때문에 일반형사사건의 예에 의하는데(법 제48조), 형사소송법의 관련 규정이 적용되어 일반형사법원이 관할권을 가진다. 이는 소년보호사건의 경우 소년법원(가정법원소년부 또는 지방법원소년부)이 관할권을 가지는 것(법 제3조)과 대비된다.

2) 재판절차

부정기형은 공판절차를 거친 다음 선고되는데, 소년형사사건의 심리는 친절하고 온화하게 해야 하며, 소년의 심신상태, 성행, 경력, 가족상황 기타 환경 등에 대하여 정확한 사실을 규명함에 특별한 유의를 하여야 한다(법 제58조). 법원은 소년형사사건에 관한 필요사항의 조사를 조사관에게 위탁할 수 있다(법 제56조).

3) 적용요건

㈎ 피고인이 판결선고시 소년일 것

부정기형은 피고인이 소년인 경우 그의 개선가능성을 행형에서 고려하기 위하여 선고하는 것이기 때문에, 부정기형을 선고하기 위해서는 피고인이 범행시뿐만 아니라 판결선고시에도 소년이어야 한다. 제1심에서 소년이기 때문에 부정기형을 선고받은 자가 항소심 계속중 성년에 달한 경우 원판결을 파기하고 정기형을 선고해야 한다(대판 1966.3.3, 65도1229; 대판 1971.3.9, 71도1).

이와 같이 부정기형을 정기형으로 변경하는 경우 불이익변경금지의 원칙이 적용되는데, 불이익 여부를 부정기형의 무엇을 기준으로 하는가에 대하여 학설은 장기설, 단기설, 중간위설로 대립하고 있으나 판례는 단기설을 따르고 있다(대판 1959.8.21, 4292형상242; 대판 1969.3.18, 69도114). 한편 제1심의 판결선고시 소년인 피고인이 항소심 판결선고 후 20세에 달한 경우라고 해도, 상고심에서는 부정기형을 선고한 항소심 판결을 파기할 수 없다(대판 1983.4.26, 83도534; 대판 1986.12.9, 86도2181).

피고인에 대하여 소년으로 사실인정을 하면서도 정기형을 선고한 경우, 그 판결은 법령위반이 되어 상소심에서 파기되어야 하고, 판결확정 후에는 비상상고의 대상이 된다. 그런데 피고인의 연령에 대한 사실오인으로 말미암아 결과적으로 법령위반의 판결이 내려진 경우에도 비상상고가 가능한가에 대하여 판례는 피고인의 연령을 오인하여 소년에 대하여 정기형을 선고하거나, 성인에 대하여 부정기형을 선고한 때에는 비상상고가 가능하다고 한다(대판 1963.4.4, 63도1, 대판 1963.4.11, 63도2).

(나) 법정형 장기 2년 이상의 유기형에 해당하는 죄를 범했을 것

부정기형은 소년이 법정형 장기 2년 이상의 유기형에 해당하는 죄를 범한 경우 선고할 수 있다. 따라서 법정형이 사형, 무기징역 또는 장기가 2년 미만의 유기형에 해당하는 죄를 범한 경우는 물론 법정형 중에서 무기징역을 선택한 후 작량감경한 결과 피고인에게 유기징역을 선고하게 되었을 경우에는 피고인이 소년이라 하더라도 부정기형을 선고할 수 없다(대판 1983.4.26, 83도210). 그러나 사형, 무기형 등이 선택형으로 법정되어 있는 경우라도 실제로 선택된 형이 장기 2년 이상의 유기형일 때에는 부정기형을 선고하여야 한다(대판 1967.1.31, 66도1731).

(다) 실형이 선고될 것

피고인에게 실형이 아닌 형의 집행유예 또는 형의 선고유예를 선고할 때에는 부정기형을 선고할 수 없다(법 제60조 제3항). 부정기형은 행형단계에서 수형자의 자발적인 교화개선을 촉구하는 효과를 위한 것이므로, 현실적으로 형의 집행을 목적하지 않는 형의 집행유예 또는 형의 선고유예를 선고할 때에는 무의미하기 때문이다.

4) 선고형의 장단기

(가) 선고형이 처단형의 범위 내일 것

소년에 대해 부정기형을 선고하는 때에는 장기와 단기를 정하여 선고해야 하며, 부정기형의 장단기는 처단형의 범위 내에서 결정해야 한다(법 제60조 제1항 본문). 즉 부정기형의 선고시 "그 형의 범위 안에서" 장기와 단기를 정한다는 것은 법정형의 장기와 단기의 범위가 아니라 법률상 가감 및 작량감경한 처단형의 장기와 단기의 범위를 기준으로 한다는 의미이다. 1988년 소년법개정법률안의 설명자료에서도 구소년법 규정상 '법정형기'라는 것은 처단형을 일컫는 것이 명백함에도, 법정형이라는 용어를 사용하는 오류를 범하여 의문의 소지가 있으므로 "그 형의 범위 안에서"라고 개정한 것이라고 한다.

(나) 선고형이 장기 10년, 단기 5년 이하일 것

부정기형의 장기는 10년, 단기는 5년을 초과할 수 없다(법 제60조 제1항 단서). 법정형의 하한이 5년을 초과하는 경우에는, 소년의 특성에 비추어 상당하다고 인정되는 때에는 그 형을 감경할 수 있다는 규정(동조 제2항)에 의해 법률상 감경과 작량감경을 하지 않고도 단기를 5년 이하로 감경할 수 있다.

장기와 단기 가운데 어느 것이 본래의 형이며, 그 결정의 구체적 기준이 무엇인가에 대해서 소년법에는 아무런 규정이 없다. 실무상으로는 장기에 중점을 두는데, 이는 부정기형의 집행이 주로 장기를 기준으로 하고 있다는 점과 정기형을 선고받는 성인과의 형의 균형을 고려하기 때문이라고 한다.[13)]

장기와 단기간에 어느 정도의 차이를 두어야 하는가에 대해서도 소년법은 아무런 규정을 두고 있지 않다. 소년형사사건에 있어서 부정기형의 선고실태를 보면 장기 1년 이하일 때에는 2월 내지 4월의 차이를 두고 있으며, 단기가 1년 이상 3년 미만일 경우 6월, 3년 이상 5년 미만일 경우 1년, 5년일 경우 2년 이상의 차이를 두고 있다.

(2) 부정기형의 집행

1) 수용시설

교도소에는 만 20세 이상의 수형자를 수용하고, 소년교도소에는 만 20세 미만의 수형자를 수용해야 한다(행형법 제2조 제1, 2항). 그러나 교도소 또는 소년교도소의 장이 특별한 사정이 있다고 인정할 때에는 6월을 초과하지 아니하는 기간에 한하여 예외가 인정되는데(동법 제3조 제3항), 이 경우에도 성년과 소년을 분리수용해야 한다(동조 제4항). 부정기형을 선고받은 소년수형자는 원칙적으로 소년교도소에 수용된다. 즉 징역 또는 금고의 선고를 받은 소년에 대하여는 특히 설치된 교도소 또는 일반교도소 내에 특히 분계된 장소에서 그 형을 집행하고, 다만 소년이 형의 집행중에 23세에 달한 때에는 일반교도소에서 집행할 수 있다(법 제63조).

2) 교정처우

부정기형을 선고받은 소년수형자에 대하여 형을 집행함에 있어서는 소년법 이외에 행형법의 제 규정이 적용된다. 행형법 및 동 시행령은 소년에 대한 몇 개의 특별규정을 두고 있다.

소년교도소장은 소년수형자를 개별적으로 심사분류하여 그에 상응하는 처

---

13) 보안관찰법시행령 제3조와 1992년 형법개정법률안 제94조 3호는 부정기형이 선고된 경우에는 그 단기를 형기로 계산한다고 규정하고 있다.

우를 해야 한다(행형법 제44조 제1항). 이를 분류처우라고 한다. 소년에 대해서도 누진처우가 적용된다. 누진처우란 수형자의 자발적인 개선노력을 촉진하고, 소내질서를 유지하기 위하여, 교정성적에 따라 자유의 제한이나 편의의 제공 등에 차등을 두는 것을 말한다. 부정기형을 선고받은 소년수형자에 대한 누진처우는 책임점수를 산정할 때 단기형을 기준으로 한다.

소년수형자는 인격적으로 성숙과정에 있고 개선가능성이 많기 때문에 성인수형자와는 달리 처우를 하여야 하며, 소년의 특성에 따라 알맞은 교화수단이 요청된다.

(3) 부정기형의 종료

부정기형은 단기만기일 또는 단기만기 후 장기만기 전 부정기형집행종료결정이 있는 경우 또는 장기의 경과로 인한 형기종료가 있는 경우에 종료된다. 가석방된 소년수형자가 그 형의 단기가 경과하고 보호관찰의 목적을 달성하였다고 인정되는 때에는 소년법 제66조에 정한 기간 전이라도 보호관찰심사위원회는 보호관찰소의 장의 신청에 의하여 또는 직권으로 형의 집행을 종료한 것으로 결정할 수 있다(보호관찰 등에 관한 법률 제50조 제1항).

부정기형집행종료결정에 의하여 수형자를 석방하는 경우에는 만기석방증을 교부한다.

소년으로 범한 죄에 의하여 형의 선고를 받은 자가 그 집행을 종료하거나 집행의 면제를 받은 때에는 자격에 관한 법령의 적용에 있어서는 장래에 향하여 형의 선고를 받지 아니한 것으로 간주한다(법 제67조).

5. 가석방에 관한 특칙

(1) 가석방요건

소년수형자에 대한 가석방의 요건은 성인의 경우[14]에 비하여 완화되어 있

14) 성인의 경우 무기에 있어서는 10년, 유기에 있어서는 형기의 3분의 1 이상을 경과하고

다. 소년수형자에 대하여는 ① 무기형에는 5년, ② 15년의 유기형에는 3년, ③ 부정기형에는 단기의 1/3의 기간을 경과하고(법 제65조), 교정성적이 양호하고 재범의 위험성이 없다고 인정되는 때에는(보호관찰 등에 관한 법률 제22조) 가석방을 허가할 수 있다.

(2) 가석방절차

소년수형자에 대한 가석방의 절차는 소년교도소장의 기간경과통보 또는 가석방심사신청, 보호관찰위원회의 가석방심사·결정, 법무부장관의 허가, 소년교도소장의 석방의 순으로 진행된다.

1) 기간경과통보

교도소·구치소·소년교도소의 장은 징역 또는 금고의 형의 선고를 받은 소년(이하 소년수형자라 한다)이 소년법 제65조의 기간을 경과한 때에는 당해 교도소·구치소·소년교도소의 소재지를 관할하는 심사위원회에 그 사실을 통보하여야 한다(보호관찰 등에 관한 법률 제21조 제1항). 교도소 또는 구치소의 장에게 기간경과통보의 의무가 있는 이유는 소년이 구속재판을 통해 부정기형을 선고받고 소년교도소로 이송되기 전에 이미 미결구금일수의 산입에 의해 가석방에 필요한 기간이 경과한 경우가 있기 때문이다.

2) 가석방심사신청

교도소·구치소·소년교도소의 장은 소년법 제65조의 기간을 경과한 소년수형자에 대하여 교정성적이 양호하고 재범의 위험성이 없다고 인정되는 때에는 관할심사위원회에 가석방의 심사를 신청할 수 있다. 가석방신청에 있어서는 보호관찰 등에 관한 법률 제26조 및 제27조의 보호관찰소의 환경조사 및 환경개선활동 결과[15]를 고려하여야 한다(보호관찰 등에 관한 법률 제22조).

행장이 양호하고, 개전의 정이 현저할 것이 요건이다(형법 제72조).

15) 보호관찰 등에 관한 법률 제26조(환경조사) ① 수용기관의 장은 소년수형자 및 소년법 제32조 제1항 제6호·제7호의 보호처분을 받은 자(이하 "수용자"라 한다)를 수용한 때에는 지체없이 거주예정지를 관할하는 보호관찰소의 장에게 신상조사서를 송부하여 환경조사를 의뢰하여야 한다.
② 제1항의 규정에 의하여 환경조사를 의뢰받은 보호관찰소의 장은 수용자의 범죄 또는

일반교도소에는 성인수형자에 대한 가석방을 법무부장관에게 구신하게 하기 위하여 반드시 가석방심사위원회를 두어야 하는데(행형법 제49조), 소년교도소에도 소장 및 각 과장들이 참여하는 가석방심사위원회를 두고 있다.

3) 가석방 심사 · 결정

보호관찰심사위원회는 소년교도소장 등의 가석방심사신청이 있는 때에는 소년수형자에 대한 가석방의 적부를 심사하여 결정한다. 보호관찰심사위원회는 소년교도소장 등의 기간경과통보가 있는 소년수형자에 대하여는 소년교도소장 등의 가석방심사신청이 없는 경우에도 직권으로 가석방 및 가퇴원의 적부를 심사하여 결정할 수 있다. 보호관찰심사위원회는 제1항 또는 제2항의 규정에 의하여 소년수형자에 대한 가석방의 적부를 심사하는 때에는 보호관찰의 필요성 여부를 심사하여 결정한다. 보호관찰심사위원회는 가석방 심사 · 결정을 함에 있어서는 본인의 인격 · 교정성적 · 직업 · 생활태도 · 가족관계 및 재범위험성 등 모든 사정을 고려하여야 한다(보호관찰 등에 관한 법률 제23조).

4) 가석방 허가

보호관찰심사위원회는 가석방심사 결과 가석방이 적합하다고 결정한 경우 및 보호관찰 필요여부 심사결과 보호관찰이 필요없다고 결정한 경우에는 결정서에 관계서류를 첨부하여 법무부장관에게 이에 대한 허가를 신청하여야 하며, 법무부장관은 심사위원회의 결정이 정당하다고 인정되는 때에는 이를 허가할 수 있다(보호관찰 등에 관한 법률 제25조).

비행의 동기, 수용전의 직업, 생활환경, 교우관계, 가족상황, 피해회복여부, 생계대책 등을 조사하여 수용기관의 장에게 통보하여야 한다. 이 경우 필요하다고 인정하는 때에는 수용자를 면담하거나 관계인을 소환하여 심문하거나 소속보호관찰관으로 하여금 필요한 사항을 조사하게 할 수 있다.

제27조(환경개선활동) ① 보호관찰소의 장은 제26조의 규정에 의한 환경조사결과에 따라 수용자의 건전한 사회복귀를 촉진하기 위하여 필요하다고 인정하는 때에는 본인 · 가족 · 관계인의 동의 또는 협력을 얻어 본인의 환경개선을 위한 활동을 할 수 있다.

② 보호관찰소의 장은 제1항의 규정에 의한 환경개선활동을 위하여 필요하다고 인정하는 때에는 수용기관의 장에게 수용자의 면담 등 필요한 협조를 요청할 수 있다.

③ 보호관찰소의 장은 제1항의 규정에 의한 환경개선활동의 실시결과를 수용기관의 장과 수용기관의 소재지를 관할하는 심사위원회에 통보하여야 한다.

5) 보호관찰

소년수형자가 가석방된 때에는 가석방 전에 집행된 기간과 동일한 기간 동안 보호관찰을 받는다(법 제66조, 보호관찰 등에 관한 법률 제30조 제3호). 보호관찰은 보호관찰대상자의 주거지를 관할하는 보호관찰소 소속 보호관찰관이 담당한다(보호관찰 등에 관한 법률 제31조).

준수사항, 보호관찰의 가해제, 보호관찰의 정지 등은 보호처분이나 보호관찰부 집행유예 등에서와 같다.

보호관찰기간이 경과하거나, 가석방이 취소·실효된 때, 보호관찰심사위원회의 가석방집행종료결정이 있는 때[16]에는 보호관찰이 종료된다(보호관찰 등에 관한 법률 제51조).

6) 가석방의 종료, 취소 및 실효

징역 또는 금고의 선고를 받은 소년이 가석방된 후 그 처분이 취소되지 아니하고 가석방 전에 집행을 받은 기간과 동일한 기간을 경과한 때에는 형의 집행을 종료한 것으로 한다. 다만, 소년법 제59조의 형기(사형·무기형의 완화에 의한 15년의 유기징역) 또는 제60조 제1항(부정기형)의 규정에 의한 장기의 기간이 먼저 경과한 때에는 그 때에 형의 집행을 종료한 것으로 한다(법 제66조).

보호관찰심사위원회는 가석방된 자가 보호관찰기간 중 보호관찰의 준수사항을 위반하고 그 정도가 무거워 보호관찰을 계속함이 적합하지 아니하다고 판단되는 때에는 보호관찰소장의 신청에 의하여 또는 직권으로 가석방의 취소를 심사하여 결정할 수 있다. 보호관찰심사위원회는 심사결과 가석방을 취소함이 적합하다고 결정한 때에는 결정서에 관계서류를 첨부하여 법무부장관에게 이에 대한 허가를 신청하여야 하며, 법무부장관은 심사위원회의 결정이 정당하다고 인정되는 때에는 이를 허가할 수 있다(보호관찰 등에 관한 법률 제48조).

가석방 중 고의로 인한 죄로 금고 이상의 형의 선고를 받아 그 판결이 확정된 때에는 가석방처분은 효력을 잃는다(형법 제74조).

16) 보호관찰 등에 관한 법률 제50조 제1항: 소년법 제60조 제1항의 규정에 의하여 형의 선고를 받은 후 가석방된 자가 그 형의 단기가 경과하고 보호관찰의 목적을 달성하였다고 인정되는 때에는 동법 제66조에 정한 기간 전이라도 심사위원회는 보호관찰소의 장의 신청에 의하여 또는 직권으로 형의 집행을 종료한 것으로 결정할 수 있다.

6. 미결구금일수의 산입

소년법 제18조 제1항 제3호(소년분류심사원에 위탁하는 것)의 조치가 있었을 때에는 그 위탁기간은 형법 제57조 제1항[17]의 판결선고전 구금일수로 본다(법 제61조).

7. 환형유치의 금지

벌금형을 선고받은 18세 미만의 소년에 대하여는 형법 제70조의 규정에 의한 유치선고를 하지 못한다(법 제62조 본문). 18세 미만의 소년이 벌금을 납부하지 못한 경우 노역장에 유치하게 되면 시설내처우에 의한 악풍감염의 우려가 있으므로 이를 방지하기 위해 둔 규정이다.

다만, 판결선고전 구속되었거나 제18조 제1항 제3호(소년분류심사원에 위탁하는 것)의 조치가 있었을 때에는 그 구속 또는 위탁의 기간에 해당하는 기간은 노역장에 유치된 것으로 보아 형법 제57조의 규정을 적용할 수 있다(동조 단서). 이는 소년분류심사원이 소년을 구금하는 기능을 하고 있음을 부인할 수 없으므로 이 기간을 구금된 기간으로 보아 벌금액을 상각시켜 주는 것이다.

---

17) 형법 제57조 (판결선고전 구금일수의 통산) ① 판결선고전의 구금일수는 그 전부 또는 일부를 유기징역, 유기금고, 벌금이나 과료에 관한 유치 또는 구류에 산입한다. ② 전항의 경우에는 구금일수의 1일은 징역, 금고, 벌금이나 과료에 관한 유치 또는 구류의 기간의 1일로 계산한다.

제16장 행형에 관한 특칙

오늘날 소년범죄자는 비행을 저지르기 시작한 연령대가 낮아지고, 대담하고 경거망동하며 뒷일의 결과를 고려하지 않는다는 특징을 찾을 수 있고, 그 현상이 갈수록 심화되어 심각한 우려를 자아내고 있다.

특히 교정시설에 수용되어 사회와 격리되어 있는 소년수형자들은 소년범죄자 중에서도 가장 큰 문제점을 지니고 있어 개선교화가 가장 어려운 소년이라는 점에는 이론이 없다. 그러나 이들도 결국은 사회에 복귀하여야 하기 때문에 이들의 문제를 결코 소홀하게 다루어서는 안 될 것이며 오히려 그 문제점이 크면 큰 만큼 그에 대한 집중적인 노력을 기울여 이들을 개과천선케 함으로써 전문적인 범죄자로 전이되는 것을 막고, 아울러 범죄로부터 사회를 지킬 수 있도록 하여야 한다.

소년범죄자는 그 범죄주체의 특수성 즉, 성장발육기 내지 인격형성 단계에 있다는 점에서 입법·사법·행형의 모든 면에서 일반 성인범죄인과 구별하여 보호와 처우를 꾀하고 있다. 실형을 선고받은 소년은 성인과 구별하여 소년교도소에 수용하여 처우를 행하며, 부정기형의 경우 교정성적 등을 고려하여 장기형기 만료 전에 가석방하기도 한다.

Ⅰ. 집행절차의 특징

1. 자유형의 분리집행

자유형(自由刑)이란 수형자의 신체의 자유를 박탈하는 형벌을 말한다. 현행 형법상 자유형에는 징역형과 금고형, 구류의 세 가지 형태를 규정하고 있다(형법 제41조 제2, 3, 7호).

징역(懲役)은 수형자를 교정시설 내에 구치하고 정역(定役)에 복무하게 하는 것을 그 내용으로 하는 형벌이다. 금고(禁錮)는 수형자를 교정시설 내에 구치하지만, 정역에 복무하게 하지 않는 형벌이다. 정역에 복무하게 하지 않는 점에서 징역과 다르지만, 수형자의 신청이 있으면 작업을 하도록 할 수 있다(행형법 제38조). 구류(拘留)도 자유형이기 때문에 그 본질에 있어서는 징역과 금고와 같으나 형기가 1일 이상 30일 미만의 단기라는 점에서 구별된다.

징역형은 자유형 가운데 가장 무거운 형벌이고, 유기징역과 무기징역의 두 종류가 있다. 유기징역은 1월 이상 15년 이하의 기간이며, 가중하는 경우에 25년까지 가능하다. 무기징역은 기한이 없지만 10년이 경과한 후에는 가석방이 가능하다(형법 제72조 제1항). 다만 죄를 범할 때에 18세 미만의 소년에 대하여는 무기형으로 처하여야 할 경우 15년의 유기징역으로 하고(법 제59조), 소년이 법정형 장기 2년 이상의 유기징역이나 금고에 해당하는 죄를 저지른 때에는 그 형의 범위 안에서 장기와 단기를 정하여 부정기형을 선고하되 장기는 10년, 단기는 5년을 초과하지 못하도록 하고 있다(법 제60조 제1항).

징역 또는 금고형의 선고를 받은 소년에 대하여는 특히 설치된 교도소 또는 일반교도소 내에 특히 분계된 장소에서 그 형을 집행한다.

현재 소년수형자를 위하여 설치된 교도소로는 천안교도소만이 있다. 2004년 12월 31일 이전에는 김천교도소도 소년을 수용하는 소년교도소이었으나, 2004년 직제개편으로 20세 이상 25세 이하의 남자수형자 및 여자수형자를 수용하고 있어, 현재에는 천안교소 한 곳만이 소년교도소로 운영되고 있다.

소년수형자를 일반교도소 내의 분계된 장소에서 집행하는 경우는 잔형기가 6개월 미만인 경우, 여죄가 있는 경우, 환자인 경우 등 교도소장이나 소년교도소장이 특별한 사정이 있다고 인정되는 때로서, 6월을 초과하지 않는 기간에 한한다(행형법 제3조 제3항).

소년이 형의 집행 중에 23세에 달한 때에는 일반교도소에서 집행할 수 있다(법 제63조). 그리고 소년이 보호처분의 계속 중에 징역, 금고 또는 구류의 선고를 받은 경우에는 먼저 그 형을 집행한다(법 제64조). 소년분류심사원에서의 위탁기간은 형법상 판결선고전 구금일수로 본다(법 제61조).

소년교도소는 무엇보다 그 기능의 특성화가 필요하다. 그것은 소년교도소의 학교화 내지 청소년들의 심신단련의 장이 되어야 한다는 것을 말한다. 현재 각 소년교도소에서는 14세 이상 20세 미만의 소년과 소년처우중 성년이 된 20세 이상 23세 미만의 수형자를 수용하고 있다. 그러나 이들을 한 시설에서 획일적인 처우를 하는 것은 불합리하다 하겠다. 소규모의 소년교도소를 증설하여 보다 세분화된 분류에 의거 소년수형자를 수용해야 할 것이다.

2. 보호처분과 형의 집행

소년의 보호처분은 그 소년의 장래의 신상에 어떠한 영향도 미치지 아니한다(법 제32조 제5항). 이와 달리 형사재판에서 사형, 무기징역, 무기금고의 판결을 받은 자는 일정한 자격을 상실하고(형법 제43조 제1항), 유기징역 또는 유기금고의 판결을 받은 자는 그 형의 집행이 종료하거나 면제될 때까지 일정한 자격이 정지된다(동법 제43조 제2항). 금고 이상의 형을 받은 사실이 누범가중(동법 제35조), 집행유예의 배제(동법 제62조 제1항 단서), 집행유예의 실효(동법 제63조), 집행유예의 취소(동법 제64조) 등의 요건으로 된다.

그러나 보호처분을 받은 사실은 형사재판에서 상습성을 인정하는 자료가 될 수 있다.[1] 소년법원송치처분을 받은 사실을 공소장에 기재하는 것은 피고인을 특정할 수 있는 사항으로 보아 허용된다고 한다.[2]

범죄경력조회의 가장 전형적인 방법은 경찰청에서 관리하는 수사자료표를 열람하는 것인데, 즉결심판대상자 또는 사법경찰관이 수리한 고소 또는 고발사

1) 대판 1990.6.26, 90도887; 대판 1989.12.12, 89도2097; 대판 1973.7.24, 73도1255; 대판 1973.8.31, 73도1366; 대판 1983.12.13, 83도2418; 대판 1986.7.8, 86도963.

2) 대판 1990.10.16, 90도1813.

건중 불기소처분사유에 해당하는 사건의 피의자를 제외한 모든 피의자에 대하여 수사자료표가 작성된다(형의 실효 등에 관한 법률 제5조 제1항). 따라서 피의소년 또는 피고소년이 소년법원에 송치되어 소년보호사건으로 처리된 경우에도 전과기록인 수사자료표에 관련 사항이 기재되고, 이는 사실상 장래의 신상에 불리한 영향을 미치게 된다.

보호처분의 계속 중에 징역, 금고 또는 구류의 선고를 받은 소년에 대하여는 먼저 그 형을 집행한다. 이는 보호처분을 보안처분의 일종으로 본다면, 이것은 보안처분 이원주의에 근거한다고 할 수 있다.

3. 가석방조건 및 가석방기간의 완화

가석방이라 함은 수형자의 사회복귀를 촉진시키기 위하여 징역 또는 금고형의 집행중에 있는 자 중 그 행장이 양호하여 개전의 정이 현저한 자에 대하여 그 형의 집행기간이 종료하기 전에 석방하는 행정처분을 말한다.

형법 제72조는 "징역 또는 금고의 집행중에 있는 자가 그 행장이 양호하여 개전의 정이 현저한 때에는 무기에 있어서는 10년, 유기에 있어서는 형기의 3분의 1을 경과한 후 행정처분으로 가석방을 할 수 있다"고 가석방의 요건을 정하고 있다.

그러나 징역 또는 금고의 선고를 받은 소년에 대하여는 무기형에는 5년, 15년의 유기형에는 3년, 부정기형에는 단기의 3분의 1 기간을 경과하면 가석방을 허가할 수 있다(법 제65조).

성인수형자의 경우는 가석방요건을 구비한 수형자를 자체 가석방심사위원회의 심사를 거쳐 법무부장관에게 신청하게 되는 데 반하여 소년수형자는 보호관찰법 제28조 제1항에 의거 소재지 관할 보호관찰심사위원회에 가석방심사신청을 한다. 그리고 보호관찰법 제27조 제1항에 의거 소년수형자의 형기가 소년법 제65조에 명시한 기간을 경과한 때에는 동 위원회에 통보하도록 되어 있다.

성인수형자는 가석방의 처분을 받은 후 처분의 실효 또는 취소됨이 없이 무기형에 있어서는 10년, 유기형에 있어서는 잔형기를 경과한 때에는 형의 집행을 종료한 것으로 간주하게 된다(형법 제76조 제1항). 소년의 경우는 소년법 제66조에 의거 가석방된 후 그 처분이 취소되지 아니하고 가석방 전에 집행을 받은 기간과 동일한 기간을 경과한 때에는 형의 집행을 종료한 것으로 한다. 다만, 소년법 제59조(사형, 무기형의 완화)의 기간 또는 제60조 제1항(부정기형)의 규정에 의한 장기의 기간이 먼저 경과한 때에는 그 때에 형의 집행을 종료한 것으로 한다(법 제66조).

4. 기타 특칙

(1) 자격에 관한 법령의 적용

형의 선고를 받은 자가 그 집행을 종료하거나 집행의 면제를 받은 때에는 자격에 관한 법령의 적용에 있어서는 장래에 향하여 형의 선고를 받지 아니한 것으로 본다(법 제67조).

전과로 인한 소년의 자격상실이나 자격정지는 갱생의 기회를 막는 결과를 야기하기 때문에 이를 방지하기 위한 것이다.

(2) 보도금지

조사 또는 심리 중에 있는 보호사건 또는 형사사건에 대하여 성명, 연령, 직업, 용모 등에 의하여 그 자가 당해 본인으로 추지할 수 있는 정도의 사실이나 사진을 신문지 기타 출판물에 게재 또는 방송할 수 없다. 이에 위반한 때에는 신문지에 있어서는 편집인과 발행인, 기타 출판물에 있어서는 저작자와 발행자, 방송에 있어서는 방송편집인과 방송인을 1년 이하의 징역이나 금고 또는 300만원 이하의 벌금에 처한다(법 제68조).

(3) 조회응답의 금지

소년보호사건과 관계있는 기관은 그 사건 내용에 관하여 재판, 수사 또는 군사상 필요한 경우외의 어떠한 조회에도 응하여서는 아니된다. 이에 위반한 자는 1년 이하의 징역 또는 100만원 이하의 벌금에 처한다(법 제70조).

Ⅱ. 처우상 특징

소년교도소의 소년수형자에 대한 처우는 일반 성인의 경우와 크게 다를 바 없다. 다만 다음과 같은 특이점을 찾을 수 있다.

교정시설에서의 교정교육은 수형자의 개선 및 갱생과 사회복귀를 촉진시키기 위하여 행하는 교화활동으로서 교도작업과 함께 매우 중요한 기능을 수행하고 있다. 더욱이 한참 자라나고 있는 소년들을 수용하고 있는 소년교도소에 있어서 교육의 중요성은 아무리 강조해도 지나치지 않다. 특히 행형법 제32조 제1항은 "무교육자 또는 소년수형자에 대하여는 연령, 지식정도 기타 사정을 참작하여 그에 상응한 교육을 실시하여야 한다"라고 하여 소년수형자에 대한 교육을 강조하고 있다. 따라서 소년교도소에 있어서의 교육의 중요성은 성인교도소보다 훨씬 더 크다고 할 수 있다.

교정교육에는 학과교육, 생활지도교육, 정서교육 등 협의의 교육과 각종 교회 및 직업훈련 등을 포함하는 광의의 교육이 있으나 여기서는 협의의 교육을 살펴보기로 한다.

(1) 학과교육

수형자에 대한 학과교육은 구금으로 인한 학업중단 사례를 방지하고 지적능력을 개발 · 배양시켜 인격도야와 개과천선을 촉진하는 데 그 목표를 두고 있다.

소년교도소에서는 수형자 등 교육규칙(법무부령 제237호)에 따라 초등과, 중등과, 고등과의 각 과정을 두어 학과교육을 실시하고 있다.

이외에 방송통신고등학교와 검정고시반을 운영하고 있다. 방송통신고등학교는 교육부에서 인정하는 정규 고등학교 과정으로서 소년수형자에게 구금으로 인한 학업중단의 폐해를 방지하고 면학을 통한 개선을 촉진함으로써 사회에서 필요로 하는 청소년으로 육성하기 위하여 설치 · 운영하고 있으나, 그 교육기간이 3년이기 때문에 단기형 수형자가 대부분인 소년교도소에서는 대상자 선발에 많은 어려움을 안고 있고, 또 학생 상호간에 실력의 격차가 심하여 교육진행에 많은 어려움을 겪고 있는 실정이다. 한편 소년수형자 중 교정시설 내에서 초·중·고등학교 교육과정을 이수한 자에 대하여 공인학력을 취득할 수 있도록 검정고시반을 편성하여 이들에게 학습에 필요한 문방구를 지급하고 교도소 내에서 자율학습을 할 수 있게 하고 있다. 이들에게는 별도의 거실을 지정하고 작업을 면제시켜 주는 등의 혜택을 부여하여 면학분위기를 조성하고 지도교사에 의한 집중지도를 실시하고 있다.

(2) 생활지도교육

생활지도교육은 소년수형자의 건전한 수용생활자세를 확립하여 자립개선의지를 고취하고 사회생활에 필요한 여러 가지 지식, 정보를 제공함으로써 건전한 사회복귀를 위하여 실시하는 교육이다.

신입 소년수형자에게 소내 생활전반에 대한 안내 및 규율준수의 계도, 처우의 내용 등을 소개하여 구금으로 인한 공포심 및 초조감을 해소하고 자기성찰을 통한 명랑하고 안정된 수용생활을 영위하도록 하기 위한 신입자 생활지도교육과, 소년수형자에게 수용생활중 실시한 각종 교정교육의 수용실태를 재확인 점검하고 자성과 성찰의 기회를 부여함으로써 교육효과를 고양하며 사회생활에 필요한 정보와 지식을 제공하는 등 사회복귀준비를 위하여 석방이 임박한 전 수용자를 대상으로 하는 석방자 생활지도교육이 있다.

(3) 정서교육

소년수형자로 하여금 정신적으로 불안정하고 초조한 심정을 순화하고 정서적 안정을 기하여 보다 명랑한 수용생활을 영위할 수 있도록 정서교육을 실하고 있다. 정서교육에는 체육대회개최, 건전가요 경연대회, 웅변대회, 영화 및 VTR 상영, 문예작품 발표회, 독후감 발표회 등 다양한 프로그램을 마련하여 운영하고 있다.

(4) 교화활동

학과교육 등 각종의 교정교육 외에 소년수형자들의 사회생활 적응능력을 고양하여 사회복귀를 용이하게 할 목적으로 각종 교화행사를 실시하고 있다. 대표적인 교화행사에는 수용자 합동생일축하회, 사회견학, 교화방송, 종교·교화위원에 의한 교화활동 및 종교지도, 소년단활동, 복지담당관제 운영, 소내신문 발간, 권투부·악대부·연극부 등 특별활동 등을 들 수 있다.

제 4 편

소년사법에 관한 국제준칙

국제화의 진전과 국제인권법의 형성을 배경으로 소년사법의 영역에 있어서도 국제준칙이 형성되었고, 이에 따라 각국의 소년사법의 운영과 법제도에 개혁이 이루어지는 등 많은 영향을 미치게 되었다. 소년법제의 비교법적 연구에 있어서 이러한 국제준칙의 연구는 매우 중요하다 할 수 있다. 여기에서는 이와 같은 각 국제준칙의 특징 및 규범적인 구조를 개관하고자 한다.

소년사법에 관한 국제준칙으로서는 ① 아동의 권리조약(The Convention on the Rights of the Child 1989), ② 소년사법의 운영에 관한 UN최저기준준칙(The United Nations Standards Minimum Rules for the Administration of Juvenile Justice), ③ 자유를 박탈당한 소년의 보호에 관한 UN규칙(The United Nations Rules for the Protection of Juveniles Deprived of Their Liberty), ④ 소년비행의 방지에 관한 UN 가이드라인(The United Nations Guidelines for the Prevention of Juvenile Delinquency) 등이 있다.

이러한 국제준칙은 모두 UN이 규정한 것으로 1980년대 이후에 성립하여, 각국의 소년사법에 대하여 많은 영향을 주었다.[1)]

---

1) 이것들은 모두 1980년대 이후에 성립된 것으로, 1980년대 이전까지 소년사법에 관계되는 것으로는 소년권리선언(일명 제네바선언, 1924년 9월 26일, 1959년 11월 20일), 경제적, 사회적 및 문화적 권리에 관한 국제규약과 시민적 및 정치적 권리에 관한 국제규약(1966년 12월 16일), 여자에 대한 모든 형태의 차별철폐에 관한 조약(1979년 12월 18일) 등으로, 이러한 선언과 조약의 핵심내용은 소년의 성장발달권이다. 따라서 소년의 성장발달에 저해요인인 비행을 극복할 수 있도록 도와주는 것은 소년의 성장발달권을 보장하기

Ⅰ. 소년사법에 관한 UN준칙의 형성과정

아동의 권리조약은 아동의 모든 생활영역에 있어서 권리를 보장하려는 것으로 포괄적인 권리장전의 성격을 가지고 있으며, 소년사법의 영역도 그 대상으로 하고 있다.

이 조약은 1989년 11월 20일에 UN총회(General Assembly Resolution 44/25)에서 체결되어, 1990년 1월 26일에 59개국이 서명하여 성립하였다.[2] 아동의 권리조약의 작성을 실질적으로 담당한 것이 경제사회이사회의 UN인권위원회였던 것에 대하여, 그 외의 국제준칙은 범죄방지·통제위원회(Committee on Crime Prevention and Control)와 UN범죄방지회의에 의해 작성되어 제안되었다.

「소년사법의 운영에 관한 UN최저기준준칙」은 1985년에 UN총회에서 채택되었다(General Assembly Resolution 40/33). 또한 「소년비행의 방지에 관한 UN가이드라인」 및 「자유를 박탈당한 소년의 보호에 관한 UN준칙」은 1990년 8월 27일부터 9월 7일에 걸쳐서 개최된 제8회 UN범죄방지회의의 의결을 거쳐 1990년 12월 14일의 UN총회에서 채택되었다.[3]

「아동의 권리조약」이 조약으로서의 법적 구속력을 가지는 것에 반하여 다른 준칙은 이와 같은 법적 효력을 가지지 않는다. 그러나 이러한 준칙의 준수는 가맹국의 의무이며, 가맹국은 각각의 준칙의 실시의 노력에 관하여 사무총장에게 보고하고 또한 실시상황에 대하여 범죄방지·통제위원회에 정기적으로 보고하도록 되어 있다. 그러나 이러한 준칙은 이를 준수하지 않는 경우에 제재를 가하는 성질은 아니다. 준칙의 실시에 있어서 사회적 자원의 부족, 사회구조, 전통 및 법문화 등의 이유로 준칙을 구체화하는 것이 곤란한 국가가 적지 않다. UN은 준칙의 실시를 원조하고 소년사법의 개혁을 촉진하는 것을 그 목적으로 하고 있다. 그러나 계속적이고 중대한 인권침해가 존재하면 그 대상국가는 국제적

위한 것이라고 할 수 있다[김승구, "외국의 소년범죄처리제도와 실태"(한국형사정책연구원, 1994), 210면].

2) 우리나라는 1991년 12월 9일, 이 조약을 심의한 후, 조약의 제9조 제3항(면접교섭권), 제21조(a)(입양허가제도) 및 제40조 제2항(b)(v)(상소권보장)의 규정을 유보하면서 이 조약에 비준하였다.

3) General Assembly Resolution 45/112, 45/113.

으로 비판을 받을 가능성이 있다고 할 수 있다.

Ⅱ. 아동의 권리조약
(The Convention on the Rights of the Child)

이 조약은 아동의 권리를 전면적으로 보호하기 위하여 국제사회에 요청하고 있으며, 각국정부에게 조약의 기본적인 원칙에 따라 자국의 복지제도와 법률제도를 재검토할 것을 요청하고 있다. 즉 아동의 권리조약에서는 "아동에게 관계되는 활동들은 아동에게 최선의 이익을 줄 수 있도록 최우선적으로 고려되어야 하며(조약 제3조, 제9조, 제18조), 이러한 고려는 아동의 성장발달의 보장이 그 기초가 된다(조약 제6조). 또한 부모 또는 법정대리인은 아동의 양육과 발달에 있어서 일차적인 책임을 지고, 소년의 능력이 발달하도록 지시하거나 지도할 수 있는 권리와 의무가 존중된다. 국가는 이러한 책임을 잘 수행할 수 있도록 필요한 지원과 아동의 양호를 위한 시설·설비 및 서비스 발전에 노력하여야 한다(조약 제5조, 제14조 제2항, 제18조)"고 규정하고 있다. 이러한 규정은 아동에 대한 최선의 이익을 판단하는 기준·판단과정·판단의 결과를 실행에 옮기는 과정에 관한 기본적인 사항을 규정하고 있다.

아동의 권리조약은 가정·지역·학교, 그 외의 아동의 생활영역 전반에 걸쳐서 아동의 성장을 보호하고 권리를 보장하는 것으로 소년사법과 직접적으로 관련된 것으로는 다음과 같은 것이 있다.

1. 사형, 고문, 부적절한 처우의 금지

조약 제37조는 "사형·고문 등의 금지, 자유를 박탈당한 아동의 적절한 처우"를 규정하고 있다. 즉 ① 고문 또는 기타 잔혹한, 비인간적이거나 굴욕적인 대우나 처벌을 금지하며, ② 행위시 18세 미만의 아동의 범죄에 대하여 사형 또는 석방의 가능성이 없는 종신형을 금지하며, ③ 어떠한 아동도 위법적 또는 자의적인 자유의 박탈은 금지되며, 체포, 억류 또는 구금은 법률에 따라 행하여져야 하며, 오직 최후의 수단으로서 또한 적절한 최단기간 동안만 사용되어야 하며, ④ 자유를 박탈당한 아동은 인도적으로 인간 고유의 존엄성에 대한 존중에 입각하여 처우되어야 하며, ⑤ 자유를 박탈당한 아동의 수용은 원칙적으로 성인과 분리하여 수용하여야 한다. 다만 성인으로부터 격리되지 않는 것이 아동의 최선의 이익에 합치되는 경우에는 예외로 한다. ⑥ 자유를 박탈당한 아동은 통신 및 면회에 의해 가족과의 접촉을 유지할 권리를 가지며, ⑦ 자유를 박탈당한 아동은 법률적 원조 및 그 외의 적절한 구조에 신속하게 접근할 권리를 가지며, 또한 그 자유의 박탈에 대하여 법원이나 기타 권한 있고 독립적이며 공정한 기관에 의한 신속한 결정을 받을 권리를 가진다.

이러한 권리의 보장은 구금의 형태를 불문하고 인정되는 권리라고 할 수 있다.

2. 소년사법에 관한 아동의 권리

조약 제40조는 협의의 소년사법에 있어서 아동의 권리에 관한 규정이라고 할 수 있다. 먼저 제1항에서 "존엄과 가치에 대한 아동의 자각을 촉진시키는 데 부합하는 방법으로 처우받을 권리를 가진다"라 하여 기본원칙을 확인하고 있다. 또한 제2항에서는 특히 ① 사후법의 금지, ② 무죄의 추정, ③ 피의사실의 고지를 받을 권리 및 방어활동에 대하여 법적 원조를 받을 권리, ④ 권한 있고 독립적이며 공평한 기관 또는 사법기관에 의하여 법률적 또는 기타 적당한 지원하에 법률에 따른 공정한 심리를 받을 권리, 부모 또는 후견인의 심리입회권, ⑤ 자백강요의 금지, 반대심문권, 증인소환권의 보장, ⑥ 결정 및 조치에 대한 소년측의 불복신청권의 보장, ⑦ 무료로 통역을 받을 권리, ⑧ 프라이버시의 존중을 확보할 것을 권고하고 있다.

조약에서는 이와 더불어 제3항에서 가맹국에 대하여 소년범죄의 사건에 대하여 특별히 적용되는 법률, 절차, 기관 및 시설의 확립을 촉진할 것을 권고하고 있다. 특히 ① 형사성년연령의 확립, ② 사법절차 외에서 비행소년을 처우할 조치의 확립을 노력목표로 설정하고 있다. 전자는 소년사법제도의 확립을 권고하고 있는 것에 대하여, 후자는 소위 다이버전(Diversion)의 촉진으로 공식절차에 의한 처우로부터 발생하는 부정적인 영향을 회피하려는 것이다. 그러나 다이버전에 대해서는 대상자의 적절한 선택의 중요성과 동시에 비공식화하는 것에 의한 인권보장의 결여에 대한 비판이 있었다. 여기에서 "적절하고 바람직스러운 경우, 인권과 법적 보장이 충분히 존중될 것을 조건으로서" 다이버전시스템을 확립하여야 한다고 규정하고 있다. 또한 제4항에서는 아동의 상황 및 범죄에 비례한 방법에 의해 아동이 처우될 것을 보장하기 위하여 보호, 지도, 감독명령, 교육, 직업훈련의 프로그램 및 시설내처우를 대체하는 조치 등의 다양한 처분이 이용 가능하여야 한다고 규정하고 있다.

3. 아동의 연령

아동의 권리에 관한 협약 제1조는 "아동이란 아동에게 적용되는 법에 의하여 보다 조기에 성인 연령에 달하지 아니하는 한 18세 미만의 모든 자를 말한다"라고 규정하고 있다. 소년사법의 운영에 관한 UN최저기준준칙은 형사책임연령에 대하여 구체적인 연령의 한계를 규정하고 있지 않다. 이 점에서 아동의 권리조약은 일보 전진한 것이라고 할 수 있다. 형벌의 문제와 관련하여 국제법에서는 18세를 성인의 연령으로 하는 경향이 있어, 이것이 아동의 권리조약에도 반영되었다고 할 수 있다. 예를 들어, 국제자유권규약 제6조 제5항은 행위시 18세 미만의 소년에 대하여 사형의 적용을 금지하고 있다. 아동의 권리조약이 18세라는 연령을 설정한 것으로서 형사책임에 관하여도 18세를 형사책임연령으로 하는 것에 의해 소년보호규칙에 있어서도 이러한 경향은 반영되어 있다.

Ⅲ. 소년사법의 운영에 관한 UN최저기준준칙 (The United Nations Standards Minimum Rules for the Administration of Juvenile Justice, 이하 '북경 룰')

북경 룰은 청소년의 복지, 지위, 권리와 이익을 보장하고, 세계의 사법제도에 의해 그들을 공정하게 처우하는 것을 보장하려는 것을 목적으로 하고 있다.

북경 룰을 전체적으로 개관하면 다음과 같다. 즉 ① 구금이용의 엄격한 제한, ② 사회를 기초로 하는 방법의 활용, ③ 성인과의 최대한 분리, ④ 직원의 전문성의 향상, ⑤ 전문적인 시설, 프로그램 및 서비스의 제공, ⑥ 형사책임연령의 인상, ⑦ 소년에 대한 보호와 권리보장 등을 들 수 있다.

1. 구금이용의 엄격한 제한

북경 룰은 먼저 소년과 최초로 접촉하는 경찰에 의해 체포된 경우 "재판관 및 그 외의 권한 있는 직원 및 기관은 지체 없이 신병의 석방을 고려하여야 한다"(북경 룰 제10조 제2항)고 규정하고 있다.[4] 소년의 심판계속 중의 신체의 구속시에 발생하는 "범죄악풍의 감염"의 위험성을 제거하기 위한 것으로 "심판을 위한 신병구속은 최후의 수단으로서만 또한 가능한 한 단기간에 한하여 사용하여야 한다"(준칙 제13조 제1항)고 규정하고 있다. 그리고 "가능한 경우에는 언제라도 심판을 위한 신병구속은 밀접한 감독, 집중적인 치료, 가정위탁, 교육적 시설 등 다른 방법으로 대체하여야 한다"(동조 제2항)고 규정하고 있다.

심판 및 처우결정에 관하여도 "소년의 인신의 자유의 제약은 신중한 고려를 한 후에만 이루어질 것과 다른 중대한 범죄를 반복할 우려가 있다고 인정된 경우로 다른 적절한 방법이 없는 경우에만 허용된다"[준칙 제17조 제1항(b)]고 하고 있다. 또한 "인신의 자유의 박탈은 소년이 타인에 대한 폭력을 동반하는 중대한 행위를 할 것, 또는 다른 중대한 범죄를 반복할 우려가 있다고 인정된 경우에 다른 적절한 방법이 없는 경우에 한한다"고 하고 있다[동조 제1항(b)].

처우결정에 있어서는 시설수용을 가능한 한 회피할 것을 강조하고 있으며(준칙 제19조 제1항), 이와 같은 방향에서 처우방법의 다양화를 도모하고 있다(준칙 제18조 제1항).[5] 시설수용을 회피하는 정책은 구금시설만이 아니라 개방적인 시설도 포함된다고 할 수 있다. 한편 가석방에 관해서는 "시설로부터의 가석방

4) 여기에서 말하는 그 외의 권한 있는 직원이란 체포된 자를 석방할 수 있는 권한을 가지는 지역평의회(Community Board) 및 경찰기구를 포함한 광의의 인적 또는 기관을 말한다.

5) 심판권자가 시설수용을 가능한 한 회피하고 다양한 처분방법을 이용 가능하게 하기 위한 방법으로서는 다음과 같다. 즉 양호지도감독명령, 보호관찰, 사회봉사명령, 벌금, 배상 및 보상, 중간적 처우 및 그 외의 처우명령, 지역사회생활 등이 있다.

은 적절한 당국에 의해 가능한 한 최대한으로 사용되어야 하며 또한 가능한 한 조기에 허가되어야 한다"(준칙 제28조 제1항)고 규정하고 있다.

2. 사회를 기초로 하는 방법의 활용

구금의 제한 및 시설수용의 회피와 일체가 되는 것은 사회를 기초로 하는 처우의 촉진이다. 이 점에서는 먼저 북경 룰이 다이버전(Diversion)에 대하여 특별히 항목을 규정하여 적극적으로 추진하는 입장에 있다는 것(준칙 제11조)을 확인할 수가 있다. 또한 이를 위하여 "사회내의 프로그램(예를 들어 일시적인 감독 및 지도, 배상, 피해자에 대한 보상)을 제공하여야 한다"(준칙 제11조 제4항)고 규정하고 있다.

처우의 다양화에 관하여 북경 룰 제18조 제1항에서는 다음의 형태를 규정하고 있다.

① 치료(care), 보도(guidance), 감독(supervision)의 명령
② 보호관찰(probation)
③ 사회봉사명령(community service order)
④ 금전적 제재, 보상, 손해배상
⑤ 중간처우(intermediate treatment) 및 그 외의 처우명령
⑥ 그룹 카운슬링 및 그 외의 이에 유사한 활동에의 참가
⑦ 양부모(foster care), 지역 및 그 외의 교육적 환경에 관한 명령
⑧ 그 외의 명령 등

북경 룰은 일반적으로 사회를 기초로 하는 처우방법의 개발 및 이용을 강조하고 있다(준칙 제18조 제1항). 그리고 제5부의 시설내처우에 있어서 필요한 원조에 대하여 "심판절차의 다양한 단계에 있어서 갱생을 촉진하기 위하여 필요한 원조, 예를 들어 주거, 교육 또는 직업훈련, 고용 혹은 그 외의 유용하고 실천적인 원조를 소년에게 할 수 있도록 노력하여야 한다"(준칙 제24조 제1항)고 규정하고 있다. 또한 "자원봉사자, 민간단체, 지역의 기관, 그 외의 사회적 수단은 사회환경에 있어서 가능한 한 가정내에서 소년의 갱생에 효과적으로 기여하

여야 한다"고 하여 민간자원봉사자 및 그 외의 지역의 서비스의 동원을 규정하고 있다(준칙 제25조 제1항).

3. 성인과의 최대한의 분리

북경 룰은 소년법원 및 소년의 신병구속시설에 있어서 성인과의 분리를 강조하고 있다. 먼저 준칙 제2조 제3항은 소년사법운영의 기능을 맡은 기관 및 단체를 설립하도록 노력할 것을 규정하고 있다. 이와 같은 기관 및 단체의 형태로는 다양한 형태가 있으나 성인의 절차와는 독립된 소년사법의 확립을 목적으로 하고 있다. 이와 같은 기관 및 단체의 형태는 다양하다고 할 수 있으나 무엇보다 성인의 절차와는 독립된 소년사법의 확립을 의도하고 있다고 할 수 있다. 그러므로 소년을 구금하는 경우에도 성인과의 엄격한 분리를 요구하고 있다. 즉 미결구금에 관하여 "심판을 위하여 신병이 구속된 소년은 성인과 분리되어 성인과는 다른 시설에 또는 같은 시설의 경우라도 분리된 장소에 구금하여야 한다"(준칙 제13조 제4항)고 하며, 또한 처분결정 후의 시설처우에 관해서도 "시설에 수용된 소년은 성인과 분리되어 처우되며, 성인과는 별개의 시설 혹은 성인을 수용하고 있는 시설의 경우에는 다른 구획에 수용하여야 한다"(준칙 제13조 제4항)고 규정하고 있다.

4. 직원의 전문성의 향상

북경 룰은 먼저 수단·방법·태도를 포함한 서비스에 관계되는 직원의 자격을 개선·유지하기 위하여 소년사법서비스가 조직적으로 발전 또는 조정되어야 한다(북경 룰 제1조 제6항)고 하고 있다. 그리고 준칙 제22조 제1항에서는 전문성의 향상과 훈련에 관하여 "전문적인 교육, 직장내 연수, 재교육 및 그 외의 적절한 교육방법이 소년사건을 처우하는 모든 자에게 필요한 전문적 능력을 배양시켜 유지하기 위하여 이용되어야 한다"고 규정하고 있다. 또한 소년경찰에 관해서는 "경찰의 기능을 최대한으로 발휘하기 위하여 소년사건을 처리하는 경찰관 또는 소년범죄의 방지에 종사하는 경찰관은 특별한 연수 및 훈련을 받아야 한다"고 하여, 특히 대도시에 있어서는 특별한 경찰의 부서가 설치되어야 한다고 하고 있다(준칙 제12조 제1항). 또한 소년사법에 있어서 재량의 필요성을 강조하여 "재량권자는 분별을 가지고 또한 자기의 역할과 위탁의 취지에 따라 재량권을 행사하기 위하여 특별한 자격을 갖거나 혹은 훈련을 받은 자이어야 한다"고 규정하고 있다(준칙 제6조 제3항).

5. 전문적인 시설, 프로그램 및 서비스의 제공

북경 룰은 기본적인 전망의 하나로 법에 의한 개입을 줄이고 소년의 복지를 증진시키는 것과 죄를 범한 소년을 유효하고 공정하며 인간적으로 처우한다는 것을 목적으로 "가정·민간봉사자 및 지역단체와 학교, 그 외의 지역의 기관을 포함하는 이용 가능한 자원을 최대한으로 사용하는 적극적인 조치에 대하여 충분히 주의할 것"을 규정하고 있다(준칙 제1조 제3항). 그리고 다이버전을 촉진하기 위하여[6] 사회내처우 프로그램(예를 들어 일시적인 감독 및 지도, 배상, 피해자에 대한 보상)을 제공할 것을 규정하고 있다(준칙 제11조 제4항). 또한 심판전 구금에 있어서도 "소년은 구금 중, 그 연령·성별·인격을 고려하여 필요로 하는 치료·보호 및 개인적인 원조(사회적·교육적·직업적·심리학적·의료적·신체적 원조)를 받도록 하여야 한다"고 하고 있다(준칙 제13조 제5항).

처분의 결정에 관해서는 경미한 사건의 경우를 제외하고 모든 사건의 종국처분의 결정에 있어서 심판권자에 의한 신중한 심판을 촉진하기 위하여 소년의 생활배경·환경 및 범죄상황 등을 적절하게 조사하여야 한다(준칙 제16조 제1항)고 하여, 사회조사보고서(social inquiry report)의 중요성을 강조하고 있다.

처분에 관해서는 시설외처우의 효과적인 실시를 위하여 "절차의 모든 단계에 있어서 개선갱생을 촉진하기 위하여 필요한 원조, 예를 들어 주거·교육 또는 직업훈련·고용, 그 외의 유용하고 실천적인 원조를 할 수 있도록 노력하여야 한다"(준칙 제24조 제1항)고 규정하여 민간봉사자 및 그 외의 사회적인 서비스의 동원을 강조하고 있다.

---

6) 다이버전의 조치에는 소년범죄자(또는 부모 및 보호자)의 동의를 얻을 것을 중요한 요건으로 강조하고 있다. 즉, 동의가 없이 이루어지는 다이버전(예를 들어 사회복사명령)은 강제노역의 금지조약에 모순된다고 하고 있다(북경 룰 제11조 제3항).

한편, 시설내처우에 관해서는 그 목적이 "소년이 사회에 복귀하여 건설적이고 생산적인 역할을 할 수 있도록 소년에 대한 치료, 보호, 교육, 직업상의 기술을 익히도록 하는 것"(준칙 제26조 제1항)이라고 하고 있다. 이러한 목적에 부합되도록 "시설에 수용된 소년은 연령·성별·인격 및 건전한 발달을 위해 요청되는 치료·보호 및 사회적·교육적·직업적·심리학적·의학적·신체적인 원조를 받아야 한다"(동조 제2항)고 하고 있다.

여성에 대해서는 개인적인 요청과 문제에 관하여 특별한 배려를 하여야 하며, 여성에 대한 치료·보호·원조·처우·훈련은 충분하여야 하며, 공평한 처우를 하여야 한다(동조 제4항)고 하고 있다.[7]

소년에 대한 교육적인 처우를 강조하여 "소년이 교육상 불리한 입장에 처한 상태로 사회로 복귀하지 않도록 시설에 수용된 소년에 대하여 학과교육 및 적절한 경우에는 직업훈련을 병행할 필요가 있으며, 이를 위하여 행정관청 및 각 부서간의 협력을 촉진하여야 한다"(동조 제6항)고 하고 있다.

북경 룰은 가석방의 적극적인 활용을 강조하여 "시설에서 가석방된 소년은 적절한[8] 기관에 의하여 원조 및 감독과 사회에 의한 충분한 지원을 받아야 한다"(동조 제2항)고 하고 있다. 또한 소년의 적정한 사회복귀를 원조하기 위하여 반수용을 위한 시설(semi-institutional arrangements), 예를 들어 half-way house, 교육적 가정(educational home), 오후훈련센터(day-time training centres) 및 그 외의 적절한 시설의 정비를 요청하고 있다(준칙 제29조 제1항). 이와 같은 관점에서 북경 룰의 제6부 조사연구·계획·정책입안·평가에서는 "소년사법운용에 있어서의 서비스의 제공은 국가적 발전을 위해 이루어지는 노력의 중점으로서 조직적으로 계획·실시되어야 한다"(준칙 제30조 제4항)고 규정하고 있다.

---

7) 북경 룰 제26조 제4항은 통상적으로 여성범죄자가 남성범죄자보다 배려되고 있지 않다는 지적에 의해 규정된 것이다. 즉 제6회의 제9결의는 형사사법절차의 각 단계에 있어서 여성범죄자의 공평한 처우와 구금 중의 여성특유의 문제 및 요청에 대한 특별한 배려를 요청하고 있다. 즉 형사사법운영에 평등한 처우를 요청한 것이다.

8) 북경 룰 제14조 제1항에 의하면 가석방의 명령권자는 심판권자 및 그 외의 기관이다.

6. 형사책임연령의 인상

북경 룰은 각국의 특수성을 고려하여 형사책임연령에 관하여 특정한 연령을 규정하고 있지는 않으나, 형사책임연령이 낮은 경우 그 인상을 권고하고 있다. 즉, 소년의 형사책임연령의 개념을 채용하고 있는 법제도에서는 소년의 정서적·정신적·지적인 성숙도를 고려하여 연령의 개시는 너무 낮지 않은 연령으로 규정하여야 할 것을(준칙 제4조 제1항) 권고하고 있다.

7. 소년에 대한 보호와 권리보장

북경 룰은 소년에 대하여 연령 및 인격에 근거하여 보호를 함과 동시에 성인과 동등한 법적인 권리를 부여하고 있다.

(1) 소년의 보호

북경 룰은 다음의 점에서 소년의 보호를 도모하고 있다. 먼저 "법집행기관과 소년범죄자와의 접촉은 사건의 상황에의 적절한 관계에 있어서 소년의 법적 지위를 존중하고 개개의 사안의 상황에 따라 소년의 법적 지위의 존중과 복지를 증진하며, 소년에게 위해가 없는 방법에 따라 이루어져야 하며"(준칙 제10조 제3항), 또한 소년심판에 관해서 "심판절차는 소년의 최선의 이익에 봉사하고, 소년이 심판에 참가하고 자기의 자유를 실현할 수 있도록 이해가 있는 분위기에서 이루어져야 하며"(준칙 제14조 제2항), "심판 및 처분결정에 관한 지도원리로 선택된 처분은 항상 범죄의 상황 및 중대성만이 아니라 사회의 요청과 소년의 상황에 적합한 것이어야 하며"[준칙 제17조 제1항(a)], "소년의 복지는 그 소년의 사건을 고려하는 데 있어서 지도적인 요소여야 하며"[동조 제1항(d)], 또한 소년에 대한 사형 및 신체형을 금지하고 있다(동조 제2, 3항).

(2) 소년의 권리보장

소년에 대한 권리보장이라는 점에서는 무죄의 추정·피의사실을 고지받을 권리 · 묵비권 · 변호인의뢰권 · 증인대질권 · 반대심문권 · 상소권 등 기본적인 절차적 보장이 모든 절차단계에서 소년에 대하여 보장되어야 한다(준칙 제17조 제1항).

이러한 절차적 권리를 실질적으로 보장하고 유효한 행사를 가능하게 하기 위해서는 변호인 등의 법률전문가의 원조가 필요하다. 이에 따라 제15조 제1항에서는 “심판절차에 있어서 소년은 법적 조언자에 의해 대리되고, 국가가 무료로 법률부조를 해 줄 것을 신청할 권리를 보장하여야 한다”고 규정하고 있다.

(3) 소년의 프라이버시의 보장

성인과 동등한 권리보장이 이루어져도 소년에 대해서는 불충분한 경우가 있으며 소년에게는 권리보장이라는 점에서 특별한 보호를 해야 할 필요성가 있다. 이 점에서는 프라이버시의 보호가 문제가 된다. 즉 소년에 대한 부정적인 낙인을 회피하는 것이 소년의 개선갱생에 있어서 중요하다고 할 수 있다. 이에 따라 북경 룰에서는 소년의 프라이버시의 권리에 관하여 “부당한 공표 및 낙인에 의해 소년에게 위해가 되는 것을 회피하기 위하여 모든 단계에서 존중되어야 하며”(준칙 제8조 제1항), “원칙으로서 소년범죄자를 특정할 수 있는 정보를 공표하지 말아야 한다”(동조 제2항)고 규정하고 있다. 또한 소년범죄자의 기록에 관해서는 엄격한 비밀의 보장과 제3자에게 공개되어서는 안 되며, 이와 같은 기록에 접근하는 것은 정식의 권한을 가진 자에게 한정된다(준칙 제21조 제1항). 그리고 소년범죄자의 기록은 대상소년이 성인이 된 후에 범한 성인사건의 절차에서 이용되는 것을 금지하고 있다(동조 제2항).

(4) 부모의 권리보장

북경 룰은 기본적인 절차적 보장의 하나로 부모와 보호자의 입회권을 보장하였고(준칙 제7조 제1항), 소년의 체포에 관하여 고지받을 권리 등을 보장하고 있다(준칙 제10조 제1항). 심판절차에 관해서는 부모 혹은 보호자의 절차참가권을 보장함에 따라 소년에 대한 심리적 · 정서적인 원조로서의 효과를 가진다. 그러므로 부모 및 보호자의 절차에의 참가가 소년에 대하여 악영향을 미치는 경우에는 그들을 절차로부터 배제하는 가능성도 인정하고 있다(준칙 제15조 제2항).

또한 처분의 결정에 있어서도 "사안의 상황이 소년과 부모와의 분리를 필요로 하지 않는 한, 부모의 감독에서 분리할 수 없다"(준칙 제18조 제2항). 처우단계에서도 시설에 수용된 소년의 이익과 복지에 관하여 그 부모 내지 보호자는 접근할 권리를 가진다(준칙 제26조 제5항).

Ⅳ. 자유를 박탈당한 소년의 보호에 관한 UN규칙 (The United Nations Rules for the Protection of Juveniles Deprived of Their Liberty, 이하 '소년보호규칙')

1. 제정의 배경

소년보호규칙은 소년의 구금을 최소한으로 하면서 소년범죄자의 인권을 보호하려는 목적에서 제정된 것이다. 소년범죄자에 대한 조치는 각국의 상황에 따라 상이하지만, 자유박탈은 최후의 수단과 동시에 가장 중대한 범죄에 대해서만 적용되며, 그 기간은 최소한의 것이어야 한다는 점에서는 국제적인 합의가 이루어져 있다. 그러나 국제적으로 자유를 박탈당한 소년의 수는 매우 많으며, 이러한 소년을 위한 시설과 처우를 위한 자원이 충분하지 못한다는 것 등이 구금중의 소년에 대한 적절한 처우에 커다란 장애가 되고 있다.

이와 같이 자유를 박탈당한 소년의 권리보호는 국제적으로 주목받게 되어, 1985년의 제7회 범죄방지회의에서는 이것을 긴급한 대응이 필요한 부분으로 규정하였다. 또한 이 문제는 1985년 이래 인권위원회의 '소수자의 차별의 방지와 보호에 관한 소위원회'에서도 의제로 다루어졌다.

국제자유권규약, UN 피구금자처우 최저기준규칙, 아동의 권리조약, 북경룰 등 일련의 국제준칙은, 소년의 성인과의 분리수용의 중요성을 강조하여 왔다. 그러나 소년보호규칙의 입안작업은 제7회 범죄방지회의의 결의 및 경제사회이사회의 1986년 5월의 결의에서 자유를 박탈당한 소년의 보호에 관한 새로운 준칙의 형성의 필요성에 따라 개시되었다. 이에 따라 1990년 9월에 개최된 "범죄예방 및 범죄자처우에 관한 UN 제8회 회의"에서 성립하였다.

2. 규칙의 골자[9)]

(1) 규칙의 목적

이 규칙은 소년에 대한 구금의 과잉적인 사용과 그와 같은 상황에 있어서 소년이 직면하는 심각한 문제에 대응하려고 하는 것이다. 이 규칙은 자유를 박탈당한 소년의 공정한 처우를 확보하기 위한 조건을 명확히 하고, 인권과 기본적인 자유에 합치하여 소년의 개인적인 권리와 복지를 보장하는 조건을 구체화한 것이다. 그것은 다양한 구금의 유해한 영향에 대처하여 사회복귀를 촉진하려는 것을 그 목적으로 하고 있다(소년보호규칙 제3조).

(2) 구금된 모든 소년의 보호

이 규칙은 원칙으로서 어떠한 형태의 모든 구금에 처해 있는 소년을 대상으로 하고 있다. 즉 여기에는 관찰 혹은 처우를 위한 구금도 포함된다. 또한 미결구금 및 기결구금을 모두 포함하며, 경찰의 유치장도 전부 포함된다.

(3) 운용에 관한 규정

규칙은 소년시설 운영의 다양한 면에 대하여 상세히 규정하고 있다. 즉 기록의 보존,[10)] 입소, 등록, 이동과 이송,[11)] 분류와 배치, 물리적인 환경과 설비, 교육, 직업훈련과 작업, 여가활동, 종교, 의학적인 조치, 질병, 상해, 사망에 있어서의 고지, 지역사회와의 접촉, 물리적인 구속 및 실력행사의 제한, 징계절차,

---

9) 澤登俊雄＝比較少年法研究会, 少年司法と国際準則―非行と子ども人権, 三星堂, 1991, 237면 이하.

10) 기록 중에는 법적 기록, 의료기록, 징계절차에 관한 기록, 그 외의 처우의 형태 및 내용에 관한 기록이 포함된다.

11) 소년이 구금되어 있는 장소에 있어서 수용소년 각자에 관한 다음의 정보에 대한 기록이 보관되어야 한다. 즉, 소년의 신상에 관한 정보, 입소의 사실과 이유 및 구금을 결정한 기관, 입소, 이송 및 석방의 일시, 구금의 시점에서 소년을 보호하고 있던 양친 또는 보호자에 대한 입소, 이송, 석방에 대한 통지, 약물 및 알코올남용을 포함한 신체적, 정신적 문제 등에 대한 기록이 보관되어 있어야 한다(The Management of Juvenile Facilities B 21).

사찰과 불복의 신청, 지역사회에의 복귀, 직원에 대한 규정이 포함되어 있다.[12] 이러한 것은 피구금자처우 최저기준규칙을 기초로 하면서 또한 발전시켜 소년의 보호를 도모하려는 것이다(소년보호규칙 제19・20・21・22조).

(4) 시설의 환경

자유의 박탈에 의한 결핍 및 불리한 상황은 소년에게 유해한 효과를 발생시키며, 결국은 이들의 사회복귀를 저해하는 요인으로 작용한다고 할 수 있다. 그러므로 규칙에서는 자유를 박탈당한 소년은 건강과 존엄에 있어서의 필요로 하는 모든 조건을 충족시킬 시설 및 서비스를 받을 권리를 갖는다고 하고 있다(동 규칙 제31조). 또한 소년구금시설의 설계 및 물리적인 환경은 사회복귀의 목적에 합치되어야 하며 소년의 요청에 적절하게 배려한 것이어야 한다(동 규칙 제32조)고 규정하고 있다.

(5) 시설수용에 대한 재량

인권침해의 원천의 하나로 시설당국에 대하여 부여된 광범위한 재량권이 있다. 즉, 법원에 의해 부과되는 처분을 적용하는 데 있어서 시설의 당국자는 자유를 박탈당한 소년들의 생활에 관하여 매우 광범위한 재량이 인정되고 있다. 이러한 것이 시설에 수용된 소년과 양친 및 가족의 인권침해를 야기하는 온상이 되고 있다. 즉, 규칙에서는 다른 통제조치가 실패하거나, 법령에 의해 명확하게 인정되어 특정되어 있는 예외적인 사안에 한하여 실력행사를 할 수 있다고 하고 있다. 그러나 이러한 수단은 굴욕적이거나 품위를 해쳐서는 안 되며, 최소한의 기간에 한하여 사용되어야 한다고 규정하고 있다(동 규칙 제64조).

한편, 징계처분에 있어서는 법률 또는 권한 있는 행정기관이 채택하는 징계에 관한 규칙은 소년의 기본적인 특성 및 권리 등을 고려한 기준을 제정하여야 한다고 하며, 다음의 사항에 관한 기준을 제정할 것을 요청하고 있다. 즉, 규율위반의 대상행위, 징계처분의 종류와 기간, 징계처분기관, 불복신청의 심사기관 등이다(동 규칙 제68조).

---

12) The Management of Juvenile Facilities 4.

(6) 미결구금에 관한 규칙

미결구금은 보다 심각한 위험을 발생시키고 있다. 소년이 범죄의 악풍에 감염되거나 또는 자살·자상 및 심리적인 장애에 이른다는 사실도 충격적이라고 할 수 있다. 그러므로 미결구금은 예외적인 경우에 한하여야만 하며 그를 위하여 최선의 노력이 이루어져야 한다(동 규칙 제17조).

미결구금의 경우에는 무죄의 추정을 받아 그에 적합한 처우를 받아야 한다. 이러한 소년이 수용된 경우, 성인과 구별되어야 하며 기결의 소년과도 구별되어야 하는 것이 특히 중요하다. 이것은 보다 많은 범죄의 경험이 있는 범죄자와의 접촉에 의해 발생되는 부정적인 영향을 억제하고 미결구금 중의 소년에 대한 학대를 방지하는 것을 목적으로 하고 있다(동 규칙 제18조).

(7) 소년의 분리구금

각종 조사의 결과, 많은 국가에 있어서 아동 및 소년이 다양한 성인 피구금자, 예를 들어 범죄의 피의자·불법입국자·유랑자·걸인 등과 같이 함께 구금되고 있다. 이와 같은 혼합수용이 가져오는 영향은 매우 심각하며, 소년범죄자의 사회적인 통합을 촉진하려는 모든 시책의 효과를 저해한다. 이와 같은 혼합수용은 통상적으로 자원의 부족에서 발생하고 있으며 그것이 소년에 대한 특별한 시설의 제공을 저해하고 있다. 그러나 소년범죄자와 성인범죄자와의 접촉이 강제됨으로써 발생하는 사회적인 비용은 악풍감염으로부터 발생하는 해악이라는 점에서 보다 높은 비용이 든다. 이와 같은 불리한 상황에서의 자유의 박탈은 구금시설을 범죄학교로 변화시킨다고 할 수 있다. 이에 따라 규칙에서는 모든 구금시설에 있어서 동일가족의 구성원인 경우를 제외하고 소년과 성인을 분리하여야 한다고 하고 있다(동 규칙 제29조). 또한 개방적인 시설의 설치를 장려하고 있다. 즉 소년에 대한 개방적 구금시설은 보안경비가 없거나 또는 가벼운 경비이어야 할 것, 개방시설의 정원은 가능한 한 소수로 할 것, 구금시설은 소년과 그 가족이 용이하게 접촉할 수 있도록 지방에 분산시키며, 적정한 규모이어야 할 것, 소규모의 구금시설이 설립되어 지역의 사회적·경제적·문화적 환경과의 일체화를 도모하여야 한다고 규정하고 있다(동 규칙 제30조).

(8) 석방 후의 원조

석방 후의 원조의 기능을 가지지 않는 시설수용은 높은 실패율을 나타내고 있다. 규칙은 소년이 사회에 복귀하고 소년에 대한 편견을 감소시키기 위하여 소년을 원조하기에 필요한 서비스에 관하여 여러 가지의 규정을 두고 있다. 이 과정에 대하여 사회가 효과적인 기여를 하는 것은 소년범죄자가 시설의 내부에 있을 때부터 사회는 그들의 치료에의 관여를 개시하여야 한다. 규칙 제8조는 소년범죄자가 사회복귀를 준비하는 것에 있어서 공중이 관여하는 것의 필요성을 강조하고 있다. 소년과 지역사회와의 접촉을 촉진하기 위하여 적극적인 대응이 강구되어야 한다.

(9) 교육 · 의료를 받을 권리

소년보호규칙 제38조는, 의무교육 연령의 모든 소년들에 대한 교육의 권리의 보장을 강조하며, 가능하다면 언제라도 시설 외의 즉, 사회의 학교에서 교육을 받을 권리가 인정되어야 한다고 규정하고 있다. 동 규칙 제45조에서는 가능하다면 지역사회 내에서 보수가 있는 노동을 할 기회를 주어야 한다고 하고 있다. 또한 같은 규칙 제49조에서는 사회내에서 이용할 수 있는 적절한 의료서비스가 제공될 수 있을 것을 규정하고 있다. 이와 같은 의료조치는 소년에 대한 낙인을 방지하고, 지역사회의 통합을 촉진하기 위하여 가능한 한 구금시설이 위치하는 지역의 적절한 의료시설 및 서비스를 통하여 소년에게 제공되어야 한다.

(10) 인간의 존엄

소년보호규칙의 많은 조항에서는 자유를 박탈당한 소년의 존엄을 보다 존중할 것을 의도하고 있다. 예를 들어 동 규칙 제26조는 이송에 관하여 소년에게 고통을 주고 존엄을 손상시키는 상태로 있지 않도록 할 것을 강조하고 있다. 동 규칙 제35조는 개인의 사물의 소지는 프라이버시 권리의 기본적인 요소의 하나이며 소년의 심리적인 안정에 있어서 본질적인 것이라고 밝히고 있다. 또한 동 규칙 제36조는 가능한 한 소년은 사복을 착용할 권리를 가진다는 것을 승인하고 있다.

(11) 처우에 관한 소년의 이해와 합의

소년보호규칙의 일련의 규정은 소년이 자존심을 유지하며 처우에 관한 규칙과 목적 및 과정을 이해할 권리를 보장한다, 그것은 사회복귀의 과정에 있어서 가장 중요한 요소의 하나이다. 동 규칙 제66조가 징계처분에 관하여 지적하고 있는 것과 같이 시설처우의 근본적인 목표는 소년의 정의관·자존심 및 모든 사람의 기본적인 권리존중의 함양을 육성하는 것에 있다.

3. 규칙의 실시

소년보호규칙은 북경 룰과 마찬가지로 조약으로서 법적인 효력을 가지는 것은 아니므로 각국에서의 실시를 촉진할 조치가 필요하다고 할 수 있다. 이에 관하여 '제8회 범죄방지회의'에서는 몇 가지의 결정을 하고 있다. 그것은 북경룰의 경우와 같다고 할 수 있다. 그 가운데에는 ① 가맹국에 대하여 필요한 입법·정책·실무 등 모든 직종의 소년사법 직원의 훈련을 이 규칙의 정신에 적합하도록 하며, 관계당국과 일반국민의 관심을 집중시킬 수 있도록 할 것, ② 가맹국은 이 규칙 실시의 노력에 있어서 유엔사무총장에게 보고하며, 그 달성결과에 대하여 유엔의 범죄방지·통제위원회에 정기적으로 보고할 것, ③ 1995년에 예정되어 있는 '제9회 범죄방지회의'에서 이 규칙의 실시에 관하여 독립된 의제로 심의할 것 등이 포함되어 있다.

한편, 소년보호규칙은 국내에서의 실시에 관하여 몇 가지를 규정하고 있다. 예를 들어 제6조에서는 "이 규칙의 각 규정은 각국의 소년사법의 전문가에게 있어서 그들의 모국어로 활용할 수 있도록 하여야 한다"고 규정하고 있으며, 보다 기본적인 규정으로서는 "가맹국은 이 규칙의 규정을 입법에 있어서 구체화하거나 혹은 이것에 따라 법률을 개정하며 그 위반에 대하여 효과적인 구제방법을 제공하여야 한다"고 하며, 제7조에서는 이 규칙의 적용상황에 대하여 각국에 사찰을 권고하고 있다.

V. 소년비행의 방지에 관한 UN가이드라인
(The United Nations Guidelines for the Prevention of Juvenile Delinquency, 이하 'Riyadh 가이드라인')

1. 작성 경위

1985년 11월 29일의 UN총회는 북경 룰을 채택하는 것과 함께, 소년비행의 방지에 관한 기준의 작성을 요청하여, 경제사회이사회에 대하여 제8회 범죄방지회의에서 그 진행상황에 대하여 보고하도록 결의하였다(40/35). 이 결의에서는 소년비행의 방지는 유기(abandoned)·방임(neglected)·학대(abused) 또는 최저의 환경에 처해 있는(in marginal circumstances) 소년을 보호하기 위한 조치를 포함하여야 한다고 하였다. 한편 결의에서는, 소년비행 방지의 기본적인 목표의 하나로 청소년의 다양한 요청에 합치되는 불가결한 원조와 광범위한 기회를 제공하는 것에 있으며, 비행에 빠질 가능성이 높고 혹은 범죄의 피해를 입기 쉬운 사람에의 원조와 기회의 제공이 중요하다고 하고 있다.

경제사회이사회는 이에 따라 1986년 5월 21일의 결의(1986/10 section 2)에서 '제8회 범죄방지회의'에 대하여 소년비행의 방지에 관한 기준 초안의 검토를 요청하였다. 이 초안은 소년사법 영역의 전문가에게 넓게 배포되어 전문가로부터의 의견을 구체화하는 형태로 수정안이 만들어져, 이에 따라 1988년 2월 28일부터 3월 1일까지 Riyadh의 '아랍 안전연구·연수센터'의 지역간 전문가회의에 의해 검토되었다. 이 결과에 따라 1988년 4월의 '제8회 범죄방지회의'의 지역간 준비회의 등에서 검토가 이루어져 최종안이 만들어졌다. 이에 따라 1990년 12월의 UN총회에서 채택되었다.

2. Riyadh 가이드라인의 특징

Riyadh 가이드라인은 전체 66개조로 구성되어 있어 법과의 충돌을 일으키기 이전의(pre-confict) 단계에 있어서 소년의 비행을 방지하기 위하여 보편적으로 적용 가능한 원칙을 제시하고 있다.

Riyadh 가이드라인은 전문에서 "법의 위반여부를 불문하고 많은 소년이 열악한 환경에서 유기·방임·학대·약물의 남용에 처해 있는 등, 이와 같은 사회적으로 위험한 상황에 직면하고 있는 것을 유의한다"고 하고 있다. 그리고 ① 이러한 소년에 대한 사회적 지원, 교육의 기회의 제공,[13] ② 교육에 있어서 특별한 예방프로그램 및 교재, 커리큘럼, 접근 및 수단을 개발하여 활용하는 것(제24조), 그 중에서도 알코올·약물 등의 문제에 관하여 포괄적인 정책 및 방침을 만들어 교사 및 전문가의 연수를 실시할 것(제25조), ③ 사회에서도 이러한 소년의 특수문제에 대응할 수 있도록 광범위한 지원조치(community based support measures)를 확립·강화할 것(제33조), ④ 가정내폭력의 방지와 피해자에의 공정한 처우를 위한 시책과 그 실시(제46조),[14] ⑤ 아동을 범죄행동에 이용하는 것의 금지, 아동을 대상으로 하는 약물남용 및 아동을 약물취급에 이용하는 것의 금지(제53조)를 입법화하는 것 등이 포함되어 있다.

전술과 같이 아동의 권리조약 전체의 흐름이 반영되어 있다고 할 수 있다. 아동의 다양한 생활영역에서 아동의 권리조약에 따른 아동의 권리가 보장되어 성장발달의 권리가 확보되는 것은 비행의 방지와 극복에 있어서 무엇보다 중요한 전제라고 할 수 있다. 여기에서 알 수 있듯이 UN의 비행방지에 있어서 이론적인 기초가 되고 있는 것은 "사회적으로 위험한 상황에 처한 소년"의 개념

---

13) Riyadh 가이드라인 제20조에서는 "정부는 모든 소년에게 공교육의 기회를 제공할 의무를 진다"라고 하며, 교육제도는 학술적인 활동 및 직업훈련 외에 다음의 사항에 대하여도 특별한 주의를 요한다고 하고 있다. 즉, 소년의 개성, 재능 및 정신적, 육체적 능력을 가능한 한 개발할 것, 단순한 대상물이 아니라 적극적이고 유효한 참가자로서 소년을 교육과정에 참가시킬 것, 학교 및 지역사회에 동화하고 소속하고 있다는 의식을 양성할 수 있는 활동을 실시할 것, 직업훈련, 고용의 기회 및 직능개발에 관한 정보의 제공, 소년을 정서적으로도 적극적으로 지원하여 심리적인 학대를 회피할 것, 가혹한 징계수단, 특히 체벌을 회피할 것 등이다.

14) Riyadh 가이드라인 제46조에서는 "소년의 시설수용은 최후의 수단으로 필요한 최단기간으로 한정되며, 소년의 최선의 이익이 가장 중시되어야 한다. 이러한 공식적인 개입을 인정하는 요건은 엄밀히 정의된 다음의 경우에 한정된다"고 규정하고 있다. 즉 아동 및 소년이 부모 및 보호자에 의해 야기된 해악의 영향을 받고 있는 경우, 성적·육체적·정서적으로 학대를 받는 경우, 방임·유기 또는 착취될 때, 아동 및 소년에 대한 심각한 육체적·심리적인 위험이 그들의 행동에서 분명하다고 인정되는 경우, 부모·보호자 및 소년에게도 시설수용 이외의 비거주 지역서비스(non-residential community service)에 의해 그 위험에 대처할 수 없는 경우 등에 한정된다.

이라고 할 수 있다.[15)]

3. 사회적으로 위험한 상황에 처한 소년의 개념

'사회적으로 위험한 상황에 처한 소년'의 개념은 Riyadh 가이드라인의 작성 움직임이 있었던 1985년의 '제7회 범죄방지회의'와 UN총회의 결의에서 소년비행의 방지에 있어서 중심적인 개념으로 등장하였다.

'사회적으로 위험한 상황에 처한 소년'이란, 권한 있는 기관에 의해 환경과 상황이 소년의 건강 · 안전 · 교육 · 심리적 · 사회적 발달 등에 대하여 미치는 영향 때문에 위험에 처한 것이 명백하여 비징벌적인 조치를 필요로 하고 있다고 인정되는 소년을 말한다고 정의되고 있다. UN은 이와 같은 소년을 위하여 비행방지에 있어서 새로운 모델을 설정하고 청소년의 비행행동에 대처하기 위한 효과적이고 비징벌적이며 낙인효과를 동반하지 않는 공정한 정책을 제창하고 있다. 이를 위해서는 ① 심리적 · 사회적 발달이 위험에 처해 있는 청소년에게 중점을 둘 것, ② 위험한 상황에 있고, 법의 위반 및 피해를 입은 것으로부터 발생하는 악영향을 제거할 것, ③ 차별적이고 낙인효과를 동반하는 도덕성의 판단에 근거한 다양한 낡은 법적 · 사회의학적 · 범죄학적인 부분을 제거할 것과 비행원인에 관한 잘못된 추측을 제거할 것, ④ 소년사법제도 내에서 조기의 개입을 사회통제와 조화시킬 필요가 있다고 하고 있다.

4. Riyadh 가이드라인의 실시

'제8회 범죄방지회의'에서는 Riyadh 가이드라인의 실시에 관한 결정이 이루어졌다. 그 결정에는 다음과 같은 조치가 포함되어 있다.

1) 가맹국이 그 포괄적인 범죄방지계획 중에 이 Riyadh 가이드라인을 국내법 · 정책 및 실무에 적용하여 정책입안자 · 소년사법관계자 · 교육자 · 매스미디어 · 실무가 및 학자 등의 전문가에게 유의하도록 할 것,

15) 斎藤豊治, "世界の人権水準 · ④少年司法" 法学セミナー 439号, 1991, 4면 참조.

2) 유엔의 모든 공식언어로 쓰여진 Riyadh 가이드라인의 본문을 최대한 광범위하고 확실하게 보급할 수 있도록 사무총장에게 요청하고 각 가맹국에 대해서도 이것을 장려할 것,

3) 가맹국에 대하여 Riyadh 가이드라인의 실시상황에 대하여 사무총장에게 통지하고, 또한 달성결과에 대하여 범죄방지·통제위원회에 정기적으로 보고하도록 장려할 것,

4) 범죄방지·통제위원회 및 제9회 UN범죄방지회의가 Riyadh 가이드라인 및 본 결의에 포함되어 있는 권고의 보급과 적용에 대한 진척상황을 개별사항에 따라 계속하여 검토할 것 등이다.

Riyadh 가이드라인의 실시에 대해서도 북경 룰 및 소년보호준칙과 거의 동등한 조치가 채용되고 있다고 할 수 있다.

Ⅵ. 소년사법과 국제준칙

이상으로 소년사법에 관한 국제준칙을 개관하였다. 이러한 준칙들에 대해서는 전체적으로 복지모델·정의모델·참가모델 등의 3가지 모델의 조합에 의해 구성되어 있다고 할 수 있다. 즉, 1970년대까지 소년비행에 대한 대응에 관하여 세계 선진각국에서는 소년사법의 중심이 복지모델에서 정의모델 또는 참가모델로 변화되었다. 그러나 복지모델은 소년사법의 중심적인 역할을 하는 것으로 이것을 포기하게 되면 소년사법의 독자성을 상실하는 것이 된다. 그러므로 전술에서 알 수 있듯이 소년사법에 관한 국제준칙에서는 정의모델·복지모델 및 참가모델 간의 조화와 균형을 도모하였다고 할 수 있다.

정의모델에는 형벌주의와 적정절차의 2가지의 개념이 있으나, 국제준칙에서는 형벌주의를 부정하고 있다. 이것은 아동을 중심으로 하며, 아동의 복지·성장·권리 및 이익의 보호를 기본이념으로 하여 성인의 형사사법과는 독립된 소년사법의 확립을 강조하며, 보호와 치료의 중시, 시설수용의 최소한 등에서도 명백하다고 할 수 있다. 즉 형벌주의의 모델은 복지모델과는 대립하는 것으로 기본적으로 부정되고 있다고 볼 수 있다. 그러므로 소년사법의 영역에 있어서

아동의 권리를 보호하고 적정한 절차를 보장하는 것이 정의모델의 주안점이라 할 수 있다.[16)]

한편, 참가모델은 아동의 권리조약이 아동의 의견표명권을 보장하고 있으며 [가이드라인 제37조(d)], Riyadh 가이드라인에서도 아동의 주체성을 강조하여, 아동을 사회화 및 관리의 대상이 아니라고 하고 있다(가이드라인 제3조). 또한 각종의 프로그램에의 참가의 독자성을 중시하고 있는 것과(가이드라인 제37조, 제50조), 아동이 교육 및 그 과정에서 학교징계를 포함한 다양한 과정에 적극적으로 참가하는 것의 중요성을 역설하고 있는 것은[가이드라인 제21조(c), 제31조] 이와 같은 참가모델이 반영되고 있다고 할 수 있다.

세계 각국은 정치 · 경제 · 사회 · 문화 · 법률 등 여러 가지 여건이 제각기 다르기 때문에 이러한 규칙이나 조약을 소년사법제도에 도입하는 경우에도 상당한 차이를 보일 것이나, 어떠한 형태로든지 규칙과 조약을 준수하는 방향으로 개혁이 진행되고 있다.

우리나라는 아동권리조약에 대하여 1991년 11월 20일 UN사무총장에게 비준서를 기탁하였고, 1991년 12월 20일부터 발효되는 이 조약을 1991년 12월 23일(조약 제1072호, 대한민국정부관보 제12002호)에 공포하였다. 그러나 우리나라는 이 조약을 비준함에 있어서 제9조 제3항, 제21조(a) 및 제40조 제2항 b.호(v)를 유보하였다. 따라서 우리나라는 이 조약을 비준함으로써 그와 불가분의 관계인 나머지 규칙에 대해서도 그 내용의 실현에 노력할 의무를 지게 되었다.

현재 우리의 소년사법은 UN의 방향과 대체로 비슷하지만 운용면에서는 이들 규칙이나 조약 등에 비추어 개선하여야 할 점들이 있다. 예를 들어 옴부즈만 제도에 관하여는 현재 우리나라 성인의 행형 · 교정보호에 있어서뿐만 아니라 소년사법에도 채용되어 있지 아니하다. 지금까지는 독립된 제3자 기관으로서의 감시기구 등의 도입문제에 대하여 적극적이지 못하였다. 이와 같은 태도는 국제적인 수준에 비추어 재검토되어야 한다.

소년과 성인의 분리수용에 있어서도 그에 따른 인적 · 물적인 자원의 확보를 통하여 소년에게 유효하고 적절한 처우가 이루어지도록 하여야 하며, 수용된 소년에 대한 징계도 엄격하게 규정하여 비인도적인 징계조치를 금지시켜야 할 것이다.

---

16) 斎藤豊治, 앞의 논문, 64면.

소년의 참가에 관하여는 학교에 있어서의 방침결정이나 규칙의 제정, 징계절차에 학생대표가 참가하여야 한다는 내용에는 주목할 필요가 있다. 현재 우리나라는 관리주의 교육풍조 속에서 소년을 교육이나 관리의 객체로 생각하여 엄격한 교칙으로 단속하려는 경향이 강하다.[17] 그러나 아동권리조약이 아동의 의사표명권을 보장하고 있는 것과 함께 그 외의 규칙 등이 청소년의 참가를 중시하고 있다는 것은 매우 특별한 의미를 지니고 있다고 할 수 있다.

17) 김승구, 앞의 논문, 217면.

찾아보기

≫ ㅈ

≫ ㅊ

≫ ㅋ

≫ ㅌ

≫ ㅍ

≫ ㅎ

[필자소개]

≫ 강경래
수원대학교 법학과 졸업
일본 주오대학교 법학연구과 법학박사
일본 비교법연구소 연구원

≫ 강동욱
한양대학교 법과대학 졸업
한양대학교 대학원 법학박사
관동대학교 법학과 교수

≫ 곽병선
원광대학교 법과대학 졸업
원광대학교 대학원 법학박사
군산대학교 법학과 교수

≫ 권오걸
경북대학교 법과대학 법학과 졸업
경북대학교 대학원 법학박사
경북대학교 법과대학 법학부 교수

≫ 박수희
이화여자대학교 법학과 졸업
경희대학교 대학원 법학박사
관동대학교 경찰행정학과 교수

≫ 서거석
전북대학교 법과대학 졸업
일본 주오대학교 법학박사
전북대학교 법과대학 교수, 한국소년법학회 회장

≫ 손동권
고려대학교 법과대학 졸업
독일 Bonn(본)대학교 법학박사
건국대학교 법과대학 교수

≫ 오경식
연세대학교 법과대학 졸업
연세대학교 대학원 법학박사
강릉대학교 사회과학대학장 겸 경영정책대학원장

≫ 오영근
서울대학교 법과대학 졸업
서울대학교 대학원 법학박사
한양대학교 법과대학 교수, 한국소년법학회 부회장

≫ 원혜욱
이화여자대학교 법학과 졸업
독일 Frankfurt(프랑크푸르트)대학교 법학박사
인하대학교 법과대학 교수

≫ 윤용규
강원대학교 법과대학 졸업
고려대학교 대학원 법학박사
강원대학교 법과대학 교수, 한국소년법학회 부회장

≫ 이춘화
성신여자대학교 법학과 졸업
한양대학교 대학원 법학박사
한국청소년개발원 연구위원

≫ 장규원
동국대학교 법과대학 졸업
독일 Freiburg(프라이부르크)대학교 법학박사
원광대학교 경찰행정학부 교수

≫ 장한철

한양대학교 법과대학 졸업
독일 Wuerzburg(뷰르츠부르크)대학교 법학박사
호원대학교 법경찰학부 교수

≫ 점승헌

원광대학교 법과대학 졸업
원광대학교 대학원 법학박사
원광대학교 법과대학 교수

≫ 정희철

고려대학교 법과대학 졸업
고려대학교 대학원 법학박사
고려대학교, 인하대학교 강사

≫ 최종식

강원대학교 법학과 졸업
강원대학교 대학원 법학박사
일본 규슈대학 대학원 법학연구원 교수

소 년 법

2006년 5월 25일 초판 인쇄
2006년 5월 30일 초판 발행

편 자 한국소년법학회
발행인 이 방 원
발행처 세창출판사
서울 종로구 송월동 64-1
전화 723 · 8660 팩스 720 · 4579
E-mail: sc1992@empal.com
Homepage: www.sechangpub.co.kr
등록 1990. 10. 8. 제2 · 1068호(윤)

정가 22,000 원

ISBN 89-8411-150-3 93360